国家社科基金
GUOJIA SHEKE JIJIN HOUQI ZIZHU XIANGMU
后期资助项目

U0828540

全球治理的理论逻辑、体系结构和中国方案

苏云婷　著

天津出版传媒集团
天津人民出版社

图书在版编目(CIP)数据

全球治理的理论逻辑、体系结构和中国方案 / 苏云婷著. -- 天津 : 天津人民出版社, 2025.1. -- ISBN 978-7-201-20580-9

Ⅰ. D5

中国国家版本馆CIP数据核字第20247BK709号

全球治理的理论逻辑、体系结构和中国方案

QUANQIU ZHILI DE LILUN LUOJI、TIXI JIEGOU HE ZHONGGUO FANGAN

出　　版　天津人民出版社
出 版 人　刘锦泉
地　　址　天津市和平区西康路35号康岳大厦
邮政编码　300051
邮购电话　(022)23332469
电子信箱　reader@tjrmcbs.com

责任编辑　王　琤
美术编辑　汤　磊

印　　刷　天津新华印务有限公司
经　　销　新华书店
开　　本　710毫米×1000毫米　1/16
印　　张　18.5
字　　数　320千字
版次印次　2025年1月第1版　　2025年1月第1次印刷
定　　价　99.00元

国家社科基金后期资助项目
出版说明

后期资助项目是国家社科基金设立的一类重要项目，旨在鼓励广大社科研究者潜心治学，支持基础研究多出优秀成果。它是经过严格评审，从接近完成的科研成果中遴选立项的。为扩大后期资助项目的影响，更好地推动学术发展，促进成果转化，全国哲学社会科学工作办公室按照“统一设计、统一标识、统一版式、形成系列”的总体要求，组织出版国家社科基金后期资助项目成果。

全国哲学社会科学工作办公室

目　录

导言　全球大变革时代呼唤全球治理

世界百年未有之大变局、全球风险加剧、国际关系深度调整交织叠加，成为当今国际社会的时代特征。实现有效治理、共建美好世界是全人类共同面对的时代课题。“放眼世界，我们面对的是百年未有之大变局。”[①]世界正处于大发展大变革大调整时期，全球治理体系和国际秩序变革加速推进，国际力量对比深刻变化，治理思潮纷纭激荡。全球风险加剧全球治理困局，同时也加快了治理变革进程，凸显了人类的共同命运属性。关注并探讨变革世界中人类集体秩序的构建与维持，实现全球范围内的治理关乎世界各国前途命运和世界人民民生福祉，全球治理由此成为人类社会的共同大势和基本主题。这一时代“剧情”的发展，[②]需要世界各国共同推进现有治理体系、治理机制、治理理念的持续变革，也需要进行新理念、新思路和新学说的探索。

一、“四大赤字”：全球治理诉求凸显

世界政治于人类而言，似乎总是问题不断。寻求“治”的努力一直与人类的社会存在状态相伴始终。构建一个人与自然、人与人、国家与国家和平、和谐、和睦相处的世界，一直以来就是全人类的共同理想。20世纪80年代末以来，“治理”这一概念将政治与政策科学融入了更为宏大的学科视野中。面对纷繁复杂、急剧变化的世界，全球治理为人类认识世界、解决问题、把握未来提供了理论工具和关键方法。“它是全球生活的一个视角，一个为便于理解全球生活的高度复杂性和多样性而设计的有益视角”[③]，也是

---

①《习近平关于中国特色大国外交论述摘编》，北京：中央文献出版社，2020年，第74页。

② 倪世雄：《序：时代剧情与国际关系理论研究》，载［美］查尔斯·W. 凯格利：《世界政治：走向新秩序？》，夏维勇、阮淑俊译，北京：世界图书出版公司，2010年，第2页。

③［美］马丁·休伊森、［美］蒂莫西·辛克莱：《全球治理理论的兴起》，张胜军译，载陈家刚主编：《全球治理：概念与理论》，北京：中央编译出版社，2017年，第27页。

人们解决全球性问题、达至有序世界的重要途径。

当今世界正经历百年未有之大变局，经济全球化、政治多极化、文化多样化和社会信息化，正改变着世界也改变着人类的相处方式和思维方式。世界百年未有之大变局是全球治理发生的时代背景。“百年”揭示了全球治理的变革将是一个长期的历史跨度。“大变局”意味着全球治理将发生重大的、深刻的变化。“小变局”“微变局”的量变最终会带来质变的“大变局”。理解百年大变局关键是抓住“变”，准确理解“变什么、怎么变、变到哪里去”①。探讨全球治理之变为理解世界百年大变局提供了重要研究视角。在日益全球化的时代，世界大融合、大发展、大联动，国家之间的相互依存加深，休戚相关、命运与共的时代特征愈益鲜明。与此同时全球性问题日益凸显，世界大分化、大赤字、大分裂，逆全球化、反全球化浪潮不断，国际社会正不断陷于危机之中：和平受到威胁、信任机制脆弱、发展鸿沟拉大、治理堕入困局。世界呈现出的矛盾性、复杂性、不确定性、不稳定性，需要一种能够引领人类走向美好未来的全新治理方案。

全球化时代，人类深陷各种赤字困境。2019年3月27日，国家主席习近平在出席中法全球治理论坛闭幕式时，发表了《为建设更加美好的地球家园贡献智慧和力量》的重要讲话，将人类社会面临的诸多问题和挑战概括为“四大赤字”，即和平赤字、信任赤字、发展赤字和治理赤字，并且提出了“四个坚持”的破解之道，给出了破解赤字的中国方案——构建人类命运共同体，②为全球治理持续深入完善、世界持久和平繁荣指明了努力方向。在全球治理赤字加剧的背景下，党的二十大将“四大赤字”进一步精准表述为“和平赤字、发展赤字、安全赤字、治理赤字”③。回应“世界怎么了、我们怎么办?”④这些时代之问，中国方案指明了走向善治的必由之路。

(一)和平赤字:安全困境

全球治理中的安全困境导致和平赤字，坚持新安全观才能破解和平赤字。安全困境是全球治理面临的难题之一。相较于经济互动、政治对话、

---

①《百年大变局，变什么》，载张蕴岭主编:《百年大变局:世界与中国》，北京:中共中央党校出版社，2019年，序言1—2页。

② 习近平:《为建设更加美好的地球家园贡献智慧和力量——在中法全球治理论坛闭幕式上的讲话》，《人民日报》2019年3月27日。

③《习近平著作选读》(第一卷)，北京:人民出版社，2023年，第49页。

④《习近平谈治国理政》(第二卷)，北京:外文出版社，2017年，第537页。

文化交流，安全合作似乎步履维艰。安全利益通常被视为国家的核心利益，安全获得保障是国家寻求其他利益的基本条件。安全困境的存在意味着国家之间的安全利益存在着非此即彼的零和博弈关系。一国把所有其他国家都视为自身安全的威胁，并且通过增强军事实力来获得最大限度的安全。当所有国家都按照这一逻辑将增强军事实力作为自身安全的保障时，必然会带来国际社会军备竞赛不断升级。国家安全不仅得不到保障，国际社会的共同安全也时时面临威胁。安全困境源于国家之间缺乏起码的信任，同时进一步强化了国家之间的不信任，最终导致国际安全合作难以有效展开，安全治理乱象频生。

和平是当今时代主题之一。避免战争、保障安全、维护和平、达至秩序，是全球治理的核心目标。冷战结束后，国际社会面临更加复杂的安全环境。传统安全威胁和非传统安全威胁交织，双边安全与多边安全共生，区域安全建构与全球安全构建共在，成为全球化时代国际安全最显著的特征。“世界政治陷入了混乱、无序和缺乏全球性的阶段。”[①]国际社会从来没有像现在这样渴望和平，世界也从来没有像今天这样存在如此复杂的安全挑战。身处日益全球化的世界，不仅需要国家在经济上相互依存，在政治上相互尊重，在文化上交流互鉴，也需要国家在安全上相互信任，共同推进集体安全，最终实现共同安全。

新安全观至少在四个维度给人类提供了实现安全的路径：首先，转变了将国家安全彼此对立、将国家安全与共同安全分离的思路，寻求实现安全利益协调的方法；其次，改变了将安全与政治、经济、文化、生态相分离的状态，从全球治理的整体维度审视安全问题；再次，提供了化解安全困境的思路和方法，通过谈判解决直接的安全威胁，通过制度推动共同安全利益的实现；最后，将安全问题放置在全球治理的历史进程中进行审视，把当下的安全需求与长远的安全需求结合在一起，揭示全球安全治理的长期性和全局性。

（二）发展赤字：分配不均

全球治理中的分配不均导致发展赤字，打造开放共赢的合作模式才能破解发展赤字。全球化时代的发展呈现出许多前所未有的特征：第一，发展的联动性增强，这种联动性体现在一国发展与多国发展、区域发

① Peter Marcus Kristensen, “After Abdication: America Debates the Future of Global Leadership”, *Chinese Plitical Science Review*, Vol.2, 2017, pp.550-566.

展和世界发展的互动性加强，增长和衰退都会产生集群效应；第二，发展成为一个复合概念，不能单纯用经济指标予以衡量，政治、经济、安全、文化、生态全面发展才是真正发展；第三，发展呈总体趋缓态势，发展动力不足，全球经济增长乏力，特别是西方国家经济长期低迷；第四，发展的不平衡性突出，新兴国家、发展中国家成为世界发展的增长点，发达国家发展迟缓；第五，发展成果分配是困扰经济治理的突出问题，权力结构导致分配的严重不均。究其本质，发展与其说是一个技术问题，莫若说是一个政治问题。全球化背景下发展不充分、不均衡是比发展速度、增长速率更严峻的问题。

全球化带来的不平等表现在：首先，大部分国家和地区并未能共享全球化的好处，许多国家经济发展未能带来社会的全面发展，在国内社会和国际社会中贫富差距拉大；其次，大国通过操控治理议题选择、规则制定、机构准入及治理形式，控制了全球治理网络的构成与运作；再次，国内政策受世界经济和强国影响加深，全球化助长了发展中国家在全球市场中的脆弱性；最后，国家对全球化的适应能力存在差异，再加上治理结构、规则的侵略性，使原有权力结构进一步强化。由此，发展不充分、不均衡问题归根结底是一个政治问题，是国际权力不均衡关系导致的不平等的显现。

发展是时代主题中更为重要的问题。当今时代和平问题的解决必须协同思考发展问题，使和平获得更为牢固的基础和更加坚实的保障。即便是全球化的反对者也无法否认，全球化加注了世界的整体性，加强了世界的联系和融合。基于共同价值和共同利益，国家间的合作需求被进一步激发。与此同时，全球化的消极影响，又使许多国家采取内向型政策，放弃合作或采取不合作姿态。分离还是合作成为全球化时代国家面临的两难抉择。逆全球化的出现，表明因国际合作机制呈现出权力主导带来的分配不均问题凸显，致使在治理理念上出现现实主义的回潮。国家在选择合作还是分离时，会对由此带来的国家利益进行理性权衡。相对于合作带来的绝对获益，国家更在意的是相对获益。按照这一逻辑，如果国家认为国际合作给本国带来的获益大于对方，便会选择合作。反之，国家会放弃合作。这一逻辑普遍成立的话，则会导致国际合作难以实现。国际合作受挫必然不利于发展共赢。所以，解决发展问题的关键：一是推动国际体系结构变革，促进国际公平正义；二是转变思维方式，形成新治理理念。说到底，理念革新是根本。

(三)安全赤字:零和思维

全球治理中的零和思维导致安全赤字,坚持正确义利观才能破解安全赤字。零和思维是国际合作中的一种主流思维方式。现实主义认为,国际合作难以为继的根本原因就在于国家更加看重相对收益,而非绝对收益。在开展合作前,国家会理性评价合作会给双方带来的收益。如果相对于对方,合作给本国带来的收益更大,国家会选择合作;反之,则会放弃。按照这一逻辑,除非出现对利益的误判,否则国际合作根本无从实现。零和思维本质上将国家间的利益对立起来,把国家看作只关注自身利益的自利行为体,把国际社会看作理性自利国家构成的自助体系,把冲突视为国际关系的常态和本质。在这种思维方式下,国家会为了维护和满足自身利益,不顾共同利益,抛弃国际道义。国家完全成为非道德行为体,国际责任和道义对国家行为不具有任何约束意义。

零和思维的背后是国家之间缺乏足够的信任,进而引发了信任危机。相互信任是建立在对国家决策和行为有稳定预期基础上的,它通过国家之间稳定的交流、密切的合作而实现。一旦国际社会营造出崇尚合作的氛围,会进一步强化彼此的信任。零和思维之所以必然导致冲突,在于其坚持国家利益至上的首要原则,在处理国家利益和国际社会共同利益、国家利益与国际道义、国家利益与国际责任之间关系时存在严重偏差。国家利益与国际社会共同利益之间是个体利益与群体利益、当前利益与长远利益、局部利益和整体利益之间的关系,前者包含于后者之中。对共同利益的损害必然会威胁国家利益。国家作为人类社会关系的产物,它应该是道德存在物。国家的逐利行为必须符合国际道义,不能没有边界。国家权利与国际责任相伴而生,不存在没有责任的权利,国家在实现自身利益的同时应当为维护共同利益承担相应的国际责任。正确义利观纠正了零和思维对义利关系、群己关系、权责关系的扭曲认识,协调了上述关系中的冲突,有助于营造和谐的国际关系氛围,建立相互信任,促成国际合作,实现有效治理。因而,树立正确义利观才能化解信任危机。

(四)治理赤字:民主匮乏

全球治理中的民主匮乏导致治理赤字,坚持共商共建共享的全球治理观才能破解治理赤字。民主匮乏是由当前全球政治、国际体系和国内政策的权力结构呈现出的霸权特征决定的。权力结构从根本上讲是一种力量对比结构,而霸权是对资源进行权威性分配的决定性因素,导致了决策权、话语权的垄断。“实力和状况的不平等一直以来都是国际生活里面的显著特征之一。”[1]就全球政治层面而言，形成了国家中心的权力结构，主权国家在全球治理中居核心地位。非国家行为体则往往被认为依附于国家，其治理能力有限，其治理效果取决于国家的认可。就国际体系层面而言，形成了中心—边缘的权力格局，大国在全球治理中居中心地位。在中心国家和边缘国家之间形成了领导与从属关系，边缘国家的权益难以有效维护，其话语权被漠视。就国家政策层面而言，形成了精英治国的权力结构，精英阶层在国家决策中居主导地位。精英阶层与普通民众之间因资源占有的巨大差异而出现权力鸿沟，普通民众难以对国家决策产生有效影响。

当前由经济治理体系和安全治理体系组成的全球治理体系是二战后建立起来的——在世界经济中形成了以布雷顿森林协议为中心的全球经济治理体系，在世界政治中形成了以联合国安理会为中心的全球安全治理体系。这一全球治理体系建立在实力基础上，以新自由主义为指导理念，以主权国家为中心，[2]对于应对全球性挑战、化解全球性危机发挥了重要作用，与此同时也存在着严重的制度供给不足，带来了治理赤字。

全球治理体系的权力结构直接导致了文化霸权的产生，也致使治理理念被少数国家垄断。在人类文明发展史上，基于不同的经验和信仰，形成了风格迥异、特色鲜明、各成体系的多元文化。不同的文化基因铸就了丰富多彩的全球政治经济图景，也导致了治理理念、治理模式的巨大差异。治理格局的权力结构特征，致使治理理念单一化，且由发达国家主导。治理理念的单一化背后隐藏的是治理权力的垄断。已有的主流治理平台并没有充分重视来自其他国家不同的声音，甚至把不同的声音视为异类。许多国家带有自身特点的治理经验和治理理念被忽略、漠视，治理的多彩图景被黑白处理。基于权力对比而产生的单一治理理念，不可能解决全球治理面对的多样性、复杂化问题。世界由行色各异的国家组成，全球性问题是人类共同面对的问题，需要世界各国协商、一致行动，一个更加美好的世界需要全人类共同建设、共同享有。全球治理需要多样性思维，需要有针对性的治理模式与方法。多元文化相互包容、交流互鉴、取长补短、互通有无，才能为不同时代、不同领域、不同地域、不同问题提供有效的治理之道。

---

①［英］安德鲁·赫里尔：《全球秩序与全球治理》，林曦译，北京：中国人民大学出版社，2018年，第11页。

②卢静：《逆全球化凸显全球治理赤字》，《人民论坛》2018年7月上。

因而,打破单一僵化的思维逻辑,实现治理理念的变革是破解治理赤字的先决条件。

全球化时代,世界复杂多变。一方面,全球化趋势进一步加强,渐进性的国际化和变革性的全球化互动增进了世界的通透性,[①]人类从来没有像今天这样面临如此多的全球性问题,世界正变成一个同生共在、命运交织的共同体。另一方面,一些西方国家出现反全球化、逆全球化现象,且有愈演愈烈之势,甚至成为国家政策的主流,全球化潮流被阻逆,全球治理的离心力增强,世界因不断分化而陷于困境。

二、逆全球化:全球治理遭遇逆风

全球化与逆全球化是一体两面的关系。全球化是一个矛盾体,充满了不确定的"谜团"[②],分离与联系缺一不可,动力与阻力相互依存。如果说全球化是20世纪90年代以来最鲜明的"时代精神"(Zeitgeist),那么逆全球化则似乎是21世纪"全球化时代"(age of globalization)走向终结的象征。从当前全球治理呈现出的复杂图景看,全球化进程中始终夹杂着去全球化、反全球化、逆全球化现象,为全球治理提出了更大挑战。这意味着,全球化时代既存在着国家之间相互依赖加深、世界经济一体化的发展大势,也存在着一些国家战略内向型调整,以及治理理念和方式分野的逆全球化潮流。

(一)滥觞于全球化的逆全球化

经济自由化扩散、新信息和通信技术兴起、国际组织地位提高和世界人权议程复苏,这些全球化的表现在许多人看来已经表明,"世界正在向一种新形式的相互联系开放,一种多层次、多边的'全球治理'体系正在出现"[③],全球治理的本质也将随之改变。然而,今天现实世界的发展似乎完全背离了人们对于全球化的最初预期。世界反全球化声浪不断,许多国家出现反全球化的示威游行活动,一些学者针对全球化的负面效应进行了批

---

① [美]彼得·卡赞斯坦:《地区构成的世界:美国帝权中的亚洲和欧洲》,秦亚青、魏玲译,北京:北京大学出版社,2007年,第20页。

② [英]巴里·布赞:《美国和诸大国:21世纪的世界政治》,刘永涛译,上海:上海人民出版社,2007年,第88页。

③ Justin Rosenberg, "Globalization Theory: A Post Mortem", *International Politics*, Vol.42, 2005, pp.2-74.

判。[①]全球金融危机的爆发进一步推动反全球化运动从民间走向政府，逆全球化潮流涌动。

逆全球化是否意味着全球治理在国际层面的瓦解？或者表明出现局部阻滞的全球治理将演变为更为广泛的全球阻滞状态？[②]显然这种因某些阻逆而全盘否定潮流大势的做法并不客观。关于逆全球化现象需要搞清楚这样以下问题：逆全球化与全球化的关系是怎样的？它给全球治理带来了哪些影响？导致逆全球化的根源是什么？如何驱散逆全球化给全球治理蒙上的阴霾？

概念上，如果说全球化是世界经济发展的一种客观态势，去全球化则是民间或政府层面与之相左的一种潮流，是全球化未能达到人们预期的自我反噬。如果说反全球化是一种现象的话，逆全球化则在很大程度上表现为一些国家特别是西方国家的主观意愿。逆全球化为全球治理带来了诸多挑战，同时也成为当前全球治理体系变革的新动力。从实践发展层面看，作为世界发展的总体趋势，全球化是螺旋式发展，波浪式前进的。在此意义上，逆全球化本身就是全球化的一部分。从概念构建层面看，逆全球化是与全球化相对而称的概念，其内涵必然是由全球化界定的。在此意义上，逆全球化内含于全球化概念体系之中。没有了全球化，去全球化、反全球化、逆全球化本身就失去了存在的意义。逆全球化的呼声不断也证明了全球化改变人类存在方式的势头并没有终止。以全球化不可逆转的大势观之，逆全球化只是一种暂时现象，逆全球化没有也无法逆转全球化。

现实中，英国通过公投成功脱欧，美国以优先保护自身利益为名采取退出机制，挥动关税大棒，实施选边站队，出台单边制裁，大搞脱钩断链。凡此种种表明，推行逆全球化政策的国家有意弱化与世界的关联，希望在尽享全球化好处的同时，将随之而来的责任、负面影响、威胁隔绝在外，战略选择上呈现出强烈的保护主义、单边主义、孤立主义等特征。这些做法加深了全球发展鸿沟，加剧了发展中国家民生困难，加重了全球安全威胁。

---

① [德]格拉德·博克斯贝格、哈拉德·克里门塔：《全球化的十大谎言》，胡善君、许建东译，北京：新华出版社，2000年；[古巴]菲德尔·卡斯特罗：《全球化与现代资本主义》，王玫等译，北京：社会科学文献出版社，2000年；[德]汉斯·彼得·马丁、哈拉尔特·舒曼著：《全球化陷阱——对民主和福利的进攻》，张世鹏等译，北京：中央编译出版社，2001年。

② Justin Rosenberg, "Globalization Theory: A Post Mortem", *International Politics*, Vol.42, 2005, pp.2–74.

逆全球化给全球治理带来的影响体现在以下五个方面：

第一，在国际体系中，主权国家对国际事务的决定性被进一步强化，国际组织、跨国公司等非国家行为被边缘化。第二，国家对全球化的态度和认知发生分化，一些西方国家保守主义回潮，全球化秉持的自由主义受到冲击。第三，国际机制对行为体特别是主权国家决策和行为的正向效力下降，一些大国公开退出国际合作机制，放弃承担国际责任。第四，区域一体化势头超过全球化，①区域组织取代全球组织，双边合作风头盖过多边合作，全球化的组织载体优势不再。第五，发达国家对国际公共产品的供给减少，政治、经济、安全、生态出现治理困境，新兴国家开始分担部分国际公共产品供给责任。

（二）全球治理失灵致逆全球化

表面上看，逆全球化是反全球化现象在政府进行政策选择时的一种去全球化呈现。就全球化本身而言，逆全球化的症结在于全球化进程受阻，全球治理机制失灵，其根源在于国际社会所面临的“四大赤字”。就此而言，逆全球化与全球化是并行不悖的。逆全球化是国际社会面对难以破解的治理难题，深陷治理困境而对全球化的一种反叛。“逆全球化只不过是全球化短期的自我否定，是由资本主义国家单方面主导的全球化向更加全面的全球化的阶段过渡的一种反向状态。”②

从体系层面看，逆全球化源于国际体系结构的变化。曾经一度，由于资本主义的侵略性和扩张性，资本主义国家对全球化的主导，全球化被简单等同于资本主义化，被视为是资本主义生产关系、发展道路乃至制度模式的全球复制。而在中国等新兴国家、发展中国家融入国际体系并成为重要影响力量之后，应对层出不穷的全球性问题，国际体系被少数国家强权垄断的局面正在改写，国际体系格局开始由纵向等级体系向横向扁平结构转变。逆全球化正是国家体系转变而引起的一些“输家”的过激反应。从国家层面看，逆全球化是一些国家特别是西方发达国家对抗全球化趋势带来的经济、安全、政治治理危机的一种主动政策选择。美国采取贸易保护主义、边境筑墙、“退群”行为等，无非是为了转移国内社会矛盾，化解民众

---

① 关于区域一体化与经济全球化之间的关系，存在着截然不同的解释。自由主义和建构主义认为，区域一体化与全球化是一致的，它是全球化在区域层面的体现，必然推动并最终导向全球化。现实主义则认为，区域一体化实则是国家内向型战略的结果，意味着国家更加强调本国、地区优先，在抵制参与更广泛的全球合作。

② 王泽应、刘利乐：《当代世界逆全球化现象的伦理审视》，《中州学刊》2019年第1期。

对政府的不满。虽然身为全球化的既得利益者，但在国内利益至上原则下，美国不愿意承担相应责任，不想面对全球化带来的风险。而后发国家之所以也出现了逆全球化现象，是因为其处于全球产业链的低端，未能享受全球化的红利。从“人”的层面看，逆全球化政策的制定和实施，与秉持保守主义立场的政府、政党和政治领袖不无关系。英国保守党党魁从特蕾莎·梅到鲍里斯·约翰逊一直不遗余力地主张脱欧，最终于2020年1月31日成功实现脱欧目标；特朗普作为美国共和党候选人以反建制、反主流的角色赢得大选，迎合国内孤立主义思潮，兑现竞选期间对选民的承诺，采取反国际合作的各种举措，如提出了跨太平洋伙伴关系协定，同时大幅度提高关税，推行本土化制造。

逆全球化滥觞于全球化，终将止于全球治理。有效的全球治理是应对逆全球化潮流的良方。首先，有效的全球治理需要供给充足的国际公共产品，如秩序、规则、制度、组织、合作等，在保证充分发挥原有治理机制效力的同时，还需要搭建适应全球治理新需求的全新的制度平台，畅通国际合作渠道。其次，有效的全球治理需要大国提振领导力，具备应对治理难题的勇气和智慧，主动承担推动全球化进程的责任，破解国际集体行动难题，最大限度释放全球化的积极潜能。[①]再次，有效的全球治理需要做大全球化蛋糕，更需要公平分配全球化红利，补偿全球化受损者利益，实现全球化好处的全球共享、国家共享、人人共享，提高全球化的支持度。最后，有效的全球治理还需要创新治理理念和治理方案，转变治理思维和治理方式，探索有针对性的治理路径，提升全球化的认同感。一旦全球治理的效能得到有效提升，治理难题逐一破解，去全球化、反全球化、逆全球化便会不攻自破。

三、走出困局：全球治理迎来变革

面对日益复杂化和不断变动的世界，人类在思考未来将走向何处，世界该如何掌控？“世界的未来不仅由世界政治的‘客观’事实的变化所决定，也有人们归因于那些事实的意义、他们的诠释所立足的假定，以及基于这些假定和诠释的行动所决定。”[②]这意味着全球治理实践与人们基于实践而

---

① 张宇燕：《全球化之殇：涵义、诊断与矫正》，《国际金融》2017年第7期。

② ［美］香农·布兰顿、查尔斯·凯格利：《世界政治：趋势与变革》，夏维勇译，北京：北京大学出版社，2019年，第9页。

形成的全球治理理念,对于未来的全球治理转型具有决定性意义——实践与理念共同构建了全球治理。

(一)全球治理的体系变革

全球化的发展带来了层出不穷的全球性问题,也促使国际体系扩展为涵盖国家行为体和非国家行为体遍布世界每个角落的全球治理体系。全球治理体系的出现既是全球化发展的必然趋势,也是治理行为体有意构建的结果。为了应对全球化进程中出现的共同问题,人们努力构建起全球治理体系,并通过制定规则实现国际社会的稳定、秩序。

全球化打破了国家地理边界的限制,加强了国家之间全面的、全方位的、深度的联系,实现了国家活动空间的极大扩展。非国家行为体大量涌现并且在国际事务中扮演日益重要的角色,国家权力受到有力挑战,在国际事务中的影响力和作用相对下降。国家行为体和非国家行为体相互作用,构成了"共同体、国家、国际制度、非政府组织、跨国公司之间的复杂关系网络"①,形成了多层次的复合治理体系。全球治理体系是"全球化时代彼此互动的行为体(包括国家行为体、超国家或跨国家行为体和次国家行为体)相互联结而形成的整体或集合"②。与国际体系相比,全球治理体系呈现出全球化带来的"新质"③特征:第一,全球治理体系由多元行为体组成,国家行为体、超国家行为体、次国家行为体形成了复杂的关系网络;第二,全球治理体系是多元权威中心体系,非国家行为体权威上升,国家不再是权威的垄断者;第三,全球治理体系是超越国际体系的独立体系,是具有独立的利益和身份的整体;第四,全球治理体系是以非对抗性为行为方式的体系,通过行为体合作解决全球性问题;第五,全球治理体系是一个趋向平等化的结构体系,因国家权力分配而形成的等级结构特征不断弱化,同时国家行为体与非国家行为体的垂直关

---

① David Held, Anthony McGrew, David Goldblatt and Jonathan Perraton, *Global Transformation: Politics, Economics and Culture*, Polity Press, 1999, p.27.

② 刘贞晔:《全球体系浅析》,载蔡拓、刘贞晔主编:《全球治理变革与国际法治创新——全国首届"全球学与全球治理论坛"成果》,北京:中国政法大学出版社,2014年,第52页。

③ 蔡拓:《全球性:一个划时代的研究议题》、刘贞晔:《全球体系浅析》,载蔡拓、刘贞晔主编:《全球治理变革与国际法治创新——全国首届"全球学与全球治理论坛"成果》,北京:中国政法大学出版社,2014年,第3、52页。

系也发生了变化。[①]

全球治理体系在构成主体上的特征是根本性特征，决定了国家行为体和非国家行为体的功能，构成了相对复杂的复合结构。尽管国家行为体不再是唯一的政治权威垄断者，国家中心主义原则受到了挑战，但国家行为体仍然处于较为强势的地位；[②]非国家行为体的地位和功能不断强化和提升，为国际合作提供了平台和规则，但是不否认也没有根本改变国家行为体的主导地位。国家行为体的这种强势地位决定了西方国家在全球治理体系中的主导地位仍然没有得到根本性扭转。当前的全球治理体系由西方发达国家建立并主导，奉行西方国家的治理理念。发达国家希望通过不断扩大全球治理体系的覆盖范围，将广大发展中国家纳入全球治理体系，通过全球化进程输出自己的制度、文化和模式，通过国际机制为发展中国家提供行为规范，加强对发展中国家的全面控制。

全球治理体系在应对全球性问题方面显得力不从心，至少在以下六个方面存在着变革的需要：第一，全球治理体系仍然是国家中心主义的，非国家行为体的作用有限，其功能受国家行为体的限制或需要通过国家行为体发挥影响。第二，全球治理体系未能剔除西方中心主义的特征，民主化、平等化程度需要加强，新兴国家、发展中国家的话语权没有得到充分保障。第三，全球治理体系呈现出问题领域治理程度的不均衡，在政治、安全、生态方面治理效果相对滞后于经济、文化领域的治理，协同治理、均衡治理尚待加强。第四，全球治理体系的整体性受到了区域主义、国家主义的削弱和挑战，行为体在权衡全球整体利益和区域利益、国家利益时，会优先选择区域利益、国家利益而使全球整体受损。第五，全球治理体系凝聚力不强，反全球化、逆全球化潮流冲击着全球治理体系，使其呈现出分散、松散的特征。第六，全球治理体系权威性、合法性不足，其构建进程明显滞后于全球化发展的速度，对全球性事务和全球性问题应对乏力。全球治理体系存在的上述问题表明，全球治理体系变革势在必行。提升非国家行为体的作用，赋予广大新兴国家和发展中国家治理话语权，推进治理均衡化，突出体系整体性，增强体系凝聚力，强化其权威性和合法性等方面，将是未来全球治理体系变革的主要方向。

---

① [美]星野昭吉：《全球化时代的世界政治——世界政治的行为主体与结构》，刘小林、梁云祥译，北京：社会科学文献出版社，2004年，第310页。

② 刘贞晔：《全球体系浅析》，载蔡拓、刘贞晔主编：《全球治理变革与国际法治创新——全国首届“全球学与全球治理论坛”成果》，北京：中国政法大学出版社，2014年，第61页。

(二)西方治理理念的贫困

造成当前全球治理体系问题重重,全球治理进程举步维艰,全球治理效果不尽如人意根本原因就在于全球治理理念和治理模式的僵化。今天人们用以理解和分析全球治理的理论并没有反映世界上大多数人或大多数国家的意见、经验、主张和贡献,而且往往把西方核心国家之外的行为体边缘化了①。

现实主义因其写实性而被认为是对国际关系现实的真实映射。基于人性恶的认知和对权力的推崇,现实主义对全球治理的前景持一种悲观而谨慎的态度。对我们所生存的这个世界是否能够变得更好,现实主义即便并未彻底否定,也是存疑的。在它看来,人类所处的困境不仅难以根治,而且难以缓解。对于社会而言,人性恶是最重要、根本的现实。探究人类社会世界有效的全球治理之道在现实主义眼中几近徒劳。这源于先在的、恒定的人性,决定了国际关系的本质是永恒不变的,学术研究只能起到提示性作用,而并不能使其变得更好。"对现实主义者而言,权力是理解国际关系的关键要素。"②"权力对于国际关系的意义正如货币之于经济学"③在现实主义者看来,无论受人之本性驱动,还是受无法摆脱的无政府状态的制约,国家都不可避免地需要权力,追求权力。所谓全球治理,不过是国家追求自身权力扩大过程中权势均衡的结果。它并不能改变国际关系冲突性的本质,所谓治理及其实现取决于大国之间权势均衡的维系,此外无他。它把全球治理看成一个静态物,只有形式的不同,只关乎权力关系的无休止的、单调的自我再生,而无实质的变化,否认在多样性的、差异性的集体内实现治理的可能性。④现实主义这种哲学观同样适用于它自身。因为所谓古典现实主义和新现实主义的划分,只体现在研究方法和着眼点上的差异,在理论观点上并无实质性的变化。以对立和冲突作为国际关系的核心特征,把全球治理体系理解为

---

① Amitav Acharya, "Global International Relations (IR) and Regional Worlds: A New Agenda for International Studies", *International Studies Quarterly*, Vol.58, 2014, pp.647-659.

② Marc A. Genest, *Conflict and Cooperation: Evolving Theory of International Relations*, Peking University Press, 2003, p.46.

③ [美]约翰·米尔斯海默:《大国政治的悲剧》,王义桅、唐小松译,上海:上海人民出版社,2003年,第11页。

④ James N. Rosenau, "Disaggregated Order and Disorder in Globalized Space", in Birthe Hansen and Bertel Heurlin eds., *The New World Order: Contrasting Theories*, Macmilian Press Ltd., 2000, pp.39-40.

国际行为体(主要是国家)权力博弈的角斗场,从根本上否定了全球治理存在的可能性和全球治理体系产生的根基。

对国际无政府状态、国家特质、治理手段的不同认识,导致自由主义开辟了一条截然不同于现实主义的治理理路。自由主义治理理念生成的理论基础是其对人性善和利益和谐的判定。如果说现实主义从根本上否认全球治理的可能性或对全球治理的发展持一种悲观态度的话,自由主义者对全球治理的认识未免过于乐观,以至于未能认识到全球治理面临的困境。在自由主义看来,全球治理以增进和扩大自由为基础,只有在国家内部和国际社会不懈地推广自由理念和制度,才能最终实现维持良好秩序、达到持久和平的目的。唯有通过持续不断地推进相互依赖和国际合作才能实现世界的有效治理。相较于相对获益,理性自利人(国家)在追求利益过程中更加关注的是绝对获益,不会因对方相对获益较多而甘愿放弃合作,只要有利于自身获益,它们便会寻找共同利益、增进共同利益,因而更倾向于促成国际合作以实现更多利益。由此,国际合作能够加强国家之间的相互依赖,可以实现国家间的利益平衡,并借此推进全球治理,从而避免陷入合作困境或进而引发国际冲突。在自由主义看来,全球治理的追求不在于寻求国家在全球性事务处理中的权力及其扩张,也不在于通过保持大国的权势均衡维护短暂的平静,而是使人类社会不断趋近于和平、福利、正义、和谐等目标。诚然,自由主义治理理念倡导的所谓自由理念和制度是西方式的,它所宣扬的持久和平、国际合作、相互依赖也是以西方市场经济和政治民主为前提的。由此,自由主义所赞同的全球治理仍然是由西方国家主导的。

建构主义在本体论上对全球治理理论进行了革新,将观念因素引入全球治理的范畴当中。在建构主义看来,现实主义将国际关系视为先定的、恒定的,全球治理由权力结构决定,是权力斗争的结果,是典型的物质主义;自由主义赋予国际制度独立解释全球治理的地位,也认识到制度由行为体互动而建构,但又将国际制度视为物质力量分配的表现,实质也是物质主义的。"概念先于观察,实证性事实的意义取决于组织事实的概念。"[①]权力和利益受社会实践影响,是社会建构的结果,因而是观念变量而非物质变量。全球治理中国家作为行为体其利益并非先定的,而

① [挪威]托布约尔·克努成:《国际关系理论史导论》,余万里、何宗强译,天津:天津人民出版社,2004年,第286页。

是受国内进程因素和国际文化塑造，被不断社会化的。所谓国际无政府状态并不具有特定的逻辑，而之所以国家都将无政府视为冲突、战争的代名词，无非是国家在交往中赋予了它这一内涵。[①]“无政府状态是由国家造就的”[②]，是冲突性观念不断塑造国家行为的结果。加入社会性因素，以观念发展一种全新的、非对立的实践，将极大改变世界政治的全球治理面貌。[③]建构主义在对“新新合流”[④]的主流治理范式进行批判和解构，为全球治理提供了社会学研究视角，开拓了全球治理研究的新路径。然而从方法论上，建构主义从国家观念出发解读，全球治理存在的逻辑与文化，由此仍然奉行了个体主义的认识论和方法论。这就导致它没有形成关于全球治理的整体主义认识。

新现实主义、新自由主义和建构主义在全球治理研究中形成三分之势，决定了西方学界和政府对全球治理的总体认识和判断。这些学说从实用性角度为西方中心主义的全球治理体系提供了合法性解释，投射出治理理论的西方主导价值观念和思维方式。

（三）破局纾困的理念之变

如何才能走向更美好的未来？这是全人类面临的时代课题。全球性问题及由于国家治理而引发的反全球化、逆全球化现象，不断提示我们，世界需要治理，人类需要合作。在一个不存在合法中央权威的世界，在一个全球性挑战不断涌现的时代，治理的需求从来没有像今天这样强烈。

任何一种理论都不是凭空产生的。现实的需要是理论产生和发展的动力，而前人的理论则是理论生成的基础。全球治理理论伴随着人类社会公共领域的发展和人类智识的增长而逐步从无到有，并不断走向成熟、系统。冷战结束后，一个全球范围内的治理体系正在逐步形成。全球治理面

---

① [美]亚历山大·温特：《国际政治的社会理论》，秦亚青译，上海：上海人民出版社，2000年，第314页。

② Alexander Wendt, “Anarchy is What States Make of It: the Construction of Power Politics”, *International Organization*, Vol.46, No.2, Spring 1992, p.391.

③ Dale C. Copeland, “The Constructivist Challenge to Structural Realism”, *International Security*, Vol.25, Fall 2000.

④“新新合流”，是指20世纪90年代以来，新现实主义和新自由主义在立场上的妥协，在研究假定上的趋同。此前，新现实主义把国家视作国际关系的唯一主要行为体；新自由主义则为了突出非国家行为的重要作用而有忽略国家之嫌。“新新合流”后，二者都承认国家行为体对国际关系的决定性作用，同时也承认非国家行为体的重要性。这意味着新自由主义认同了现实主义的“国家中心主义”假定。在此前提下，双方各有侧重。

临的大发展、大变革、大调整,使全球治理理论与治理实践之间的关系日益复杂,探求成功的治理之道需要多元文化给予理论支持。如果说全球治理是易变且不断发展的,那么关于全球治理的理论亦该如此。有着悠久文化传统的中国,可以为当前不断陷于困境的全球治理贡献智慧。曾经一度,全球治理由西方治理理论所主导,包括中国在内的广大的发展中国家成为"沉默的大多数"。国际关系民主化、世界政治多元化的发展,需要更多的国家贡献有益的思想和理论。全球治理理论研究当前的任务是,重新审视过去主流治理理论,制定一条通往真正包容性理论范式的道路,承认世界的多元性和多元化,并且形成一种整体性、全球性的思维方式。中国革命与改革的经验同马克思主义关于人类社会发展的判断告诉我们:思想观念的革命是社会变革的前兆和先头兵。解决当前的治理困境,必须首先进行治理理念上的革新。

建设有序世界,实现有效治理,需要推动全球治理体系变革,转变二元对立思维,形成全新的治理理念。当人们发问:为什么不存在非西方的国际关系理论(Non-Western IR Theory)时,对于全球治理研究而言进一步的追问是:为什么不存在非西方的全球治理理论(Non-Western Global Governance Theory)?其一,主流全球治理理论深深植根于西方的历史与知识传统,而仅仅给非西方世界以边缘化的立锥之地;其二,造成西方之外的国家全球治理理论不发达的原因,从内部看是文化、政治、制度等因素复合而成的,从外部讲则是西方国家及其治理理论的霸权地位造成的;其三,一个能够反映出全球治理全景、愿景的理论,必然是包含多元视角的,能够呈现世界多样性和整体性的理论。

一个多文明共在的世界需要,不同的文化为人类社会的共处提供智慧。人类共同面对的问题也绝非单纯西方国家或西方思维能够应对和解决的问题。处于世界政治大发展、大变革时代,全球治理需要对急剧转变的世界政治作出合理的、科学的解释,更需要对人类社会、世界政治发展前景进行规范的、有效的预期。单一视角很难映射出全球治理的全局全貌。不同学派、不同文化因其研究视角、研究方法、价值观念的分殊,造成了其对全球治理审视角度、理论阐释和发展预期的各具特色,并存在重大差异。只有多元维度的解释和研究路径,才使人类关于全球治理的认识更加切近全球治理的本质,才更有利于祛除世界政治经济发展的层层迷雾,辨明人类社会的发展趋向。

中国五千多年的文明积淀和独具特色的发展道路,使她能够为处于变革关键期的全球治理提供更为开阔的文化视角和更具智慧的全新方案。进入新时代,中国面临着国家治理和全球治理两大战略任务。通过推动国家治理体系和治理能力现代化,中国努力实现中华民族伟大复兴;通过推动构建人类命运共同体,中国为全球治理贡献了中国智慧和中国方案。人类命运共同体不仅是一种全新的治理理念,而且通过区域共同体的建设和“一带一路”建设已经走向实践,致力于为破解人类面临的“四大赤字”提供有效的治理之道。

第一章　国际关系百年进程中的全球治理范式

现代学科意义的全球治理范式是全球化时代国际关系学的产物。审视国际关系学科演进的历史进程,可以发现伴随着国际关系体系的生成与拓展,国家行为开始具有了跨国性。全球治理范式的出现与兴起,则表明国际关系理论方法和国际行为体的治理实践显现出全球性趋势。这一趋势在理论层面是不同学术流派从不同研究视角,运用多种研究方法建构的结果,在现实层面则体现为治理发展超越国家地理边界的自然结果。国际体系不再局限于国家,“不再仅仅包括国家,而且世界也正在发生根本性的变化”①。

一、国际关系学百年:拓疆之旅与时代特征

国际关系学是人们在反思世界大战的危害、探寻实现国际和平的方法当中诞生的。百年未有之大变局下,行至百年的国际关系学已然形成百年大格局。百余年来,国际关系学从无到有,由简入繁,其独立性、专业性、学理性愈益凸显。国际关系学呈现出的学科属性与特点,一方面是丰富的国际关系实践推动的结果,另一方面则与多元范式的哲理性思考密不可分。回顾百年的历程,国际关系学由消灭战乱的初心而生,以范式转换的年代图谱和范式之间的“大辩论”完成了一段连接过去、现在和未来的百年拓疆之旅,形成了一条“全球演化”的轨迹。②国际关系百年大格局呈现出主轴线多点共振性增强、寻求规范与科学平衡、范式多元共生、“西方中心”特征渐弱的时代特征。走向未来的国际关系学格局中,中国国际关系会是一个独特的存在。把握国际关系学的时代变局,自主提出原生理论命题构建理

① [美]托马斯·G. 韦斯:《治理、善治与全球治理:理念和现实的挑战》,张志超译,载陈家刚主编:《全球治理:概念与理论》,北京:中央编译出版社,2017年,第16页。

② [加拿大]阿米塔·阿查亚、[英]巴里·布赞:《全球国际关系学的构建:百年国际关系学的起源与演进》,刘德斌等译,上海:上海人民出版社,2021年,第6页。

论体系，以中国话语传播中国理念，将使中国国际关系走出一条拓新之路。

（一）国际关系：古老的新兴学科

作为一门学科专业，国际关系学产生于第一次世界大战之后。[①]正如经济学的目的在于探讨如何在不增加成本的情况下将蛋糕做大，政治学关注社会利益的权威性分配，伦理学研究最大限度地实现社会正义，国际关系学从一开始便以寻求避免战祸实现和平的有效路径为价值追求。大规模战争引发的灾难促使学者们探寻导致战争爆发的原因，并致力于建立一个和平的免于军事冲突的世界。在此过程中，作为一个研究领域的国际关系学应运而生。围绕着构建理论范式、发现规律并预测未来、探究事态原因等基本任务，[②]国际关系学明确研究对象，构建起自身的概念体系和方法论体系，进而发展出完整且独特的知识图谱。

任何一门学科都有自己独立的研究对象，国际关系学亦不例外。从字面意义上理解，国际关系学就是研究国家间关系（inter-state relations）的一门学问。百年来，虽然国际关系学的理论范式几经变化，国家不再是国际行为体的唯一组织形式，但"国家中心主义"作为国际关系学的核心假定并没有根本改变。在国际关系学成立初期，对于战争根源的分析被认为源于人性不完善推及的国家理性不足。第二次世界大战后一直主导国际关系学的现实主义认为，人性恶导致国家不断追求自身利益的满足，因此造成国家之间的冲突不可避免。国家理性自利的本性难以消除，因而战争无法从根本上避免，但保持国家之间的权势均衡则可以对战争构成约束。新现实主义虽然避免了将并"不科学"的国家本性作为理论建构的起点，但它对国家之上缺乏统一中央权威的认定，实则仍然把国家视为国际关系的关键行为体，国际关系状况被认为直接取决于国家的政策和行为。新自由主义关注到了国家而外非国家行为体的崛起及其影响，但在看待国家的立场上却向新现实主义做出了妥协和退让，承认国家对于国际关系特别是国际合作的决定性意义。批判理论对主流范式[③]特别是现实主义进行批判和挑

---

① 学界通常将1919年英国威尔士大学设立国际政治讲席教授职位作为国际关系学科建立的标志。尽管国际关系研究史和人类思想史一样古老，但真正系统的国际关系学却不过百年历史。在2019年国际研究协会（ISA）年会上，英国学者巴里·布赞指出，1919年是一个重要分水岭。相较于之前的著述，1919年后的国际关系学呈现出学术系统性。参见任晓：《全球国际关系学与中国的进路》，《国外社会科学》2019年第4期。

② 周桂银：《国际关系史研究的深度和广度》，《吉林大学社会科学学报》2019年第4期。

③ 本书使用的"主流范式"，是指当前在国际关系学界处于主导地位的三支学术流派，即新现实主义、新自由主义和建构主义，三者大体形成了三足鼎立的学术局面。

战，也都是围绕着国家理论及其缺失展开的。国际组织、跨国公司等非国家行为体的大量涌现，一定程度上对将国际关系简单化约为国家间关系的传统认知构成了挑战。然而，国家行为体—非国家行为体、国际关系—国内政治等二元分类潜在的逻辑前提仍然是国家中心主义。毫不夸张地讲，只要世界政治仍然是由国家组成的，国家在国际关系及国际关系学中的核心地位便不可撼动。

围绕着国家这一核心范畴，国际关系学发展出了一整套概念体系。作为推动学科走向成熟的力量，现实主义对许多概念并没有做出清晰的界定，但正是它提出并率先使用了当今国际关系学频繁使用的诸多概念，因而人们通常认为国际关系学真正形成严整的学科体系始于现实主义。以国家为核心对外辐射，衍生出一系列高相关度概念如权力（power）、利益（interest）、安全（security）、无政府状态（anarchy）等，并由这些概念体系化，编织成概念网络。权力被视为国家在国际关系中的目的或实现目的不可或缺的手段，国际关系归根结底是一种权力关系，国家之间合作也好冲突也罢不过是权力的实现形式。利益是国家生存和发展的一切需求，它要么与权力存在交互性，要么被直接等同于权力。国家制定外交政策和展开国际关系最终都指向国家利益。安全是国家的首要利益，是国家生存和发展的第一前提，国家为寻求最大限度的安全而建立合作关系或采取军事冲突。在国际关系中，主权国家之上不存在统一中央权威的状态被称为国际无政府状态。在不同学派那里，国际无政府状态被赋予了截然不同的内涵和意义。自由主义认为，国际无政府状态并不意味着国家在国际社会中的行为可以信马由缰地不受任何制度约束。相反，国际机制、国际组织、国际道德等都会对国家构成程度不一的约束，从而一定程度地避免国际冲突愈演愈烈。现实主义认为，国际无政府状态决定了国际关系体系是一个自助体系，国家不断扩张权力以确保国家安全和国家利益的实现。批判理论则将国际无政府状态视为国家在国际交往中建构的结果，指出国际关系状态实际上是国家秉持的观念及其践行造就的。

国际关系学形成了自己的方法论体系，且因使用不同的方法论造成了理论范式分殊。国际关系学被描绘成独立于政治学、历史学和经济学的独立学科，很大程度上是因为它具有独特的方法论。[①]作为体系的方法论包

---

① Steve Smith, "The Discipline of International Relations: Still an American Social Science?", *British Journal of Politics and International Relations*, Vol.2, No.3, October 2000, pp.374-402.

含了本体论(ontology)、认识论(epistemology)和研究方法(method)。在本体论上,要说明国际关系是由什么构成的,构成国际关系的质料是客观实在还是观念认识;在认识论上,要说明人类如何能够获得关于国际关系的确当认知,是经验主义的还是反思主义的;在研究方法上,国际关系学通过哲学思辨、经验数据、历史证据等增益理论的解释力。

国际关系学科成立初期,研究范畴界定,研究议题筛选和研究框架搭建的背后已经隐藏着本体论问题,是研究者的"无意识""潜意识",国际关系学在方法论上处于一种自觉状态。20世纪80年代以来,国际关系研究开始走向方法论自为,"从具体问题转向了本体论和认识论的基本问题"[①],特别凸显方法论对研究科学性的保障意义,甚至把方法论问题列为研究对象。国际关系本体论,"不仅与什么应该被认识或什么算作知识相关,而且关乎如何对待知识"[②]。国际关系学不仅要研究国际关系现象,分析这些现象产生的原因,寻找解决问题的有效途径,而且要探究国际关系知识产生的动力机制,向业已形成的知识提供佐证或进行质疑。现实主义(传统现实主义、新现实主义、新古典现实主义)、自由主义(理想主义、新自由主义)、建构主义、批判理论(马克思主义、女性主义、生态主义等)等学派的趋同或分野都可以在它们所秉持的方法论体系中找到哲学依据。

国际关系学形成了完整且独特的知识图谱。国际关系知识的构建贯穿国际关系学的百年历程,以国家为核心范畴,构建起一整套的概念体系,秉承不同的本体论、认识论和研究方法展开研究,进而形成了国际关系的知识图谱。鉴于国际关系是在理论范式的审视和推进下,提供对跨国家、超国家现象阐释的,因而这些理论范式及其勾连绘制出国际关系学的知识图谱。与其说各理论范式之间是一种不可调和的对立关系,莫若说它们之间是一种相互倚重的互补关系。[③]尽管这些理论范式更多地呈现出观点的差异性,彼此之间的论战从未休止,但特定议题、方法论的偏好使每一个理

---

① [挪威]托布约尔·克努成:《国际关系理论史导论》,余万里、何宗强译,天津:天津人民出版社,2004年,第284页。

② Charlotte Wu, "Gender as a Category of Analysis: Reconciling Feminist Theory with Feminist Methodology", *Graduate Journal of Social Science*, No.10, 2013, p.41.

③ 国际关系理论范式之间的关联性、趋同性是国际关系学发展的趋势之一。理想主义与现实主义、新现实主义与新自由主义在很大程度上分享着统一的本体论和认识论。批判理论虽然采用了和主流范式迥异的方法论,但在反思和解构主流范式时,并未完全跳脱出主流范式构建的学科体系。在此意义上,批判理论更大程度上是向原有的学科体系中添加了被忽略的研究主题。

论范式都成为国际关系全景的一部分,“理论可以引导我们把碎片拼凑起来形成一个精确的画面”①。国际关系是流动的、变化的,由此产生的国际关系学及其知识也是一个变动的、开放的知识体系。其一,国际关系学知识带有时空贯通性,以联结人类社会的时间线索跨越空间界限;其二,国际关系学知识具有广泛的理念融合性,借鉴了其他社会科学的概念、方法和观点并进行了突破创新;其三,国际关系学知识具有极强的范式包容性,范式更迭与并存构成复杂的图景。

(二)国际关系学的百年拓疆之旅

国际关系学要研判历史,观照现实,面向未来。梳理国际关系学百年成长的历史进程,审视当前国际关系学的研究格局,可以发现它走出了一条非常规的学科进阶之路。发展速度惊人,百年国际关系学走过了许多学科几个世纪甚至十几个世纪的道路,其学术影响力不逊于乃至超过了许多传统学科。这种跨越式的发展得益于跨时空的人类交流方式的高歌猛进,也得益于人类共生共在时代特征的凸显。

说到国际关系学,人们不免想起斯坦利·霍夫曼(Stanley Hoffman)的评价:“国际关系理论是一门既古老又年轻的学科。”②从学科发展来看,相较于政治学、伦理学、经济学等传统学科,国际关系不过百年。而从思想传统来看,国际关系的思想渊源可以追溯到古希腊先哲对人类公共事务的思考和探讨,对一种有序而优良生活的追求为国际关系植入了道德基因。从政治学、伦理学、社会学、经济学和历史学等古老的学科中,国际关系学获得了思想灵感和养分。现实的国际关系是该学科发展的原动力。回应现实是学科产生和发展的第一需要。一个学科的发展速度和水平直接取决于它的现实观照能力。随着国际交往的增多,外交活动、对外政策对于国家的重要性不断提升,科学决策以增进国家利益的需求也随之增加。与此同时国家间冲突乃至战争频繁爆发,战争规模及其危害不断扩大,越来越多的国家面临着安全威胁,将国际关系从传统政治学研究中独立出来的呼声愈高。

不断扩大的战争直接刺激了国际关系学的诞生。国际关系学开始从

---

① [美]查尔斯·W. 凯格利:《世界政治:走向新秩序》(插图第11版),夏维勇、阮淑俊译,北京:世界图书出版公司,2010年,第37页。

② Stanley Hoffmann, *The State of War—Essays on the Theory and Practice of International Relations*, Praeger Publishers, 1965, p.5. 转引自倪世雄等:《当代西方国际关系理论》,上海:复旦大学出版社,2001年,第14页。

政治学中独立出来，有了自己独立的研究对象，形成了特定的研究领域，学科属性与特点渐趋鲜明。第一次世界大战催生了国际关系学。国际关系学诞生的直接动力是探讨如何避免战争、实现和平。这一动力机制也成为国际关系学发展的推动力量。换言之，国际关系学诞生之初直面的问题，直至百年之后仍未找到有效解或者称最优解。然而寻找有效解的努力，却从未间断。

国际关系学百年走过的开疆拓域之路以范式转换的年代图谱和范式之间的"大辩论"形式展开。国际关系学的年代图谱以理想主义在两次世界大战间的主导为始，进展到第二次世界大战后现实主义取代理想主义的主导地位，其后出现了各种范式争夺主导地位的权力真空期，20世纪80年代新自由主义与新现实主义辩论期，以及90年代主流范式的"新新合流"[1]期。国际关系学独立之初，理想主义将集体安全作为应对世界大战的有效途径，第二次世界大战的爆发让人们开始对理想主义的理想提出了质疑。人性恶的判断成为现实主义建构其理论大厦的基点。60年代科学行为主义为国际关系注入了科学因子，性善论和性恶论因其价值判断而非科学判断的特质，被自由主义和现实主义纷纷抛弃，从系统层面为国际关系提供科学解释的需要，促成新自由主义和新现实主义粉墨登场。科学取向成为70年代国际关系学的标签。科学带来了简约，却也损害了规范性。作为社会科学，过度简约，迷恋科学，并非幸事。国际关系学的主流范式由此受到批判理论的严峻挑战。批判理论阵营的出现，虽然没有改写国际关系学被主流范式主导的局面，但促成了国际关系学多元共生的大格局。尽管切入点大不相同，但不认同主流范式理论生成逻辑与方法却将操持不同主张的学派整合在了批判理论阵营之中。批判理论为国际关系学带来了许多颇具震撼力的观点，极大拓展了国际关系学的研究视域。

宏观时间线索将人类社会的过去、现在和未来串联起来。只有与历史同步伐、与时代共命运，才能赢得光明的未来。[2]国际关系学形成了一个被历史磨砺的时间框架。在国际关系学中，历史的地位是独特的，它是分析素材来源，也是理论范式佐证。历史的滋养是培育国际关系理论之花的沃

---

① Steve Smith, "The Discipline of International Relations: Still an American Social Science?", *British Journal of Politics and International Relations*, Vol.2, No.3, October 2000, pp.374-402.

② 习近平：《在庆祝中国共产党成立95周年大会上的讲话》，《光明日报》2016年7月1日。

土。“理论与历史事件之间的关系是互动的：理论既会影响世界政治中的事件和行为又会受其影响。”[1]在国际关系学诞生之前，国家之间的杀伐纷争、合纵连横已经写就了一部国家关系长史。至第一次世界大战结束，人们开始在更大的政治舞台上思考人类社会的互动方式。[2]人们从人类漫长的国际关系史中，记录历史，分析事件，寻找规律，提炼理论。国际关系学的历史是经验事实的累积，但绝不是单纯的事实呈现。理论家从反复出现的事实中探寻国际关系发展的一般性规律，并经过理论的思考和诠释上升为能够解释说明国际关系的规范理论。国际关系的理论范式由此形成，并在国际关系实践中寻找证据支撑。诚然理论不可能是经验事实的简单复制，这就造成了在国际关系实践中既有对理论的佐证，也有反证。冷战结束促使人们对主流范式特别是作为国际关系主导学派的现实主义范式进行反思，国际关系由此进入新一轮理论大论战。国际格局的多极化与经济全球化的发展推动国际关系日益复杂化，国际关系学面临着映照现实提升解释力的现实需要。

面临当今世界百年未有之大变局，国际关系学任务重大。准确感知我们所处的时代是当代国际关系学发展的关键。大变局一方面构成了国际关系学发展的时代背景，另一方面也是国际关系研究学研究的基本主题。国际关系学本身是大变局的历史结果，也是其推动者，更要顺应这种变局而发展。首先，国际关系学必须参透大变局的科学内涵，搞清楚百年变局的来龙去脉，准确把握百年变局的时代特征，合理预期百年变局的未来走向。其次，国际关系学必须直面大变局的时代要求，切中大变局的时代脉搏，厘清“变”与“不变”的关系，顺应时代大势，化解危机挑战。再次，国际关系学必须以大变局的时代观、全局观、发展观，规划学科整体布局，建立理论与实践的紧密连接与互动。最后，国际关系学必须协调并处理好大变局背景下的国内变局与国际变局、国际关系学变局与社会科学变局、理论变局与实践变局等重大关系。就学科内部而言，当下大变局时代的国际关系学呈现出理论多元化与固化并存、学术霸权与国家霸权共生、学术权力由一元走向流散的特点。

---

① [美]香农·布兰顿、查尔斯·凯格利：《世界政治：趋势与变革》(第16版)，夏维勇译，北京：北京大学出版社，2019年，第25页。

② Ken Booth, “International Relations: The Story So Far”, *International Relations*, Vol.33(2), 2019, pp.358-390.

国际关系是“面向未来的事业”[1]，对国际关系乃至人类世界的未来作出预测“更是各项研究的题中之义”[2]，包含价值皈依，设定理想目标，将人类导向理想，是涵盖国际关系学的许多社会科学基本功能之一。国际关系源于历史，忠于现实，但它并非对事实简单地还原、描述，在理论呈现及其背后隐匿着研究者对国际关系规律的认知，以及对于美好生活的预期。通过理性思考，借助这些认知，研究者形成对未来国际关系走向的基本判断。而对同一事实不同学派甚或不同研究者会因其视角不同获得结论迥异甚至彼此冲突的意象。说到底，研究者对于未来的判断受到他们所持有的价值观、期望和立场的影响。因此，“世界的未来不仅由世界政治‘客观’实施的变化所决定，也由人们归因于那些事实的意义、他们的诠释所立足的假定，以及基于这些假定和诠释（无论其准确与否）的行动做决定”[3]。

（三）百年格局：国际关系新特征

在百年未有之大变局下，走过百年的国际关系学形成了百年大格局。这百年大格局是国际关系学百年发展的结果，也是走向崭新未来的起点。

第一，围绕发展主轴线散落多点，共振性增强。进入20世纪，人类开始真正共有一部历史。在这个急剧发展和动荡的时代，需要一门科学来指导“巴别塔”下说着不同语言和信仰的人们共处。实现和平、促进发展这一主轴贯穿了国际关系学迄今发展的整个历史过程。作为一门以探讨战争与和平为主题的学科，国际关系学一直致力于寻求化解危机、弥合冲突、推动合作、实现和平的有效途径。国际关系现实的时代特征在战争与和平这一宏大主轴线周围，散落了越来越多具体而微的议题，构成一线多点的态势。多点与轴线有的强关联显著，有的则逻辑暗藏。每一点都在关注它的特定群体中引起强烈共振，而多点之间、多点与轴线之间的共振与互构也呈现出增强的趋势。“多点共振”的特点呈现在议题领域、国家群体、范式流派等方面。“多点”是主轴线周围的多点，“共振”是主轴线连接多点发展的共振。“多点”表明，研究议题增多，触及领域拓展；不再是西方（美国）一家独大，许多国家介入并注入新活力；范式由单一到多元，由主次界分到多元共生，理论的多点扩散持续形塑了国际关系学科。“共振”意味着，不同议题

---

① Felix Berenskoetter, “Reclaiming the Vision Thing: Constructivists as Students of the Future”, *International Studies Quarterly*, 2011, 55(3), pp.647-668.

② 周桂银：《国际关系史研究的深度和广度》，《吉林大学社会科学学报》2019年第4期。

③［美］香农·布兰顿、查尔斯·凯格利：《世界政治：趋势与变革》（第16版），夏维勇译，北京：北京大学出版社，2019年，第9页。

领域之间的关联性加强；不同国家学术群体、研究范式关注的议题交集扩大，学术创新周期缩短；学术争鸣各自言说、“聋人式”对话[①]有所改善，交锋点增多。“多点共振”的发展特点使得国际关系学的研究领域不断拓展，研究议题更加多元，研究方法逐步系统，研究范式不断转换。

第二，规范与科学平衡是国际关系学追求的艺术。科学负责效率，规范掌控方向。国际关系学起源于对人类社会的规范性思考，是包含目的论的学问，其目的是将人类导向更加美好的未来。百年来，国际关系学初心不改，即便对未来抱有悲观看法的现实主义也仍然在其理论设计中为伦理道德预留了空间。从1919年国际关系学诞生直至20世纪60年代，几近半个世纪里，伦理在国际关系学中一直处于核心地位。任何一个不包含伦理价值的理论范式都是无法长久的，任何一个不考虑伦理因素的国际战略都必然面临道德风险。60年代受到自然科学发展的影响，国际关系学呈现出价值中立取向。几乎所有的理论范式和研究者都声称自己的结论是客观的，不包含价值偏好。自然科学的介入，增强了国际关系学的科学性，进而提升了国际关系学的逻辑性和解释力。曾经，新现实主义和新自由主义就是科学方法的产物。科学似乎推动国际关系研究由规范走向了科学，且一度背离规范。然而，过于迷恋科学方法，却使国际关系迷失了最初的方向。批判理论将规范性重新带回了国际关系学讨论的中心。毋庸置疑，国际关系学学科成长科学化、规范性都是必要的，只有找到二者之间的平衡点，国际关系学才不至于脱离发展的正轨。

第三，范式多元共生构成当前国际关系学大格局。21世纪国际关系学呈现出理论多元主义（theoretical pluralism）特征。“多元主义提升了国际关系学在解释全球政治力量方面的学术声誉。”[②]毫不夸张地讲，没有研究范式的转换，没有研究范式之间的“大辩论”，国际关系学便不会有如此之快的发展，也不会有学术繁荣之景象。国际关系学的产生、成长是人类生活多样化、复杂性的结果和体现。小到具体范式，大至整个学科，都在紧跟国际关系现实而演进。有所“变”，有所“不变”是国际关系学的成功之道。

---

① [美]詹姆斯·德·代元：《重释现实主义：系谱学、符号学、引导学》，载[美]詹姆斯·德·代元主编：《国际关系理论批判》，秦治来译，杭州：浙江人民出版社，2003年，第420页。

② Issaka Sayi Abdul Hamid, “The Prospects of International Relations Theories in the 21st Century: From Single Theory to Theoretical Pluralism”, *International Relations and Diplomacy*, May 2016, Vol.4, No.5, pp.311–323.

范式流派在“变”与“不变”之间有所坚持、有所精进，亦有所进化。百年来，国际关系学历经四次论战，[①]每一次论战都是对实践中新问题的及时回应，每一次论战都提升了国际关系学的包容性，每一次论战也都强化了国际关系的学科属性。国际关系学的研究队伍不断壮大，以某一核心范畴构建的理论范式各自为营，又相互借鉴。多数情况下，为便于理论建构，“没有一个理论能够全面地覆盖到每一个方面”[②]。每一理论范式都有其理论倾向和兴趣点，而且通常这些兴趣点难以趋同，这也造成了在国际关系研究面对的纷繁复杂的问题中，有的范式长于发现问题、解释问题，却短于解决问题；有的范式长于批判解构，找出其他范式的不足，却短于自身理论的构建。冷战结束特别是进入21世纪以来，国际关系出现的新特点和新变化，需要新的理论范式补足主流范式研究的缺失或空白，由此为新范式的出现预留了空间。国际关系学格局的演变与国际格局（世界格局）的发展呈现出一致的发展趋势。由早期的主流范式主导到形成主流范式大体均势的状态，再到今天范式的多元共生格局。这表明，国际关系学原来的主流—边缘范式划分在逐渐消弭，单一或少数范式主导国际关系格局的局面难以为继。范式之间的对话、互鉴带来了国际关系学的繁荣。

第四，国际关系学格局的“西方中心”（Western centric）特征削弱。国际关系产生于西方，西方国家在近代国际体系中的主导地位，使得国际关系学一开始便被打上了“西方中心”烙印，边缘化西方核心国家之外的世界。[③]西方国家特别是美国对“救世主”角色的痴迷和对强权逻辑的尊崇，其发展的国际关系学“不过是一部西方简史”[④]，“其来源过于狭隘，但影响

---

① 在第一次论战中，现实主义和理想主义的交锋，确立了现实主义在国际关系学中的正统地位；第二次论战，推动了国际关系研究方法的科学化，实现了从规范到科学的转移；第三次论战爆发于经过科学改造的新现实主义与新自由主义之间，二者在各有保留的前提下，各自退让，达成共识，实现共赢；第四次论战中，“新新合流”共同面对来自批判理论的挑战，学术争论进一步升至本体论、认识论层面，学派分野加大。相较于此前的三次论战，参加第四次论战的学派多，议题更加分散，且呈现出持续性、延展性的时间特征。

② ［美］查尔斯·W.凯格利：《世界政治：走向新秩序》（插图第11版），夏维勇、阮淑俊译，北京：世界图书出版公司，2010年，第31页。

③ Amitav Acharya, “Global International Relations (IR) and Regional Worlds: A New Agenda For International Studies”, *International Studies Quarterly*, Vol.58, No.4, 2014, pp.647–659.

④ Barry Buzan, “Could IR be Different?”, *International Studies Review*, Vol.18, No.1, 2016, , pp.155–157.

却过于广泛"[①]。20世纪70年代以来，国际关系行为体的多样性，世界政治格局的多极化及国际关系范式的多元化、非西方国际关系的融入，削弱了国际关系学"过于西方中心"[②]特征。首先，从国际行为体来看，主权国家之外的非国家行为体大量涌现且影响益隆，"国家中心主义"的假定开始发生动摇，虽然还没有任何一种组织形式能够完全取代国家在国际关系中的地位，但是权力向非国家行为体的流散已经成为一个不容否认的事实。其次，国际体系结构正发生深刻变革，西方国家对国际关系的控制力下降。东方成为世界发展的引擎，国际关系体系的权力中心开始由西方向东方转移。再次，后工业化时代人类面临的全球性挑战增多，由对特定议题偏好而构建的任何一个理论范式的解释力都不可能是全覆盖的，甚至对于一些亟待回应的议题存有理论盲点，[③]这就导致原来的主流范式不仅受到了现实的挑战，也面临着来自所谓"边缘"范式的质疑。"主流"的非主流化也是去"西方中心"的体现。最后，非西方国际关系理论以非西方智识为源头，以本土经验为佐证，为国际关系提供了全新论域，[④]满足了国际关系所需要的一个"世界历史（a world historical framing）而非西方历史框架"[⑤]，这既是对"西方中心主义"的挑战，也是对西方主导的国际关系学的拓展和突破，国际关系学由此走向一个更多元化的学科[⑥]，一个融入"非西方"（non-Western）、"后西方"（post-Western）的时代已经来临。[⑦]"世界政治是由持久的异质性和多样性定义的，而不是与美国、欧洲或西方制度、传统和理论

---

① Peter J. Katzenstein, "The Second Coming? Reflections on a Global Theory of International Relations", *The Chinese Journal of International Politics*, Vol.0, No.0, 2018, pp.1–18.

② Amitav Acharya, "Advancing Global IR: Challenges, Contentions, and Contributions", *International Studies Review*, Vol.18, No.1, 2016, pp.4–15.

③ Andrew Davenport, "Marxism in IR: Condemned to a Realist Fate?", *European Journal of International Realations*, Vol.19, No.1, 2011, pp.27–28.

④ Deepshikha Shahi, "Introducing Sufism to International Relations Theory: a Preliminary Inquiry Into Epistemological, Ontological, and Methodological Pathways", *European Journal of International Relations*, 2018, pp.1–26.

⑤ Amitav Acharya and Barry Buzan, "Why is There No Non-Western International Relations Theory? Ten Years On", *International Relations of the Asia-Pacific*, Vol.17, 2017, pp.341–370.

⑥ Yong-Soo Eun, "Opening Up the Debate Over 'Non-Western' International Relations", *Politics*, 2018, pp.1–14.

⑦ Deepshikha Shahi, "Introducing Sufism to International Relations Theory: A Preliminary Inquiry Into Epistemological, Ontological, and Methodological Pathways", *European Journal of International Relations*, 2018, pp.1–26.

的同质性和一致性"[①]。

（四）大变局下中国国际关系学拓新

在未来国际关系学大格局中，中国国际关系学必然占有一席之地。作为国际关系学中的后起之秀，中国国际关系学的成长、发展历程恰恰映照了中国从站起来到富起来及至强起来的历史过程。第一次世界大战后国际关系建立之时，中国正饱受欺凌、国势衰败，在国际舞台上外交接连失利，国家主权和利益不断受到侵害。一个自身安全和独立尚不能确保的国家，遑论发展国际关系学这样一门新兴学科。具有学科意义的国际关系学在中国始于新中国成立，并伴随国家的成长进步愈渐展现中国独立自信的风格。

回顾中国国际关系学的发展历程，可以发现对自身的战略定位直接决定了研究议程与思路。新中国成立成为中国国际关系学建立、发展的契机。鉴于当时紧张的东西对峙格局，起源于西方的学科意义的国际关系学对中国的影响甚微。受革命思想的影响，中国国际关系学主要关注国家战略及处理中国与大国的关系，发展了马克思主义战争与和平论，并进而对国际形势形成了整体性判断，但总体来看形而上的理论较少。对中国与世界关系的重新审视与思考，使中国作出改革开放的重要决策。在与世界的全新互动中，中国迎来国际关系学的快速发展。一方面，中国的国家战略和对外关系面临重新调整，中国需要获得对外部世界的全新认识；另一方面，中国国际关系学面临科学化、现代化的时代任务，中国需要学习和借鉴发达国家学科发展的经验。"悉照美国"[②]替代"革命思维"成为当时推动中国国际关系学发展的利器。至20世纪90年代，中国国际关系学基本完成向美国学习的任务，并开始走向独立且寻求自身特色的进程，构建"中国学派"（Chinese School of IR）的讨论一度成为热议话题。进入新时代，中国国际关系学由输入步入输出阶段，中国特征不断凸显，而思考主题却开始跳出国家视界，力求站在更高层面上审视世界问题，探索人类共同发展之道。大变局时代面向未来的中国国际关系学要开辟出一条拓新之路。

---

① Peter J. Katzenstein, "The Second Coming? Reflections on a Global Theory of International Relations", *The Chinese Journal of International Politics*, Vol.0, No.0, 2018, pp.1–18.

② 任剑涛在总结中国政治学70年的发展历程时指出，以改革开放为关键节点，中国政治学呈现出前期"仿效苏联"和近期"悉照美国"的研究特征，这一分析也同样适用于中国国际关系学。参见任剑涛：《寻找中国的位置：70年中国政治学国家主体的显隐》，《中央社会主义学院学报》2019年第3期。

把握国际关系学的时代变局。百年国际关系大变局构成中国国际关系学发展的宏观历史背景。置身大变局时代的中国国际关系学发展必须形成时代变局思维,顺应时代变局走向,抓住时代变局契机。以时代变局为背景,发现并顺应变局规律,寻找学术突破口,确立中国在国际关系学中的位置。“准确识变、科学应变、主动求变”①的战略思维同样适用于中国国际关系的未来拓新之路。国际关系学的未来拓新之路,不仅需要改变现有的研究格局,而且必须正视并呈现国际关系时代大变局的发展趋向。国际关系学的时代大变局表现为国际权力重心大转移、国际体系结构大变革、国际关系议题大变化。近百年来,伴随着西方殖民体系逐步瓦解,取而代之的是原殖民地、半殖民地国家的整体性崛起。这不仅给国际关系实践带来了新气象,也必然为国际关系学作出独特贡献。作为不可忽略的大国,国际社会期待听到中国声音,国际关系学渴望中国智慧。以中国文化底蕴为支撑的中国国际关系学要“在经验描述上凸显中国全貌,在理论研究上展示中国风格,在比较优势上呈现中国特点,在理论原创上做出中国贡献”②。从议题选择上可以看出,中国的可以是世界的,中国国际关系学“对于发展国际关系学的世界历史叙事尤其重要”③。

自主提出原生理论命题构建理论体系。“社会理论需要具有相当的普适性,否则不可能成为有意义的系统理论。”④身处大变局时代的中国国际关系学,不仅要能够对中国国际关系的“例外性”(exceptionalism)作出合理性阐释,更要打破国际关系学由少数发达国家主导的单一格局,“提出能够适用于中国及其所处地区以外的思想和概念”⑤,发展出原生的、包容的理论,构建承认和尊重世界多样性的理论体系。顶层设计理论命题在中国原生性国际关系理论构建中发挥了重要的引领作用。这些理论命题由大变局时代带有全局性、战略性、时代性的问题引发,从中国五千多年的灿烂文明中汲取智慧,在国际关系实践中被不断印证,并经由杰出政治领袖的理

① 习近平:《巩固党和国家机构改革成果 推进国家治理体系和治理能力现代化》,《人民日报》2019年7月6日。

② 任剑涛:《寻找中国的位置:70年中国政治学国家主体的显隐》,《中央社会主义学院学报》2019年第3期。

③ [加拿大]阿米塔夫·阿查亚:《全球国际关系学与国际关系理论的中国学派:两者是否兼容》,《世界经济与政治》2015年第2期。

④ 秦亚青:《国际政治的关系理论》,《世界经济与政治》2015年第2期。

⑤ [加拿大]阿米塔夫·阿查亚:《全球国际关系学与国际关系理论的中国学派:两者是否兼容》,《世界经济与政治》2015年第2期。

性思考而提出。时下,“人类命运共同体”“新型国际关系”等具有鲜明“中国”特征的理论命题就是中国内生的国际关系理论的源头。对理论命题涵盖的概念进行学理阐释,对其关涉主题的内在逻辑予以梳理,是中国国际关系学从命题走向体系化理论的时代使命。中国国际关系学的发展核心不在于是否要形成所谓“中国学派”,重点是要在国际关系学百年大格局中获得学术地位,形成能够体现中国战略关注的,传达中国文化精髓的,具有全球视野、世界情怀的创新型理念和体系化理论。

以中国话语传播中国理念。话语是理论借以表达的形式,也是一种学术权力。话语传递思想,也展示力量。理论命题和范式解决话题问题,随之而来的则是如何表述的话语问题。诚然,中国理念不是只关注中国问题、只用于解释中国现象的理论;中国话语也不是只限于中华文化圈子、中国及其所在地区的语言。国际关系的百年发展是由西方(美国)主导的,它不仅布满西方思维方式构建起的理论范式,也充斥着西方操控的学术话语。这就造成了这样一种规则,唯有按照西方既定的议题,使用西方话语,按照西方逻辑的表达才是国际关系学的正统。“过去几个世纪主流关系书写不过是权力的映射而已。”[①]话语的西方中心主义导致“其他文明的历史、声音和贡献都被边缘化了”[②]。国际关系学大格局中非西方国际关系理论的失语状态,根本在于西方话语主导。[③]也正因如此,中国国际关系学的独立和拓新,在提出原生理论之外,还要生成自身的传播话语。使用自身的话语体系表达原生思想,更能准确传递思想内涵,同时也是对自身文化自信的表现,能够打破国际关系学被少数文化垄断的格局,推动国际关系学的文化多元化发展,丰富国际关系学的话语体系。

百年国关,国关百年。站在百年的关键时间节点,身处百年未有之大变局时代的国际关系学回首百年拓疆之旅,发现国际关系学的百年大格局特征,才能对未来拓新之路充满憧憬和力量。作为国际关系学百年大格局中一支正在崛起的重要力量,中国国际关系为全球国际关系学注入了新鲜血液。可以期待,未来的国际关系学会是一个更为科学严谨的体系,更为开放包容的格局,更为丰富多彩的范式。

---

① Ken Booth, “International Relations: The Story So Far”, *International Relations*, Vol. 33, No.2, 2019, pp.358-390.

② [加拿大]阿米塔夫·阿查亚:《全球国际关系学与国际关系理论的中国学派:两者是否兼容》,《世界经济与政治》2015年第2期。

③ 秦亚青:《国际关系理论发展的现状》,《国际观察》2016年第1期。

二、共同体治理:演讲逻辑及其形式

人是结群而居的,社会性是人的本质属性。“人类总倾向于结群而生活在一些对生活的意义和相应地该如何行动有着相似理解的共同体之中。”[①]理解人类生存发展必须以共同体的发展为切入点。在人类社会演化的历史进程中,出现了不同类型的共同体,每一种共同体都带有时代特性的形式。在农业社会,人类共同体是家元共同体;在工业社会,人类共同体主要呈现为族阈共同体;后工业化和全球化时代,则酝酿着合作共同体。[②]作为族阈共同体的一种特别形式——国家共同体是迄今为止最为重要的一种共同体,而在近代世界意义的国际社会形成之后,构建一个全球共同体则成为人类的共同理想。治理兴起于国家之内,并逐步向边界之外扩展,成为一种全球现象。

(一)民族国家:想象的共同体

家元共同体时代,“家”是共同体构成的基本要素,共同体是“家”的放大。家的利益与共同体利益不分彼此,公共领域与私人领域含混不清。人的社会关系由家庭的血缘关系推及而来,共同体的秩序是一种由家庭伦理秩序放大而成的自然秩序。这种共同体在人类社会的自然演进中生成,而在工业化运动中又自然地走向解体。工业化改变了人际关系,冲击了家元共同体,使原来整齐划一的“家—国”一体的家元共同体被拆解为公共领域、私人领域,“家”退守私人领域,其社会功能弱化且逐渐丧失。家元共同体衰落的过程也恰恰是族阈共同体生成的过程,是熟人社会走向陌生人社会的过程。与家元共同体以自然为纽带不同,族阈共同体是人类自觉建构的产物。通过制度设计和制度安排的连续性,人们构建起法治的生活方式,这使得即便丧失家元共同体赖以存在的基础后,人们还能继续被整合在一个共同体之中。这一共同体最初表现为市民社会,并由此发展出民族国家。国家统治和治理市民社会,却外在于市民社会,凌驾于市民社会之上,成为一个虚幻的共同体。[③]族阈共同体时代实现了公共领域/私人领域、政治国家/市民社会的分离,各种斗争和矛盾相互交织使其成为一个矛盾统一体。政治国家被视为是实现个人至善、达至优良生活的一种路径,

---

① [美]孔汉思、库舍尔编:《全球伦理——世界宗教议会宣言》,何光沪译,成都:四川人民出版社,1997年,第135页。

② 张康之、张乾友:《共同体的进化》,北京:中国社会科学出版社,2012年。

③ 张康之、张乾友:《共同体的进化》,北京:中国社会科学出版社,2012年,第7页。

同时“国家的‘善治’实际上是达到世界‘善治’的一个条件”[1]。

> 没有国家归属的任何人，不是太低级就是太崇高，不是低于常人就是超越常人……那些无须参与我们称之为国家的社会交往的人，就可能如低等动物；同样地，那些拥有完善的自足系统，且没有任何的需求的人，就可能如神。他们都不从属于国家。[2]

正所谓，国家之外非神即兽。尽管在规范意义上，国家共同体往往被描述为一种虚幻的存在，然而在现实中，它却并非一种抽象的存在：它满足了人们的合群需求。

统一性是共同体的共同追求。家元共同体将一切异质因素同化，以实现从形式到实质的一致性。而工业化时代，世界是多样化的，很难实现质的统一性。通过统一标准、统一规则，多样性的世界被包裹在形式的统一性之中。以统一性驾驭多样性，适合家元共同体这种简单性[3]的共同体，一旦社会的复杂性、多样性达到较高的水平，人们在认识上和行动上就难以达成统一性，社会实质便会处于分崩离析的状态。分化是近代社会的特征之一：公共与私人的分化、利益集团的分化、人群的分化等，但另一方面在形式上统一性却在加强。分化与统一共在成了当下社会延续必须克服的问题，人类不仅需要形式上的统一，也需要认识上、实质上的统一。公共生活的维系以共同利益为基础，公共问题的解决以认识的统一为前提，而统一认识以人们之间充分信任的建立为起点。

正义是共同体的基本原则。不同的历史时期，不同的共同体奉行的正义原则是有差异的。正义的这种差异性体现在对“谁之正义”“何种正义”两个问题的回答上。分配关系、交换关系、竞争关系三种基本的社会关系在不同时代的共同体中发挥着不同的作用，决定了它们会采用不同的正义观念和正义原则。在家元共同体中，分配关系占主导地位，奉行的是分配的正义；在族阈共同体中，交换关系占主导地位，奉行的是修正的正义。分

---

① [法]雅克·舍瓦利埃：《治理：一个新的国家范式》，张春颖、马京鹏摘译，《国家行政学院学报》2010年第1期。

② 转引自[英]保罗·霍普：《个人时代之共同体重建》，沈毅译，杭州：浙江大学出版社，2012年，第142页。

③ 从复杂程度来讲，农业社会的家元共同体是简单社会，工业化社会的族阈共同体是低度复杂性社会，而后工业社会的合作共同体是高度复杂性社会。

配关系实质上是一种支配性关系。在农业社会,分配关系是对人们之间的不平等关系的直接体现,根据等级差别进行分配符合自然正义。反过来,分配也进一步强化了社会成员之间原有的不平等。分配者与被分配者之间的矛盾是经常性的,反映出可供分配的资源的有限性特征。分配者通过掌握分配权,将分配原则制度化,使自身的需求尽可能得到满足。只要等级体系没有遭到质疑,差异分配的正义性就会被接受。在分配关系占主导地位的社会中,也存在着交换关系。由于交换关系要求交换双方的平等关系,因而它不可能存在于等级之间。到了工业社会,随着平等理念的普及和平等关系的出现,交换关系成为占主导地位的社会关系,并派生出了竞争关系。交换关系建立在交换者差异性的基础上,而工业社会是以高度差异化为特征的。工业社会中组织之间主要通过交换关系和竞争关系实现其价值,而在组织内部仍然基于分配关系维持组织的某种秩序。

共同行动是共同体解决问题的基本方式。共同行动是应对人类社会重大事件的方式。在共同行动中,需要行动者意向一致。无论行动者是否存在着共同利益,而只要他们就某一事项达成了意向一致,那么共同行动便是必然结果。反之,即便人们有共同的利益诉求,但缺乏一致意向,共同行动的展开则是不可想象的。在人类社会的演进过程中,意向的一致通常通过认同或共识来实现。在家元共同体中,人们主要基于认同而采用共同行动;在族阈共同体中,确立了共识的普遍有效性,而在组织内部认同促成共同体行动。

根据上述逻辑,“当工业社会的统一性追求被运用到全球秩序的获得方面,往往会表现为对统一价值观念的追求,以为有了统一的价值观就会避免国际冲突”①。事实上,在缺乏足够的信任、利益彼此冲突的国际社会,根本无法出现各民族国家一致认同的价值观念。一些国家通过对外征服将自己的价值观念向其他共同体兜售。这种追求形式统一性的做法不仅没有实现国际社会的和平,反而进一步加深了国家之间的分裂和冲突。在资本对外扩张的过程中,贫困、落后、环境污染等也被转嫁到被掠夺国家和地区,在民族国家共同体之间不可避免地形成了中心—边缘的不平等关系结构,以此建立的世界秩序必然是不平等权力结构的映射并呈现出不公正、不合理。所以,现代国际社会中的冲突从根本上讲不是弱势国家和民族抵御文化或发展模式被同化的结果,而是某些霸权主义国家强行推广其

① 张康之、张乾友:《共同体的进化》,北京:中国社会科学出版社,2012年,第15页。

理念、价值、发展模式的结果。从中心—边缘现状审视当今国际社会的恐怖主义,其本质上是边缘国家或地区对中心的非常规性反抗。

在中心—边缘的国际社会结构体系中,国家共同体在主权上是一种平等关系,因而在法理上应该以交换关系为主导性的关系。国家通过会谈、磋商等形式就利益问题进行讨价还价。在现实中,国家共同体因实力而形成了事实上的不平等关系。大国通过掌握更多的权力而在国际社会中拥有更多的发言权,并通过国际社会分工将不公平、不合理的秩序、规则强加于弱势国家。

进入后工业化时代,族阈共同体的历史局限性不断凸显,时代呼唤新的共同体模式。环境恶化、气候变暖、疾病控制、安全保证等全球问题的出现,对世界的共同行动提出了要求。这意味着国家之间、整个人类社会在上述问题上存在着共同利益,而且这些共同利益处于持续增长的过程中。与此同时,人们在解决上述问题上存在着认同、共识,但这对于危机丛生的国际社会并不足以达成共同行动,因而需要探寻共同行动的其他实现方式。全球治理时代,以合作为基本特征的全球共同体是实现全球治理之必需。

(二)从民族主义走向世界主义

西方的大同思想和中国的大同理念在价值诉求上是一致的,都是为实现世界的秩序与和平的理想化构想。古希腊建构了国家的概念,而现代意义国家的产生是在民族主义的基础上形成的。依托民族国家出现了国际关系的研究框架,并在全球化背景下催生了全球治理理论范式。民族主义与世界主义是相伴而生的两个概念,代表了认识世界的两种思想传统。民族主义认为,国家主权高于一切,国际关系从属于国家主权。世界主义则提倡人类整体性,主张建立以理性为基础的世界政府。世界主义不强调民族传统,主张淡化民族主权。

就学科角度而言,对现代意义的世界大同思想全面系统地阐述可以追溯至理想主义的创始人康德。虽然国际关系领域中的理想主义早于现实主义出现,但就其从政治学中继承的传统理念而言,现实主义则先于理想主义。如果说,理想主义和现实主义曾经一度过于渲染彼此之间的差异和不同,那么除此以外的时期,二者又存在着相似、趋同、承继的关系。理想主义关于世界大同思想的逻辑来源于现实主义对于自然状态(state of nature)、国家权威及现实秩序的相关论述。因此,探求"世界大同"的理论原点,必然要从霍布斯的"强大的利维坦"的诞生谈起。

霍布斯在《利维坦》中对国家的产生进行了理论探讨，意在说明国家权威对于实现人类社会秩序的重要意义。他认为，在国家产生之前，单凭自然法不足以确保自然状态下人们的安全，使用暴力作为自然权利，让自然状态成为普遍的战争状态，使得人们无法根本免于战争状态的苦难。摆脱战争状态，实现自我保全成为人的终极目的。受此驱使，理性引导人们，通过让渡权利，寻求能抵御外来侵略和制止相互侵害的共同权力的庇护。国家作为人类理性的选择由此诞生，向人们提供必要的和平和安全保障。强大的国家与自然状态下脆弱的个人，国家权力的集中性与自然状态下个人权力的分散性，国家主导下的秩序、和平与安全与自然状态下的混乱、战争与危险，无一不形成鲜明对照。伟大的利维坦的诞生结束了人们孤独、贫困、卑污、残忍而短寿的自然状态生活。正因如此，霍布斯坚持认为，尽管国家产生需要人们让渡权利，限制了人们的自由，但相较于内战带来的灾难和自然状态下人人自危的混乱，国家带来的这些不利不足为道。通过订立契约，国家实现了主权内的秩序，但在君主间或国家间自然状态依然延续。霍布斯本人及其继承者并不认为，国家会像个人那样通过订立社会契约来结束这种国际无政府状态。在霍布斯看来，自然状态下能力相当的个人面对暴力攻击一样的脆弱，为求自保，人们可能也必然通过建立人人慑服的公共权威保全自我，但国家之间却不尽然。自古以来在国王和最高主权者间，"始终是互相猜忌的，并保持着斗剑状态和姿势"[①]。显然，霍布斯对终结战争状态的推导始于个人，止于国家。站在个人的立场上，霍布斯认为，人与人之间的自然状态是对个人安全的严重戕害，不可容忍，而君主之间或国家之间类似于自然状态的无政府状态，对于个人安全并非不可容忍，因为后者无法使受到一国主权保护的臣民重新陷于自然状态的悲惨境地。

尽管霍布斯及其继承者并没有从国家诞生结束人人为战的结论中，进一步推导在国家之上建立一个超国家利维坦以祛除国家间战争状态的可能性，甚至他们反对将此论证逻辑用于分析国际无政府状态。但可以肯定的是，霍布斯对利维坦的论证逻辑和思路对后世寻求和平的思考仍然产生了不可忽视的影响。那些主张建立世界政府的世界主义者，按照国家可以终结自然状态的霍布斯式逻辑，推演出建立一个拥有公共权威的世界政府便可结束国家间战争的结论。

作为世界主义者，康德主张通过建立国际组织最终实现人类的永久和

① [英]霍布斯：《利维坦》，黎思复、黎廷弼译，北京：商务印书馆，1985年，第96页。

平。康德的这一主张在理想主义对避免战争、实现和平的思考中得以继承。而康德关于永久和平的思想显然深受霍布斯理路影响。而在霍布斯对康德、并经由康德对国际政治理想主义产生的影响轨迹中，已经完成了由现实主义到理想主义的转变。尽管很多人认为，通过成立世界政府或建立国际组织来实现世界和平不过是幻影而已，但我们仍不能因康德提出了"世界政府""永久和平"的观念而冠之以"乌托邦主义者"。这对一个对此持严谨态度的学者而言是有失公允的。在其政治学说中，康德始终尊崇理性，保持着清醒的现实头脑。康德赞同霍布斯对自然状态的判断，也认为"自然状态就是战争状态"，"在自然状态中，任何片刻的和平都只不过是战争状态的经验的插曲"，[①]战争对于人类而言是巨大的灾难，应可免则免。而与霍布斯认为国家足以保障人的安全的观点不同，康德认为，国内的秩序与和平有赖于外部威胁的消除，国家间的战争危险不消除，生存在国家间无政府状态中的人们就无法享受真正永久的和平。如同自然状态下人们的争斗造成的灾难迫使人们订立契约建立国家一样，国际无政府状态下国家间的战争与冲突也必将促使国家到一个更高的共同体中去寻求安全。康德把世界共和国——将世界上所有民族都包括在内的全人类的国家——作为最终真正实现永久和平的最高理想。与此同时，康德也承认这一理想尽管在理论上是正确的，但由于主权国家不愿放弃自身的国际权利而在当前的现实中并不具有可操作性。

尽管对战争造成的危害有着深切的理性认识，但出于一个自由主义者对专制主义的痛恶，康德还是认为国家间的战争状态仍然优于"各个国家在一个凌驾于一切之上的并且朝着大一统的君主制过渡的权力之下合并为一体"[②]。而且，这种专制政体最终又会沦于无政府状态。因此，康德退而求其次，主张以"一种防止战争的、持久的并且不断扩大的联盟这项消极的代替品"[③]，来取代世界共和国这一积极观念。在实现永久和平的正式条款中，康德以共和制的自由国家的联盟而非一个多民族的国家作为实现永久和平的条件。这一和平联盟与国家间和平条约的区别在于，其目的是要

---

①［德］列奥·施特劳斯、约瑟夫·克罗波西主编：《政治哲学史》，李天然等译，石家庄：河北人民出版社，1998年，第699页。

②《永久和平论》，载［德］康德：《历史理性批判文集》，何兆武译，北京：商务印书馆，1990年，第126页。

③《永久和平论》，载［德］康德：《历史理性批判文集》，何兆武译，北京：商务印书馆，1990年，第114页。

永远结束一切战争，而非仅仅企图结束某一场战争。第一次世界大战给人们造成的惨痛经历，给了康德的世界主义思想付诸实践的契机。以威尔逊为代表的理想主义者试图通过建立世界性国际组织——国际联盟，来约束国家行为，避免国家间战争的再次爆发，以期最终实现世界永久和平。尽管理想主义的努力因第二次世界大战的爆发而最终归于失败，但国际组织、国际机制对减少战争的作用却已经被战后几十年的国际政治现实所证明。就此而论，实现世界大同，建立世界政府，也许在当前国家利益冲突频仍的现实世界并无实现的可能性，但就规范意义而言，使人类永远远离战争作为一种信念和理想，一直激励着人们为寻求制止战争的良方做出不懈的努力。

（三）全球化时代共同体的再造

全球化时代，人类的共同行动毋庸置疑地体现在全球治理领域。20世纪后期以来，全球风险社会来临。它需要人类以一种全新的视角和理念去应对危机，解决共同生活中的问题。人类的共同行动首先发生在治理领域。“实现‘全体’人类共同体政治身份的梦想由来已久。”[①]然而，迄今国际社会是一个“分成若干国家的共同体”[②]。15—19世纪随着欧洲的对外扩张，一个现代意义的国际体系在世界范围内建立起来，然而一个真正的“世界性的国际社会”并未就此确立，国际舞台上主权林立，不过其中已经包含了世界性国际社会的即将包含的基本因素。[③]全球化时代促成了国家身份的深刻变化，这一变化使国际社会真正具有了世界性意义。世界性国际社会具有世界性、跨国性、社会性的基本特征：首先，“世界性”体现在地理概念上，它应该包含世界上的绝大多数国家，没有任何一个有人类活动的大陆被排除在国际社会之外，每一个国家的行为都成为其他国家考虑的必要因素；其次，“跨国性”体现在国际交往、对外关系与对内治理一样成为主权国家行为、发展的一个重要的、不可或缺的方面，非国家行为体成为国家而外的国际社会的主体；最后，“社会性”体现在它具有基本的原则、规则和秩序，对主权国家之间的交往进行规范。“全球共同体自我意识的觉醒是

---

① ［法］阿尔弗雷德·格罗塞：《身份认同的困境》，王鲲译，北京：社会科学文献出版社，2010年，第6页。

② ［英］赫德利·布尔、亚当·沃森主编：《国际社会的扩展》，周桂银、储召锋译，北京：中国社会科学出版社，2014年，第1页。

③《世界性国际社会的出现》，载［英］赫德利·布尔、亚当·沃森主编：《国际社会的扩展》，周桂银、储召锋译，北京：中国社会科学出版社，2014年，第113页。

20世纪60年代国际关系的一个核心方面。”[①]

全球共同体是一个寻求人类共同善的共同体。共同善是全球共同体存在的价值基础，也是全球共同体追求的价值目标。善是人类生活的最高目的，共同利益是其物化形态，美德是其非物化形态。全球共同体向每个国家和每个公民提供了共享的、与其生活休戚相关的利益满足其需求；同时也向每个国家和每个公民提供精神福利，使之获得幸福感。国家和公民通过全球共同体获得目的和价值，在参与全球事务中获得共生共在感，并以相互信任、利他原则、互利合作作为指引其行动的道德指南。

全球共同体是一个差异性的共同体。20世纪后期以来，社会差异扩大化，人们的主张和要求个性化。这一特点在全球治理体系中也不断呈现出来。构成全球共同体的基本单元无论在历史、文化、制度、发展程度上，还是在国际体系结构中地位都存在巨大的差异。以共识掩盖差异、消解差异被证明与共同体的发展趋向相悖，承认差异、尊重差异、保护差异、包容差异成为全球共同体的基本共识。只有保持差异性，才能实现国家之间的合作，而且多样性本身就是全球共同体的一个目标。[②]

全球共同体是一个平等的共同体。作为一个国际共同体，全球共同体囊括所有国家；作为一个世界共同体，全球共同体包含世界所有公民。[③]在这一共同体中，中心—边缘的等级关系结构被扁平化，构成共同体的成员在主权上一律平等，且在参与全球事务的治理中也具有平等的权利。虽然国家之间仍然存在着力量的差异，但这一差异只意味着国家是不同的、各具特点的，而不意味着在全球共同关切上它们的地位有高低之别。平等的关系必是以民主为基本的运行规则和政治哲学，努力寻求达至全人类的尊严和价值。

全球共同体是一个合作的共同体。全球性问题需要各国共同面对，通力合作；相互信任感和共同行动意愿，为全球风险社会中危机的应对提供了合作的必要条件。作为一种新型的共同体，全球共同体需要通过合作实现全人类的和平发展。全球共同体能充分尊重其成员自律，又能充分发挥

---

① [美]入江昭：《全球共同体——国际组织在当代世界形成中的角色》，刘青、颜子龙、李静阁译，北京：社会科学文献出版社，2009年，第101页。

② [美]雅克·布道：《导论·全球化与共同善》，载[美]雅克·布道编著：《建构世界共同体：全球化与共同善》，万俊人、姜玲译，南京：江苏教育出版社，2006年，第10页。

③ [美]雅克·布道：《导论·全球化与共同善》，载[美]雅克·布道编著：《建构世界共同体：全球化与共同善》，万俊人、姜玲译，南京：江苏教育出版社，2006年，第2页。

全球治理的功效。

人类处于一个变革的时代，全球化是一个全新的社会重构过程，全球共同体的构建是人类为国际社会勾勒的未来宏图愿景，是对现有治理体系的再造。在多元治理主体并存在的全球治理体系中，主体间的平等互动与合作是一种有效的治理模式。全球共同体是一个开放性的体系，能够吸纳一切积极的、有益的因素，为创造一个更美好的人类世界而努力。人类所期许的全球共同体应该是这样的：

> 在一个乌托邦的世界里，有和平与安全，有持续而共享的繁荣，各种机会开放而又平等，公平的法律规则得到公道地应用，人类生活圣洁而高尚，尊重人的尊严和人的权利，不仅宽容而且欣赏多样性和多元论，人们在相互交往中富有礼貌和同情，强调私人利益与公共利益的健康均衡。[①]

三、全球化背景下全球治理范式的兴起

在人类从蒙昧的蛮荒时代走到现代的文明时代的漫长历史进程中，治理以不同的形态出现在人类的集体生活中。近代以来国际社会的显现，国际公共问题、全球性问题的出现，使得全球治理成为一种新型的治理形态。时至今日，尽管科技进步日新月异，世界格局几经变化，治理机制不断完善，但全球性事务的增长仍然超出了当前治理框架的应对能力。世界政治对治理的需求从未如此旺盛而紧迫，[②]这不仅需要形成切实有效的治理机制以处理关乎人类共同利益的全球性事务，同时也需要人类有足够的智慧对治理理念、治理体系、治理模式、治理机制、治理效用等问题做出明确的理论回应。全球治理由此而成为世界政治经济中的热点问题，一个亟待理论作出科学回应的现实问题。全球治理研究因而成为国际关系领域的显学，全球学逐步兴起为一个全新的研究领域，

---

① [美]萨阿德·纳吉：《迈向一个具有解决之道的全球共同体》，载[美]雅克·布道编著：《建构世界共同体：全球化与共同善》，万俊人、姜玲译，南京：江苏教育出版社，2006年，第180页。

② [美]奥兰·杨：《全球治理：迈向一种分权的世界秩序理论》，载俞可平主编：《全球化：全球治理》，北京：社会科学文献出版社，2003年，第68页。

一门正在构建中的新学科。[1]

(一)世界的全球化与全球化的世界

全球化是当今世界最显著的特征和标签。全球化的影响力之深远、波及范围之广泛深刻地改写人类社会的存在状态和未来走向。在理论层面,学术界全球治理研究的兴起源于人类社会的治理诉求;在实践层面,全球治理由全球化带来的不断增长的全球性问题驱动。"全球化已经成为世界政治修辞中的核心组成部分,也是日渐浩瀚的一个学术分析主题。它是理解全球政治特点……时最常用的术语。"[2]

人类社会正以前所未有的速度进入一个令人目不暇接的全球化时代,一个大发展、大变革、大调整时代,一个"以人类为主题、以全球为舞台,以人类共同体利益与价值为依归"[3]的全球性时代。全球化至少在两个维度对世界产生了影响:其一,全球化使世界联结的紧密度、深度急剧增加,超越了现代世界体系的国家和社会界限;其二,行为体的全球性联结与思考,改变了人们的思维方式和生活方式。各国经济相互依赖不断加深,每个国家都成为全球经济体系中牵一发而动全身的战略性棋子;科技突飞猛进,人工智能取得丰硕成果,创新成为推动社会发展的主要动力;货物、资金、技术、人口、观念快速越出一国国界在全球范围内流动,形成了一张错综复杂、相互交织的巨大网络。全球化增进了全人类的集体福祉,同时也使国际社会迎来了前所未有的挑战。尝试对急剧变化的全球社会作出有效解释并进行合理预期,寻求解决国家内部、国家之间乃至全球社会的风险与问题,成为全球治理产生的必要条件。如果说在理论层面,全球社会被现实主义塑造成了一个充满利益纷争的无政府社会的话,在现实中传统的国家冲突和全球化时代给人们带来的诸多挑战似乎正在威胁着原本就极为脆弱的世界。

全球化影响了全球治理的过程,同时也受到了全球治理问题的影

---

① 《全球学:概念、范畴、方法与学科定位》,载蔡拓:《全球学与全球治理》,北京:北京大学出版社,2018年,第1—31页。

② [英]安德鲁·赫里尔:《全球秩序与全球治理》,林曦译,北京:中国人民大学出版社,2018年,第228页。

③ 蔡拓:《全球性:一个划时代的研究议题》,载蔡拓、刘贞晔主编:《全球治理变革与国际法治创新——全国首届"全球学与全球治理论坛"成果》,北京:中国政法大学出版社,2014年,第11页。

响。[①]全球化是当代世界最为显著的全球性现象，它已经而且正在给人类社会带来非凡的、根本性的、全面的变化。在极大地促进世界经济发展及政治、文化交流的同时，全球化也助推了全球性问题的出现和蔓延，引发了全球性危机。围绕全球治理展开的争论已经不再是要不要对全球化进行治理的问题，而是我们面对着哪些亟须治理的问题，以及怎样才能对全球化进行有效治理的问题。

全球化是一场正在发生的历史性社会运动，也是我们这个时代充满争议的一个话题。人们对于全球化的情感喜忧参半。在许多人看来，全球化既是问题解决者，也是麻烦制造者。人们一方面将世界和平与繁荣的希望寄托在全球化带来的影响之上，另一方面又认为全球化恰恰是人类所面对的生存环境恶化的罪魁祸首。几个世纪以来，随着国家间社会、文化、政治和经济关系的发展，全球化实际上一直在侵蚀民族国家的边界。过去三十年，全球化最大的变化是它惊人的发展速度。当"国际化进程发展成为当代的全球化"，人类已经处在了变革的高级阶段——全球治理阶段。[②]如果我们对冷战后世界内部和世界各地权力和权威性质的变化视而不见，或漠不关心，那么即便世界从一种秩序转向另一种秩序，我们对全球变革的驱动因素及其意义就不可能敏感。由力量对比变化引发的全球大变革，也带来了国际关系研究的历史性变革。从冷战时期现实主义大行其道，到冷战后自由主义与现实主义分庭抗礼，再到当代现实主义、自由主义和后现代理论的三分天下，学者们一直在寻求能够对全球变革作出有力解释和有效预测的理论范式。

20世纪90年代初，全球治理理论的兴起恰是全球急剧变革的结果，同时它本身也成为全球变革在理论界的一个重要体现。[③]然而，对于全球化的界定却莫衷一是。不同的关注点导致人们对全球化截然不同的理解。关于全球化及其治理的研究通常是从两个方面展开的：要么展示当今世界

---

① [美]罗伯特·O. 基欧汉、约瑟夫·S. 奈：《导言》，载[美]约瑟夫·S.奈、约翰·D. 唐纳胡主编：《全球化世界的治理》，王勇等译，北京：世界知识出版社，2003年，第1页。

② [巴西]特奥托尼奥·多斯桑托斯：《新自由主义的兴衰》，郝明玮译，北京：社会科学文献出版社，2012年，第212页。

③ 治理概念起源于古老的政治学传统，20世纪90年代初开始进入国际政治学领域。詹姆斯·罗西瑙通常被视为全球治理概念的提出者和全球治理研究的开创者。围绕着这一概念展开的研究存在诸多争论，迄今尚未形成一个完整统一的理论体系，星野昭吉称之为"一个相对独立的理论研究领域，一个充满争论的领域"。参见[日]星野昭吉：《全球治理的结构与向度》，《南开学报（哲学社会科学版）》2011年第3期。

事务中全球治理的经验事实，进行实证研究；要么侧重于对总体现象的理论描述，探求事实背后的文本范式。[①]从进程角度看，全球化是资本、劳工、商品、服务的流动，推进治理形式和世界体系的变革，需要对行为体身份作出新判定。从理念层面看，全球化是一种特定的话语认同和意识形态，是不同概念的集合，勾画出人们对当代世界理解的多元图景。

相比于全球治理漫长的实践历史，直至20世纪90年代，作为理论范畴的"全球治理"一词才开始在学术界出现，并逐渐被频繁使用。至21世纪，全球治理已然成为一个颇为流行的理论范式，全球治理研究由此进入第二波：对90年代关于全球化起源与后果的"想当然"(taken-for-granted)的理论进行挑战。2008年全球国际金融危机爆发后，全球治理再度引起国际社会的广泛关注和学界的热烈讨论。学者们开始关注全球政治特定领域更大的体制和治理机制系统，就此形成了较为完整的全球治理研究体系。全球治理理论的发展历程映射出世界政治经济变化之迅猛，人类对有效治理需求之迫切。全球治理已经成为全球化时代人们理解和审视世界政治不可或缺的一个理论视角，应对层出不穷的全球性问题的必要途径，以及筹谋人类社会发展愿景的重要工具。

全球治理成为重要研究议题起因于全球化带来的人类社会变革。全球化研究成为全球治理研究的肇始。"理论通过提问产生新的知识。"[②]人们面对全球化时的困惑和迷茫需要理论作出回答。尽管基于复杂相互依存关系多层次进程的重要性早已得到承认，但全球化的快速发展仍然需要与时俱进地推进研究。为了研究这一进程，我们需要"一种超越仅把国际影响当作外部因素的结构分析方法"[③]。在赫尔德看来，理解全球化必须搞清楚这样一些问题：什么是全球化，如何界定全球化？它是一种新的政治状况吗？全球化与国家权力的消亡、复兴或变革存在某种关联吗？它对政治

① Ralf J. Leiteritz, "Confusion Abounds: Globalization and Global Governance", *International Studies Review*, No.5, 2003, pp.399-402; Frank Biermann, Philipp Pattberg, Harro van Asselt, and Fariborz Zelli, "The Fragmentation of Global Governance Architectures: A Framework for Analysis", *Global Environmental Politics, November*, 2009, pp.14-40.

② [美]肯尼思·W. 汤普森：《国际思想之父：政治理论的遗产》，谢峰译，北京：北京大学出版社，2003年，第23页。

③ Christine Brachthäuser, "Explaining global governance—a complexity perspective", *Cambridge Review of International Affairs*, Vol.24, No.2, June 2011, pp.221-244.

施加了哪些限制？全球化如何被文明化和民主化？[①]当代全球化理论论战也是围绕着上述问题展开的，然而并没有明确的结论结束这些争论，并合理地回答上述问题。

进入21世纪，全球化成为学术研究和国际关系实践的一个重要现象。在概念层面，与全球化密切相关的一个概念是国际化，二者既关联又区别。[②]国际化虽然聚集于国家间的关系，但以民族国家为分析框架，主要关注国家之间的联结与交往；全球化则超越传统的国家地域界限，以"超地域"为特征，[③]更加强调国际社会休戚与共的基本特征和发展趋势。由此，国际化似乎是特定国家之间有意为之的结果，而全球化则是世界发展的客观趋势。显然，全球化"绝非一个平顺的、一致同意的过程"[④]。2008年国际金融危机爆发后，逆全球化思潮呈现抬头之势，这表明全球化的负面效应凸显，世界政治经济发展的不确定性因素增多，但并不意味着全球化趋势的终结或逆转。全球化所引发的人类社会的全球变革这一渐进的连续的过程仍将进一步深化发展：一是经济全球化，相互依存加深；二是政治多极化，权力中心转换；三是文化多样化，公民社会形成。[⑤]面对复杂、多维、不确定性的进程，需要人类社会以更大的智慧和勇气携手合作，共同应对挑战。

经济全球化是全球变革中最引人瞩目的现象，是当代世界经济发展的客观现实和重要趋势。近代历史表明，全球化过程是人类科技进步和世界

---

① David Held, et al., *Global Transformations: Politics, Economics and Culture*, Stanford University Press, 1999, pp.1-2.

② 有学者认为，国际化和全球化是两个相互关联但又不甚相同的概念。国际化关注人类社会活动的水平性延展，全球化则更倾向于世界联系内涵的垂直深入。参见王学玉：《从国际化到全球化》，《世界经济与政治》2000年第8期。还有学者从行为体角度分析认为，国际化是普通民众参与的跨国社会运动，而全球化则是国家、国际组织等"更有权力的世界行为体"的跨国行为。See Robyn Magalit Rodriguez, "Globalization", in Cathy J. Schlund-Vials, Linda Trinh Võ, K. Scott Wong, *Keywords for Asian American Studies*, NYU Press, 2015, p.119.本书所使用的全球化是一个比国际化更宽泛的概念，国际化是全球化初级阶段的表现形式。全球化不仅体现为国家、非国家行为体跨越边界关系和行为，同时更指行为体之间必然、广泛、深入的无边界联结。二者在行为主体上并不存在差异。

③ [加拿大]威廉·科尔曼等：《导言》，载[加拿大]斯蒂芬·斯特里特主编：《帝国与自主性：全球化进程中的重大时刻》，陈家刚等译，北京：社会科学文献出版社，2010年，第3页。

④ Michael Muetzelfeldt, Gary Smith, "Civil Society and Global Governance: The Possibility of Global Citizenship", *Citizenship Studies*, Vol.6, No.1, 2002, p.62.

⑤ [德]克劳斯·施瓦布：《21世纪的全球治理》，《外交学院学报》2008年第12期。

交往扩大与深化的必然产物，同时也是资本国际化的过程。当前经济全球化的发展给人类生活带来的影响全面而深刻。它不仅造成了人类经济生活的紧密联系，同时也使政治生活和社会生活的联动性增强。经济全球化主要体现为资本、产品、技术、信息等的全球化。这些现代经济要素不断冲破民族国家的壁垒，以期在全球范围内最大限度地自由流动。这就要求一个全球性市场为上述经济要素提供足够的流动空间，并且有相应的机构、组织和运行机制促成其流动。事实上，人们对经济全球化的认识远未达成一致。乐观主义者认为："经济全球化正在消弭主权国家间的明显边界"[①]，引领着更广范围的经济一体化，实现全球共同利益的增长与和谐；悲观主义者则认为，全球化的供应链也可以生产出反全球化的东西，全球化的进程不可能一帆风顺，遭遇挫折、历经反复是必然的。在此意义上，经济全球化本身便是矛盾的，一体两面的。正如中国学界普遍认为的，经济全球化是一把"双刃剑"，它带来利益的同时也会带来威胁和挑战。

"随着全球化时代的来临，人类的政治生活正在发生重大的变革，其中最引人注目的变化之一，便是人类政治过程的重心正在从统治走向治理，从善政走向善治。"[②]"一个一体化的世界经济"(an integrated world economy)带来的贸易、投资、金融资本、技术、劳动力，以及观念等的快速流动，正在减弱主权国家边界的重要性。[③]20世纪后半期，经济全球化进程加快，经济上的相互依赖带来的国际合作，对世界政治关系产生着日益深刻的影响，也改变了人们对国际关系的传统认知。首先，"高级政治"与"低级政治"的传统划分开始发生动摇。在经济合作功能不断外溢的全球化时代，把政治、安全划归高级政治，经济、文化划归低级政治的做法，已经不再适宜。其次，非国家行为体的大量涌现，及其在国际关系中所发挥的越来越重要的作用，对现实主义的"国家中心"论构成了严峻挑战。最后，人类面临的日益突出的"全球性问题"，既是国家冲突的产物，也是国家间相互依赖增强的标志，并为国家间合作提供了新的契机。人们曾经笃信不疑的"国家能够有效保护自由贸易"的假定，如今正遭受着经济全球化的有力挑战。全球范围内的权力分散趋势加速发展，使得全球治理的行为主

---

① Keith Griffin, "Economic Globalization and Institutions of Global Governance", *Development and Change*, Vol.34, 2000, pp.789–808.

② 俞可平：《经济全球化与治理的变迁》，《哲学研究》2000年第10期。

③ Keith Griffin. "Economic Globalization and Institutions of Global Governance", *Development and Change*, Vol.34, 2000, pp.789–808.

体不断增加。

全球化同样也带来了社会价值、知识结构和文化观念的流动。一方面，资本主义作为主导型经济体制在全球的蔓延，导致资本主义政治体制、政治文化迅速扩展，对原来各具特色的民族文化和种族文化构成了挑战；另一方面，世界上并未就此出现文化同质化发展的结果。是出现了全球文化与本土文化的彼此妥协与交互作用，进而形成了文化的“杂交化发展”[①]。当今时代文化的传播和流动得益于非凡的科学技术的发展。信息传播技术的革命，加速了思想、信息和文化的传播速度，拓展了其传播的广度，实现了文化交流的国际化、全球化。乐观主义者认为，全球文化和社会的发展必将推动一个人类“命运共同体”的出现，另一部分人则认为，“全球认同”并不能取代民族主义的本能认同，[②]相反人们依然保持着对民族认同的忠诚。

冷战正式宣告终结加速了世界政治经济变化的进程。20世纪90年代以来，伴随着冷战的终结和世界秩序的转换，全球化趋势进一步加强。“从哲学的观点来看，全球化可以与海德格尔所说的‘庞然大物’相比。”[③]它推动了世界范围内资本、商品、人员和观念的跨国界流动。世界政治、经济由此面临重大且深刻的变化和调整，一方面，主权国家正经历着非国家行为体带来的冲击和挑战，一国的国界不断受到挑战；另一方面，国家间的经济、文化、技术和治理的联系不断加强，相互依存关系不断加深且日益复杂化，但利益冲突又远未消解。在此背景下，人类需要共同面对的、层出不穷的全球性问题不断凸显。

---

① 文化的“杂交化发展”，是社会学家让·尼德文·皮埃特斯提出的概念。他认为，全球化时代出现了“文化同步性”和“杂交化发展”同步的现象，历史地看不存在文化单一化和标准化的道路。参见［美］尼尔·M. 罗森道夫：《社会与文化的全球化：概念、历史以及美国的作用》，载［美］约瑟夫·S. 奈、约翰·D. 唐纳胡主编：《全球化世界的治理》，王勇等译，北京：世界知识出版社，2003年，第99—100页。

② 孔德、密尔、马克思、吉登斯认为，文化的全球化终将培养人们世界主义的身份认同，促成民族国家的终结，推动“世界共同体”的建立。与此相反，史密斯、曼、汤普森等人则认为，民族国家依然保持权力，它在国际社会、区域集团中的基本行为体身份并未改变。参见［美］皮帕·诺里斯：《全球治理和世界公民》，载［美］约瑟夫·S. 奈、约翰·D. 唐纳胡主编：《全球化世界的治理》，王勇等译，北京：世界知识出版社，2003年，第137—140页。

③ ［美］阿齐里·麦莫比著，斯蒂芬·伦德尔译：《在世界的边缘：便捷、领土与非洲主权》，载［美］阿尔君·阿帕杜莱主编：《全球化》，韩许高等译，南京：江苏人民出版社，2016年，第22页。

（二）回应时代之问：全球治理范式的显现

全球化带来的国际社会的深刻变化需要国际关系学界的理论回应。全球化绝非人类社会所熟悉的关于"大尺度历史转折的文献"①。尽管对全球化的阐释五花八门，但能够达成共识的是作为持续的一种进程，关于全球化的理论大多指向未来，"强烈地表明了我们生活在一个已有的世界/一个未知的世界"②。这意味着，人类社会已经不可避免、无法逆转地处于全球化的现实进程之中，而对于全球化将引领人类社会走向何处、带给我们一个怎样的世界尚存在诸多未定之数。那么，这是否也同时意味着我们将陷入全球化的不可知论？显然，全球化的深入、快速发展尽管令人眼花缭乱、应接不暇，引发了人类生活的变革，但各种现象的背后存在着某种规律性，使得人类能够对已有的全球化进程和现象进行理性认知，从中发现规律，并引导全球化朝着人类预期的方向发展。全球治理范式正是发现全球化规律并寻求人类共生共处之道的努力。

当下流行的"治理"概念与人类的历史一样悠久。在英语国家，"治理"一词用以指特定范围内行使权威的活动，是为协调不同利益诉求达成一致的特定安排。③1995年联合国全球治理委员会发布了题为《我们的全球伙伴关系》的研究报告，对治理作出了权威界定："治理是个人和公共或私人机构管理其公共事务的诸多方式的总和。它是使相互冲突的或不同的利益得以调和并且采取联合行动的持续的过程。它既包括有权迫使人们服从的正式制度和规则，也包括人民和机构同意的或以为符合其利益的各种非正式的制度安排。"④基于权威通常与政府联系在一起的事实，"治理"活动的主体往往被认定为政府。然而就非国家行为体日益发挥重要作用的当代国际社会而言，治理虽然关涉政治秩序问题，但它并非主权国家独有的行为或现象。在治理所形成的价值、政策和制度体系中，"一个社会通过国家、市民社会和私人部门之间，或者各个主体内部的互动来管理其经济、

---

①《草根全球化与研究的想象力》，载［美］阿尔君·阿帕杜莱主编：《全球化》，韩许高等译，南京：江苏人民出版社，2016年，第1页。

②［美］斯丹尼·莎咪：《全球化的史前史：变化的切尔卡西亚身份》，载［美］阿尔君·阿帕杜莱主编：《全球化》，韩许高等译，南京：江苏人民出版社，2016年，第199页。

③［法］辛西娅·休伊特·德·阿尔坎塔拉：《"治理"概念的运用与滥用》，黄语生译，《国际社会科学杂志（中文版）》1999年第1期。

④ 参见《我们的全球伙伴关系》，牛津大学出版社，1995年，第2—3页。转引自俞可平：《治理和善治引论》，《马克思主义与现实》1999年第5期。

政治和社会事务”[①]。这意味着，原来由政府绝对享有的权利并承担的责任，而今已经分散给诸多行为体，治理主体呈现出多元化、分散化、层级化的发展趋势，治理实践成为“一种集体行为的多元化和互动性的方法”[②]。

“治理”与“统治”是既相关又相异的两个概念。尽管只有一字之差，但二者的内涵却大不相同。界分治理与统治是获得对治理正确理解的前提。从治理主体和治理目标来看，二者都是一定的行为体通过行使其权威以实现社会有序性的过程。在这一点上，治理和统治都是达至秩序状态的手段。除此之外，二者更多地呈现出差异性。首先，从行为主体来看，统治是且仅是政府的职能，统治权具有专属、独有的特征，而治理的主体则包含了政府、私人机构、次国家组织、超国家组织等诸多行为体，完全可以实现“没有政府的治理”[③]。其次，从权力运作的向度来看，统治是政府自上而下地单向行使权力，而治理则主要通过合作、协商等形式实现对公共事务的管理，其权力向度是多元的、相互的。再次，从权力运作的范围来看，统治必然限定在国家主权范围之内，而治理既可以是国土范围内的，也可以是跨国家的、跨区域的乃至全球的。最后，从权力的合法性来看，统治的合法性主要基于一国的法律法规，而治理的合法性则主要来源于人们的认同。[④]如此，“治理不是自上而下的、等级化的和线性的，而是一个新兴的、多向量的、多利益攸关者的和多场域的社会空间过程，是一种发散的规则形式”。[⑤]去中心、多元化、发散性是治理的突出特征。

在治理研究中，出现了本质主义（简化论者）和关系主义（非简化论者）的分野。本质主义（简化论者）从两个视角审视治理：要么持一种等级化的、自上而下的治理概念，认为治理只是假定中立和“与世隔绝”的国家行为体的责任，要么持一种网络化的、互动性的概念，关注到政策和治理网络中国家和非国家行为者之间复杂的、多层次的互动。关系主义（非简化论

① UN, “Governance Indicators: A User Guide”, www.undp.org. 转引自杨雪冬、王浩主编：《全球治理》，北京：中央编译出版社，2015年，导论第3页。

② [法]雅克·舍瓦利埃：《治理：一个新的国家范式》，张春颖、马京鹏译，《国家行政学院学报》2010年第1期。

③ [美]詹姆斯·罗西瑙主编：《没有政府的治理》，张胜军、刘小林等译，南昌：江西人民出版社，2001年。

④ 参见俞可平：《全球治理引论》，载杨雪冬、王浩主编：《全球治理》，北京：中央编译出版社，2015年，第31—32页。

⑤ Helen Briassoulis, “Governance as Multiplicity: the Assemblage Thinking Perspective”, *Policy Sciences*, January 2019, pp.419-450.

者)的观点强调了治理的关系性、复杂性和情境性,以及实践和权力的基本作用,将过程性因素纳入治理的考量当中,并提出了关于治理、自我治理和元治理(metagovernance)等范畴。越来越多的研究强调,在实践中普遍存在的治理并非单一形式的治理,而是“混合治理”(hybrid governance),即多种形式和模式的混合。

“治理”与“全球主义”[①]的结合,便构成了世界政治领域方兴未艾的“全球治理”。[②]20世纪70年代以来,多元主义和全球主义范式勃兴,高级政治和低级政治的传统界分越来越模糊,人们对全球体系、环境问题、人权问题、相互依赖、全球化和全球治理的关注与日俱增。这些问题关涉每个国家切实的利益,然而这些问题的解决却又绝非某个国家单独能够完成的任务。打破传统理论范式中国家中心主义视角的束缚,运用全球主义的视野审视并处理这些问题成为国家的不二之选。全球主义范式的兴起正是研究视野拓展,突破“国家视角”局限的产物。

“全球主义”是相对于“国家主义”而言的。依托不同的理论范式,西方理论界形成了对于全球主义的三种阐释,即自由主义国际主义、激进共和主义和世界主义,其中自由主义国际主义和世界主义更为流行。[③]一般而言,全球主义包含着下列意蕴:其一,全球主义是理想主义,它更倾向于描绘一个应然性而非实然性的世界;其二,全球主义是自由主义,它主张行为体权利平等;其三,全球主义是经济自由主义,它强调世界经济的整体性和相互依赖;其四,全球主义是一种世界整体论和人类中心论的文化意识、社会主张和行为规范。[④]作为一种思维方式,全球主义理念更加关注人类社会的整体性、全局性,从超越民族国家的角度认识全人类的公共性事务,尝试寻求共同秩序与安全。

---

① 与“全球主义”相近的另一个词汇是“世界主义”,学者们在使用时并没有对二者进行明确的界定和严格区分。正如“全球政治”与“世界政治”“全球共同体”与“世界共同体”之间的关系一样。鉴于此,为了保持概念的一致性,除引文外,一律使用“全球主义”“全球共同体”“世界政治”的提法。

② 前联合国社会发展研究所副主任阿尔坎塔拉曾经指出,“治理”概念在三个领域被广泛运用,即国际金融领域、公共管理领域和世界政治领域。参见[瑞士]辛西娅·休伊特·德·阿尔坎塔拉:《“治理”概念的运用与滥用》,黄语生译,《国际社会科学杂志(中文版)》1999年第1期。

③ [英]戴维·赫尔德等:《全球大变革:全球化时代的政治、经济与文化》,杨雪冬等译,北京:社会科学文献出版社,2001年。

④ 赵景来:《关于治理理论若干问题讨论综述》,《世界经济与政治》2002年第3期;蔡拓:《全球主义与国家主义》,《中国社会科学》2000年第3期。

从全球治理与治理的关系来看，前者包含于后者的概念之中。全球治理是治理在全球层面的呈现，是次国家行为体、国家行为体、超国家行为体[①]等通过国际机制应对全球性问题，处理全球公共事务，以实现全球政治经济秩序的治理形式。这一概念需要阐释的核心问题是：谁为了何种目的，通过什么工具，实现对什么问题的何种效果的治理？如此，我们需要澄清治理主体、治理目的、治理依据、治理客体、治理效用五个基本问题。

全球治理的主体是治理行为的发起者，第二次世界大战后它“正在逐渐演变成一种复杂的、多层的体系”[②]，主要包括三个层次的行为体：次国家行为体，如一国主权范围内的各种组织、公民（特别是全球精英）；国家行为体主要指政府及其职能机构；超国家行为体主要包括跨国公司、跨国社会运动、国际组织、区域一体化组织等。[③]其中，次国家行为体和超国家行为体都是非国家行为体。在主权至上原则之下，国家行为体在全球治理中仍然占有主导地位，非国家行为体的行为在很大程度上受制于国家行为体。国家行为体的态度直接决定和影响着全球治理的效度。第二次世界大战后，特别是冷战结束以来，非国家行为体蓬勃发展，成为全球治理中不可忽视的重要力量，而在治理方式、治理机制选择上，非国家行为体具有比国家行为体更大的灵活性。有效的全球治理必然是囊括所有行为体的、充分发挥各治理主体优势的治理。

一切人类行为都包含着特定的价值诉求。全球治理的价值诉求就在于导向一个更加安全、更为美好的世界，实现世界持久和平与共同发展，即实现所谓善治。全球治理活动展开的基础是共同利益和共同价值。尽管人类生活在不同的制度之下，在“巴别塔”下操持不同的语言，有不同的生活方式，但人类有着共同的价值基础或曰共同善。这些价值根源于“全体

---

① 罗西瑙认为，全球治理的主体应该包括主权国家和政府、非政府的超国家组织和次国家组织等。See James N. Rosenau, “Explores the Ontology of Global Governance”, in Martin Hewson, Timothy J. Sinclair eds., *Approaches to Global Governance Theory*, State University of New York Press, 1999. p.298.

② [英]托尼·麦克格鲁：《走向真正的全球治理》，陈家刚译，《马克思主义与现实》，2002年第1期。

③ 有学者以超国家组织指称超国家行为体，认为主要指国际组织，并将之与区域性组织（如欧盟）、跨国组织（如公民社会、商业网络）、亚国家（如公共协会、城市政府）并列为全球治理的主体。See J. A. Scholte, *Globalization: A Critical Introduction*, Macmillan Press, 2000.本书依据行为体的层次将超越一国主权范围的行为体统称为超国家行为体。

人类的共同人性”[①]，不会随时空的改变而改变。人类对共同命运和共同利益有共同关切，对和平、发展、公平、正义、民主、自由等共同价值有一致追求，对战争、饥馑、偏见、压迫、霸权、专制等世界乱象有相同憎恶，这是全球治理发生的基本前提。

治理依据回答的是怎样治理的问题。全球治理的基本依据是国际机制。就此意义，全球治理是基于国际机制的治理，是制度治理。西方主流研究强调全球治理的制度依赖，将确立明确而有约束力的制度视为治理的关键。中国学者秦亚青则认为，制度（规则）治理只是全球治理的一种模式，除此之外还存在着关系治理模式。关系治理和制度（规则）治理的目的相同，不同之处在于关系治理更加关注社会运动的复杂关系。在全球治理中，制度治理与关系治理不仅同时存在，而且相辅相成，由此可以构建一种综合治理模式（synthetic model of governance）。[②]在全球治理实践中，制度和关系是互构的。关系构成了国际社会的全部特征，制度是关系互动的结果，反过来又强化了互动，关系的制度化是实现治理的途径。

全球治理的客体是人类共同面临的全球性问题。全球化的迅猛发展在强化了国家之间的联系和互动的同时，也使得全球风险快速蔓延，全球挑战急剧增长，人类的生存环境更加脆弱。全球安全、生态环境、经济发展、跨国犯罪、人权危机等问题成为全人类共同面对的问题，这些问题绝非通过某个或某些国家就能够解决的问题，而必须依靠国际社会和世界各国的共同努力。为此，全球治理需要担负起政策功能，[③]减少全球挑战带来的危害。

全球治理效用是衡量治理制度、行为、关系的标尺，其评判依据必然是能否达到预期的治理目标。全球治理是一个相当宏大的历史性命题，关涉庞杂的要素，需要应对广泛而复杂的全球性公共问题，实现治理的初衷，构建一个符合人类共同志向的世界绝非一朝一夕之功。正如全球治理委员会所指出的，全球治理是“一个广泛的、动态的、复杂的互动决策的过程，这

---

① ［美］雅克·布道编著：《建构世界共同体》，万俊人、姜玲译，南京：江苏教育出版社，2006年，第42页。

② 秦亚青：《关系与过程：中国国际关系理论的文化建构》，上海：上海人民出版社，2012年，第120—167页。

③ ［意］富里奥·塞鲁蒂：《全球治理的两个挑战：哲学视角》，李琳译，载朱立群、［意］富里奥·塞鲁蒂、卢静主编：《全球治理：挑战与趋势》，北京：社会科学文献出版社，2014年，第14页。

个过程不断地发展,对变化着的环境作出回应"[①]。在此意义上,治理的效用也绝非短时期内通过简单的评估指标就可以衡量的。尽管我们尚且无法给出测定全球治理效用的准确的评估体系,但可以肯定的是全球治理必须努力避免五个不足:管理不足、合理性不足、协调不足、服从不足和民主不足。[②]上述不足的存在必然导致治理不能达到预期目标,需要及时调整治理方案予以弥补。

(三)有序的世界期待有效治理

追寻全球社会中秩序的实现与维护,最大限度地推进治理,是国关百年的历史夙愿,也是全球化时代的必然要求。罗西瑙所说的"没有政府的治理",建立起国家治理和全球治理的关联,提出了在国家而外实现秩序与治理的问题。毋庸置疑,"全球治理或超越民族国家的治理已经是一个经验主义的事实"[③]。在学理层面,对全球治理范式内含的目标予以阐释,是推进实践层面的全球治理必须首先完成的理论任务。

秩序是全球治理的第一需求。厘清国家治理与全球治理之间的关系是国际关系学者创制全球治理范式,深化全球治理研究的关键。而这一问题的背后,本质上是国内政治与国际政治的关系。从学科起源看,诞生于第一次世界大战后的国际关系学,其产生的原动力就是如何避免战争、维护和平、实现秩序,起源于人们对主权国家之外秩序的追求。在探求秩序实现的决定性因素过程中,国际关系成为一门从政治学中独立出来的专门学科。在此意义上,可以将寻求特定的秩序作为国际关系学的价值诉求。

人类公共生活面临的一个基本问题是如何建立秩序。秩序与无序、失序是相对的。如果说无序是事物杂乱无章的一种存在状态,秩序则是事物按照一定规则有序的排列状态,而当秩序被打破时事物便从秩序转为失序。在国际关系学中,通常把战争视为无序、失序的表现形式。回顾并审视人类的存在状态,可以发现,在漫长又短暂的人类社会发展历史过程中,各种组织及其带来的规范实现了秩序,尽管无法禁绝但减少了冲突乃至战争。其中最为重要的一种组织形式就是国家。在传统观念中,一国主权范

---

① Commission on Global Governance, *Our Global Neighbourhood*, Oxford University Press, 1995, p.4.

② [英]托尼·麦克格鲁:《走向真正的全球治理》,陈家刚译,《马克思主义与现实》,2002年第1期。

③ James W. Davis, "A Critical View of Global Governance", *Swiss Political Science Review*, Vol.18, No.2, 2012, pp.272-286.

围内实现了秩序状态，但在主权之外战争普遍存在。这一观念隐含的意思是权力（特别是主权）带来秩序，国际社会则因缺乏凌驾于主权之上共同权威而难以实现秩序。

在契约论者[①]的描述中，消除人人各自为战的自然状态，唯一有效的途径是人们让渡权利组建“利维坦”。[②]强大的“利维坦”通过建立共同规范保全了个体的安全，实现了主权下的有序，却将“斗剑状态”——战争、威胁遗留给了“利维坦”。如果按照国内秩序实现的先决条件——主权者，国家之间要维持和平，国际社会要实现秩序就只能在主权国家之上再建一个世界政府。但显然，作为至高无上的权力，国家不会屈从于更不会主动去塑造某种凌驾于自身之上的权力。国际无政府状态就此产生。循这一逻辑，国际关系学塑造了一个“利维坦”之间杀伐不断的无序世界。尽管超越主权无法去塑造一个世界政府，但“利维坦”之间也许可以通过建构起一种依权力等级或共同的行为规范而界定彼此关系的状况，以实现短暂的秩序。在这种观念下，无序是国际关系的宿命，混乱成为世界政治的常态。

有序的国内政治和无序的世界政治形成鲜明的对照。国家被认为是实现有序的共同体的终极存在形式，在国家而外、国家之间寻求秩序状态成为无法实现的奢望，“国际无政府”成为混乱和无序不证自明的、自我实现的预言。以这一理念审视全球化给人类带来的诸多挑战，必然会陷入悲观主义情绪：要么熟视无睹，要么漠不关心。无论采用何种态度，都基于对国际关系的这样一种认识：无序是国家之间的一种天然状态，人类只可顺应、适应，无法改变、扭转。

这种对全球治理的认识是一种典型的现实主义全球治理观，不利于正视并应对层出不穷的全球性问题。然而，恰恰是现实主义主导着许多国家的全球治理实践。作为国际关系中的正统理念，现实主义因其对国际关系现实的“真实”刻画，被认为是不证自明的，获得了一大批外交战略和政策制定者的追随。在这种观念指导下，一些国家要么拒绝国际合作和集体行动，要么在共同治理中设置障碍，导致治理行动失败，国际社会陷于失序。

治理不是区分国内社会和国际社会的标志，它并非国家内部垄断的行

---

① 在阐释国家诞生的必要性时，现实主义和自由主义的契约论者遵循了不同的逻辑。现实主义者从性恶论出发将国家诞生前的自然状态描绘为战争状态，将国家的首要职能界定为保护个体的安全。这一阐释理路被国际关系的现实主义所沿袭，塑造了以“混乱”“无序”为特征的国际无政府状态。

② [英]霍布斯：《利维坦》，黎思复、黎廷弼译，北京：商务印书馆，1985年。

为。虽然治理行为并非不能脱离政府,人们对于国内生活的有序需求在很大程度上却可以通过政府获得。国际社会的有序没有一个类似的世界政府去推进,国家对待治理的态度直接决定了全球治理的成效。相较于国内社会,国际社会具有更强烈的治理需求。在国家权力的边界,存在着广泛的需要世界各国共同努力、一致行动才能处理的事务,但在实践中,全球性问题涌现的速度和程度与国家的全球行动意愿之间出现了显著落差,这也是造成全球治理差强人意的直接原因。

全球治理并不是一味地寻求秩序,它需要的是一种符合人们正义诉求的秩序。尽管全球治理体系的重要参与者——国家存在着权力差异,并进而形成了依托权力等级而建立的国际秩序,但显而易见的是全球治理需要的是多元主体参与,是多中心治理。全球治理需要的是在符合有序的前提下实现有效。

有效是全球治理的更高诉求。在人类社会的演进当中,存在着超越主权国家,实现人类命运共同体的愿景。当下的全球治理应基于人类共同体而推进。不过,在这个共同体中,地理、政治、种族、经济甚或其他标准区隔成了一个个团体,这些团体中最重要的组织形式即为主权国家。[①]诚然,将国家描绘成“封闭的、不可渗透的、独立自主的、与其他国家完全隔离的单元”[②]的意象已经不复。以国家中心主义视角去审视全球化时代的世界,显然已经成为过去。打破狭隘的国家视野,并由此过渡到一种全球治理范式的思维成为时代之必需。

实现国际社会的有效治理,有两个动力支持。一个来自人类因共同问题而生成的共同命运,另一个则来自人类基于共同善而生发的伦理诉求。共同命运使全球治理的产生成为客观必然,共同善则为有效治理提供了可能性。

在霍布斯“自然状态逻辑”的影响下,国际关系被界定为“无政府逻辑”。这种逻辑以自我和他者界定国家间的关系,并把“边界”之外的他者世界视为异己的、威胁的,定位为对手或敌人之间的关系,由此必然发展出“孤立主义逻辑”。“无政府逻辑”及其推演出的“孤立主义逻辑”令权力政治在全球治理中大行其道。全球治理体系成为利维坦之间权力较

---

① [法]达里奥·巴蒂斯特拉:《国际关系理论》,潘革平译,北京:社会科学文献出版社,2010年,第135页。

② [法]达里奥·巴蒂斯特拉:《国际关系理论》,潘革平译,北京:社会科学文献出版社,2010年,第144页。

量的权力等级体系。权力结构使当前关于全球治理的博弈演变成为霸权国家的独断专行,来自其他国家的声音被湮灭、被边缘化。在这种关系逻辑的指引下,导致的结果是治理只能是少数国家意志的体现,霸权国家之间为了保持优势小心计算利害得失,国际公共产品出现供需紧张。由此也无法免除问题频仍、赤字丛生,这样的全球治理不可能不远离正义,不可能不背离美好。

今天,我们生活于一个危机与变革共存的时代。在灾难和威胁面前,人类第一次拥有了共同命运意识和共同危机感。应对复杂混沌的世界,需要形成互助与道义的全球伦理。"人类社会面临着根本性的伦理问题……以一种文明政治和人性政治取代发展政治和国家强权政治。"[①]作为一个将人类导向善治的治理方案,采用功利主义标准将道德从全球治理中剔除的思想传统,显然既不利于全球性问题的解决,也与人类的共同善背道而驰。一个真正具有实体性意义的共同体,它承认多元的统一和统一的多元,它要求的不是抽象的价值,而是根植于人类之本性的行动纲领。将人类的意图、律令和行为共置于一个全面的意义图景之中,以价值引领一切人类行为,寻求普遍的伦理共识,使国家的命运、人类的生命趋向好的生活,是人类对全球治理寄予的厚望。

① [法]埃德加·莫兰:《伦理——非如此不可?非如此不可!》,于硕译,上海:学林出版社,2017年,第12页。

第二章 全球治理解释维度：理论范式的演进

自全球治理成为学者和政治家热议的话题以来，人们关于全球治理的争论便从未停止过。这不仅体现在人们审视全球治理的理念视角和分析工具的差异，同时也表现在实现治理目标的路径选择上的分歧。在理念层面对不同学术流派的观点进行梳理、对比，形成科学合理的解释框架，是当前全球治理研究的一个重要课题。

国际关系学诞生的时间不过百年，然而在大多数教科书中，国际关系学被塑造成"分化的学科"形象，其学科历程由不可通约的范式的、方法论的一系列"重大争论"划分成几个阶段，①由此催生出诸多理论范式和学术流派，成为人们理解、诠释、释疑和实践世界政治的理论依据。"综观历史，当范式的论断不能反映国际政治行为的主流模式时，范式就会得到修正或者遭到抛弃。"②每一学派都是特定历史语境中整个思想洪流的一部分，是历史和时代的产物。正是在范式的更迭与演进中，关于全球治理的研究不断得以深化。

自由主义、现实主义、建构主义和反思主义等学派，③作为分析全球治

① Peter M. Kristensen., "Dividing Discipline: Structures of Communication in International Relations", *International Studies Review*, No.14, 2012, pp.32-50.

② [美]查尔斯·W.凯格利：《世界政治：走向新秩序？》，夏维勇、阮淑俊译，北京：世界图书出版公司，2010年，第18页。

③ 关于全球治理的理论范式，星野昭吉归纳为三个派别：国家中心维持派、新自由制度改良派和全球市民社会变革现状派。参见[日]星野昭吉：《全球治理的结构与向度》，《南开学报(哲学社会科学版)》2011年第3期。这种划分方法分别对应了国际关系的主流学派：现实主义、自由主义和反思主义。本书认为，这三个阵营涵盖了全球治理研究最主要的学术维度：现实主义(古典现实主义、新现实主义)、自由主义(理想主义、新自由主义)、反思主义(建构主义、其他批判理论)。因其学术地位及对现实主义和自由主义方法论的某种认同，本书将建构主义从反思主义阵营中分离出来，独立进行讨论。

理逻辑的研究视角和方法论，并非因为上述学派是最新的或最流行的，而是因其是经久不衰的，它们成为西方全球治理研究中占主导地位和相互竞争的理论范式。这些学派剖析全球治理的本质，建立广泛的分析框架，形成关于全球治理的一般模式，[①]成为解释全球治理的知识范式。

一、制度：自由主义全球治理观

在关于全球治理议题的诸多理论范式中，因对人类普遍价值和共同善的凸显，自由主义范式脱颖而出，备受推崇。自由主义全球治理范式经历了从规范阐释走向实践操作、从观念构想转为制度创设的过程。从早期的自由主义者洛克、康德等人描绘的人类社会理想蓝图和人之理性中获取智慧，自由主义治理观在国际关系学科发展中经由行为主义方法的运用，完成了从传统到科学的转变，描摹出当前全球治理的发展大势，并通过倡导国际合作、国际机制，努力提供实现合作共治的有效方案。

（一）自由主义全球治理观溯源

自由主义是国际关系学科最古老的学术流派之一，在当代全球治理范式中颇具影响力。自由主义与现实主义、建构主义一道被誉为国际关系学的三驾马车，三者构成了全球治理研究的鼎立之势。自由主义全球治理观是政治自由主义传统与全球治理现实问题结合的产物。

自由主义乃是西方文明的坚实基础。[②]在西方政治学研究中，自由主义传统由来已久。它更关注现实世界之外的自由王国，倡导权利、平等、竞争与合作等理念，主张“利益和谐”。尽管自由主义与现实主义通常被视为截然相反的两种观念，然而二者并非非此即彼的完全对立，也不是你方唱罢我登场的简单替代。事实上，二者是在交集、交汇、交互的关系中互相倚重。在汗牛充栋的学术思想当中，试图壁垒森严地划定自由主义或现实主义各自的学术阵营，不越雷池半步，是件吃力却未必讨好的事情。这是因为二者不仅在学术传统中交相辉映，而且即便在现实主义取代自由主义主导了国际关系后，自由主义仍然在研究者和实践家头脑中保留了一席之地。许多坚定的现实主义者在描绘残酷的世界政治现实时，仍然没有放弃

---

① Issaka Sayi Abdul Hamid, “The Prospects of International Relations Theories in the 21st Century: From Single Theory to Theoretical Pluralism”, *International Relations and Diplomacy*, Vol.4, No.5, 2016, pp.311-323.

② ［美］肯尼思·W. 汤普森：《国际关系中的思想流派》，梅仁、王羽译，北京：北京大学出版社，2003年，第90页。

对理想世界的向往和伦理价值的执念。而自由主义者也绝非不问时事的遁世者,他们希望用自己的智慧去改变现实世界的混乱和无序,让残酷而冰冷的现世能够获得哪怕一丝温暖和温情。在从历史上的哲学巨匠那里寻找政治智慧作为认识国际关系的根基方面,自由主义和现实主义的认识也是一致的。因为政治学、国际关系学的亲缘关系与其自身发展显见的规律是,没有哲学支撑的理论就犹如无本之木、无源之水,不但无从立足、难以长久,而且也会缺乏足够启迪心灵的智慧和强大的解释力、说服力。

自由主义中的理想主义和新自由主义之分更多体现在方法论层面,而二者在基本立场、核心观点上是一致的。自由主义以性善论和利益和谐论为其理论基础。始终对人性抱有期待,从不放弃通过经济合作联结国家的努力,使自由主义总能带给人们正能量和乐观情绪。人性不断向善,利益内在和谐,使国家必然能够摆脱冲突、战争的阴霾,总会迎来光明的前景和未来。可见,在自由主义看来,全球有效治理必定可以实现。这种对人性和利益的认识,促使自由主义倾向于将国家视为受绝对利益驱动的理性行为体。因而,选择合作增进利益,通过制度形成规则确保利益,成为国家的不二之选。向善能力与合作倾向确保了全球有效治理的实现。

17世纪英国政治思想家洛克,通常被自由主义奉为“自由思想的始祖”[①],自由主义治理理念的思想源头往往追溯至此。18世纪德国启蒙运动思想家康德的“永久和平”论则被认为直接促成了自由主义“民主和平”治理观的产生。

尽管同为社会契约论者,但对人性却持截然相反的认识,因而造成了洛克与霍布斯对国家起源和前国家状态完全不同的描述。两种不同的理论原点,两种不同的建构路径,最终成就了自由主义和现实主义两套学说。在洛克的笔下,自然状态绝非霍布斯所描写的那样是“敌对、恶意、暴力和互相残杀”的战争状态。相反,它是一种“和平、善意、互助和安全”的状态,[②]洛克构建出一个幸福而美好、和平而合理的世界。洛克坚持自然状态和谐论,坚信人们在自然状态下享有自然权利,已经形成了正义、道德等观念,并依从理性而生活。财产权是人们在自然状态下享有的最基本的自然权利,其他权利由此产生。人们对彼此财产权的尊重,促使道德感和正义观产生。这意味着,在洛克的逻辑中道德和正义并非国家的产物,它们

---

①《马克思恩格斯全集》(第7卷),北京:人民出版社,1959年,第249页。

②[英]洛克:《政府论》(下篇),叶启芳、瞿菊农译,北京:商务印书馆,1964年,第14页。

并不依附于国家。所以,“从道德中衍生出法律,而不是从法律中衍生出道德”①。人们订立契约缔造的国家也必然要遵循普遍的道德律令,而不得任意废止或变更它。②洛克将自然状态描绘为“完备无缺”的状态,人们身处其中尽享自由。自然状态既然完美如斯、自由如斯,人们因何舍弃自由、丢掉权利,而甘愿听从别种权力的支配呢?洛克解释说,由于自然状态下缺乏明确的共同法律、公认裁定及公共权威,人们的权利特别是财产权不可避免地时常面临他人的侵犯,而无法安稳地享受这些权利。“人们联合成为国家和置身于政府之下的重大的和主要的目的,是保护他们的财产。”③可见,国家不过是为了使权利免于侵犯的产物。相较于人之权利,国家是功能性的存在。

洛克对自然状态、权利平等、自由理性、道德正义等原则的主张和阐释,成为理想主义界定国际关系的核心范畴。正如自然状态下人们享有平等的自然权利,遵守道德律令,形成平等和谐的关系,国家在国际社会中也拥有彼此平等、不可剥夺、不容侵犯的权利。个人拥有的自由和理性,同样也体现在国家身上,对自身的利益进行合理的评估和判断,使国家作出最优决策。尽管在国际社会并不存在一个统一的世界政府,但并不意味着国家利益向左、各自为战。相反,国家寻求自身利益,也观照国际社会共同利益。国家之间彼此平等,互相尊重,遵守国际法和国际道德,在维护自身利益的同时,也实现了国际正义和世界和平。

及至康德的哲学思想,可以发现牛顿和卢梭影响至深。康德认为,存在着“两个并存的系统:从属于自然律的现象界和作为现象界根据的智性世界”④。牛顿力学为康德哲学的构建提供了自然科学背景。牛顿对自然世界运动规律的探讨,对观察和实验推崇体现出的科学精神,破除了传统的神秘论、不可知论。依此,康德形成了独特的带有自然科学意味的认识论。卢梭政治学说则使康德哲学摆脱了旧形而上学的束缚。卢梭主张人

---

① [美]肯尼思·W.汤普森:《国际思想之父——政治理念的遗产》,谢峰译,北京:北京大学出版社,2003年,第98页。

② 洛克将自然权利作为自然状态的实质,觉悟或尊重自然权利是自然世界的特性。人造世界——国家成立后也需要尊重并保障自然权利。这意味着,国家带来的权利,国家可以废止或变更;先于国家的权利,国际则无权废止或变更。参见高一涵:《欧洲政治思想史》,北京:东方出版社,2007年,第404页。

③ [英]洛克:《政府论》(下篇),叶启芳、瞿菊农译,北京:商务印书馆,1996年,第77页。

④ 苗力田、李毓章主编:《西方哲学史新编》(修订本),北京:人民出版社,2015年,第590—591页。

人生而平等,倡导自然良心和道德情感,推崇民主权利和自由原则,对腐朽的封建社会进行了猛烈抨击。据此,康德强调尊重人的价值、自我反省和批判,认为理性是解决道德问题的工具。博采既往哲学之长,汲取唯理论和经验论的合理性,调和理性和感性,克服其各自的片面性和不足,康德构建起自己独特的批判哲学。

在国际关系问题上,正如许多理想主义者一样,康德关注永久和平的实现。然而对人类自由、理性、道德和责任的推崇,又使得康德的政治思想呈现出与众不同的特征。尽管身为理想主义者和世界主义者,康德并不认同霍布斯对君主制的推崇,也不认为国家之间各自为战的战争状态不可避免,但他并不反对霍布斯对自然状态的描述。他认同:"在自然状态中,任何片刻的和平都只不过是战争状态的经验的插曲","自然状态就是战争状态"。[①]不过康德关注的重点是找到避免战争、实现和平的途径。在他看来,实现永久和平有两个决定性条款:第一是各国政府都是共和政府,第二是建立自由国家的联盟。这一主张在第一次世界大战后被理想主义学派完全继承下来。康德从自然状态推导出的永久和平条款,奉行的恰恰是一条"霍布斯"逻辑:到更高的共同体中寻求安全。康德并不认为国家实现是人类和平的最终形式,因为国家内部秩序并没有解决国家之间的战争问题,只要国家间的战争危险没有消除,人们就无法享有真正的永久和平。在"霍布斯"逻辑中,国家是自然状态下战争的终结者,给个人带来秩序与和平。以此类推,国家之间战争的结束需要一个更高的主权者,保证国家的和平与安全。按此逻辑,一个世界共和国应该是实现人类社会真正永久和平的最终选择。

不过,康德承认,世界共和国在理念上、逻辑上也许是正确的,但却与国家的自由本性背道而驰。于是,出于一个自由主义者对专制主义的痛恶,康德在国家之间的战争状态和国家之上的国家状态中,毫无悬念地选择了前者,因为它优于"各个国家在另一个凌驾于一切之上的并且朝着大一统的君主制过渡的权力之下合并为一体"[②]。而且,这种专制政体最终也难逃沦为无政府状态的下场。故此,康德以"一种防止战争的、持久的并且

---

① [美]列奥·施特劳斯、约瑟夫·克罗波西主编:《政治哲学史》(下),李天然等译,石家庄:河北人民出版社,1998年,第699页。

②《永久和平论》,载[德]康德:《历史理性批判文集》,何兆武译,北京:商务印书馆,1990年,第126页。

不断扩大的联盟"[①],来替代世界政府。在他看来,自由国家联盟才能真正帮助国家最终结束一切战争,进而实现永久和平。

洛克和康德不仅勾勒出人类社会美好的未来图景,还提供了达至这一理想的有效途径。自由主义者始终坚定颂扬人之道德,维护个人权利。他们对自由和平等价值的推崇,对人类新秩序的畅想,对人性特别是人之理性的信心,对解决冲突方案的探索,为理想主义打开国际关系提供了一个入口,由此成为自由主义全球治理观的思想基石。

(二)理想主义全球治理观

理想主义对人类的未来始终抱有美好的期待。它坚信,无论现在多么艰难,明天一定会有所改善。[②]即便面对战争,理想主义也从未改变这种乐观的态度。在人类社会发展过程中,战争形影相随。不过,第一次世界大战带给人类的灾难、苦痛与恐惧却是前所未有的。传统的欧洲均势未能成功阻止大战爆发,人们需要一个审视国际冲突和战争的全新视角,并寻求一种避免战祸的全新方式,以期在战后的废墟中重建全球治理。

理想主义与现实主义在许多方面都是不同的。相对于现实主义着眼"是"的世界,理想主义更关注"应该是"的世界。出于对人性恶的判定,现实主义渴望武力以随时备战,而理想主义则对人性充满期许,始终相信世界和平的降临。武力与和平分别代表了现实主义和理想主义对人性的理解,也成为它们对全球治理基本特质的判定依据:现实主义以"争夺权力和声望的斗争"界定全球治理,理想主义更倾向于认为全球治理是为"达成一致意见的努力"[③]。遗憾的是,学派初建令理想主义的全球治理观并未形成严谨完整且富有逻辑的理论体系。在此意义上,所谓理想主义的全球治理观不过是一种深藏于理想主义者头脑之中的学术传统和价值追求。

美国第28任总统伍德罗·威尔逊通常被视为理想主义全球治理观的代表,而他为结束一战所提出的"十四点计划"则被视为理想主义实现世界和平的经典文本。在20世纪之前,并不存在独立的国际关系学科,政客与学者似乎鲜有交集、各自绽放。作为政客,决策制定者通常对没有任何从

---

①《永久和平论》,载[德]康德:《历史理性批判文集》,何兆武译,北京:商务印书馆,1990年,第114页。

②[美]肯尼思·W.汤普森:《国际关系中的思想流派》,梅仁、王羽译,北京:北京大学出版社,2003年,第72页。

③[美]查尔斯·W.凯格利:《世界政治:走向新秩序?》,夏维勇、阮淑俊译,北京:世界图书出版公司,2010年,第19页。

政经验的学者的言论或观点不屑一顾；作为学者，许多研究者的理论只是书斋里的学说，不仅与国际关系现实相去甚远，而且也难以指导实践。兼备政客和学者身份的威尔逊显然打破了这一“惯例”，他架起了连接理论与现实的桥梁。作为一个理想主义者，威尔逊真正使和平由构想走向了实践。威尔逊提出国际关系的六项基本原则，即公开外交、公海航行自由、裁减军备、消除贸易壁垒、公正处理殖民地争议和建立国际联盟，[①]开启了现代化的国际交往，使国际关系开始走进大众视野，成为一门真正的学问。他倡导以集体安全缔造和平，尽管并未制止第二次世界大战的爆发，国际联盟最后也以破产告终，但作为国联的承继者联合国在第二次世界大战以来却对促成国际合作、维护世界和平发挥了重要作用。

威尔逊倡导的理想主义全球治理观以价值和制度为两个核心概念。“秩序源于民主、人权等广泛的价值，也源于国际法和联合国等国际制度”，[②]其中蕴含了自由主义的两个重要原则：民主价值理念的传播和集体安全机构的建立。政治自由主义者对人性良善、自然和谐、民主自由、永久和平等价值的认知，使理想主义全球治理观聚焦于和谐、和平、合作等基本主题。在政治哲学传统中，关于人性恶还是人性善的争论从未停止。理想主义坚信人性本质良善，总会不断趋向良善。在现实中，战争根本上由人性的不完善或者良知误入歧途所致。随着社会的发展和教育的进步，会唤醒人类良善的天性，战争就会被消除，人类社会自然归于和平并不断趋向文明。

人们订立契约促成国家产生之前，自然状态的和谐皆因人性的良善，而在缔约建国后，自然和谐决定了国家间关系根本上也是和谐的。人类关系的本质不在于冲突，而在于联系。威尔逊宣称，各国的外交政策紧密相连构成了我们所生活的世界。“一个国家做出任何决定势必影响分散在世界各地所有其他国家的命运。”[③]国家的意义不在于获得广袤的领土和拥有强大的权力，而是要充分保障人们订约时保有的基本权利不受侵害。而战争是对社会秩序最严重的破坏，是对人类权利最大的威胁，因而，消除战争、缔造和平是国家与生俱来的责任。人与人之间、国家与国家之间的天

---

① 美国总统威尔逊的“十四点计划”，参见韩莉：《新外交·旧世界：伍德罗·威尔逊与国际联盟》，北京：同心出版社，2002年，附录一，第285—294页。

② Jr. Joseph S. Nye, “What New World Order?”, *Foreign Affairs*, 2001, p.84.

③ [美]肯尼思·W. 汤普森：《国际关系中的思想流派》，梅仁、王羽译，北京：北京大学出版社，2003年，第80页。

然联系与和谐是世界的本然，因而冲突、战争不仅可以消除而且必然消除。那么，在人类良知蒙昧将世界陷于战争危险时，如何避免战争、实现有效治理呢？理想主义给出的答案是国际制度——成立国际联盟。通过国际合作和国际组织，可以促成国家间最广泛的联结以实现集体安全；通过订立国际法和国际公约，大力协调国家间的冲突；通过倡导国际道德和公众舆论，有效规范国家的行为。在理想主义看来，借助制度，有序、和平的治理价值变为现实不是梦想。

理想丰满，现实骨感。在残酷的现实面前，理想主义的和平构想似乎差强人意。国联等国际制度并未能使人类就此远离战祸。第二次世界大战的接踵而至，不仅使国联寿终正寝，而且似乎也使理想主义的和平计划化为泡影。两次世界大战中间二十年的短暂和平似乎正如现实主义所言，不过是“战争的间歇”。然而理想主义并没有消失，人类实现全球治理的理想也没有消逝。其后出现的理论流派无论是现实主义、建构主义还是批判理论，都围绕着理想主义提出的“实现和平与治理”而进行理论建构，形成了观点各异的全球治理理念，丰富了全球治理的研究视角和研究方法。二战后，国际组织大量涌现，国际机制成为实现全球治理的制度依托，一定程度上保障了战后世界的总体性、全局性和平。理想主义之于全球治理的意义，正如布鲁·拉塞特所说：“世界的形态将取决于我们认为真的理论，我们所想所做会使之成真。”①

（三）新自由主义全球治理观

理想主义全球治理观由新自由主义得以传承并系统化。20世纪70年代，以理想主义的核心理念为本体，加之系统方法论的科学改造，新自由主义全球治理观得以确立。80年代以来自由主义的勃兴成就了新自由主义全球治理范式不可撼动的学术地位。

自由主义者敏锐地发现，20世纪70年代后世界政治经济发展呈现出一系列新变化、新发展、新趋势：全球化进程提速，全球性问题不断，国家间相互依赖加深，国际组织大量涌现。新自由主义就此认为，现实主义、孤立主义的视角不仅无助于国际事务解决问题，反而造成了国家放弃合作、相互猜忌、摩擦不断。不过，理想主义的治理之道过于理想化、粗线条，虽然

① 布鲁·拉塞特写给《国际安全》杂志的信，See International Security，Vol.15, No.3, Winter 1990-1991, p.217。转引自［英］乔纳森·哈斯拉姆：《马基雅维利以来的现实主义国际关系思想》，张振江、卢明华译，北京：中央编译出版社，2009年，第6页。

逻辑合理，但实操性差，因此难以在治理实践中有效运用。将理想主义全球治理观理论化成时代发展赋予新自由主义的使命。

新自由主义与新现实主义的关系经历了从势不两立到携手并进的转变。20世纪70年代后期，“反对你所赞同”的将新自由主义与新现实主义并置于对立立场，而80年代中期以来，批判理论的兴起使二者开始有保留地退让，彼此接近、相互靠拢，形成“合流”之势。由此，在对全球治理的许多认识上，逐渐趋同：国际无政府性、国家中心主义、国际冲突的必然性等。在与新现实主义的论战及合流中，新自由主义一方面保持了自己最核心的概念和原则，另一方面获得了作为“正统”理论的新现实主义一定程度的认同。新自由主义这种以退为进的做法，不仅没有削弱其理论立场和说服力，反而增强了它的学理性、解释力和实操性，使之成为“正统”理论的伙伴，在观点上相互支持、相互弥补。但同时，新自由主义并未放弃自己的核心理念：国际合作和国际机制作为全球治理的有效方式，能够削弱国际无政府的负面影响，是实现世界政治经济稳定、和平、发展的重要保证。

新自由主义全球治理观的核心范畴是国际机制。如果说新现实主义是关于全球治理的“结构选择”学说，那么新自由主义则是关于全球治理的“制度选择”理论。现实主义坚持霸权稳定论，在其解释框架中，国际机制是霸权的产物。尽管国际机制在一定程度上能够发挥影响国家行为、维护全球治理的作用，但它并不能脱离治理体系的权力结构而独立发挥作用。国际机制决定全球治理效果。它由霸权建立并维持，其效力与霸权大小呈正相关。霸权越强大，国际机制的效力就越强，全球治理就越稳定，国际合作的可能性就越大。而一旦霸权衰落，新霸权会对原霸权所建立的国际机制进行挑战，全球治理难免陷于危机。基欧汉认为，现实主义的霸权稳定论并不真实。因为历史上显见的事实是，即便霸权衰退之后，此前依靠霸权建立起来的国际机制依然继续存在，仍然承担维系秩序、保障合作的作用。这是因为国际机制一经建立，便具有了自在性，可以不依赖于霸权而独立发挥作用。所谓全球治理与其说是权力角逐的结果，莫若说是国际机制对国家行为约束的结果。[①]可我们如何解释为什么即便治理体系结构没有发生变化，国家却表现出时而合作、时而冲突的巨大反差呢？新自由主义给出的答案是，在体系层面，全球治理受到两个因素影响，一个是结构，

---

① [美]罗伯特·基欧汉：《霸权之后——世界政治经济中的合作与纷争》，苏长河译，上海：上海人民出版社，2001年，第67—77页。

一个是进程。新现实主义强调了结构要素，却忽略了进程要素。实际上，单纯的结构要素只能解释部分治理问题，而无法对许多非结构现象，诸如世界经济活动、技术进步、国际机制的变化等做出合理的解释。国际行为体互动所形成的进程要素，反过来又影响着行为体的行为。[①]全球治理中呈现出的冲突、合作、对抗、对话，与其说是结构因素决定的，莫若说是进程因素导致的。进程因素中最具影响力的就是由单位互动建立的组织机构和交往规则，也就是国际机制，它是"规定行为角色、约束行为，以及影响期望的一系列稳定的相互关联的（正式的或非正式的）规则"[②]。

新自由主义力图以国际机制和国际合作为核心范畴构建起一种体系理念，[③]这一体系理念构成了新自由主义审视全球治理的基本观点。在新自由主义全球治理观中，机制具有本体和手段的双重意义。新自由主义将国际机制视为建构全球治理的基本要素，它不仅是实现秩序的途径，也是秩序本身。机制具有构建国际行为体行为方式的作用，通过增加互动、弥合冲突、促成合作，国际机制使国际社会实现了"没有政府的治理"[④]。因此，机制是全球治理变化的自然结果，同时也是全球治理变化的重要根源。国际机制保证了行为体的行为是有规律的、可预见的，从而使国际关系呈现出秩序性与稳定性。国际机制增进国际关系治理特征的途径有两种：一是奖励合作行为，二是惩罚不合作行为。新自由主义认为，冲突和敌意并非因为国家间不存在共同利益，而是因为交易成本过高和可靠信息不足。国际机制则刚好可以解决这两个问题：它具有控制交易成本和提供可靠信息的作用，而且会对国家的不合作行为、违反国际机制的行为进行惩罚。合作的制度化不仅增加了国家间相互了解的机会，为国际交往提供了稳定的心理预期，而且为国际关系的秩序化、稳定化提供了制度框架。

自由主义治理观包含了明确的价值导向，展现了人类对于美好世界的期许。真正的全球治理必然包含伦理价值指向，自由主义治理观满足了全球治理的这一需求。尽管治理形势纷繁复杂，全球性问题层出不穷，但自

---

① 《权力政治与结构选择——现实主义与新现实主义评析》，载秦亚青主编：《权力·制度·文化：国际关系理念与方法研究文集》，北京：北京大学出版社，2005年，第44—46页。

② Robert O. Keohane, *International Institutions and State Power: Essays in International Relations Theory*, Westview Press, 1989, p.163.

③ ［美］罗伯特·基欧汉：《霸权之后——世界政治经济中的合作与纷争》，苏长河译，上海：上海人民出版社，2001年。

④ ［美］詹姆斯·N. 罗西瑙主编：《没有政府的治理：世界政治中的秩序与变革》，张胜军等译，南昌：江西人民出版社，2001年。

由主义从未放弃追求理想的努力。经过系统的理论建构,自由主义治理观的学理性提升,同时其现实化取向也得以增强。就此而言,自由主义是关于全球治理的规范理论,它为全球治理点明方向,同时也试图克服实践力不足的短板,为实现理想治理提供有效工具。

自由主义为全球治理提供的解释似乎更符合全球化趋势,满足人类对理想治理世界的想象。然而在现实主义看来,自由主义似乎并未超越理想主义的遗产,[①]也"没有产生令人信服的成果"[②]。首先,自由主义对全球治理的解释力主要集中在经济领域,安全议题似乎超出了其解释范围,而国家更倾向于通过自身的力量而不是国际机制去获得安全感。其次,国际机制因素对国家行为施加的影响极为有限,甚至微不足道。这在逆全球化现象中更为显著。最后,在多元文化世界中,并不存在自由主义所倡导的单一的、普遍的道德准则,相较于道德,国家利益对国家行为的影响更具决定性意义。不容否认,自由主义并未能对上述批判作出有效回应。不仅如此,逆全球化及治理危机带来的重重挑战,令自由主义的全球治理立场发生了倒向现实主义的迹象。

二、权力:现实主义全球治理观

现实主义是关于全球治理最古老、最具影响力的学派。现实主义对治理始终抱持一种悲观谨慎的态度。凸显国家在治理中的主导地位,赋予治理浓厚的权力政治色彩,现实主义由此塑造出一个布满敌意和冲突的无政府世界。写实性通常被描述为现实主义的重要特质。现实主义全球治理观就此被认为是全球治理现实的真实映射,它为人们认识并理解日益纷繁复杂的世界提供了极具客观性和解释力的观点。现实主义的这些过人之处使其在全球治理的诸多学派中脱颖而出,备受政治家和思想家推崇,被奉为全球治理理论的圭臬。因此,尽管面临的挑战不断,但现实主义在全球治理理论格局中的主导地位却从未被超越。

现实主义全球治理的世界观植根政治思想传统,经由传统现实主义,传承至新现实主义。马基雅维利和霍布斯对于人性恶的解读,对人之理性的推崇和对自然状态的设定,成为传统现实主义打造全球治理理论的经典

---

① [美]香农·布兰顿、查尔斯·凯格利:《世界政治:趋势与变革》,夏维勇译,北京:北京大学出版社,2019年,第37页。

② [德]汉斯·约阿斯、沃尔夫冈·克内布尔:《战争与社会思想:霍布斯以降》,张志超译,上海:华东师范大学出版社,2017年,第291页。

模本。现实主义大师摩根索进而发展出权势均衡带来全球治理的认知。新现实主义以国际无政府状态作为逻辑原点，对传统现实主义治理观进行了科学改造，为全球治理提供了一个简约的分析框架。梳理现实主义全球治理观的历史演进，挖掘现实主义的思想传统，解读传统现实主义和新现实主义的治理观，可以为全球治理理论与实践提供可资借鉴的智慧。

（一）现实主义全球治理世界观

就历史传统而言，现实主义与自由主义在人类思想史中的地位及其产生的影响不分伯仲。在人类漫长的治理实践探索和有限的治理理论演进过程中，现实主义和自由主义各有拥趸，笃信者众多。而就其对国家治理实践和政策制定产生的影响来看，现实主义全球治理观似乎更深入人心。那些制定外交政策的政治家们都不会反对，“绝大多数历史中的国际关系都是沿着现实主义而非乌托邦或者法理主义者的路线来处理的”[①]。第一次世界大战二十年后世界大战的再度降临，唤起了学术界对现实主义的关注。在近半个世纪的冷战期间，现实主义主导了国际关系的理论建构与实践活动：框定了国际关系的研究议程，界定了其核心范畴和基本假定，搭建起国际关系学的研究框架，并且成为指导大多数国家外交决策的理念原则。现实主义高歌猛进的时期也恰恰是国际关系学科化、系统化的过程，现实主义在国际关系学中的“正统”地位由此奠定。

基于人性恶和权力政治设定，现实主义全球治理观根本上呈现出悲观主义色彩。对于我们所生存的世界是否能够变得更好这一问题，现实主义给出的答案即便不是彻底否定，也是存疑的。在现实主义看来，人是最重要、最根本的社会现实，人性恶的恒定性决定了人类身处的困境不仅无法摆脱，而且难以缓解，寻求摆脱困境的全球治理之道几近徒劳。包括国际关系在内的人类关系本质上是先在的、恒定的人性的体现，这就决定了全球治理追求的目标不过是让糟糕的世界别再败坏下去，在实践层面则表现为大国权力的相互博弈、纵横捭阖。

数千年来，尽管人类的存在样态、生活方式发生了重大改变，但人之自利本性和永无休止的权势欲却始终如一。在现实主义构建的理论逻辑中，人之本性决定国家本性，国家本性决定国际关系本质，而国际关系本质则决定全球治理本质。这意味着，冲突和无序是人类世界不可改变的天然本

① [英]乔纳森·哈斯拉姆：《马基雅维利以来的现实主义国际关系思想》，张振江、卢明华译，北京：中央编译出版社，2009年，第17页。

性。无论受自利本性的驱动，还是受国际无政府状态的制约，国家都不可避免地需要权力，依赖权力，追求权力。现实主义将权力视为“理解国际关系的关键要素”[1]，“权力之于国际关系学恰如货币之于经济学”[2]。权力是国家的目的，也是国家实现目的的手段。所谓全球治理，不过是国家在无政府状态下寻求自身权力扩大而达到的一种相互制衡状态。它并不能改变国际关系的冲突性本质，也无法扭转国际无政府逻辑。治理的效果完全取决于大国之间的权势均衡的稳定性，此外无他。现实主义把全球治理看作一个内在恒定不变、外在略有差异的静态物，只关乎权力关系的无休止的、单调的自我再生，否认在多样性的、差异性的集体内实现治理的可能性。[3]现实主义这种哲学观也体现在它自身的理论演进中。所谓传统现实主义和新现实主义之分，只体现在研究方法和逻辑起点上的不同，而核心观点和最终结论并无实质性的变化。

现实主义全球治理观强调国家具有不可替代的主导地位。尽管并不否认20世纪70年代以来非国家行为体大量涌现带来了全球治理行为体的多元化，但现实主义始终坚持认为，国家之上不存在更高的政治权威，主权国家始终都是而且未来仍是全球治理最重要的行为体，非国家行为体的治理作用和效力完全由主权国家赋予。在国家中心主义原则之下，国家利益被认为是衡量全球治理成效的最高准则，国家的一切行为均由自身利益决定而不需要考虑任何其他利益。现实主义甚至不认为存在所谓全球共同利益。出于对相对收益的偏好，国家会理性判定全球治理可能会带来的收益或损失，并最终确定对全球治理持有的态度：参与、推动、抵制还是反对。按照现实主义的这一逻辑就不难理解，为什么全球治理合作难以为继，全球治理不断陷入困局。

现实主义全球治理观将全球治理的本质界定为权力政治。作为理想主义的批评者，现实主义“相信战争爆发的原因是理想主义者们天真而墨守成规的、在道德观念上因循守旧的假设，即相信人类的渴望能够实现和

---

① Marc A. Genest, *Conflict and Cooperation: Evolving Theory of International Relations*, Peking University Press, 2003, p.46.

②［美］约翰·米尔斯海默：《大国政治的悲剧》，王义桅、唐小松译，上海：上海人民出版社，2003年，第11页。

③ James N. Rosenau, “Disaggregated Order and Disorder in Globalized Space”, in Birthe Hansen and Bertel Heurlin eds. *The New World Order: Contrasting Theories*, Macmilian Press Ltd., 2000, pp.39-40.

平与进步……忽视了权力政治残酷的现实"[1]。在现实主义的信条中，全球治理与其被看作是国家间相互妥协寻求一致的努力，不如被解读为一场权力的角逐，是国家力求将其权力最大化的结果，全球治理的稳定状态只有在强权的均势作用下方能得以维系。[2]强调人性冷酷本质，颂扬权力无所不在，使现实主义全球治理观中没有伦理考量的立足之地。在尊奉国家生存与安全为第一需求的哲学观照下，现实主义要么划清政治理性和私人道德的界限，要么赋予国家充足的理由置身道德之外，进而卸下了理想主义加诸国家的道德包袱。国家由此可以自利地轻松上阵，而无须背负成就全球治理的道德之重。

现实主义全球治理观塑造了一个充满敌意和冲突的世界。现实主义认为，人类世界根本上是一个需要但缺乏治理的无政府世界，是一切人对一切人战争状态的延续，最终展现为一切国家对一切国家的战争状态。不论出于人内在的自利本性，抑或无政府的结构特性，国家都会要么主动选择要么被迫寻求不断获取权力，遵照自助(self-help)行为逻辑。在权力政治逻辑中，双赢或共赢的局面不可能出现。这意味着，不论国家创设了多少国际机制条款，制造出多少国际合作机会，现实主义都会将治理权力此消彼长的零和博弈看作治理表象背后的唯一真相。在无政府性状下的全球治理中，国家唯一关心的是自己在权力格局中所处的位置。一旦将所有其他国家设定为自身安全和利益的威胁，将所有全球治理都看作大国权力角逐的结果，现实主义描绘的全球治理便无可避免地乱象频生、前景黯淡。

在现实主义全球治理世界观的理论演进中，其核心要义得以保留与传承。现实主义的智慧之根深植于政治传统之中，并在治理实践的检验中搭建起理论大厦。第二次世界大战令人们对理想主义治理观的可行性产生怀疑，传统现实主义取而代之，成为国际关系学科建设的重要推动力量，并成为许多国家制定外交政策的指导思想。冷战后期，传统现实主义经过科学改造之后演进为新现实主义，就此生成"正式的、'严格的'、演绎的、系统性的"[3]全球治理理论，也开启了全球治理范式的系统化进程。

---

① [美]查尔斯·W. 凯格利：《世界政治：走向新秩序》(插图第11版)，夏维勇、阮淑俊译，北京：世界图书出版公司，2010年，第22页。

② [美]香农·布兰顿、查尔斯·W. 凯格利：《世界政治：趋势与变革》(第16版)，夏维勇译，北京：北京大学出版社，2019年，第27页。

③ [美]查尔斯·W. 凯格利：《世界政治：走向新秩序》(插图第11版)，夏维勇、阮淑俊译，北京：世界图书出版公司，2010年，第25页。

(二)现实主义全球治理观溯源

现实主义思想谱系历史久远,它对国家处理对外关系的影响可以追溯到古希腊和古代中国。面对新的治理挑战,有必要回归现实主义"思想之父",从传统和历史上获得启示和灵感,以重新激活现在的思维,①形成关于当代世界的洞见。马基雅维利和霍布斯的政治思想成为现实主义全球治理观的直接理论来源。

马基雅维利被认为开创了现实主义哲学传统。②在《君主论》中,马基雅维利以自己的外交经验为素材,形成了颇为激进的关于人性、武力和国家利益的认识。亲眼见证了人性堕落和社会败坏的现实,使马基雅维利坚信人的本性是自私的:"他们是忘恩负义、容易变心的……是逃避危难、追逐利益的"③,唯有有组织的武力方能制约人类这种永恒的逐利共同本性。因此,马基雅维利极力推崇一个强有力的君主:对内统治臣民,对外抵御入侵。政治的目的不在于实现亚里士多德所说的"至善",而是要维护共同体的安全。"有用的"是马基雅维利衡量一切的尺度。④这使得他在道德与权力的天平中明显向后者倾斜。评判君主,不能依据他是否具备道德良善,而要看他能否保有权力,确保国家安全。马基雅维利并非道德怀疑论者,相反他十分赞同君主尽可能地拥有美德,不要背离良善之道。然而,在道德良善和国家权力的二元关系中,让道德非难妨碍政治行动无异于放弃国家安全。尽管并未使用过"国家利益"一词,但马基雅维利对政治目的、君主权力、国家安全的分析,已经使"利益"问题在国家政治生活中得以显现。

马基雅维利"开创了用人的眼光看待社会国家的先河"⑤。他对人性所抱持的悲观态度和恒定性的判断,成为传统现实主义界定国之本性的依据。国家类人,人之本性决定国之本性,国家被塑造成自利、自主、自助且好战的行为体。马基雅维利在他的理论中构建起一个普遍而永恒的世

---

① [美]肯尼思·W. 汤普森:《国际思想之父:政治理论的遗产》,谢峰译,北京:北京大学出版社,2003年,第9页。

② [英]马丁·怀特:《国际理论:三种传统》,转引自[法]达里奥·巴蒂斯特拉:《国际关系理论》,潘革平译,北京:社会科学文献出版社,2010年,第30页。

③ [意]民科洛·马基雅维里:《君主论》,潘汉典译,北京:商务印书馆,1985年,第80页。

④ [英]乔纳森·哈斯拉姆:《马基雅维利以来的现实主义国际关系思想》,张振江、卢明华译,北京:中央编译出版社,2009年,第43页。

⑤ 苗力田、李毓章主编:《西方哲学史新编》(修订本),北京:人民出版社,2015年,第255页。

界——吾国即世界。[1]政治现实主义者相信,政治自有其运行的普遍规律,所有国家概莫能外。马基雅维利由国家追求安全这一最高利益出发,推导出国家获取安全的唯一途径就是建立忠诚而强大的军队。这为现实主义以武力、军力作为评定国家权力的核心要素提供了理据。从马基雅维利对政治、国家和道德关系的分析中汲取智慧,现实主义将国家利益(安全)托举到至高无上、压倒一切的高度,并以此为理解国家外部行为的关键指标,而对道德采取了相对主义的态度。

17世纪的欧洲是一个诞生国际关系思想巨匠的时代。国际法之父格劳秀斯、现实主义之父霍布斯、自由主义典范洛克,他们的思想光芒闪耀至今。在这人类思想的群星闪耀时,霍布斯及其现实主义仍然备受瞩目。霍布斯对自然历史和国家学说做出的贡献是划时代的,他对国际关系的影响迄今无出其右者。霍布斯成功地论证了国际无政府特质、国家自利本质及其自助行为逻辑,建立了现实主义关于人和国家的完整的学说,进一步夯实了现实主义的理论大厦。霍布斯及其《利维坦》开创了国际关系现实主义的研究传统,造就了现实主义在国际关系中的"正统"地位。在《利维坦》中,霍布斯从性恶说,将人之本性界定为贪掠、自利、暴力,描摹出人们摆脱自然状态,结成权力关系,签订社会契约,构建国家形态的过程,就此开启了现实主义的研究议程。《利维坦》所创设的理论假定、核心范畴、推演逻辑和研究结论成为国际关系现实主义研究的理论模本,亦成为后者哲学逻辑和理论观点的基石。

霍布斯在《利维坦》中塑造了理性自利人。自然状态下,人们彼此离异,相互摧毁,时时面临着暴力、死亡的恐惧,过着"孤独、贫困、卑污、残忍而短寿"的悲惨生活。[2]为了逃离苦难、保全自我,人们订立契约,组建国家。"利维坦"是人们规避死亡恐惧的和安全忧虑的人造物,个人构成了国家诞生的全部意义。它首先必须合乎人的目的:保护人之安全。人的侵略本性与生俱来,自然状态下的人无时无处不身处安全威胁之中,战争就是自然状态的常态。为了自我保全,人们缔结同盟,而一旦共同敌人消失,结盟则会因利益分歧而瓦解,人们势必重陷相互为战的状态。[3]于是,组建

---

① [英]乔纳森·哈斯拉姆:《马基雅维利以来的现实主义国际关系思想》,张振江、卢明华译,北京:中央编译出版社,2009年,第7页。

② [英]霍布斯:《利维坦》,黎思复、黎廷弼译,北京:商务印书馆,1985年,第95页。

③ [英]霍布斯:《利维坦》,黎思复、黎廷弼译,北京:商务印书馆,1985年,第130页。

"利维坦"就成为获得自我保全的唯一有效途径。[1]国家建立实现国家内部秩序,保全了个人,然而国家之间却依然保持着斗剑状态。[2]这意味着,国家使个人从战争状态中解困,但国家本身却被遗留在国际无政府状态之中。国家无法从国际社会获得安全,它的安全唯有自保,而践行自保之道最有效的方法就是先发制人。国家之间的这种竞取关系,使国际社会陷于无序、混乱不可避免。如果说"利维坦"是道德、理性的由来,促使人们产生正义观念,那么"利维坦"之外则无正义。人类共有的普遍倾向是"得其一思其二、死而后已、永无休止的权势欲"[3]。人的这一普遍特性决定了作为人造物的国家必然不遗余力地追求更大的、足以保障安全的权力,寻求权力的扩大成为国家普遍而持久的倾向。

霍布斯被后世尊奉为现实主义奠基者,他关于自然状态、国家本性、国家权力、国际无政府等问题的阐释,被传统现实主义悉数继承,成为现实主义全球治理观的理论范本。守持传统理念,加持科学方法,使现实主义全球治理观的解释力和说服力得以大幅提升,令其焕发出新的时代光彩。

(三)传统现实主义全球治理观

兴起于第二次世界大战后的传统现实主义全球治理观,备受政治家和研究者追捧,成为那个时代国家治理观念和治理实践的主要依从。尽管冷战结束使现实主义解释和解决治理问题的能力遭受广泛质疑,但并未撼动现实主义全球治理观的学术地位。作为理想主义的替代者,传统现实主义实现了全球治理理论的系统化,大幅提升了国际关系的学科化程度,涌现出爱德华·卡尔、莱茵霍尔德·尼布尔、基辛格、马丁·怀特、阿隆等一大批颇具影响的学术大咖,其中最负盛名的莫过于被尊为国际关系学"奠基之父"[4]的摩根索。

传统现实主义对全球治理的可能性与可行性持根本否定立场。"现实主义的核心是坚信国际事务就是自利的国家争夺权力的斗争。"[5]早在两千多年前,修昔底德就伯罗奔尼撒战争探讨国际体系的动力与变革问题,由

---

① [美]A. P. 马尔蒂尼:《霍布斯》,王军伟译,北京:华夏出版社,2015年,第112页。

② [英]霍布斯:《利维坦》,黎思复、黎廷弼译,北京:商务印书馆,1985年,第96页。

③ [英]霍布斯:《利维坦》,黎思复、黎廷弼译,北京:商务印书馆,1985年,第72页。

④ Stanley Hoffmann, *Janus and Minerva—Essays in Theory and Practice of International Politics*, Westview Press, 1987, p.6.转引自倪世雄等:《当代西方国际关系理论》,上海:复旦大学出版社,2001年,第66页。

⑤ Jack Snyder, "One World, Rival Theories", *Foreign Policy*, November/December 2004, p.55.

此建立起现实主义治理观的基本原则。糅合修昔底德的政治观和霍布斯的人性论，摩根索创立了传统现实主义。摩根索从人的本性入手展开对全球性问题的思考。他借“画像之喻”指出，全球治理理论“应该画出肉眼看不见的东西，即人类本质”[①]。“败坏是人类存在的永恒因素……不管何时何地的历史情境如何，他都起作用”[②]。政治、国际政治、全球治理受根植于人性的客观规律支配，[③]人类本性的贪欲和不满足造就了国际政治不安全、利益冲突、侵略和战争这些永久性特征。[④]以“人性恶”为先验条件，传统现实主义将由众多个人抽象而来的国家拟人化，赋予国家以人格特征，并在全球治理中反复验证国家本质。人的本性铸就了国家本质，国家品格不过是人的自利性的自然延展。按照“绝对的恶”[⑤]逻辑，人的自利性，决定了国家的理性特质：小心地算计利益得失。人类统治和支配他人的欲望，决定了国家不断寻求自身权力的最大化，并遵循以权力界定利益的行为准则。由于追求个人权力往往受到道义的制约，由此带来的挫折感使民众将在国际政治中追求国家权力视为一种补偿。人类以利益为指导原则是人之本性使然，国家以利益为行动准绳则是国家的本性使然。人与人之间关系的冲突性，人人相互为战的状态，决定了国家间的冲突与斗争成为世界的基本特征和普遍常态。全球治理成效甚低源于国家内在的权力意志，国际无政府状态则进一步加剧了全球性问题的不可控性。

传统现实主义全球治理观以权力为核心要素，将全球治理的本质界定为权力角逐与斗争。在现实主义那里，无政府社会就是权力当道的世界。摩根索坦言，《国家间政治》一书意在提出一种能够切中纷繁复杂的国际政治之本质的理念。在他看来，权力普遍存在，是政治生活的关键，唯有关注权力才能理解国际政治的全部，为认识全球治理提供一种理性

① [美]斯坦利·霍夫曼：《当代国际关系理论》，林伟成等译，北京：中国社会科学出版社，1990年，第42页。

② [美]汉斯·摩根索：《德性与权力：摩根索论文集》，董成龙等译，上海：上海三联书店，2015年，第45页。

③ [美]汉斯·J. 摩根索：《国家间政治——寻求权力与和平的斗争》，徐昕译，北京：中国人民公安大学出版社，1990年，第4页。

④ Marc A. Genest, *Conflict and Cooperation: Evolving Theory of International Relations*, Peking University Press, 2003, p.47.

⑤ 摩根索认为，人类社会的冲突及其伴随的恶是不可避免的，而导致这一结果的原因有二：一是自利性，二是权势欲。政治的本质和目标就是获取、维持、争夺统治权，因此政治是“必然之恶”“绝对的恶”。参见[美]汉斯·摩根索：《德性与权力：摩根索论文集》，董成龙等译，上海：上海三联书店，2015年，第41—45页。

方法。古往今来的政治实践已经证明,权力和利益才是全球治理永恒不变的法则。全球治理的本质是主权国家之间的权势均衡,是大国间稳定的权力分配。依此逻辑,有效治理无关正义,而只关乎权力分配。[①]在现实主义看来,理想主义的失败之处就在于,它以普遍的道德准则作为国家的行为规范,而没有参透权力角逐的治理本体。这意味着,在摩根索及其代表的传统现实主义观念中,关于全球治理的真知灼见不可避免地要与权力捆绑在一起。

传统现实主义认为,集体安全无法制止战争,更无助于实现有效治理。相反,它导致了地区冲突的全球化蔓延。因逻辑上的重大缺陷,集体安全严重忽略了国家的自利性。国家追逐的自我利益天然冲突,决定了经由集体安全实现全球治理,不过是理想主义者幻想的乌托邦。从国家追逐权力的本性出发,摩根索把均势当作实现世界和平、确保国际秩序、达至全球治理的可靠途径,也是唯一路径。在他看来,如果在两个或多个国家、国家联盟之间保持了大体均衡的权力分配,则由于任何一方都无法确信自己拥有赢得战争的能力,其结果是所有国家都不会贸然发动战争。现实中之所以战争和冲突频繁发生,全球治理时时受到威胁,根本上是因为受自利本性驱动的国家权力评估失误,以为发动战争可以打击敌人,增益自身。国家当下可以是安全寻求者,但最终都会成为权力扩大者。即便处于权力顶峰的国家也必须无时无刻不警惕自身权力的下滑,以防范其他国家在获得权力优势后转而发动侵略。总结历史经验,摩根索发现均势权力结构是一种天然的、不断再生的模式,是实现全球治理"必不可少的稳定因素"[②]。

传统现实主义并不否认政治伦理,也不赞同全然背离道德。在政治和道德的二元对立立场上,传统现实主义力图使全球治理能够跨越政治和道德之间的鸿沟。将自由主义的制度和理性融入全球治理观念之中,一直是许多现实主义者的宏愿。在《国家间政治》一书开篇,尽管极度不认同理想主义治理观,摩根索毫不犹豫地将现实主义和自由主义置于截然对立的关系,但是他的现实主义立场仍然渲染了自由主义色彩。摩根索相信只有

---

① Jr. Joseph S. Nye, "What New World Order?", *Foreign Affairs*, Vol.71, 1992, p.84.

② [美]汉斯·摩根索:《国际纵横策论——争强权,求和平》,卢明华等译,上海:上海译文出版社,1995年,第222页。

“集合政治智慧、道德勇气和道德判断”[1]，才能让“政治本性与道德天命妥协”[2]。“从现实主义视角出发去分析国际事务，同时对自由主义的和人道主义的理想保持一种合乎规范的追求。”[3]因此，全球治理于人类才是有意义的。如果说现实主义治理观体现为一种“务实”的外交政策，那么自由主义治理观则表达了人类所欲的美好世界。在张扬权力核心地位的同时，摩根索的全球治理观还为规范与道德预留了充分空间。正如许多学者设想的那样，理想的全球治理模式必然贯通现实主义推崇的权势均衡、大国协调、霸权稳定与自由主义主张的自由和平、相互依赖、制度主义，是“现实主义和自由主义的综合”[4]。尽管在核心立场上，传统现实主义全球治理观与理想主义大相径庭，但在研究方法上二者却颇有默契：青睐于哲学史和政治经验紧密结合，排斥科学视角与方法的运用。传统现实主义对道德抱持的肯定，使它以道德主义立场而与尊崇科学主义的新现实主义大为不同。到了新现实主义那里，系统论等科学主义方法的介入，实则彻底祛除了全球治理的道德意味。

（四）新现实主义全球治理观

“承载着自修昔底德以后的悠久传统”[5]，新现实主义从传统现实主义那里继承了全球治理的基本主张。它同样把全球治理看作是国家间权势均衡的状态，强调政治权力和国家利益对于理解全球治理的决定性意义。新现实主义对传统现实主义的发展在于，它对后者进行了系统性、科学化的改造。在传统现实主义提出的无政府状态、均势体系、国家利益等范畴之中注入科学因子，新现实主义构架起全球治理的结构理论。

---

① 摩根索及其创立的传统现实主义全球治理观虽然反对至善论伦理学，但并未将政治与道德决然对立。在传统现实主义者看来，政治伦理不同于个体伦理。至善论弃绝恶，却最后成为“最大的恶”的源头。政治作为“必然之恶”的属性，决定了政治伦理实际上就是作恶的伦理。政治伦理寻求的是“更小的恶”。依政治艺术规则行事是政治智慧，明知政治是不可避免的恶而依然行动是道德勇气，在诸多方案中选择“更小的恶”是道德判断。

② ［美］汉斯·摩根索：《德性与权力：摩根索论文集》，董成龙等译，上海：上海三联书店，2015年，第49页。

③ ［美］罗伯特·吉尔平：《国际治理的现实主义视角》，载［英］戴维·赫尔德、安东尼·麦克格鲁主编：《治理全球化：权力、权威与全球治理》，曹荣湘等译，北京：社会科学文献出版社，2004年，第342页。

④ John Hall, *International Orders*, Polity, 1996, p.viii.

⑤《世界政治理论：结构现实主义及其超越》，载［美］罗伯特·O.基欧汉主编：《新现实主义及其批判》，郭树勇译，北京：北京大学出版社，2002年，第167页。

从国际无政府状态的假定出发，新现实主义试图在体系层次找到有效的治理路径。体系方法将科学简约的标签加诸新现实主义全球治理观。对行为主义的推崇倚重，成就了新现实主义的研究方法；对无政府逻辑的笃信不疑，构成了新现实主义的假定前提。传统现实主义看重经验历史，新现实主义则相信科学；传统现实主义寻求单位层次的秩序，新现实主义则力主体系层次的治理。[1]新现实主义认为，国家间的权力斗争绝非根植于人性，而是源于国际体系的无政府本质。华尔兹认同摩根索对均势的判断：均势是实现全球治理的有效途径，且具有再生功能。但在解释均势形成、再生的原因时，华尔兹尝试了一条不同于摩根索的解释路径。他认为，只有从国际体系层次而非国家的权势欲这一单位层次角度，才能真正解释均势问题。国际无政府状态及国家间不均衡的权力分配决定了国家的行为模式，国际体系结构为全球治理活动提供了核心动力和发生场域。尽管以体系理论自居，但对行为体理性自利的认定，使新现实主义并未完全摆脱个体主义立场，全球治理由此被定义为"一种派生关系，完全派生于理性自私的个体之间的工具性关系"[2]。自利的国家是全球治理的基本构成单位，国家行为的根本目的是实现自身利益的最大化。在国家行为及其互动中，作为公共产品出现的全球治理，不过是国家为实现自身利益理性协作、相互博弈的自发结果。在此意义上，全球治理不过是国家之间权力制衡的副产品，全球治理效果最终取决于各国国家利益的协调程度，以及国家间的互动方式。[3]

新现实主义描绘的表面上权力分散、多中心的治理体系，实为等级结构体系。华尔兹指出，国际治理体系与国内治理体系的主要差异在于，二者内部构成单元的排序原则是不同的。国内治理体系根本上是等级制的，存在一个统一的、至高无上的中央权威处于体系统领地位；全球治理体系由相似的国家构成，主权之上并不存在一个国家普遍认同的世界政府。然而，这并不意味着华尔兹认为全球治理体系是一个平等体系。在他看来，构成全球治理体系的单元功能相似却实力分异，因而全球治理体系呈现为国家权力等级结构，国家实力的此消彼长是国际体系结构的变化与更迭的

① Tim Duune, "Ordering International Society", *Global Society*, Vol.14, 2000, p.130.

② [美]理查德·K. 阿什利：《新现实主义的贫困》，载[美]罗伯特·O. 基欧汉：《新现实主义及其批判》，郭树勇译，北京：北京大学出版社，2002年，第251页。

③ [美]理查德·K. 阿什利：《新现实主义的贫困》，载[美]罗伯特·O. 基欧汉：《新现实主义及其批判》，郭树勇译，北京：北京大学出版社，2002年，第253—254页。

决定因素。这样,新现实主义就把全球治理问题根本上归结为,国家之间依据实力进行的排序问题。就治理体系整体而言,核心国家之间构成大体的势力均衡,这种均衡的基础却是核心国家与边缘国家之间广泛存在着领导与被领导、控制与被控制的等级关系。可见,新现实主义所谓大国均势是以全球治理体系内在的等级制属性为基础的。正如阿什利(Richard K. Ashley)所言:“强权之间的秩序,大国间的秩序,有赖于大国和小国之间一种支配等级体系的永久存在。”①

新现实主义强调了全球治理的结构要素,却忽略了其中的进程要素。新现实主义全球治理观的理论追求不是对全球治理作出解释或预测变革,而在于强调治理质性的恒定性。②在新现实主义的描述中全球治理是静态的、稳定的。华尔兹在全球治理体系的影响变量中遴选出排序原则、单位功能和单位能力三个决定性变量。就全球治理体系的排序原则看,主权至上决定全球治理发生背景即国际无政府状态恒定不变;就全球治理体系的单位功能看,国家是具有相似功能即自我保全的同类单元;就全球治理体系的单位能力看,国家自我保全的能(实)力各有不同。如此,三个变量中,可以排除排序原则和单位功能两个要素。国家能力大小就成为唯一能够对全球治理产生影响的体系变量。进程变量完全湮没在权力结构中。在新现实主义全球治理观,处于历史进程之中的全球治理体系与实践所发生的变化完全被忽略而无法得到合乎逻辑的解释。“如果注意到现实主义对权力分配和国家安全问题作用的强调,那么它赞同变革机制的基本原则是战争也就不足为怪了。”③新现实主义(包括传统现实主义)认为,国家实力消长变化是战争发生的根本原因,而战争打破了维系有效治理的国家间的脆弱平衡,权势均衡的破坏反过来进一步加剧了国家彼此间的不信任和敌对,全球治理体系不断陷于安全困境的循环之中,冲突、战争由此成为国家在追求全球治理过程中无法离弃的伴生物。

新现实主义对国际合作和国际制度的治理意义持根本否定态度。新现实主义全球治理观认为,自利的国家更关心能否通过全球治理获得相对

① [美]理查德·K. 阿什利:《新现实主义的贫困》,载[美]罗伯特·O. 基欧汉:《新现实主义及其批判》,郭树勇译,北京:北京大学出版社,2002年,第255页。

② Michael W. Doyle and G. John Ikenberry, eds., *New Thinking in International Relations Theory*, Westview Press, 1997.

③ Marc A. Genest, “Realism and the Problem of Peaceful Change”, *Perspectives on Political Science*, Vol.23, Spring 1994, p.70.

收益,而非新自由主义所强调的绝对收益。现实主义反对自由主义的“利益和谐论”,认为不和谐是全球治理的天然立场,“合作不应被视为没有冲突,而应被视为对冲突或潜在冲突的反应”[①]。合作、冲突乃至战争,无非是国家用以增进自身利益、获取更多权力的手段。国家选择采用何种手段逐利,完全取决于哪种方式能获益更多。现实主义赋予国际无政府文化以单一的“霍布斯逻辑”:国家彼此为敌,相互为战。按照这一逻辑,国际合作不可能成为治理中的普遍现象。而且,即便在有限的国际合作中,国家优先考虑的也是利益分配问题,关心自身能否在生存、安全和权力这些首要的利益需求方面获益更多。相较于合作带来的经济福利,国家更看重合作是否增加了对方实施伤害自己政策的能力。[②]因此,国际合作于国家而言并非必选,甚至不是首选。身处“猎鹿博弈”[③](Stag Hunt Game)之中,获得自我利益诱使国家随时会终止国际合作。国际制度是新自由主义全球治理观中的核心范畴。在新自由主义看来,国际制度带来的获益及其对放弃合作行为的惩戒,可以激发国际合作并提供确保合作的稳定机制。对此,新现实主义则认为,国际制度由霸权国家建立,其本质上是国家权力的标志和象征,无政府社会中国际制度的效力和强制性缺乏可靠的支持。一旦国际制度成为国家逐利的约束,破坏制度就会成为国家的必然选择,从而引发国际制度的“破窗效应”。可见,国际制度的治理效用不在于其本身的强制性,而完全取决于它对国家的价值。

强大的现实观照力与科学行为主义严整逻辑性的结合,使新现实主义为全球治理提供了一个十分简洁且极具解释力的分析框架。[④]然而,面对冷战后层出不穷的全球性问题带来的复杂变局,现实主义回应变化与复杂

① Robert O. Keohane, *After Hegemony: Cooperation and Discord in the World Political Economy*, Princeton University Press, 1984, p.54.

② [美]肯尼思·华尔兹:《国际政治理论》,信强译,上海:上海人民出版社,2003年,第139页。

③ 卢梭曾讲述了一个猎人狩猎的故事。如果单独狩猎,猎人只能选择体型小的兔子为猎物,且只能短期充饥。如果合作狩猎,可以围捕体型较大的鹿,充饥的时间也会比较长。似乎猎鹿是猎人最好的选择。然而在合力围猎鹿的时候,猎人一旦发现兔子,会选择放弃合作,转而单独狩猎。现实主义通常借“猎鹿博弈”来比喻国际社会中国际合作面临的困境。参见[法]卢梭:《论人类不平等的起源和基础》,李常山译,北京:商务印书馆,1997年。

④ Michael D. Yaffe, “Realism in Retreat? The New World Order and the Return of the Individual to International Relations Studies”, *Perspectives on Political Science*, Vol.23, Spring 1994, p.79.

的世界疲软的理论缺陷也不断显现。过度倚重权力和体系结构,完全忽略过程和变化要素,导致新现实主义没有理论的进化。原地踏步的新现实主义不可能对全球治理的历史、进程和变化做出及时反应,给出合理阐释,提出有效方案。正如新自由主义者的评价:"现实主义长于告诉我们为什么我们陷入这种困境之中,而短于告诉我们如何走出困境"①,它不是一种适于分析当代全球治理的"可行的理念框架"②。

在当今全球治理的理论格局中,作为最古老的、最有说服力的学派,现实主义一直位居正统。这种状况招致了任何后起学派必然首先要对现实主义作出挑战和批判,才能在全球治理研究占有一席之地。如果说,自由主义的最初失败是源于理想与现实之间的巨大鸿沟,那么现实主义则因过于真实而造成论点与结论相左,进而损害了其解释效力。在治理实践中,现实主义只是关注到了冷战结束后全球治理的部分现实,而有意忽略了全球化时代相互依存加深、合作需求增加、全球性问题凸显等不可逆转的大势。在理论建构中,现实主义逻辑强大、体系严整,但却未能对全球治理的关键范畴作出精准且令人信服的界定。凸显体系结构,忽略过程进展,导致现实主义提出的治理方案过于单一刻板而不够复杂灵活。

未来的全球治理理论必定要顺应世界大势关注人的治理需要。全球治理研究的范式转换已经证明:理论不可能止步于现实世界的简单复刻而剔除道德因子,否则理论的规范性、导向性无从彰显;同时理论也不可能仅出于建构的便宜而忽略关键变量,否则理论的真实性、复杂性必然受损。"尽管现实主义存有缺点,但依然有许多人继续沿用现实主义者建构的话语去思考世界政治,尤其是在全球局势紧张的时代。"③即便那些认为现实主义无法解决当代全球治理问题的人,也不得不承认,全球治理的理论和实践无法避免现实主义的影响,现实主义总有其追随者、拥护者。正如新自由主义代表人物基欧汉所评价:"'政治现实主义',形成了欧洲及新世界研究国际关系的主要传统思想……现实主义时时受到抨击,然而,这些批评的最终结果,似乎只是巩固了现实主义思维在西方国

---

①《世界政治理论:结构现实主义及其超越》,载[美]罗伯特·O. 基欧汉主编:《新现实主义及其批判》,郭树勇译,北京:北京大学出版社,2002年,第184页。

② Marc A. Genest, "Realism and the Problem of Peaceful Change", *Perspectives on Political Science*, Vol.23, Spring 1994, p.70.

③[美]香农·布兰顿、查尔斯·W. 凯格利:《世界政治:趋势与变革》(第16版),夏维勇译,北京:北京大学出版社,2019年,第31页。

际政治思想中的中心地位。”[①]在可预见的全球治理理论格局中，现实主义的正统地位仍在。

三、观念：建构主义全球治理观

20世纪90年代，国际关系学界开始了“一场社会建构主义的转向”(a social constructivist turn)，[②]社会学视角与方法走进国际关系，催生了建构主义全球治理理念。在以往的学术研究中，全球治理主要集中在政治、经济、军事特别是安全治理维度上。以批判身份出现的建构主义，标志着反思主义与主流学派(main stream)之间围绕着本体论、认识论和方法论等出现了重大差别。作为反思主义阵营中的主力，建构主义将批判之箭直指长期主导全球治理理念与实践的现实主义，以及“新新合流”后的新自由主义，并且力图搭建一条沟通理性主义和反思主义的桥梁，调和二者紧张的对立关系。作为主流全球治理理论的替代性知识支柱(an alternative intellectual pillar)，建构主义被称为一种富有成效的研究方法，[③]其最核心的认识论假定是“‘现实’(reality)是由概念(concepts)、观念(ideas)和知识(knowledge)建构的”[④]。建构主义的出现为全球治理开辟了一个全新的领域，为全球治理提供了一种可供选择的本体论，一种对于世界的全新描述，观念、文化因素对于全球治理的意义开始引发学界关注。

建构主义全球治理观至少在三个方面构成了对现实主义和自由主义建立的全球治理传统构成了挑战：首先，它开辟出了探究全球治理本体的新路径，形成了观念本体论；其次，它重新审视了全球治理中国家的特征、角色，将全球治理的关注点从结构层面拉回行为体层面；最后，它对国际无政府状态的内涵进行了探讨，发展出不同逻辑的无政府文化。

---

①《世界政治理论：结构现实主义及其超越》，载[美]罗伯特·O. 基欧汉主编：《新现实主义及其批判》，郭树勇译，北京：北京大学出版社，2002年，第144—145页。

② Annika Björkdahl, “Norms in International Relations: Some Conceptual and Methodological Reflections”, *Cambridge Review of International Affairs*, Vol.15, No.1, 2002, p.9.

③ 从学术归属来看，相较于过去主导国际关系学科发展的现实主义和自由主义而言，崭露头角的建构主义通常被划分为反思主义(批判理论)阵营。它早期的学术贡献被认为是对主流学派的解构和批判。而随着建构主义的逐步系统化，20世纪90年代后，建构主义跻身主流学派，与现实主义和自由主义并称为国际关系理论的三驾马车，它与反思主义的差异性凸显。

④ Daniel. S. Geller, John A. Vasquez, “The Construction and Cumulation of Knowledge in International Relations: Introduction”, *International Studies Review*, No.6, 2004, pp.1-6.

（一）治理观念的本体论意义

建构主义以现实主义批判者、对立面的身份成为全球治理的主流学派之一。[①]作为理念主义的代表，建构主义开创了全球治理研究的社会学转向。在全球治理中，观念到底占据何种地位？这是建构主义全球治理观进行理论构建时面对的首要问题。建构主义以观念作为全球治理的核心范畴，提出了全球治理的理念主义本体论，就此与新现实主义和新自由主义的物质主义本体论做出彻底决裂。观念在建构主义中具有本体论意义。

尽管内部流派众多，但作为同一学术阵营的建构主义拥有一个共同的核心观念："概念先于观察；实证性事实的意义取决于组织事实的概念"[②]，并主张以"变革本体论"（transformational ontology）取代"立场本体论"（positional ontology）。引入"变化"这一分析范畴，并以此作为全球治理的固有特征。建构主义注重描绘世界转变的过程，赋予行为体互动中产生的观念以本体地位。第一，全球政治是由国家所持有的主体间共有观念、规范、价值引导的，作为一种观念结构，主体间的共有观念限制并影响着国家的行为。第二，观念结构对行为体的作用不仅是调节性的，更是建构性的，它导致行为体在互动过程中不断重新界定自己在全球治理中的身份和利益——我是谁？我的目的是什么？我能够扮演何种角色？第三，观念结构与行为体相互建构、相互决定。观念结构规定了行为体的身份和利益，反过来，结构又是在行为体实践过程中产生、再生并改变的。概言之，建构主义将全球治理事实视为主体间性的、社会的现实，而非现实主义所谓客观的物质现实。

建构主义提出的观念的独立解释力和观念因果律问题引发了广泛争论。主流范式特别是现实主义理念坚持认为，观念在全球治理中处于干预变量或中介变量的地位，它自己不能对全球治理现实和变化作出有效解释，不具有独立的解释效力。正如进攻性现实主义代表米尔斯海默指出："战争与和平主要是权势均衡的功能"，观念、规范和机制不过是干预变量而已。[③]新自由主义尽管承认观念对国家行为的约束作用，承认它是一个

---

① J. Samuel Barkin, "Realist Constructivism", *International Studies Review*, Vol. 5, 2003, pp.325-342.

② [挪威]托布约尔·克努成：《国际关系理论史导论》，余万里、何宗强译，天津人民出版社，2004年，第286页。

③ John J. Mearsheimer, "The False Promise of International Institutions", *International Security*, Vol.19, No.3, 1994-1995, p.13.

介入权力分配和全球治理之间关系的潜在解释变量，但其赋予观念因素的原因角色是有限的，因此观念只能在权力、制度等实体的基础之上发挥效力的。在建构主义看来，新现实主义和新自由主义等主流学派最显著的缺陷，就是未能充分把握行为体的认同、观念、价值和规范等因素的影响。在建构主义的理念体系中，观念具有独立于权力结构与物质环境限制的解释效力。社会建构主义方法希望能够以观念为核心分析范畴，发展出一套全球治理的替代理念。事实上，建构主义的最终目标是在一个宽泛的框架内糅合、合成乃至同化截然相反的元理论和理论立场。一方面建构主义赞同传统因果分析的社会科学，另一方面它又通过坚持行为体和结构具有同一自主立场的双重本体论(a dual ontology)而认同了整体主义。

建构主义解释了全球治理中被新现实主义和新自由主义所忽略的因素。第一，建构主义将注意力集中在了国际行为体的成长过程之上，不再把主权国家和其他行为体视为给定的、先在的实体，强调国家利益、国家身份和社会运动等都是出于解释全球治理的需要而建构的概念。第二，因其关注利益和身份的建构，建构主义能解释国家战略的变化。在建构主义视角下，战争与谈判不再是政治终结的手段，而是为理性行为体据以博弈和制定规则的工具。第三，通过把行为体与结构结合在一起，建构主义丰富了对全球治理变革的理解。对于那些力图通过建立全球市民社会进而变革全球治理观念的学者来说，建构主义的全球治理研究方法是颇具吸引力的。建构主义使主流范式中被权力、制度等物质要素所遮蔽的观念因素凸显出来。

建构主义承认全球治理具有某种客观性，但同时强调，全球治理不是由行为体之间物质力量的分配决定的，而是由行为体间的共有观念造就的，是主体间性的、共有观念的反映。建构主义着眼于认同、规范、理解、观念和主体信仰等，而不是现实主义所关注的物质、外在这些主导全球治理的生物逻辑。[①]全球治理本质上是社会性的，它由规范和观念构成的社会结构决定。换言之，行为体在全球治理中的行为、行为体持有的利益、治理体系结构都是由社会规范和理念界定的，而不是由客观的、物质的条件界定的。[②]在建构主义看来，现实主义强调的物质结构之中，实质上潜藏着社

① Javier Lezaun, "Limiting the Social: Constructivism and Social Knowledge in International Relations", *The International Studies Review*, Vol.4, No.3, 2002.

② J. Samuel Barkin, "Realist Constructivism", *International Studies Review*, Vol. 5, 2003, p.326.

会关系。规范构成了行为体的利益、身份，创造出预期，并对什么才是恰当的行为作出规定。只有在与观念结构互动的情况下，物质结构才能对全球治理产生影响；相反，全球治理一经发生，又不断建构着行为体的身份和利益。因此，全球治理是社会性的，行为体与国际结构形成了互构性关系。结构与行为之间的互动是规范变革的首要驱动力(primary driving force)。社会结构与行为体不可能彼此分离而独立存在。一方面，社会结构建构了行为体的身份和利益，另一方面，行为的互动又不断地重塑社会结构。也就是说，物质结构只有在对其进行解释的社会关系中才能获得意义。在建构主义看来，人的所有行为，包括人所组成的国家的行为本质上都是社会性的，社会是一切有意图的人类行为的必要条件。国家并非总是担心相对权力的分配而陷入战略冲突之中，它们能够改变构成治理体系的主体间文化，并随着时间的推移发展出一种非自利倾向的观念，这种观念是实现长期和平所必需的。如此看来，全球治理是由行为体之间的共有观念建构的，共有观念引导着行为体权力的运行，不同的共有观念会形成不同的权力关系，进而形成不同的全球治理行为和状态。

建构主义所谓的建构不仅仅是一个隐喻，通过社会互动，行为体并非单纯创造了观念、理解或认同，而且也制造了事实、客体及空间。行为体形成的“什么是应当追求的”“什么是应当避免的”等观念，决定着国家的真正利益。全球治理、国家身份、国家利益不过是制度、文化、观念建构的结果，而不是主流学派所说的不可改变。如果全球治理是无可改变的客观事实，无论人类做怎样的努力都无法使之发生丝毫改变，世界不可能变得更美好、更符合人类的伦理价值诉求，这岂非治理的悲哀？人类的悲哀？建构主义认为，主流学派是对国家行为的后果做出因果解释，但更为重要的是回答“国家和全球治理是什么？怎么样？”建构主义不仅致力于研究规范本身，而且也关注由规范导出的因果机制。在它看来，治理结构与规划是行为体社会互动的结果；国家不是静态的，而是动态的行为体；国家认同、共有观念不是源自自我，也不是源于环境，而是通过自我与环境复杂的、相互交织的互动实践建构起来的，[①]因而是不稳定的、变动的；所谓的无政府状态并不是客观的、先定的，全球治理之所以会呈现出冲突性的无政府状态，

① Erik Ringmar, “How the World Stage Makes Its Subjects: An Embodied Critique of Constructivist IR theory”, *Journal of International Relations and Development*, 21 August 2015, pp.1–25.

根本上是由国家之间的敌意导致的。国家不是孤立的、单子式的，而是由社会关系联结在一起的；观念塑造着国家之间的互动，而社会关系结构建构了行为体的互动规则。所以，只有透过行为体的彼此互动，无政府状态才能获得意义。因而，无政府并不具有确定性含义，也不具有唯一逻辑。通过其社会活动，行为体完全可以改变并赋予无政府状态不同的文化和逻辑，将自己从现实主义所谓冲突性的无政府文化中解放出来。

建构主义对传统学派，特别是对现实主义的物质主义本质所进行的批判，拓宽了全球治理的研究视野，将研究的注意力从物质结构转向观念结构、社会关系层面。当下，对于规范是全球治理的影响因素这一问题，学者们不再存有争议。越来越多的人认同一定意义上规范在本体论上是真实的，他们更关心的是规范如何、何时及因何产生和演变。[①]与此同时，建构主义不仅强调了行为体关于国际社会的理念和知识，而且也关注了其中的物质因素。“探求国际关系知识和权力如何互构，带来知识合法性和政治合法性互利双赢，确立了建构主义在国际关系学中的一席之地。”[②]在本体论上，建构主义更接近于反思主义立场，而在认识论上，却很大程度上分享了理性主义视角。正如有学者所描述的：“成为一个建构主义者与同时成为一个现实主义者并不是先验矛盾的。”[③]对客观秩序和结构观念的认同，以及试图搭建沟通实证主义与后实证主义的桥梁，糅合理性主义认识论和反思主义本体论，寻求“调和立场”的努力，使建构主义最终未能在批判现实主义上走得更远。

（二）行为体互动建构的治理

人是社会性的，国家在本体上是社会性的，全球治理本质上是观念本体的。建构主义全球治理观的逻辑是，以人为出发点，以人与人之间形成的社会关系为原型，发展出复杂的国际关系、实践、制度和结构，进而构建出全球治理的现实状态、行为准则、实践路径。

建构主义的最基本命题是：人是社会存在现象；我们之所以能够

① Annika BjÖrkdahl, “Norms in International Relations: Some Conceptual and Methodological Reflections”, *Cambridge Review of International Affairs*, Vol.15, No.1, 2002. pp.9–23.

② Javier Lezaun, “Limiting the Social: Constructivism and Social Knowledge in International Relations”, *The International Studies Review*, Vol.4, No.3, 2002, pp.229–234.

③ Javier Lezaun, “Limiting the Social: Constructivism and Social Knowledge in International Relations”, *The International Studies Review*, Vol.4, No.3, 2002, pp.229–234.

> 具有人的特性，正是由于自身所具有的社会关系。换言之，正是社会关系“建构”(make)或“建构”(construct)了人——即“我们自身”——使我们成为目前这样的存在实体。与此相对应，是我们建构了世界现在的样子；而在这一构建过程中，我们所使用的原材料是由自然界所提供的，我们所采用的方式是彼此互动和相互交谈。①

正如建构主义自信地宣称的那样，社会现实是由社会建构的意义构成的。按照建构主义给全球治理开出的逻辑线索，人的互动构建了社会，也塑造了人自身；国家由社会关系构建为自成一体(self-contained)的实体，国家以其独有的方式构建世界。作为社会现实的一部分，反映世界存在状态的全球治理只能是国家互动建构的结果，而不可能是给定的。因此，不存在既定的全球治理模式，也不存在确定的全球治理的唯一逻辑。

建构主义反对对人性进行先入为主的设定，否定存在单一的、恒定的人性。探讨人性是西方社会科学研究公共问题的一个传统。早期的国际关系研究一直秉承着这一传统，理想主义和现实主义都试图从人性那里找到解释全球治理现状的根源。理想主义相信人性无限向善，追求美好，全球治理的动力源于人性深处的和平渴求。传统现实主义把人类社会出现的一切乱象和问题皆归因于人之罪恶本性，将治理看作人类权势欲驱动下权力制衡的副产品。新自由主义和新现实主义虽然不是以人心作为分析全球治理的逻辑原点，但它们对人性抱有的认识并没有与其前身理想主义、传统现实主义有任何改变。因为它们都坚信人性的客观性亘古未变，时代或环境不会成为人性的干预变量。在建构主义看来，所谓“人性”不过是人们在互动中形成的社会关系的体现，性善或者性恶只不过是特定情境下人的选择而已。反复的社会实践建构了人，也建构了国家和全球治理。国际社会的治乱兴衰最终皆取决于不同情境下人类作何选择。人性是变动不居的，它本身成为自变量，人性的变化源自社会关系的变化。人性、社会关系、国际关系、全球治理成为一个变化链条，其中任何一个环节的变化都会引发一系列变化。因此，我们所生活的这个世界便呈现出了不同的治理状态，或者是有规则的、有序的、和谐的，或者是冲突的、失序的、混乱的。

---

①［美］温都尔卡·库芭科娃、尼古拉斯·奥鲁夫、保罗·科维特：《建构世界中的国际关系》，肖峰译，张志洲校，北京：北京大学出版社，2006年，第68页。

在建构主义看来，“不存在所谓‘人之本性’，也不存在国家固有的本质”①。国际关系研究充满隐喻，以人为喻分析国家也早有先例。理想主义、现实主义都将人的本质和属性赋予了国家，塑造了具备理性特征，或追求道德良善或寻求权力无限的国家形象。国家本质被视为人的本质的延展，人性决定了国家属性，人的行为特征决定了国家的行为特征。早在20世纪50年代，阿诺德·沃尔弗斯（Arnold Wolfers）在《世界政治中的行为体》（*The Actors in World Politics*）一文中就曾经指出要审慎对待国家及其他社会行为体的人格，而不是仅将之视为一个含蓄的假定。②现实主义把人性恶作为贯穿所有人类共同体始终的组织原则，将战争视为全球治理无法免除的永恒特征。③与此同时，现实主义还凸显了国家在全球治理中的独特性，以国家特性及其行为解释全球治理的脆弱性。

在国际关系学科的理论脉络中，国家都被界定为全球治理中的关键行为体。这一传统在建构主义的理论框架中得以延续。建构主义对主流的批判不意味着“要排除或者淡化国家和国家间关系在当今世界所具有的中心地位”，而是要以全新的视角重新描述全球治理，以获得对国家、国际关系截然不同的理解。④对国家的认识和判定成为建构主义全球治理范式中的一项重要内容。我们和我们所居住的国家都被社会解释和建构，我们和我们所居住的国家也必然在社会中才能获得意义。“国家以行动体的身份出现在世界舞台上，讲述着关于它自己的各种故事，并要求承认它所构想的身份。”⑤全球治理中国家行为体之所以千差万别，取决于每个国家文化传统、价值观念的重大差异。文化塑造人，也塑造了国家和全球治理。建

---

① Erik Ringmar, “How the World Stage Makes Its Subjects: An Embodied Critique of Constructivist IR theory”, *Journal of International Relations and Development*, 21 August 2015, pp.1-25.

② Mariano Barbato, “What Kind of Person is the State? The Pilgrim as a Processual Metaphor Beyond the Leviathan”, *Journal of International Relations and Development*, No.19, 2016, pp.558-582.

③ ［美］温都尔卡·库芭科娃、尼古拉斯·奥鲁夫、保罗·科维特：《建构世界中的国际关系》，肖峰译，张志洲校，北京：北京大学出版社，2006年，第11页。

④ ［美］温都尔卡·库芭科娃、尼古拉斯·奥鲁夫、保罗·科维特：《建构世界中的国际关系》，肖峰译，张志洲校，北京：北京大学出版社，2006年，第234页。

⑤ Erik Ringmar, “How the World Stage Makes Its Subjects: An Embodied Critique of Constructivist IR theory”, *Journal of International Relations and Development*, 21 August 2015, pp.1-25.

构主义将隐藏在全球治理背后的“人及其行为放置到了前台”[1]，将全球治理中的国家塑造成了人，[2]国家有自己的观念、人格、意向。国家在民族变迁的过程中，基于共同的价值认同，国家建立了自己的文化、价值和信仰。国家的任何行为背后都蕴含着历史文化传统，其行为由此呈现出连续性。与此同时，国家的任何行为又是特定情境下的选择，由此造成了国家在面对类似事件时会有不同的行为方式。人有人格，国有国格，人是道德存在，国家也不能免于道德。国家的品格体现在国家制定的各项政策中。政策不仅是利益的较量和理性的抉择，更是特定的道德观的结果。国家在全球治理中不仅追求某种利益，也为了实现自己的道德追求。国家是人，国家的行为必有其目的性，为了实现目的，国家在全球治理中扮演角色，推行政策，或合作或竞争或冲突。全球治理就是受特定的观念支配的国家，为了实现既定的目标，作出符合自己的价值观选择的过程和结果。国家需要为全球治理状况负责，全球治理反过来又塑造了身处其中的国家。

是否存在所谓全球治理的体系结构？如果国家之间的互动确实催生了全球治理体系，那么行为体（国家）与治理体系（结构）之间到底是一种怎样的关系？治理体系对于全球治理到底具有何种意义？作为第三次论战的主题，行为体—结构（agent-structure）关系也得到了建构主义的关注。在新现实主义的全球治理理论中，结构具有独立于行为体的决定性意义。国际无政府状态下，以自保为第一需求的行为体构成了多中心的全球治理体系，全球治理取决于行为体之间的权力结构是否处于一种势力均衡的状态。正是因为将结构作为理解全球治理的核心要素，新现实主义也被称为结构现实主义。新现实主义以对结构的凸显试图将自己区别于以人性为假定分析全球治理的传统现实主义。然而在温特看来，新现实主义并不是真正的结构主义。因为说到底，新现实主义所谓结构是由行为体的权力关系决定的。温特由此得出结论，新现实主义仍然是本体论个体主义（individualism）的。[3] 温特并不是一般性地反对结构，他是反对新现实主义借结构为名抹杀单元（国家）互动对结构的生成性意义。在温特看来，单元和

① ［美］温都尔卡·库芭科娃、尼古拉斯·奥鲁夫、保罗·科维特：《建构世界中的国际关系》，肖峰译，张志洲校，北京：北京大学出版社，2006年，前言第3页。

② Alexander Wendt, “The State as Person in International Theory”, *Review of International Studies* Vol.30, No.2, 2004, pp.289-316.

③ Alexander Went, “The Agent-Structure Problem in International Relations Theory”, *International Organization*, Vol.41, 1987, pp.335-370.

结构对全球治理的影响和意义同样重要。结构是单元以规则互动形成的，结构体现着单元的特性和单元所处的特定时间和空间特征。结构是单元有意识建构的结果，它一定体现出合目的性。当单元的目标发生调整，时间、空间发生变化后，结构必然会随之变化。结构生成后也会变成单元所处环境的一部分，进而对单元的行为产生影响。单元不可能脱离具体存在的结构情境而被抽象地界定。全球治理就是一个社会世界，它是国家治理行为的中介，也是国家行为的结果。①在全球治理实践中，国家作为行为体与全球治理体系是互构的关系。国家为实现某一治理目标，在国际社会形成社会关系，在互动过程中建构其认同和利益，进而构建出全球治理体系。国家互动的变化引发认同和利益的变化，也包括国际社会集体认同和共同利益的变化，进而引发全球治理产生类似变化。这表明全球治理体系呈现出某种组合方式，但并不限于这一组合方式；②全球治理的集体认同和共同体利益本身就是在治理过程中建构起来的，而不是外在结构决定的。

建构主义从根本上将全球治理看作治理行为体（特别是国家）的建构之物，行为体之间形成何种集体认同，决定了它们如何看待全球治理的基础、过程、结构和目标。可见，观念被建构主义视为全球治理构建的决定性因素。

（三）无政府文化的不同逻辑

国际社会缺乏统一的中央权威，即国际无政府状态，是新现实主义和新自由主义两大主流学派展开全球治理研究的逻辑原点。全球治理的主流理论在使用“国际无政府状态”一词时，赋予它明确的、唯一的内涵。在此观念下，国家认为国际无政府是理所当然的，并据此参与治理活动。建构主义对这种先验认识感到厌倦，批评主流治理观“不仅是还原论的，又是确定论的”③。国际无政府状态是在社会层面出现的，社会实践赋予其社会意义。建构主义对主流范式的批判也始于此，并由此提出了全新的无政府理念。温特认为，无政府是一种描绘了国际体系权力分配的原则，其本身

① [美]温都尔卡·库芭科娃、尼古拉斯·奥鲁夫、保罗·科维特：《建构世界中的国际关系》，肖峰译，张志洲校，北京：北京大学出版社，2006年，第105页。

② [美]温都尔卡·库芭科娃、尼古拉斯·奥鲁夫、保罗·科维特：《建构世界中的国际关系》，肖峰译，张志洲校，北京：北京大学出版社，2006年，第104页。

③ Erik Ringmar, “How the World Stage Makes Its Subjects: An Embodied Critique of Constructivist IR Theory”, *Journal of International Relations and Development*, 21 August 2015, pp.1–25.

并不具有先定的内涵。[①]无政府只有在解释中才能对我们的行为方式产生影响。在不同的治理理念下，无政府具有不同的内涵，因而发展出不同的行为逻辑。

霍布斯的主权概念及其含义为后世现实主义者提供了关于国际关系知识的建构。建构主义者从后现代主义对实证主义批判的视角，重新解读霍布斯。在他们看来，霍布斯和他的追随者并没有意识到"所谓无政府状态的事实不过是被霍布斯建构成貌似单子式个体组成的自然状态。在此意义上，是霍布斯建构了这个'事实'。事实上，研究所做的就是建立'事实'。事实本身并不仅是自在的，而是来自我们"[②]。概念乃至知识本身不是被发现或被揭示的，而是有影响力的社会架构。霍布斯通过建构一系列概念塑造了一个世界。对无政府概念的解构由此成为通往分析全球治理理论基石和理论建构过程的必由之路。

新现实主义假定，无政府力量迫使国家陷入了无休止的安全竞赛之中，全球治理不过是均势形成、打破和重塑之中的往复循环。温特对这一无政府逻辑提出了挑战。他认为，世界是和平的还是冲突的，并非无政府和权力的功能，而是由社会实践产生的文化造就的。在国际社会中，存在着两种秩序：政治秩序和社会秩序。政治秩序由合作产生，社会秩序由共有观念造成。现实主义认为，共有观念是实现合作的前提，而中央权威的存在则是共有观念产生的前提。国际无政府状态意味着，全球治理体系无法为共有观念的产生提供基本条件，因而，国家间无法开展有效合作。国际体系中，除了由国家间的物质力量形成的权力结构之外，再无秩序因素。[③]对此，温特指出，共有观念与合作之间并无确定性联系，它既可以促成合作，也可能导致冲突。国际体系采用何种文化和逻辑，最终取决于角色结构，即行为体的主体位置格局。[④]在"敌人""对手""朋友"三种角色中，哪种角色在国际体系中占主导地位，决定了霍布斯文化、洛克文化、康德文化中，哪种文化成为全球治理的主导无政府文化。因此，并不存在新现实

---

① Alexander E. Wendt, "Anarchy is What States Make of It: The Social Construction of Power Politics", *International Organization*, Vol.46, No.2, 1992, pp.391–425.

② Daniel S. Geller and John A. Vasquez, "The Construction and Cumulation of Knowledge in International Relations: Introduction", *International Studies Review*, No.6, 2004, pp.1–6.

③ [美]亚历山大·温特：《国际政治的社会理论》，秦亚青译，上海：上海人民出版社，2000年，第318–321页。

④ [美]亚历山大·温特：《国际政治的社会理论》，秦亚青译，上海：上海人民出版社，2000年，第325页。

主义所谓确定性的、单一的无政府逻辑，而是存在着多种无政府文化。

"敌人"是霍布斯无政府文化的角色结构，行为体相互关系定位是彼此敌对。行为体对自我和他者关系的建构有两个基本特征：一是不承认对方拥有独立行为体的权利，二是暴力作为处理相互关系的手段不受任何限制。在此基础上，国家间形成如下共有观念：国家是相同的，其生存始终面临着他国的威胁，它会采用相同的方式对付敌人。在这种关系状态下，行为体会对双方的关系作最坏的打算，随时准备动用暴力，想方设法摧毁或征服敌人。由此，世界政治结构表现为权力结构，物质力量成为国家命运的决定因素。霍布斯无政府文化的基本逻辑是"所有人反对所有人的战争……行为体的行为原则是不顾一切地保全生命，是杀戮或被杀"[①]。这一逻辑给世界政治带来的后果是：战争频仍、弱国高死亡率、大国的权势均衡。尽管霍布斯文化是一种理念模式，但它在相当程度上准确地描述了大部分的国际关系历史和现实。

"对手"是洛克无政府文化的角色结构，行为体相互关系定位是彼此竞争。行为体认同对方的主权，对自身行为进行自我克制，对暴力的使用有限度。如果说霍布斯无政府文化没有给国家留有选择的余地，导致国家必然通过增强军事力量以防范敌人进犯的话，那么洛克无政府文化则为国家提供了一种选择的机会：如果他者是敌人，国家行为将遵循霍布斯的无政府逻辑，而如果他者是竞争对手，国家行为就会遵循竞争逻辑。这种竞争逻辑使得国家承认彼此的主权现状，理性地重视绝对收益，军事力量不再具有头等重要的位置，结盟关系成为国家的战略选择，国家对暴力的使用具有自我克制的倾向。在这种关系状态下，洛克文化的逻辑是——生存和允许生存，在共有观念中竞争优先于敌对。这一逻辑给世界政治带来的后果是：有限战争、国际体系稳定和国家低死亡率、权势均衡、中立和不结盟。自威斯特伐利亚和约确立了国家主权观念以来，洛克文化成为一种主导的无政府文化，这也是华尔兹的国际体系不能被称作自助体系的主要原因。

"朋友"是康德无政府文化的角色结构，行为体相互关系定位是彼此友好。这种友谊关系奉行两条规则：第一，非暴力规则，彼此不会采用战争或战争威胁的方式解决争端；第二，互助规则，任何一方行为体遭遇第三方威

---

①［美］亚历山大·温特：《国际政治的社会理论》，秦亚青译，上海：上海人民出版社，2000年，第334页。

胁时，双方共同应对，联合作战。这决定了康德无政府文化的逻辑：多元安全共同体和集体安全。在多元安全共同体中，虽然行为体之间仍然会存在冲突，但解决冲突的主要手段是话语、制度、经济等权力而非战争。集体安全强调"大家为一人，一人为大家"的互助原则，[①]国家实力不再是潜在威胁，而是集体共同的财富。在理念层面，多元安全共同体逻辑和集体安全逻辑存在着结构性差异，但在实践中二者往往是并行不悖的。第二次世界大战以来，主导北大西洋国家关系、英美关系、法德关系的基本上是康德文化，以敌意逻辑或竞争逻辑很难对此作出合理解释。康德无政府文化以法治为基础，国家以合法的方式谋求自我利益，国家行为受到被自我内化的限定规则的约束，从而形成一定的秩序。

温特对全球治理的发展持乐观、进步态度。他认为，无政府体系本身并不能形成特定的结构或逻辑，导致无政府结构或逻辑产生的是文化结构，即社会的共有观念。基于敌人、竞争对手、朋友三种不同的角色关系，产生了不同的文化结构，这导致国际体系至少存在着三种无政府文化：霍布斯文化、洛克文化、康德文化。何种文化在无政府体系中占据主导地位，决定了全球治理呈何种样态、趋于何种走向。建构主义认为，全球治理体系文化呈发展性进化，使三种无政府文化经历了从霍布斯文化至洛克文化、康德文化的演进过程，呈现出由低到高的线性发展特征。一旦高一级的文化得以内化，就很难再倒退到原来的无政府文化之中。因此，全球治理的现实并不意味着不可能进行合作，也不意味着战争是永远存在的威胁。而从全球治理已取得成效来判断其未来发展，大方向必然是不断地趋向于秩序、和平、文明与发展。

对共有观念和身份认同的强调，使建构主义被描述为仅关注物质权力的正统理论——现实主义——的挑战者，然而在认识论上建构主义与现实主义、自由主义一样，都走上了理性主义道路。建构主义与现实主义并非先验矛盾或不可调和。[②]建构主义与主流范式的兼容性，使它被视为"现实主义和自由主义的补充而非替代"[③]。尽管对自身理论缺乏系统建构，对观

---

① [美]亚历山大·温特：《国际政治的社会理论》，秦亚青译，上海：上海人民出版社，2000年，第374页。

② Javier Lezaun, "Limiting the Social: Constructivism and Social Knowledge in International Relations", *The International Studies Review*, Vol.4, No.3, 2002, p.233.

③ [美]香农·布兰顿、查尔斯·凯格利：《世界政治：趋势与变革》，夏维勇译，北京：北京大学出版社，2019年，第44页。

念的产生和发展言之不尽，建构主义全球治理观仍然为人们理解纷繁复杂的全球治理现象提供了重要视角和深刻洞见。

四、批判：反思主义全球治理观

没有理论批判，没有学术反思，就不会有理论进步和学科演进。作为一门新兴学科，正是在新兴学派不断挑战原有学派的过程中，观点的碰撞促使国际关系学科快速成长。将全球治理理论视为现实主义、自由主义和建构主义的“神圣三位一体”[①](holy trinity)是最常见的一种理论分类，虽然这种划分有诸多理论上的便宜，但在全球大变革时代面对全球性问题汹涌而至，三位一体的划分也暴露出一些重大缺陷。冷战终结，人们需要新的理论范式对全球化急剧发展带来的变动世界作出有效解释，国际关系学迎来了第四次论战（大辩论），反思主义(reflectivism)由此作为相对于理性主义的对立面而兴起。反思主义站在社会解放价值立场上分析社会，以其规范性取向和反身性而与实证主义理论或曰传统理论相悖。[②]作为一个学术阵营，反思主义几乎涵盖了20世纪80年代中期以来出现的对主流理论构成挑战、进行批判的几乎所有学派。[③]广义上的反思主义涵盖了批判理论、建构主义、后结构主义、后现代主义和女性主义等。它们对全球治理的理论和实践的省思为全球治理的范式建构提供了一个灵活的议程和多元主义视角。[④]

（一）对主流治理观的反思批判

反思主义对传统全球治理的反思更多集中于规范层面。它意识到，知识生产影响着社会实践和公共进程，致力于为人类生存更美好的未来而改变世界。伴随着全球治理研究的社会学转向，反思主义注意到全球治理中的一些议题是有问题的，[⑤]人们获得对全球治理认识的路径和方

① Benjamin Millera, Ilai Z. Saltzman, “Beyond the Three ‘Isms’: Rethinking IR and the Post-Cold War Order”, *International Politics*, 18 March , 2016, pp.385-414.

② Gilberto Carvalho Oliveira, “Reconstructive Methodology and Critical International Relations Theory”, *Contex to Internacional*, Vol.40, No.1, Jan.-Apr., 2018, pp.9-32.

③ 米歇尔·福柯的系谱学批判、迈克尔·沃尔泽的解释学、皮埃尔·布迪厄的批判社会学、罗伊·巴斯卡的批判现实主义等都对国际关系学的反思主义产生了影响。

④ Richard Devetak, *Critical International Theory : An Intellectual History*, Oxford University Press, 2018.

⑤ Sandra Whitworth, “The Practice, and Praxis, of Feminist Research in International Relations”, in Richard Wyn Jones ed., *Critical Theory and World Politics*, Lynne Rienner Publishers, Inc., 2001, pp.149-150.

式同样也是有问题的。正如其名，反思主义以“批判”“反思”见长。反思主义对全球治理主流理论的批判和解构从三个维度展开：一是在全球治理的概念层面，反思主义对国家、权力、国际关系、治理等核心概念提出疑问，反对传统研究赋予这些概念的先定内涵；二是在全球治理的假定方面，反思主义对国家中心主义、理性国家、治理二元论等先验假定进行驳斥，对传统研究的逻辑进行否定；三是在全球治理的知识层面，反思主义从方法论角度审视当代全球治理知识建构的政治，从全球治理知识架构入手，汲取女权主义、后殖民理论和历史唯物主义的洞见，分析了不同学派在“全球治理理论之屋”中的地位，聚焦知识建构中存在的权力关系及由此引发的问题。[①]

反思主义解构了全球治理主流理论使用的核心概念。反思主义不承认存在确定的全球治理定义，也反对明确的全球治理知识主张。20世纪40年代现实主义的兴起带动国际关系学走向体系化。其中一个重要标志是，现实主义提出并成功使用了一系列重要概念。这些概念是当今全球治理研究的重要支撑。然而，现实主义对许多概念并没有做出清晰界定，而是赋予了国家、权力、利益、国际无政府状态等概念先定的含义。在反思主义看来，这些概念是人们在互动中建构起来的，并不存在所谓确定的意涵。国家并非单一的理性行为体，权力并非只是物质性力量，国家在国际舞台上所谓利益追求并不是明确的，国际无政府状态也不具有主流研究者所认定的唯一逻辑。反思主义对核心概念的解构意在破除理性主义的理论基础。在很大程度上，反思主义破坏了全球治理所谓的常识。

反思主义反对约定俗成的理论范式，更反对理论生产背后的权力结构。在反思主义者看来，全球治理研究呈现出的偏狭特征是由全球治理知识生产的权力结构决定的。反思主义把国际关系理论和全球治理研究视为与权力相关的学术现象，学派地位实则是其拥有权力的映射。学术权力不可避免地会腐蚀自由而理性的判断，因而造成全球治理理论及其知识生产被少数学派垄断的现象。权力塑造了知识，而知识之间的关系不过是特定权力关系的反映。全球治理主流范式的所谓科学方法并不真实，无论是强调基于经验，还是20世纪以来科学方法在全球治理研究中的运用，其研

---

① Daniel S. Geller and John A. Vasquez, “The Construction and Cumulation of Knowledge in International Relations: Introduction”, *International Studies Review*, No.6, 2004, pp.1–6.

究都是难以免除研究者的主观性而做到客观中立和理性的。反思主义对主流范式实证主义分析工具的解构,以及对不公正的现存全球治理的批判,把新的变革性视角引入全球治理,以多元、平等、正义等重要的伦理价值观念作为构建理想全球治理的基础,构建分析模型。

反思主义视角与批判理念的结合,促成了全球治理研究批判分析方法的产生,这种方法糅合了立场论要素,并力图对权力和制度的霸权结构进行解构。通过对实证主义沉默或回避的问题提出疑问并作出解释,反思主义力图发展出一种能够认识到知识、权力和利益之间关系的理念方法。反思主义认为,理性主义对行为体理性过度关注,而忽略了行为体的其他特征。理性主义强调科学方法论的唯一性,将自然规律认识论移植到世界政治研究,在反思主义者看来,全球治理的理论化无论是在现实主义那里还是在自由主义那里,似乎都在重复二元论思维方式,这不仅造成了思想偏狭,也导致了一个暴力、压迫、停滞和充满冲突的世界。通过对全球治理知识产生方式的反思,反思主义解构了主流范式的理论基础,并通过探寻人类治理的新模型和政治共同体的新形式,拓宽了研究边界。安德鲁·林克莱特指出,反思主义对全球治理研究的贡献主要有四:第一,对理性主义观点进行了批判,指出知识是先在的社会目的和利益的反映;第二,对现存的社会结构永恒不变的观点予以否定,认为社会关系具有内在的解放要求;第三,强调了社会学习的作用;第四,以社会安排包容开放性对话的能力为尺度,对全球治理实践进行评判,并且分析了超越主权形式的可能性。①

按照反思主义的代表人物罗伯特·考克斯所说,全球治理理论也可分为问题解决理论(problem-solving theory)和批判理论(反思主义)。问题解决理论是保守的、战术性的、工具性的、服务于主流秩序的,而批判理论则是进步的、全面的,旨在改变主流秩序和制度。②主流范式属于问题解决理论,它们以主导秩序为其分析框架,把全球治理视为占支配地位的权力关系和制度安排,国家在给定的秩序范围内行动;凭借科学实证的方法,人们虽能认识却不能改变全球治理的基本规律。这样,就使得主流范式中的全球治理呈现出无历史或非历史的特征。站在与主流全球治理分离的立

① N. J. Rengger, "Negative Dialectic? The Two Modes of Critical Theory in World Politics", in Richard Wyn Jones ed., *Critical Theory and World Politics*, Lynne Rienner Publishers, Inc., 2001, p.97.

② Robert W. Cox, *Approaches to World Order*, Cambridge University Press, 1996.

场，批判理论追问秩序如何产生、如何变化，并从超越现存秩序视角出发研究全球治理。[①]从全球治理演变的历史角度，考克斯分析了物质力量、观念和制度等要素，在生产组织、国家联合体、全球治理三个层面的互动，把对现存全球治理的批判与对主流全球治理理论的批判结合起来。[②]通过道破资本主义制度和主流学者非中立的立场，考克斯揭示出现存全球治理的不公正性和主流范式全球治理研究的非客观性，为人们改变全球治理的主流理念和实践指明了方向。

反思主义认为，全球治理中的制度、规范不仅是由行为体构成的，反过来它们也构建了行为体。行为体选择借助何种载体通过何种方式实现全球治理，取决于行为体的偏好。行为体的偏好不是先定的，而是在特定的语境条件下构建的。[③]这种"语境主义"(ontextualist)视角使得反思主义更加关注历史行为体自身的知识视角，[④]却难以形成一个统一的、连贯的知识体系。

20世纪80年代，新自由主义的代表罗伯特·基欧汉曾经指出，反思主义最大的弱点不在于其批判性论点不足，而在于缺乏一个世界政治研究者采纳的明确的反思计划。[⑤]基欧汉将反思主义等同于他所说的"解释性"方法，因为它强调的是文本和历史解释的重要性，并拒绝理性主义学派的科学主张。除非反思主义提出关于全球治理重要议题的特别研究计划，否则它将一直停留在全球治理研究的边缘。其实，一种理论建构的来源不是也不可能是单纯形而下的。当全球治理具体问题出现时，为人们进行形而上的思考提供了认识对象，而形成系统化思考的结果——理论，则无可避免地要包含形而上的思维方式和诠释角度。在进行理论创制和创新时，形而下与形而上两个方面都是不可或缺的，而形而上的方面构成了理论建构的

---

① [加拿大]罗伯特·W. 科克斯：《社会力量、国家与全球治理：超越国际关系理念》，载[美]罗伯特·O. 基欧汉编：《新现实主义及其批判》，郭树勇译，北京：北京大学出版社，2002年，第190—193页。

② [加拿大]罗伯特·W. 考克斯：《生产、权力和全球治理——社会力量在缔造历史中的作用》，林华译，北京：世界知识出版社，2004年。

③ Cagla Luleci and I. Erkam Sula, "Survival 'Beyond Positivism?' The Debate on Rationalism and Reflectivism in International Relations Theory", *POLITIKON: The IAPSS Journal of Political Science*, Vol .30, July 2016, pp.43-55.

④ Michael C. McCall, "Contextual Critical Theory: Revisiting the Historical Mode of Thought", *International Studies Review*, 2020, pp.1-2.

⑤ Robert. O. Keohane, "International Institutions: Two Approaches", *International Studies Quarterly*, Vol.32, No.4, 1988, pp.379-396.

基石。[1]全球治理研究中的理性主义传统或许才是造成反思主义始终"被边缘"的原因。

(二)多维视角介入全球治理

反思主义全球治理观,是"一种活生生的哲学,一种有生命力的、积极抵抗的世界观"[2]。反思主义关注到世界日益复杂化的主题,通过多维度的省思,添加被主流治理观念所忽略的议题,致力于并有助于一个寻求变革的新世界。尽管在对主流全球治理观的批判上,在坚持解放价值观的理想上,反思主义的态度惊人的相似,但这并不意味着反思主义者分析全球治理的视角是相同的,更不意味着它们抱有一致的全球治理观。反思主义之下的诸多学派反思主流范式、审视全球治理的视角,提出的核心范畴,形成的全球治理观,建构的全球治理理论往往大相径庭。能够将诸多学派聚合在反思主义阵营中的力量在于它们对主流治理观(主要是现实主义)的强烈不认同,以及对多元社会性因素的引入和考量。虽然,反思主义被贴上了"长于反思主流而短于自身建构"的标签,这在很大程度上影响了反思主义全球治理观的影响力和解释力,但是不可否认的是对多维视角的引入,为人们审视全球治理打开了多个窗口。透过这些窗口,全球治理的多面性、立体化、复杂性特征得以展现。反思主义由此成为理解全球治理不可或缺的理论范式。在反思主义的诸多流派中,马克思主义和女性主义[3]因其视角之独特、批判之猛烈、影响之广泛脱颖而出。

作为国际关系研究的思想传统之一,马克思主义在其关于人类社会进步和人类解放的学说中蕴含了引人深思的治理观念。阶级而非国家是马克思主义全球治理观当中的核心范畴,全球治理本质上是全球阶级斗争,这一斗争的结果是阶级和国家的最终消亡,人类在自由人联合体中获得真正的充分的解放。

---

① 秦亚青:《关系与过程:中国国际关系理论的文化建构》,上海:上海人民出版社,2012年,第9—14页。

② Diana Boros, "Critical Theory and the Challenge of Praxis", *Contemporary Political Theory*, Vol.18, 2019, pp.5-7.

③ 本书将反思主义界定为一个对三大主流理论学派构成批判的学术阵营,它最鲜明的特征是其对主流的反叛。其指20世纪90年代以来,在第四次论战中与主流对立的学术流派,如马克思主义、葛兰西学派、法兰克福学派、女性主义皆可归于反思主义。本书倾向于将马克思主义全球治理观界定为经典马克思主义,主要关注马克思、恩格斯思想当中蕴含的全球治理观念。

克努成称马克思主义为“激进主义”，将人的理性潜能、社会批判、政治行动、历史进步性作为马克思主义的立论基点。[①]有中国学者依此将马克思主义国际关系理念整合为注重人的解放、批判现存世界秩序、强调政治实践和信仰历史进步四个基本观点。[②]具体到全球治理议题，本书结合上述观点将马克思主义全球治理观做以下三点归纳：

第一，强烈的价值导向引领全球治理走向。马克思主义是关于全人类解放的学说。人是一切价值的标尺，人不是工具而是目的。马克思主义全球治理观对人性和理性抱持肯定，它将人类解放作为社会发展的终极目标指向，全球治理的目的是满足人的需求而不是相反。人的平等、自由、解放、幸福应该成为评价治理成败得失的标准。私有制是社会腐败的主因，造成人的异化。在私有制下人的良善和理性被社会腐败埋没，社会发展的完备状态就是在寻求善治的过程中，人的善良本性和人的理性潜能得以充分显现，权力滥用、政治动荡、社会不平等、人的异化等腐败现象逐步减少直至消失。全球治理是社会治理的一种形式，是实现善治的一种人类实践。全球治理的成效如何不能简单地依据它造成的冲突与合作，带来的利益或权力，而应该着眼于它是否有助于消除国际不平等，是否能够增进人类普遍福祉。

第二，反对全球治理体系的霸权主导特征。马克思主义认为，人类社会的不平等伴随着私有制而出现，国家作为阶级对立的产物通过政权强化了人与人之间的不平等。人与人之间的不平等、阶级之间的斗争在国家产生后的人类发展史上是普遍存在的。在现代意义的国际关系产生后，这种不平等延展至国家之间。殖民主义造成了宗主国对殖民地之间的等级关系成为具有世界性意义的社会结构体系。在马克思的社会分析中，阶级是基本分析单位，无产阶级反对资产阶级的斗争是推动国际体系变革的动力。国家间的不平等、国际不平等说到底是阶级不平等，是财富分配不均、权力垄断造成的。霸权主导导致的全球治理体系的等级化特征不是永久的。作为一种新型的国际主义政治观，马克思主义以全球阶级而非国家作为审视全球治理的核心概念，主张全世界无产者联合起来自觉地改变国际不平等。作为达到善治的途径，全球治理应该有

---

① [挪威]托布约尔·克努成：《国际关系理论史导论》，余万里、何宗强译，天津：天津人民出版社，2004年，第157—158页。

② 白云真、李开盛：《国际关系理论流派概论》，杭州：浙江人民出版社，2009年，第164—166页。

助于消除国际社会中的不平等。

第三,力主革命性实践改变不合理的世界。马克思主义对资本主义社会的现状及其制度设计持批判态度,对人类社会的未来发展则保持理性乐观。马克思主义设想的人类理想蓝图不是从天而降的,人类不可坐等善治。马克思使社会主义从空想走向科学,不仅在于它找到了人类社会发展的客观规律,还在于它主张以实践使社会理想落地生根。通过暴力革命,推翻资产阶级统治,根本上消除私有制和阶级,建立一个自由人联合体,是使人类获得真正平等与解放的有效路径。鉴于阶级斗争"首先是一国范围内的斗争"[①],无产阶级必须首先实现完成民族国家内部的革命,然后再实现世界无产者的联合,解决民族国家间的不平等。在全球治理实践中,马克思主义主张彻底变革全球治理体系的权力等级结构,扭转大国欺凌小国、富国统治弱国的国际不平等状况,推动建立公正合理的国际机制和世界秩序,有序推进全球范围内的平等合作。

马克思主义关于全球治理的基本观点,从思考人性与人类社会的属性出发,运用历史唯物主义的科学方法找到了人类社会发展的一般规律,发现了造成社会治理赤字的结构性、制度性因素,构成了一个阐释人类社会发展进步的科学逻辑链条,并指出了治理解困的关键,对于当前陷入困局的全球治理具有导向意义。

女性主义研究视角和方法介入国际关系催生了女性主义全球治理观念。早期的女性主义致力于拓展全球治理的研究主题,发现或添加女性议题,改变全球治理的性别盲区(gender blind)特征。然而女性主义者很快发现这种做法充其量是对原有的研究框架做细枝末节的修补,并不能真正改变全球治理男性霸权主义特征。[②]基于男性经验和男性认同基础上的全球治理不可能真正包容女性主义经验与思维方式。女性主义全球治理知识确立的关键在于对主流方法论特别是本体论进行彻底颠覆和改造。作为批判理论阵营的一员,女性主义认同理念的本体论意义,赞同将社会因素作为全球治理的基本分析范畴。女性主义在全球治理理论范式中的边缘地位是由女性从属于主流性别本体的境遇决定的。女性主义认为,由于缺乏性别拷问,反思主义的批判显然并未切中主流范式的要害。女性主义认为全球治理不仅是社会化的,而且是性别化

① 《马克思恩格斯选集》(第1卷),北京:人民出版社,1995年,第270页。

② 吴小英:《当知识遭遇性别——女性主义方法论之争》,《社会学研究》2003年第1期。

的。以社会性别为核心分析范畴，使女性主义发展出截然不同于主流范式的全球治理知识。女性主义则认为，全球治理是国家在社会交往中建构的，是国家间共有观念的体现。

女性主义认为，社会性别本身就是一种社会建构。一种没有涵盖社会关系，建基于无政府世界中单子式国家的全球治理理论不可能为人们理解世界政治提供充分的支撑。同样，一种未能凸显社会性别且建基于社会性别的全球治理理论也不能呈现世界政治的全貌。社会性别不仅应该成为分析全球治理的一个重要维度，而且应该成为全球治理的构成性因素。[①]社会性别不仅是一种分析工具，同时也是一个政治、伦理工具。它不仅意图描述、解释全球治理既成的事实，也致力于改变不合理的结构、制度，以构建一个更加正义且美好的世界。"女性和性别无论对于国际关系的日常实践还是国际关系研究都是不可或缺的部分，然而它们却在主流范式的讨论和检视中缺席了。"[②]身份特别是性别身份应是全球治理研究的基本议题，全球治理是由具有性别身份的人，性别化的社会实践活动造就的。权力是一种社会建构，而性别则是权力的符码。把全球治理简单地理解为国家之间的权力较量，其中包含着以力量为基本特征的男性气质认同。这种男性认同深刻地影响了世界政治行为体的行为，并最终导致了其对权力的尊崇。经验对于知识、性别关系和权力关系的建构具有基础性地位。主流范式之所以呈现出男性特征，全球治理之所以被权力政治所主导，其根本症结在于，全球治理是建基于男性经验的，主流范式是以男性视角和理性选择模式建构的，女性及其经验完全被排除在外。

女性主义则由"解放目标"驱动——研究在国家、国际机制、国际结构中被漠视、抹杀、剔除的女性及其经验，并力图改变这一状况。只有根植于个体生活的理论才能起到解放的作用。女性主义以边缘化的、长期被忽略的个人日常生活为研究起点，采用自下而上的路径，将女性的日常生活经验与国家，以至全球层面的政治、经济权力的构成与运作联系起来，关注国际政治和世界经济对性别不平等关系的影响，以及性别不平等如何支撑了

---

① J. Ann Tickner, "Gendering a Discipline: Some Feminist Methodological Contributions to International Relations", Signs: *Journal of Women in Culture and Society*, Vol.30, No.4, 2005, p.2173.

② Seema Narain, "Gender in International Relations: Feminist Perspective of J. Ann Tickner", *Indian Journal of Gender Studies*, Vol.21, No.2, 2014, p.180.

这些结构等问题。女性主义者力求展示并证明社会性别是全球治理理论和实践中一个无所不在的本质特征,①它对于揭示全球治理事实所蕴含的社会和政治意义至关重要。世界政治中弥漫着性政治。只有将女性经验作为理论原点才能达成更为真实的知识。②作为一种社会结构,社会性别就是包括国际关系在内的所有层次政治安排的实践的结果。许多女性主义学者更倾向于使用视角而不是方法论意指正在进行的女性主义研究计划。这一研究计划的目标是在"女性不同的经验基础上重新思考传统知识"③。

通过倾听女性并理解与其生活经历紧密相关的主体间意义,女性主义研究成为一个强调社会内化意义存在广泛差异的辩证过程。女性主义寻求理解社会中普遍存在的不平等的性别等级制,及其对女性从属地位的决定性影响,并致力于改变这种性别等级制。显然,女性主义视角的引入为全球治理的发展带来新的研究课题,也拓展了人们的研究思路。

---

① J. Ann Tickner, "Gendering a Discipline: Some Feminist Methodological Contributions to International Relations", *Signs: Journal of Women in Culture and Society*, Vol. 30, No. 4, 2005, p.2178.

② Aram Ziai, "Post-positivist Metatheory and Research in International Relations: a Comparison Of Neo-Gramscian, Feminist and Post-Structuralist Approaches", *HRSS: Hamburg Review Of Social Sciences*, No.5, 2010, p.45.

③ Seema Narain, "Gender in International Relations: Feminist Perspective of J. Ann Tickner", *Indian Journal of Gender Studies*, Vol.21, No.2, 2014, p.187.

第三章　中国特色全球治理理论：生成与构建

实践是理论形成的基础，全球治理理论的发展与人类的治理实践密切联系。理念是实践的前提，全球治理的制度构建和实践推进以演进中的治理理论为基本指导原则。从人类社会出现开始，人类对“治”的追求便从未停止过。今天，全球化不仅是人们显见的一个事实，而且各社会科学领域已经在不同程度地为这个事实提供着各种理论支撑。全球治理理论的显现和发展即国际关系学领域为人类社会生活发生的这一变化做出的理论回应。事实上，早在学科意义的国际关系学诞生之前，甚至早在国家诞生之前，人们对于公共生活的种种思考便关涉治理问题，而且迄今为止治理的终极价值——过有序的、善的公共生活——亘古未变。

实现中华民族伟大复兴，思考人类前途命运，是当代中国的使命担当。处于新的历史方位，进入新的发展阶段，中国推进国家治理和全球治理步入新时代：顺应世界发展大势，站在全人类高度，回应世界关切，形成了科学治理理念，力图为全球治理贡献中国方案，推进全球治理体系的大变革。中国国力的提升使其有能力也有责任向全世界贡献中国智慧，对全球治理出现的问题和困境提出新方案。综观全球治理理论的演变历程，可以发现中国传统文化的和谐与大同思想、西方的共同体思想、马克思的国家共同体学说，以及人类命运共同体理论成为中国特色全球治理的理论基础。

一、中国治理理论生成的传统和现实根基

中华民族是一个历史悠久、具有高度政治智慧的民族。在长期的民族融合及处理与周边国家的关系中，中国发展出了和谐共生的政治理念，形成了和而不同的政治文化，恪守了和睦包容的相处之道。新中国成立后，中国坚持独立自主的外交原则，结合国际形势和国内建设的需要提出了既反映时代特征又延续历史传统的外交政策，逐步形成了具有中国特色的全

球治理理论。

(一)天下情怀:中国的世界大同思想

社会科学研究必然包含规范性要素。对未来充满美好的憧憬一直是国际关系理论研究者的共同特质,而“全球治理”一词及其实践本身就是理想主义的体现。国际关系学意义上的共同体理念肇始于西方,但对于国际问题的思考中国古代先贤毫不逊色,甚至早于西方共同体理念。被称为“天下主义”思想的“大同”社会就是中国传统政治文化对世界秩序的最早思考。儒家的“大一统”、墨家的“爱无差”展示了中国文化浓郁的世界主义情怀,描述了人类社会发展的终极目标,并提出了实现世界大同的基本路径。[①]世界大同成为文人志士的一种政治信念和理想追求,并随着近代以来的中国革命和社会主义改革不断从理念走向实践,为全球治理提供了一种截然不同于西方的观念和模式。[②]

在中国古代政治文化典籍中,“大同”一词最早出现于西周时期的《尚书·洪范》篇。彼时,“大同”意指当官僚机构就重大疑难问题进行决断时,最高统治者的想法与卜筮结果、百官观点、庶民意见完全一致的情况。[③]其后《庄子·在宥》篇中,以“大同而无己”描绘了一种与天地万物玄同合一、没有物我对立的理想状态。[④]而将“大同”作为一种社会政治理想进行完整、系统地描述的莫过于儒家学说经典典籍《礼记·礼运》。

> 大道之行也,天下为公,选贤与能,讲信修睦。故人不独亲其亲,不独子其子,使老有所终,壮有所用,幼有所长,矜寡孤独废疾者皆有所养。男有分,女有归。货恶其弃于地也,不必藏于己;力恶其不出于身也,不必为己。是故谋闭而不兴,盗窃乱贼而不作,故外户而不闭。是谓大同。

按照这一描述,一个政治公允、人际和谐、各司其职、太平安宁的理想

---

① 马克锋:《大同理想与世界主义》,《社会科学》2013年第3期。

② 世界大同主义是一个有着悠久哲学传统的理念,在不同文化背景、不同历史阶段,世界大同呈现出那个时代独有的政治经济文化特征,然而迄今其学理内涵也并非清晰可辨。伴随着全球化进程的加速,出现在政治哲学语境中的世界大同主义开始被广泛地应用于关于全球化的政治性思考之中。尽管文化背景各异,但世界大同主义的理念在东西方关于“世界”问题的思考中显现出来。

③ 裴植、鲁德平:《大同·〈礼运〉大同·大同主义》,《孔子研究》2015年第4期。

④ 郭庆藩编:《庄子集释》(第二册),北京:中华书局,1961年,第397页。

社会便跃然而出了。

时至近代,以中国文化传统的“大同世界”为基础,结合近代西方国家主义学说,形成了近代的世界大同思想,即具有空想色彩的理想社会。从康梁的“大同”,到孙中山的“三民主义”,再到中国共产党的“社会主义”,中国人民追求平等、富强、和谐的理想一步步走向现实。如今,中国希望将这一理念惠及更多的国家和整个人类社会,就此提出人类命运共同体理念,并积极参与和推进全球治理的理念和实践在深度和广度上的发展。

肇始于周朝的天下体系开创了以世界问题为起点的治理思路,是真正的世界政治的思维方式。天下主义以世界作为世界体系的政治主体,从世界去思考人类社会的相处之道,“以天下为天下”,“以天下观天下”。[①]天下观念中的“大同世界”具有下列特质。

首先,“大同世界”是倡导共同生活与合作的世界。公共性是世界存在的前提,共同利益的存在和维护、公共秩序和规则的认同则是公共生活的前提。“大同”之下共同生活成为实现个人和集体幸福的必要途径,共同生活的根本是促成“共在的善举”(the contribution to coexistence)[②],关系理性、共在存在使人们在利益和情感上互有需求、相互倚仗,通过合作共同营造公共生活,实现共在秩序(order of coexistence)。

其次,“大同世界”是一个“为所有人所共享的互信互助的高度安全世界”[③]。安全是大同世界的首要利益诉求。如果说国家或民族共同体以自我—他者的划分,并时刻提防乃至消灭他者的方式获得所谓安全,然而事实上带来的却是安全感匮乏的话,“大同世界”则通过增强互利、互信、认同感实现了共同安全。每个人都是他人获得安全的来源和途径,而不是安全威胁。

再次,“大同世界”是一个寻求和谐、崇尚道德的世界。和谐以秩序为先,秩序源于创制。作为一种非自然的存在,良制建立以普遍理性和普遍

---

① 《管子·牧民》《道德经·第五十四章》,转引自赵汀阳:《天下的当代性:世界秩序的实践与想象》,北京:中信出版集团,2016年,第3页。对于天下主义与帝国主义的区别,赵汀阳在论证天下体系的正当性时就对二者进行了区分,认为帝国主义世界观把世界看作征服、支配、剥削的对象,最终追求的是一国的霸权;而天下主义则以世界为政治单位去分析人类的共有秩序,它承认并包容国家、民族、共同体的差异性。

② 赵汀阳:《天下的当代性:世界秩序的实践与想象》,北京:中信出版集团,2016年,第32页。

③ 赵汀阳:《天下的当代性:世界秩序的实践与想象》,北京:中信出版集团,2016年,第10页。

人情为基本原则:普遍理性意味着公正,产生公共规则;普遍人情意味着合理,产生公共道德。[①]规则保证人们必须承认现行的秩序,道德保证人们乐于接受现行的秩序,秩序因而具有了基于一致认同的合法性。

从次,"大同世界"是一个追求普遍性和共享性且具有多元性的世界。共在共享的体系中人们遵循普遍的规则,维护共同的、共享的利益,是天下人的天下,"无外"是其根本性质。[②]国家不需要通过外部认识自我,实现自我,世界内部化,秩序普遍、有效且可传递,最终实现天下大治。"大治"以"一同"而非"同一"为特征,"一同"的前提是多样性、多元化。"一同"是目的和本质的合一,而"同一"只是形式上的一致。"大同世界"承认多样性,要求多样性的兼容,而不要求统一性。

最后,"大同世界"不是国家及其秩序的自然延展,它需要人类有意为之。如果说国家通过公共权力的建立实现了内部的秩序化,国家之间却没有一个世界政府,那么这是否意味着世界秩序、人类秩序只能停留在想象之中呢?利益无法自动趋于和谐,国家之间的冲突不可能自动消弭,国际政治更不会自动升级为全球政治。"大同世界"需要协和万邦建构一个全新的体系。这个体系囊括了国家主权,并且"以世界作为政治主体而拥有世界主权"[③],世界主权和国家主权各有其管辖范畴,二者互不僭越。

天下视野中的大同世界是中国传统"和"文化的产物,是"家天下"观念在世界政治中的映射。这种观念在当下全球治理的建构与践行中仍然存在许多不能化解的问题。在逻辑上,简单地由家—国家—天下衍生出基本的政治秩序和运行规则,在文化和制度存在巨大差异的世界是很难普遍有效且自动传递的;共同利益和公共性问题的存在及共同的道德诉求并非必然能够保证国家自动趋向于合作;[④]如果互信与认同是世界主权存在的前提,那么互信是否也意味着世界主权不再有存在的必要性呢?在现实中,利益并不是自动和谐的,主权国家往往更倾向于选择国家利益而放弃人类共同利益;国家互信的建立将是一个艰难而漫长的过程,除非达成普遍认

---

① 赵汀阳:《天下的当代性:世界秩序的实践与想象》,北京:中信出版集团,2016年,第104页。

② 赵汀阳:《天下的当代性:世界秩序的实践与想象》,北京:中信出版集团,2016年,第75页。

③ 赵汀阳:《天下的当代性:世界秩序的实践与想象》,北京:中信出版集团,2016年,第27—28页。

④ 苏长和:《全球公共问题与国际合作:一种制度分析》,上海:上海人民出版社,2000年,第8页。

同,否则在所有国家间建立互信几乎是不可能的,而普遍认同的达成比建立国家互信更为困难。世界主权意味着现今的主权国家要屈从于一个更高的权力,这与现代全球治理体系建立的主权至上原则是相悖的,世界政府无从建立,而且即便建立也难以持久。

诚然,今天我们审视"大同世界"思想是要从中获得实现全球治理的灵感与智慧,而绝非要建立一个世界主权。中国的世界大同思想跳出了国家边界,突破了西方奉行的对立思维方式,以博大的胸怀、宽广的视野、多元的包容、伦理的追寻、秩序的诉求,不仅为中国的当代外交理念提供了历史传承的文化根基,而且因其与世界政治发展的大趋向、大取向相一致,而为当代的全球治理思想提供了另外一种有别于西方的文化视角和历史经验。

(二)和合共生:和谐社会到和谐世界

"中华民族传承和追求的是和平和睦和谐理念。"①"和而不同""和合共生"是中国传统文化的精髓,也是社会发展、人生追求及全球治理的理想境界,是一种完全不同于西方以对立、冲突审视社会关系而发展出的治理观。作为一个用来形容关系的词汇,"和谐"不意味着冲突的消失,更不意味着差异不复,而是指差异得到正视和尊重,冲突和矛盾具有可控性,可以通过积极有效的手段得到解决,而不会对冲突双方以至第三方造成损害。"和谐"是中国传统"和合"文化的反映。这一理念在国内社会表现为构建社会主义和谐社会,在国际社会发展为构建人类共处的"和谐世界"。"和谐世界"成为和谐社会在国际社会的展现和延伸。

全球治理的目标就是要实现人类世界的和谐。从双边和多边关系的发展来看,"和谐世界"至少包含两层含义:一是国家之间和睦相处,和平解决冲突;二是多元主体共同推动世界不断走向和平、稳定、发展。②这两层含义也表明,"和谐世界"有两个发展阶段,第一个阶段是力求国家间关系的和谐,第二个阶段是寻求全人类的和谐。国际关系的和谐是实现人类社会和

①《习近平谈治国理政》(第四卷),北京:外文出版社,2022年,第470页。

② 詹姆斯·罗西瑙认为,当今的世界政治分为两大体系,即国家间体系和多元中心体系。在可预见的未来,国家间体系仍将是世界政治的中心,但却不再是唯一的主要角色。国家间体系与多元中心体系之间,不是控制与被控制的关系,而是时而合作,时而竞争,不断相互作用。[美]詹姆斯·罗斯瑙:《全球新秩序中的治理》,载[英]戴维·赫尔德、安东尼·麦克格鲁编:《治理全球化:权力、权威与全球治理》,曹荣湘等译,北京:社会科学文献出版社,2004年,第73—76页。

谐的前提。在当前的世界政治背景下,有效协调国家间的利益,实现世界和平与安全、繁荣与发展、文明与进步,是"和谐世界"理念的基本指向。

中国认为,世界的和平发展需要各国协调各自的利益,理顺各方面的关系,国际社会的和谐发展不仅符合中国人民的根本利益,也契合世界人民的共同利益。作为一种治理理念,"和谐世界"的内涵丰富,包含政治、经济、文化和生态等多方面内容。中国走和平发展道路,倡导构建和谐世界、人类命运共同体,体现为四个统一:对内政策与对外政策相统一,对内改革与对外开放相统一,中国全面发展与世界共同发展相统一,中国人民根本利益与世界人民共同利益相统一。以构建和谐世界为全球治理的目标,顺应了世界发展大势和时代前进方向,符合人类的根本利益和共同价值。"和谐世界"的治理理念以"建立一种多主体、多层次、多维度的"治理格局为根本目的,[①]涉及政治、经济、文化等国际关系的主要层面。

"和谐世界"是一个各国政治平等、和平共处、合作安全的世界。长期以来,受权力政治理念的主导,全球治理体系带有明显的霸权主义和强权政治色彩,这是导致国际社会矛盾、冲突不断的主要原因,也是造成全球治理陷入困境的深刻根源。建设"和谐世界"必须变革不合理的全球治理体系和运行机制,构建和平、稳定、公正、合理的新秩序。坚持多边主义,促进国际关系民主化,保障各国参与国际事务的平等权利。恪守公认的国际法、国际关系准则和国际道德应该成为国家的行为规范,严守和平共处五项原则,充分尊重和维护各国自主选择社会制度、发展道路和现代化模式的权利。鼓励和支持以和平方式,通过对话、协商和谈判解决分歧、争端和冲突,反对恣意使用武力或以武力相威胁。摒弃冷战思维,树立互信、互利、平等、协作的新安全观,倡导在平等的基础上,加强多领域合作,共同应对全球性挑战,建立相互尊重、平等协商、共同发展的新型国际关系。有效变革而不是削弱或废止现存国际机制,推动它们在促成国际合作,实现全球安全中充分发挥作用。

"和谐世界"是一个各国共同繁荣、利益共生、发展共赢的世界。追根溯源,国际社会不和谐的根本原因在于世界各国发展的不平衡、不和谐。在全球经济治理中,发展中国家存在着不同程度的经济发展困难问题,面临着被进一步边缘化的危险,发展中国家与发达国家之间的发展鸿沟有加

---

① 刘清才:《建构和谐世界:关于世界秩序范式的理论探讨》,《吉林大学社会科学学报》2006年第5期。

大之势。构建和谐世界要求推动经济全球化朝着均衡、普惠、互利、共赢的方向发展,努力缓解发展不平衡问题,着力消除发展中国家的绝对贫困,全力应对区域发展不充分现象;积极推进地区、区域和全球经济合作,协同解决全球经济发展中的突出问题,确保共同经济安全;以相互开放取代彼此封闭,努力建立和健全开放、公平、规范、非歧视的多边贸易体制,实现优势互补、互利共赢,可持续发展,使所有国家都从中受益;加强全球能源对话与合作,共同维护能源安全和能源市场的稳定,为世界经济增长提供充足、安全、经济、清洁的能源;积极促进和保障人权,努力普及全民教育,实现男女平等,加强全球公共卫生协作与卫生治理能力建设,使人人享有平等追求全面发展的机会和权利;尊重发展模式的多样性,加强发展经验的交流和借鉴,提高各国自我发展的能力;积极推动发达国家为实现全球普遍、协调、均衡发展承担更多责任,在开放市场、转让技术、增加援助、减免债务等问题上采取切实措施,帮助发展中国家特别是重债穷国和最不发达国家加快发展,使21世纪真正成为"人人享有发展的世纪";充分反映广大发展中国家的关切,促使发展中国家要充分利用自己的优势推动发展,广泛开展南南合作,推动社会全面进步。

"和谐世界"是一个各种文明兼容并蓄、交流互鉴、共同进步的世界。文明是一个国家民族特征的根本决定因素,是国家获得长足发展的深层动因。文明多样性是人类社会的基本特征,也是人类文明进步的重要动力。"在人类历史上,各种文明都以自己的方式为人类文明的进步做出了积极贡献。存在差异,各种文明才能相互借鉴,共同提高;强求一律,只会导致人类文明失去动力,僵化衰落。各种文明有历史长短之分,无高低优劣之别。历史文化、社会制度和发展模式的差异不应该成为各国交流的障碍,更不应成为相互对抗的理由。"①不能把世界上存在的一些问题和矛盾归因于某一种文明、某一个民族或某一种宗教,更不能以自己的发展模式、价值观念、意识形态标准去衡量他人,甚至强加于他人。②"人类正在进入一个

① 胡锦涛:《努力建设持久和平、共同繁荣的和谐世界》,《人民日报》2005年9月16日。

② 冷战结束后,美国学者提出"文明冲突论",认为文明之间的差异将是导致未来国际冲突的决定因素,是世界和平的最大威胁。在不同文明的核心国家之间,特别是西方文明与伊斯兰文明和中华文明之间,由于西方奉行普世主义对其他文明事务的干预使得冲突将无法避免。在亨廷顿看来,世界必然是多样的,和平与文明的未来取决于各大文明之间的理解与合作。参见[美]塞缪尔·亨廷顿:《文明的冲突与世界秩序的重建》,周琪等译,北京:新华出版社,2009年。

不同文明必须学会在和平交往中共同生活的时代。”[①]只有坚持包容精神，尊重各国文明的多样性，才能消除分歧、放弃对抗、平等对话、和平共处，才能取长补短、互通有无、交流合作、共谋发展。各国应该维护世界多样性和发展模式多样化，加强不同文明的对话和交流，在竞争比较中取长补短，在求同存异中共同发展；应该承认并尊重各国文化传统、社会制度、价值观念和发展道路的差异，相互借鉴而不是刻意排斥，取长补短而不是定于一尊，推动各国根据本国国情实现振兴和发展；应该努力消除彼此间的疑虑与隔阂，以平等开放的精神维护文明的多样性，促进国际关系民主化，协力构建各种文明共同发展的平台，使世界上所有文明、所有民族携手合作，共同推进人类和平与发展的崇高事业，使人类更加和睦，让世界更加丰富多彩。

“和谐世界”是一个生态良好、清洁美丽、人与自然和谐共生的世界。宇宙只有一个地球，人类共处一个世界。“人与自然是生命共同体，人类必须尊重自然、顺应自然、保护自然。”[②]人归根结底是自然的一部分，不能凌驾于自然之上。保护生态环境，建设美好家园，是全球共同的任务。生态文明建设关乎人类的未来。党的十九大报告明确提出：“要坚持环境友好，合作应对气候变化，保护好人类赖以生存的地球家园。”[③]人类进入工业化时代，在飞速发展、科技迅猛进步的同时，短视的发展理念和粗放的发展模式也带来了异常严峻的生态环境问题。资源减少、环境污染、生态破坏、气候变暖接踵而至，不仅限制了人类社会的发展，而且已经对人类的健康和生存构成了威胁。保护人类家园、建设清洁美丽世界是全球的共同任务，是人类的共同福祉。中国历来秉持天人合一、道法自然的历史文化传统，寻求永续发展之路，主张人类要牢固树立尊重自然、顺应自然、保护自然的意识，坚持走绿色、低碳、循环、可持续发展之路，构建尊崇自然、绿色发展的生态体系，国际社会应该携手同行，共谋全球生态文明建设之路。

---

① 房宁、马德普主编：《政治学名著导读》，北京：学习日报出版社，2012年。

②《决胜全面建成小康社会 夺取新时代中国特色社会主义伟大胜利——在中国共产党第十九次全国代表大会上的报告（2017年10月18日）》，载党建读物编写组编著：《党的十九大报告学习辅导百问》，北京：党建读物出版社、学习出版社，2017年，第40页。

③《决胜全面建成小康社会 夺取新时代中国特色社会主义伟大胜利——在中国共产党第十九次全国代表大会上的报告（2017年10月18日）》，载党建读物编写组编著：《党的十九大报告学习辅导百问》，北京：党建读物出版社、学习出版社，2017年，第47页。

（三）当代中国的外交理念与历史传承

近代中国落后于世界大势，殖民主义势力入侵使中国丧失民族独立，传统的天下秩序理念被彻底粉碎，中国成为西方国家主导的全球治理体系中的边缘国家。中华人民共和国成立，实现了国家主权的独立，结束了近代中国百年屈辱的历史。在七十多年的发展实践中，中国逐步探索出一条具有自身历史、民族、文化和时代特征的外交道路，提出了一系列重大的外交理念和战略思想。

作为一个独立的主权国家，中国尝试将新民主主义革命、社会主义革命时期积累的革命经验推广至对外关系，奉行独立自主的外交政策，以和平共处五项原则作为处理国际关系的基本准则，倡导民族自决、主权平等，主张建立广泛的国际统一战线，反对霸权主义。然而在冷战秩序下，中国外交难免受到两极格局的影响。社会制度和意识形态成为冷战时期划分敌友的主要标准，西方大国对中国普遍的敌对、抵制，使中国不可能参与国际事务的治理。而作为社会主义阵营的一员，中国在革命思想的引领下也对西方主导的“外部世界产生了排斥感和距离感”[①]，并未能真正融入西方主导的全球治理体系中，而是致力于推翻这一体系。

20世纪70年代末，中国开始探索有中国特色的社会主义道路，改革开放的重要决策与伟大实践改写了中国与世界的关系。顺应全球范围国际关系的发展走势，中国外交发生了重大转型，中国特色大国外交就此开始孕育。结合国际环境发生的告别革命与战争的重大变化，邓小平提出和平与发展成为新的时代主题，中国外交于是呈现出“完全不同于毛泽东时代的政治哲学和世界观”[②]，实现从革命到发展的转变，中国的外交据此定位为独立自主真正的不结盟，服从并服务于现代化建设的需要，不再寻求推翻西方主导的全球治理体系，而是积极融入，扮演参与者、融入者的角色。[③]中国通过自身的发展带动世界的发展，维护和增进世界和平，并通过外部的和平为自身的发展营造有利的国际环境。

---

① 王帆、凌胜利主编：《人类命运共同体：全球治理的中国方案》，长沙：湖南人民出版社，2017年，第8页。

② 王逸舟：《创造性介入：中国外交的转型》，北京：北京大学出版社，2015年，第64页。

③ 王逸舟将邓小平时代开启的有中国特色的大国外交视为习近平外交思想的开端，从十个方面对其特点进行概括：告别革命、维护和平、慎用军事、安定周边、独立自主、新安全观、重视联合国、渐进改造观、外交为民、发展指向。这一时期，中国与全球治理体系之间的关系仍处于磨合期，中国外交理念也仍然处于调整变化期。参见王逸舟：《创造性介入：中国外交的转型》，北京：北京大学出版社，2015年，第63—73页。

20世纪90年代,第二次世界大战后主导世界格局的冷战秩序终结,国际力量分化重组,国际关系特别是大国的外交政策进行重大调整,全球化、多极化、民主化高歌猛进。这一时期,国家利益成为中国外交理念中的重要范畴。改革开放极大增进了中国与外部世界的利益交融,中华民族与世界各国人民的共同利益不断扩大,中国的命运日益紧密地与世界命运联系在一起,中国与世界的关系发生了历史性变化,中国逐步成为全球治理体系不可或缺的一部分。与此同时,中国国力随着改革开放迅猛提升,引起了周边国家和一些大国的警惕,"中国威胁论"开始在国际社会流传。对此,中国更多的是以坚定不移地深入推进改革和进一步扩大对外开放的实际行动予以回应,加强睦邻友好,积极构建与大国的伙伴关系。

21世纪进一步佐证了中国对世界发展的基本判断。应对复杂的国际环境,特别是"中国威胁论"的不利舆论,中国开始有意识地探索外交方面的积极表述,先后提出和平崛起、和平发展、和谐世界等重要理念。中国在全球治理中发挥愈益重要的作用,对自身在全球治理体系中的地位形成新的认知,不再局限于仅仅成为全球治理的参与者、融入者,而是力图成为全球治理的建设者、贡献者。

中国特色社会主义新时代,中国外交亦进入新的发展时代。挖掘几千年的文化传统,结合几十年的外交实践,凸显时代特征和世界大势,中国开始跳出单一国家视角,统筹国内国际两个大局,站在全人类的高度,力图为解决全球治理面临的问题贡献中国智慧,提出中国方案。人类命运共同体理念成为中国特色外交理念的最新理论成果,开创了中国特色大国外交的新境界。这意味着中国不仅是全球治理的参与者、贡献者,而且要成为全球治理的引领者。今天的中国不仅要成为全球治理体系中重要的、不可或缺的一部分,而且要引导这一体系朝着更加公正、民主、合理的方向发展。

当代中国的外交理念是文化传统、实践经验与发展大势的结合,是具有鲜明时代特征和历史积淀的思想体系。其基本特征表现为:

第一,放眼全局,长远谋划。全球布局、内外统筹、远近结合、观照未来,这是当代中国外交最为显著的特征。横向来看,外交思想是中国特色社会主义理论体系的重要一环,外交实践是习近平新时代中国特色社会主义思想实践的重要一步;外交也不单纯是为了解决对外关系中的问题,而是谋求宏观战略目标的实现,为全球治理提供不同的视角和思路。纵向来看,中国的外交思想不是针对短期行为进行应急式的一次性对策,而是对中国及世界长期发展趋势进行的长远战略规划。

第二，讲求利益，重视情谊。不同于西方的权力政治观对利益的无底线推崇，中国的外交理念协调了利义关系，为国际关系注入了伦理道德因子。一方面，中国看重并维护自身的核心利益，以此界定中国外交的基本目标，与此同时也尊重其他国家的利益，维护国际社会的共同利益，强调合作共赢、共同发展。另一方面，中国秉持以义为先的传统，充分发扬国际主义精神，为广大发展中国家提供力所能及的帮助，并在国际事务中始终坚持正义原则。

第三，文化自信，果断包容。理论的自信源于文化的自信，外交的果断源于国力的提升。中国外交思想的独特源于中国源远流长的文化底蕴，更源于当代中国对自身优秀文化传统的自信。中国文化主张和谐、包容，这体现在外交上主张互通有无、互利合作、开放包容，尊重多样性，推动民主化。改革开放使中国实现了跨越式发展，中国实力的提升已经成为不争的事实。实力增长为中国的外交自信和开放包容提供了更为有力的支撑，使中国有能力、有魄力践行自己的外交理念，并为世界的发展提供中国方案，为全人类的未来贡献中国智慧。

第四，坚持原则，灵活处理。中国一直尊重并恪守国际关系准则，以此作为处理对外关系的基本原则。“不论国际风云如何变幻，独立自主、爱好和平，始终是中国外交的两大本质特征，也构成了中国外交政策的基石。”[①] 独立自主的气节风骨，维护和平的使命担当，开放包容的博大胸襟，在中国未来的对外关系中仍将继续坚持和发扬。而全球治理提出的新的时代要求，不同国家在全球治理体系中的不同角色，中国自身国际地位和话语权的变化，又决定了中国外交会采用较为灵活的方式积极应对不同的领域，面对不同的对象，顺应发展的大势。

二、马克思主义治理理念：自由人联合体

治理问题是马克思主义国家学说和共同体思想中的重要内容。如果说以往的西方治理观念更多的是在国家的范围内讨论治理的实现的话，马克思对国家消亡后人类社会存在方式的关注，则进一步将治理问题从国家边界内拓展到了全人类社会，从而赋予了治理更丰富、更广阔的意义。

---

① 王毅：《探索中国特色大国外交之路——在第二届世界和平论坛午餐会上的演讲》，载国务院新闻办公室编：《解读中国外交新理念》，北京：五洲传播出版社，2014年，第20页。

(一)马克思主义的国家治理观

马克思主义的治理观生成于且体现在马克思主义的国家学说中。尽管马克思没有明确提出治理理论,但在对国家本质和国家起源的探讨中,在国家与社会的关系分析中,可以解读出马克思对治理的理解。

国家是政治研究的核心问题,也是人类政治生活的核心。自国家出现以来,历代政治学者都在努力发现国家的本质。亚里士多德将国家视为实现个人道德、过优良生活的路径;霍布斯和洛克等社会契约论者把国家当作人们结束自然状态订立契约的结果;马基雅维利的非道德政治观将国家从道德绑束中解脱出来,赋予了国家与道德无关的特征;黑格尔认为国家是绝对精神的发展、是伦理的最高形态;孙中山则将国家视为管理活动的主体。这些观点关注到了国家的某一特性,并予以放大,以此来界定国家。这些观点未能呈现出国家的基本特征,也没有抓住国家的本质。马克思给人们认识国家提供了不同的思路,并就国家的起源、本质、职能进行了科学的阐释。

国家的本质在于其阶级性。国家是人类社会发展到一定阶段伴随着阶级的出现而出现的,它是阶级斗争的产物。国家脱胎于氏族组织,但在根本属性上却决然不同于以平等和公有为基本特征的氏族组织。氏族组织是一个以血缘为纽带的熟人社会,遵循自然秩序;而国家是一个建立在阶级斗争基础上的陌生人社会,其秩序的维护必须借助于公共权力。

> 国家绝不是从外部强加于社会的一种力量……国家是承认:这个社会陷入了不可解决的自我矛盾,分裂为不可调和的对立面而又无力摆脱这些对立面。而为了使这些对立面,这些经济利益互相冲突的阶级,不致在无谓的斗争中把自己和社会消灭,就需要有一种表面上凌驾于社会之上的力量,这种力量应当缓和冲突,把冲突保持在“秩序”的范围以内;这种从社会中产生但又自居于社会之上并且日益同社会相异化的力量,就是国家。[①]

根据恩格斯解释国家起源的这一逻辑,作为政治存在物,国家的本质必须从社会经济生活入手挖掘。国家“是从控制阶级对立的需要中产生的”,“它照例是最强大的、在经济上占统治地位的阶级的国家”,经济上占

① [德]恩格斯:《家庭、私有制和国家的起源》,北京:人民出版社,2018年,第189页。

统治地位的“这个阶级借助于国家而在政治上也成为占统治地位的阶级”。[①]它动用公共权力，通过监狱和各种强制机关对被压迫阶级进行镇压和剥削，发挥国家政治统治的功能。国家的本质决定了国家的职能。作为一个虚幻的共同体，国家表面上凌驾于对立阶级的冲突之上，被宣称代表普遍的、共同的利益，实则代表和维护的自始至终都只是经济上和政治上占统治地位的阶级的利益。“正是由于特殊利益和共同利益之间的这种矛盾，共同利益才采取国家这种与实际的单个利益和全体利益相脱离的独立形式，同时采取虚幻的共同体的形式”，“由于这种共同体是一个阶级反对另一个阶级的联合，因此对于被统治的阶级来说，它不仅是完全虚幻的共同体，而且是新的桎梏。”[②]只有在真正的共同体中，人才能获得真正的自由。

国家是自主性的政治组织。国家起源于社会，其治理权力来自社会，而又相对独立于社会。国家与社会的分离表明，国家是脱离并驾驭社会的自主性力量。国家这种自主性表现为对于彼此对立的阶级而言，国家以“第三种力量”自居。作为“第三种力量”，国家不偏不倚，客观中立。在国家从社会中脱离、分化出来之后，国家治理便成为一个高度专业性、极其职业化的领域，国家治理呈现出独特性和不可或缺性。这种专业性和职业化主要表现为，国家为实现公共权力的组织、维护、行使和运转建立专门的机构并形成一整套制度、体制和机制，公共事务的规划、协调、组织和决策则交由职业官僚队伍管辖。尽管在现代国家治理中，国家不再被视为唯一的治理主体，但国家治理的独特性和不可或缺性，使其明显区别于作为治理主体的其他社会组织。国家不仅是治理主体，同时成为治理主体的治理者。国家是治理本体，是主权体系时代一切治理活动的关键主体。这一身份意味着，在国家最终消亡之前，国家治理是最大的政治。国家赋予治理主体合法性，构建治理体系，运用公共权力处理公共事务，决定利益分配，解决分歧冲突。国家治理确保了主权内部的秩序和规则，同时也成为达成国际治理、全球治理的必要程序。

国家是社会性的共同体。马克思和恩格斯认为，国家的阶级性决定了它的统治功能，与此同时作为一个共同体，国家承担管理功能，还具有社会性和公共性。它必须承担维护公共秩序、提供公共产品、管理公共事务的

---

① [德]恩格斯：《家庭、私有制和国家的起源》，北京：人民出版社，1999年，第178页。

②《马克思恩格斯选集》（第一卷），北京：人民出版社，2012年，第164、199页。

责任。国家“总是以‘公共权力’的身份出现，通过构建意识形态、推行选举、建设公共工程等各种方式来证明自己是公共利益的代表，履行的是社会赋予的公共职能”[①]。国家的社会性表明，国家脱胎于社会却又扎根社会，国家之于现代社会不可或缺、无可替代。首先，国家意味着不同阶级既有利益差异又存在共同利益，它必须能够缓和或者消解利益纷争、社会冲突，确保经济利益冲突的阶级不至于在无谓的斗争中扰乱秩序、破坏规则、消灭自己和社会。其次，国家意味着各种社会力量的有效调度，它必须能够牵引经济社会的平稳发展，应对发展过程中的难题，为社会的全面发展提供必要的物质技术基础。最后，国家意味着社会共识与认同的达成，它必须能够确立起一整套大众认同的制度、规则和秩序，确保公共权力转化为公共权威，获得最大限度的政治合法性。国家的阶级性与社会性辩证统一、缺一不可，决定了国家承担政治统治和社会治理两大职能。在阶级社会中，国家的阶级性决定其社会性，社会性从属于并服务于其阶级性。而一旦缺失了社会性，国家的阶级性就会失去赖以存在的基础。国家就是阶级性与社会性的统一体。

国家是历史性的组织形式。马克思、恩格斯预告了后资本主义的“全人类”视角。[②]国家是人类社会发展到特定历史阶段的产物，它在历史中产生，也将在未来的历史中走向消亡，从来不存在超历史的、抽象的国家。在生产关系和生产力、上层建筑和经济基础之间的矛盾运动中，国家经由量的变化完成质的飞跃。首先，“国家并不是从来就有的”[③]，它随着生产力的发展和生产关系的变革从无到有。国家是人类社会发展进程中独特的组织形态。据此，可以将人类历史进程划分为前国家时期、国家时期、后国家时期。其次，国家具有不同的历史性质和社会形态，表现为适应不同生产力水平、体现不同生产关系性质、采取不同政权组织形式，是国体和政体的结合和统一。最后，国家不会永远存在，“随着阶级的消失，国家也不可避免地要消失”[④]。国家是生产力发展的产物，而在生产力高度发达、社会产品极大丰富、人获得全面发展之后，国家就丧失了其存在的必要性，并最终归于社会。国家走向消亡的过程是其阶级性丧失并让位于社会性的过程，

---

① 刘澄：《〈家庭、私有制和国家的起源〉导读》，天津：天津人民出版社，2009年，第89页。

② 张文喜、臧峰宇：《马克思主义政治哲学史》，北京：中国人民大学出版社，2019年，第158页。

③［德］恩格斯：《家庭、私有制和国家的起源》，北京：人民出版社，2018年，第192页。

④［德］恩格斯：《家庭、私有制和国家的起源》，北京：人民出版社，2018年，第193页。

是其社会治理职能取代政治统治职能的过程。

在马克思主义的国家学说中，国家和市民社会之间的关系是理解其治理理念的关键一环。恩格斯指出，国家建立在市民社会的基础之上，“市民社会制约和决定国家”[①]。就产生的时间次序而言，市民社会是先于国家的存在。“在生产、交换和消费发展的一定阶段上，就会有相应的社会制度形式、相应的家庭、等级或阶级组织，一句话，就会有相应的市民社会。”[②]市民社会包括了特定历史时期物质生产关系的总和，是直接从生产关系中生成的社会组织，而社会组织则是治理的前提基础。当市民社会面临的冲突超出自己的解决能力范围时，国家的出现便成为历史必然。“家庭和市民社会本身把自己变成国家，它们才是原动力”，“政治国家没有家庭的天然基础和市民社会的人为基础就不可能存在。它们是国家的必要条件”，“家庭和市民社会是国家的前提，他们才是真正的活动者。”[③]“一切政治权力起先都是以某种经济的、社会的职能为基础的。”[④]这意味着，国家的政治统治以其行使社会职能为前提、人类社会的治理先于政治统治而出现。可以说，治理是伴随着人类社会公共生活的出现而出现的，它与人类社会一样古老。治理实践为国家统治提供了经验素材。在现代多中心治理主体架构中，多元行为主体的参与和多重运行机制的出现，意味着国家及其代表——政府已经不再是唯一的治理主体，其治理职能被更多的行为体分担，多元治理的显著特点在于治理专业化水平和治理效能大幅提高。国家除了承担必要的治理职责而外，更多扮演的是中介者和仲裁者的角色，借由制定制度规范和行为准则，构建起协同治理体系。在此意义上，现代国家治理本质上是一种以共同目标为导向的协同治理。

（二）马克思主义的共同体思想

共同体是马克思主义国家学说中的重要概念，共同体思想则是构成马克思主义社会发展理论的重要组成部分。国家从无到有，也会从有到无。人类社会发展的高级阶段，国家将走向消亡，取而代之的是自由人联合体。自由人联合体这一人类社会走向的终极目标，成为引导马克思及马克思主义社会共同体思想的制高点。作为德国古典哲学的终结者和新哲学的开创者，马克思的社会共同体思想力求以“城邦共同体”思想为前提，对人类

---

①《马克思恩格斯选集》（第四卷），北京：人民出版社，2012年，第202页。

②《马克思恩格斯选集》（第四卷），北京：人民出版社，2012年，第408页。

③《马克思恩格斯选集》（第一卷），北京：人民出版社，1956年，第251、252、250—251页。

④《马克思恩格斯选集》（第三卷），北京：人民出版社，2012年，第563页。

社会的二元对立模式和二元思考方式予以批判与重构。马克思切中了现代社会对人类关系的异化，致力于找到从现世走向“自由人联合体”的人类解放之路，为人类寻求“在此岸而非彼岸过上‘美好生活’的方案”。[①]

自由人联合体是实现人的安全、自由和全面解放的最终路径。马克思的全部学说都是以人的需要为最基本关注的，追求人类自身的解放是人类社会发展的终极目标。马克思始终把人类的福祉作为全部理论思考的起点：实现个人和整个人类的解放，每个人的解放是一切人自由发展的基础。人的解放和全面发展是人类文明进步永恒的追求，是推动社会变革的持久动力。在现实生活中，人不是抽象的、单子式的个体，而是处于社会关系之中的具体的、活生生的，有着欲求的人。满足人的欲求，实现人的发展，赋予社会存在和发展的全部意义。

马克思共同体思想总的关切是实现全人类的最终解放和每个人的自由全面发展，共同体是实现个体这一目的的一种手段，也是人类存在的基本方式。共同体满足了人对社会关系和情感联结的需要。从历史上看，共同体会经历对人的依赖、对物的依赖和人的全面发展三个阶段。尽管共同体的属性和形式各不相同，但它贯穿人类发展始终，成为满足人类社会联结需要的重要手段。“只有在共同体中、个人才能获得全面发展其才能的手段，也就是说，只有在共同体中才可能有个人自由。”[②]共同体不仅是一个自足的系统，也是人类生活的一个基本构成。[③]社会性是人的第一属性，人的社会性只有在共同当中才能得以实现。这意味，共同体之于人，之于人的自由和发展具有不可或缺性。国家作为一种共同体形式，往往既要满足个人利益的特殊性又要维护公共利益的整体性。资本主义国家则是确立了以“共和德性”之名的“财治原则”。[④]无论对内统治，还是对外征服，资产阶级都为了守住财治而放弃了“共和主义”理想。财产成为现代政治构造的基础，意味着在资产阶级共和国本质上无非就是财产的共和国。在资本主义国家中，公共利益的整体性被资产阶级以“个人财产神圣不可侵犯”之名

---

① 张文喜、臧峰宇：《马克思主义政治哲学史》，北京：中国人民大学出版社，2019年，第77页。

②《马克思恩格斯选集》（第一卷），北京：人民出版社，2012年，第199页。

③［英］保罗·霍普：《个人时代之共同体重建》，沈毅译，杭州：浙江大学出版社，2012年，第142页。

④［美］迈克尔·哈特、［意］安东尼奥·奈格里：《大同世界》，王行坤译，北京：中国人民大学出版社，2016年，第8页。

而割裂了。这就决定了资本主义国家是以公共利益之名,为了激发个人的积极性、主动性和创造性,许以政治、法律上的自由与平等,为现实的人编织的美丽谎言。

在马克思看来,共同体为个人的自由与发展提供了原初条件。这一共同体一定是自由个人的真实的自愿联合,而且它必定为实现个人的自由与发展提供切实的保障。可见,个人与共同体从根本上讲应该是一致的,个人与共同体应该是须臾不可分离的。个人只有在共同体中才能获得最充分的自由和发展,共同体也只有依托个人才能获得存在的意义。依此,判定一个共同体是虚幻的还是真实的、是抽象的还是现实的,唯一的依据就是它是否真正助益现实的个人的自由与发展。

马克思对资本主义国家的批判,不是仅停留在对它作为虚幻共同体的指认与批评,而是深入到资本主义的内核——货币—资本抽象共同体之内进行批判,从而将道德的、价值的批判和科学的、历史的批判结合起来。资本主义国家形成了商品拜物主义、货币拜物主义和资本拜物主义,人与人的关系被异化为物与物的关系,自由的不是人而是物,物成为共同体的主体和人的主人。作为政治共同体,资本主义国家并没有,也不可能完善人,兑现给予个人全面发展和自由的承诺。相反,资本主义国家将重重枷锁禁锢于人,成为人获得自由、追求自由、达至自由的绊脚石。"枷锁"在资本主义国家构建的组织、制度、机制当中,并通过观念、意识、文化的塑造得以再生、强化、延展。不仅社会关系被异化,就连人也成了异化物。资本主义国家政治共同体所谓的平等、自由、民主等是理念上的、抽象的、形式的。资产阶级通过在经济上的统治地位,建立其在政治上对无产阶级的剥削关系,并由此拓展到精神的、心理上的操控。这些观念与人的全面自由和解放是相悖的。马克思指出,社会由人生产,是人与自然的统一,"应当避免重新把'社会'当作抽象的东西同个体对立起来。个体是社会存在物。"[①]这意味着,虚幻的、抽象的共同体总是在明里暗里地制造共同体与个人的对立,不断在追求自由的个人身上设置妨碍自由的枷锁,并通过制度使人不断深陷虚幻当中。对此,马克思指出:

> 某一阶级的各个人所结成的、受他们的与另一阶级相对立的那种共同利益所制约的共同关系,总是这样一种共同体,这些个人只是作

---

①《马克思恩格斯文集》(第一卷),北京:人民出版社,2009年,第188页。

为普通的个人隶属于这种共同体，只是由于他们还处在本阶级的生存条件下才隶属于这种共同体；他们不是作为个人而是作为阶级的成员处于这种共同关系中的。而在控制了自己的生存条件和社会全体成员的生存条件的革命无产者的共同体中，情况就完全不同了。在这个共同体中各个人都是作为个人参加的。它是各个人的这样一种联合（自然是以当时发达的生产力为前提的），这种联合把个人的自由发展和运动的条件置于他们的控制之下。①

这种联合起来的共同体作为一个真正的共同体，它能够从两个方面为个人的自由和发展提供保证：其一乃是个体的自主性得以完整建构并成为人的自由与全面发展的能力前提，其二则是联合起来的共同体掌控了原来外在于个体的物质力量，这种力量因为先前的虚幻的抽象的共同体的存在而使个体受到宰制，如国家、阶级等虚幻共同体、货币—资本抽象共同体等。所以马克思的共同体思想的根本出发点乃是基于现实的个体的自由和发展这一核心价值观，在此基础上，马克思与恩格斯提出了他们未来的社会共同体的基本形式：自由人的联合体。

人的真正平等是实现民族和谐的前提。“人对人的剥削一消灭，民族对民族的剥削就会随之消灭。民族内部的阶级对立一消失，民族之间的敌对关系就会随之消失。”②马克思的共同体思想着眼于人，描绘出“人”组成的社会蓝图。尽管今天仍然是主权国家作为国际社会最重要行为体的时代，与马克思描绘的社会蓝图相去甚远，但毋庸置疑的是马克思的共同体思想为今天的全球治理指出了愿景与方向，为全球治理提供了一种发展进路，即人类社会的一切发展都应该着眼于人的需要，应该是以人为本的、由人共建的、人人共享的发展。

三、新时代中国特色的全球治理理论架构

新时代中国特色的全球治理理论是马克思共同体思想与中国治理实际和中华优秀治理理念相结合的产物。作为习近平新时代中国特色社会主义思想的重要组成部分，中国特色全球治理理论实现了马克思主义共同体思想的中国化、时代化、大众化，呈现出科学性、实践性、进步性特点。这

①《马克思恩格斯选集》（第一卷），北京：人民出版社，2012年，第201—202页。

②《马克思恩格斯选集》（第一卷），北京：人民出版社，2015年，第419页。

一理论是在世界大变局、中国新时代的背景下产生的,体现了中国成为全球治理变革的主要动能和变量之一[①]的基本事实。延续中国的传统治理理念,融合西方的共同体治理理论,发展马克思主义的治理观和自由人联合体思想,结合新中国成立以来的外交经验和新时代的外交新进展、理论新发展,中国逐步形成了新时代的全球治理理论。

以构建人类命运共同体为时代引领的全球治理理论构成了中国外交的核心和理论基础。在此指引下,中国外交进一步放宽视野、放大格局,形成了更为宏观的、长远的、科学的战略思想。凝结中华优秀传统文化,结合时代发展的需要,中国开始探索具有时代和民族特征的全球治理理论,提出了全球治理的新目标、新观念和新路径,成为中国外交的理论指引和行动指南。

(一)新目标:构建人类命运共同体

近代国际体系形成之际,中国恰逢国势渐衰之时。受传统保守的外交观念影响,那个时代的中国自视为"天朝上国"、世界的中心,不屑于同远洋外邦相交,致使错失现代化的机遇,长期落后于世界大势,内无民主,外无独立,沦为帝国主义的殖民地。在强权政治主导外交的时代,贫弱的中国不可能获得国际社会中独立、平等的地位。新民主主义革命的胜利使中国摆脱了殖民统治,推翻了封建帝制,赢得了民族独立,获得参与国际事务的政治权利。

中国的崛起是内在力量积聚爆发的结果,也得益于国际关系民主化浪潮大势的推动。新中国成立使中国站起来,改革开放让中国富起来,新时代中国特色社会主义令中国强起来。强起来是中国社会制度优越性的体现,是中华民族特性、历史积淀和优秀传承使然。走向强大的中国为世界提供了不同的崛起路径选择,打破了国强必霸的"修昔底德陷阱",增强了国际社会的民主化、多元化力量。中国倡导的人类命运共同体理念,为全球治理指明了前进方向。

人类命运共同体建基于全人类共同利益。作为中国的全球治理理念,全球治理的基本假定之一是治理行为体之间存在着共同利益。[②]人类命运

① 王逸舟:《创造性介入:中国外交的转型》,北京:北京大学出版社,2015年,第8页。

② 在泽恩提出的全球治理理论中,存在三个关于全球治理的基本假定:存在共同利益、认同个体权利,坚信国际权威可以合理地凌驾于国家主权之上。See Michael Zürn, *A Theory of Global Governance: Authority, Legitimacy, and Contestation*, Oxford University Press, 2018, p.36.

共同体认为各国在追求自身利益的同时兼顾他国利益,可以形成不可分割、命运相连的状态,共同发展,合作共赢。人类命运共同体产生的前提是存在人类社会,而共同利益是社会产生的前提。国际社会的共同利益是国际行为体利益的相同部分,它内含于行为体的各自利益之中。国际行为体之间的相互依赖在全面加深,人类共同需要的满足有赖于国际社会提供更多的公共产品。国际社会存在需要各国共同参与的公共事务。全球化时代人类共同面对的国际公共事务不断扩大,世界经济复苏乏力、全球失业问题加剧、全球气候变暖、资源紧缺凸显、全球体系变革步履维艰、国际恐怖主义活动猖獗,这些事务必须依赖各国通力合作、共同解决。

人类命运共同体的基本特质是多元共生。多元共生既展现了人类命运共同体理念自身的特点,也呈现出它所倡导的共同体的核心特质。人类命运共同体理念吸收借鉴了中华和谐共生文化、西方全球治理理论和马克思主义自由人联合体思想的精髓,并继承了新中国优秀外交思想,以中国特色社会主义理论特别是新时代思想为理论底蕴,符合新时代全球治理的大调整、大变革、大发展的现实需要,是贴有中国标签的尊重传统、顺应时代、科学系统的全球治理新理念。人类命运共同体不是要消灭各国在社会制度、生活方式上的差异,也不是要建立一个单一、均质的社会,而是主张行为体的多维化,社会制度的多元化,文化观念的多样化,尊重各行为体的选择,促进相互借鉴、相互包容、求同存异、和谐相处,保持差异的共处,实现多元的共生。

人类命运共同体符合人类社会的发展规律。人类命运共同体理念是中国对自身革命、建设、改革规律的经验总结和理论升华,是对社会主义建设规律的进一步深化和拓展,是对人类社会发展规律的丰富和发展。人类命运共同体符合人类社会由低级走向高级的历史发展规律,是人类生产力发展到特定阶段的历史产物,是实现人的全面自由的必然要求,科学技术的迅猛发展实现了生产力的跨越式发展,极大地增强了整个世界的联结。人类命运共同体符合矛盾的特殊性与普遍性相结合的规律,既带有鲜明的中国风格和中国特征,又符合全人类的共同价值诉求和理想蓝图;既体现了中国人民实现中华民族伟大复兴的中国梦,又融合了包含世界人民的共同利益与共同愿望的世界梦。人类命运共同体符合社会存在决定社会意识的规律,全球社会呈现出人类共同利益不断扩大的客观现实,催生了全人类共同体意识,也由此产生了在理论上为人类社会发展进行科学解释的需要,而理论一旦形成必然成为全球治理的有力指导。

人类命运共同体得到了国际社会普遍认同。在以零和博弈界定国际关系的传统思维中,国家不可避免地陷入利益纷争和安全困境。人类命运共同体顺应全人类共命运的客观趋势,从全人类共同愿望出发,站在全人类共同福祉的高度,强调人类社会的利益共享、问题共治、发展共谋、风险共避、责任共担、命运共筑,进而形成的对人类社会发展前进大势的前瞻性思考,有利于改变国际关系的对立、冲突,实现国际社会的和平、和睦、和谐。人类命运共同体理念已经赢得了国际社会的广泛赞誉,为国际关系良性发展勾画蓝图,为国际社会未来走向指明方向。2017年2月10日,联合国社会发展委员会第55届会议通过"非洲发展新伙伴关系的社会层面"决议,"构建人类命运共同体"理念首次被写入联合国决议。3月17日,联合国安理会通过关于阿富汗问题的第2344号决议,"构建人类命运共同体"理念首次载入安理会决议。3月23日,联合国人权理事会第34次会议通过关于"经济、社会、文化权利"和"粮食权"两个决议,"构建人类命运共同体"理念首次载入联合国人权理事会决议。这意味着人类命运共同体正在成为引领全球治理的目标原则。

(二)新观念:中国特色治理理念

观念引领行动。全球治理体系的变革关键在于转变治理观念,以全新的治理观念指导治理行为。传统治理观由权力政治观主导,呈现出冲突性、不平等、非道德等特征。传统全球治理观把各行为体置于彼此敌对的关系中,以对立、冲突,乃至敌对判定行为体之间及行为体与人类整体的利益,否定共同利益或者将各自利益凌驾于整体利益之上,这使得人类共同面对的全球性问题难以得到重视并实现有效治理。权力政治以实力大小将行为体划分为不同的等级,尽管国际交往的公认规则主张国家的主权平等,但实力才被视为处理国际事务的决定性因素,由此造成大国与小国、强国与弱国在全球治理中不同的地位、权力。大国、强国因其实力强大在全球治理体系中占据高位,享有更大的参与权、发言权、决定权,但许多发达国家却并未承担起与其实力和地位相称的国际责任,没有发挥相应的领导作用,引领和推动全球治理的发展。国家被塑造成只关注自身利益的理性自利行为体,全球治理体系被认为是一个自助体系,道德、伦理等不是国家行为体和全球治理的行为规则。当面临义利抉择时,国家会自动剔除道德因素,使全球治理成为一个丛林法则主导的世界。这种观念主导之下的全球治理问题不断,进展缓慢,前景堪忧。治理观念变革势在必行,中国的治理理念正是顺应这一现实要求逐步形成并被国际社会普遍认同的。

中国的治理理念包含了新安全观、正确义利观、世界文明观、世界新秩序观和全球治理观，是内在统一的全新的思想体系。新安全观是解决全球治理安全困境的钥匙，是中国全球治理理念的基础；正确义利观是处理全球化时代国际关系的准则，是中国全球治理理念的灵魂；文明观是人类社会的精神指引和精神动力，是中国全球治理理念的根基；世界新秩序观是人类对美好世界追求的价值映射，是中国全球治理理念的精髓；全球治理观是全球治理科学思考的最新理论成果，展现了中国全球治理理念的框架和方案。

中国的新安全观倡导互利合作、共同安全，能够为全球社会提供安全保证。2014年亚信会议第四次峰会上，习近平首次提出“共同、综合、合作、可持续”的亚洲新安全观。[①]2015年9月第七十届联合国大会一般性辩论的讲话中，习近平赋予了这一安全观以全球意义，提出中国的全球新安全观。[②]这一安全观完全不同于以零和博弈为特征的冷战思维，强调共同安全、综合安全、合作安全和可持续安全，四个方面相互联系、相辅相成。首先，新安全观的安全主体是包括每一个国家在内的国际社会，它包含了个人、国家、区域和国际社会等不同层次，是安危与共的社会体系。“共同，就是要尊重和保障每一个国家安全”，个体的安全是实现人类整体安全的前提和基础。共同安全体现了当今全球安全的普遍性、安全主体的平等性、安全利益与诉求的多样性和包容性。其次，新安全观的安全覆盖范围遍及国际社会的各个领域，是从政治、经济、文化、社会到生态等全方位的综合安全，“综合，就是要统筹维护传统领域和非传统领域安全”，为解决传统安全问题提供新思路、新方法，正确认识和对待非传统安全威胁。再次，新安全观的实现方式是广泛合作、对话沟通，这表明安全是每个国家和全人类的共同关切，“合作，就是要通过对话合作促进各国和本地区安全”，面临全球性挑战，合作应对才能变压力为动力、化危机为生机。国际安全威胁的错综复杂性意味着，单打独斗不行，迷信武力更不行，合作安全、集体安全、共同安全才是解决问题的正确选择。最后，新安全观追求的目标是实现持久的、可持续的安全，“可持续，就是要发展和安全并重以实现持久安全”[③]。在经济和安全之间建立一种连接关系，通过经济的发展推动和平

①《习近平谈治国理政》(第一卷)，北京：外文出版社，2018年，第353—359页。

②《习近平谈治国理政》(第一卷)，北京：外文出版社，2018年，第521—531页。

③《习近平谈治国理政》(第一卷)，北京：外文出版社，2018年，第353—359页。

的发展,在重视传统安全的同时,也要防范非传统安全威胁,把世界的安危和发展纳入安全考量之中,打破霸权逻辑,走出一条与西方不同的和平之路。中国的正确义利观兼顾利益、道义与责任,体现了中国政府一以贯之的道德规范和行为准则。

中国的正确义利观实现了义与利的完美结合,表明了中国与外界交往的理念,彰显了中国负责任大国的形象。正确义利观主张讲信义、重情义、扬正义、树道义,是中国一以贯之的道德规范和行为准则,是中华民族主流义利观的当代体现,是对西方唯利是图义利观的深刻反思,[①]是为当代主流全球治理观注入的一股清流。义利平衡是正确义利观的核心要义。中国一贯反对将义和利割裂乃至对立的做法,既不舍义逐利,也不因义废利,而是义利兼顾、弘义融利、义利统一。在对外交往中,不搞我赢你输、我多你少、我进你退,不能只追求利益而忽略、忘记道义,不能唯利是图、斤斤计较,更不能只顾自身利益而损害他国利益和人类共同利益,有时甚至要重义轻利、舍利取义、以义制利。互利共赢是正确义利观的目标取向。利益关系是国际关系的核心问题。建立良好的国际关系需要处理好自身利益与他国利益、全球整体利益之间的关系,追求自身利益的同时考虑到其他国家的关切,并有利于全球利益的增进,把自身发展与人类共同发展结合起来。正如习近平指出的,"这个世界上一部分人过得好,一部分人过得很不好,不是个好现象。真正的快乐幸福是大家共同快乐、共同幸福"[②]。以邻为壑、转嫁危机、损人利己的做法既不道德,也难以持久。正所谓"独乐乐不如众乐乐","一花独放不是春,百花齐放春满园"。重义轻利是正确义利观的道德诉求。人是道德存在,人类社会不可能不以道德为基本准则。国家行为除了受到利益驱动,也必然受到人类良知和道德的引导,符合人类的正义追求。国际社会和全球治理不可能排除道德因素,而只是物欲横流的世界。恰恰相反,全球治理本身就蕴含着人类共有的道德诉求。正确义利观反对以大欺小、恃强凌弱,主张伸张正义、主持公道。在面对自身和整体、局部和全局、民族和全球的利益抉择、取舍时,国家在不危及自身核心利益的同时,要以义为先,承担相应的道义和责任,在力所能及的范围内给予援助。中国不仅倡导正确义利观,而且言行合一,一直

---

① 秦亚青:《正确义利观:新时期中国外交的理念创新和实践原则》,《求是》2014年第12期。

② 王毅:《坚持正确义利观,积极发挥负责任大国作用》,《人民日报》2013年9月10日。

践行这一义利观。不断深化和扩大对外援助，维护国际正义，为国际社会提供更多更好的公共产品，赢得了国际社会的尊重和赞誉，树立并提升了良好的国家形象。

中国的世界文明观力主文明交流互鉴，以文明和谐作为不同文明关系发展的理想目标。2014年3月27日，习近平在联合国教科文组织总部发表演讲，首次在国际场合深入、全面、系统地阐述中国的世界文明观，阐明中国愿意与世界各国共绘美美与共人类文明画卷的鲜明立场。中国世界文明观的核心要义是尊重世界文明多样性，以文明交流超越文明隔阂、文明互鉴超越文明冲突、文明共存超越文明优越。“文明因交流而多彩，文明因互鉴而丰富。文明交流互鉴，是推动人类文明进步和世界和平发展的重要动力。”[①]人类文明因多样才有交流互鉴的价值，人类文明因平等才有交流互鉴的前提，人类文明因包容才有交流互鉴的动力。多彩的文明存在着差异，但并不必然地产生冲突。每一种文明都是本国、本民族长期历史文化发展的结果，有各自的特点、特色和存在价值，相互学习、相互借鉴，才能博采众长，补己之短，进而实现文明的兼收并蓄、共同发展。世界文明是多彩的、平等的、包容的。真正自信的民族对待本民族文明既不妄自菲薄，也不傲慢自倨，而是本着平等相待的态度，以谦逊交流、求同存异为方针，促成文明的和而不同、和谐相处、共同发展。在处理中国文明与世界文明相互关系时，中国以建设开放包容的世界为己任，主张“让中华文明同世界各国人民创造的丰富多彩的文明一道，为人类提供正确的精神指引和强大的精神动力”[②]。

中国的世界新秩序观寻求建立公正合理的世界秩序，倡导世界和谐，构建人类命运共同体。世界秩序是国际社会的基本公共产品，是实现全球治理的基本保证。自17世纪近代国际体系形成以来，世界秩序几经转换，但都呈现出大国主导的霸权特征。20世纪90年代苏联解体，冷战时代的两极秩序终结。一时间，建立何种新秩序，怎样建立这一新秩序成为人们热议的话题。一些人认为，冷战后时代是美国领导的自由主义霸权秩序时代。[③]另一种观点则认为，一个日益民主化的世界新秩序正在形成。人们渴望全新的世界秩序，希冀实现和平的新路径。新中国成立

① 习近平：《在联合国教科文组织总部的演讲》，《人民日报》2014年3月28日。

② 习近平：《在联合国教科文组织总部的演讲》，《人民日报》2014年3月28日。

③ [加拿大]阿米塔·阿查亚：《美国世界秩序的终结》，袁正清、肖莹莹译，上海：上海人民出版社，2017年，第5页。

后，中国主张在和平共处五项原则的基础上建立国际政治经济新秩序，各国主权平等，共同管理国际事务。进入新世纪，中国提出构建和谐世界的战略构想，主张各国互利合作、包容互鉴、和谐相处。中国特色社会主义新时代，中国提出构建人类命运共同体，以此作为世界新秩序观的核心理念和最终归宿，发展出一种全新的、全面的整体性秩序观。中国认为，新的世界秩序绝非应仅是主要国际力量对比平衡态势的简单映射，它也应包含一定的伦理价值取向，满足人类对于和平、正义等伦理诉求的基本期许。均势并不能自然导致秩序，制度也并不必然带来安全感；国家特别是大国主导世界政治的时代已然结束，世界秩序行为体多元化、关系平等化已成大势；世界需要新秩序，国际社会需要新的世界秩序理念，使人类社会更加趋向公正、美好。

中国的全球治理观遵循共商共建共享的原则，积极参与并推动全球治理体系变革和建设。中国的全球治理观建基于中国独有的和合文化传统和中国特色的社会主义现代化实践，形成了与当前西方主导的全球治理截然不同的理路。首先，在治理主体上，中国反对以国家实力或文明差异为标准，将全球治理体系等级化，反对“中心—边缘”论，尊重每个国家的独立、尊严和权利，主张各国一律平等，构建平等互信、互利共赢的全球伙伴关系。在治理模式上，中国反对“以联盟为中心”的治理方式，重视发挥联合国的作用，看重联合国的道德价值，认同“以联合国为中心”的治理模式。在治理议题上，中国主张发展为先，将可持续发展视为实现长久安全的基础，以及解决当前全球治理困局的钥匙。[①]世界长期的、可持续的发展，不可能建立在一些国家越来越富裕而另一些国家却长期贫穷落后的基础之上，不可能建立在一些国家的富裕以剥削另一些国家为前提的基础上。只有各国共同发展，世界才能更好发展。中国的全球治理观顺应全球治理发展、变革的时代要求，倡导现有治理体系的自我更新，形成共商共建共享的全球治理新格局。“共商”就是各国平等参与、集思广益、协商、共同应对、合力解决国际分歧和处理国际事务；“共建”就是所有参与方各尽所能、各展所长、共同建设、勠力同心、齐力推进全球治理体系的变革与发展；“共享”就是全球治理的成果应公平惠及所有参与方，由所有参与方共同享有。在实践层面，全球治理体系由西方国家主导；在观念层面，全球治理理念也呈

---

① 金灿荣等：《中国智慧：十八大以来中国外交》，北京：中国人民大学出版社，2017年，第18页。

现出“西方中心”特质。“和合文化”传统和“和平外交”实践赋予了中国的全球治理观平等、包容、合作、共赢等价值属性，形成了与当前西方主导的全球治理截然不同的实践逻辑和理论逻辑。在治理主体上，中国认为权力政治观念将全球治理体系塑造为等级化结构，不利于国际公共产品的有效、充分供给，“中心—边缘”的划分有悖于政治民主化潮流，只有充分尊重每个国家的独立、尊严和权利，才能构建平等互信、多元共治、互利共赢的全球治理体系。在治理模式上，中国反对“霸权主导”治理、“联盟中心”治理，反对少数大国操控议题设置，主导治理机制，垄断治理格局，倡导以联合国等多边治理机制为中心的共治模式。在治理议题上，中国坚持和平发展道路，努力维护世界和平局势，重视可持续发展，寻求实现长久共同安全的基础，以及解决当前全球治理困局的钥匙。①

（三）新路径：推进新型国际关系

人类命运共同体说明了“中国追求建设一个什么样的世界”，“新型国际关系侧重回答中国主张构建一种什么样的国家关系”。②在中国特色大国外交的整体构想中，二者之间是目标与手段的关系。推动构建人类命运共同体为中国特色大国外交确定了追求的总目标，构建新型国际关系则标识出中国特色大国外交的现实路径。只有通过构建新型国际关系，坚持和平发展、互利共赢，各国才能避免冲突，务实合作，实现共同利益最大化，才能最终建成“共同体”。新时代中国外交战略总体布局围绕着人类命运共同体这一核心理念展开，大国外交、周边外交、发展中国家外交及多边合作会由此呈现出新的变化与发展，进而带动国际关系全局和全球治理体系的新变革。

2013年，习近平在出访俄罗斯时在莫斯科国际关系学院发表了《顺应时代前进潮流，促进世界和平发展》的重要讲话，指出：“面对国际形势的深刻变化和世界各国同舟共济的客观要求，各国应该共同推动建立以合作共赢为核心的新型国际关系，各国人民应该一起来维护世界和平、促进共同发展。”③这是中国首次在国际场合提出新型国际关系的构想。2014年11月，习近平在中央外事工作会议上强调，要坚持合作共赢，推动建立以合作

① 金灿荣等：《中国智慧：十八大以来中国外交》，北京：中国人民大学出版社，2017年，第18页。

② 王毅：《中国特色大国外交的全面推进之年》，《国际问题研究》2016年第1期。

③ 习近平：《顺应时代前进潮流 促进世界和平发展》，《人民日报》2013年3月24日。

共赢为核心的新型国际关系。[1]2015年习近平在第七十届联大发表了《携手构建合作共赢新伙伴同心，打造人类命运共同体》的讲话，从伙伴关系、安全格局、发展前景、文明交流和生态体系五个方面阐释了构建新型国际关系的总体战略布局。[2]2017年党的十九大报告提出要推动建设相互尊重、公平正义、合作共赢的新型国际关系，明确了新型国际关系与人类命运共同体之间的关系，使新型国际关系的目标更加明确、路径更加清晰、体系更加丰满。[3]2022年党的二十大报告结合世界变局、"四大赤字"、中国式现代化，阐明了新型国际关系的根本立场，基本原则，实践路线和未来愿景。[4]

新型国际关系之"新"是相对于"以权力斗争、大国争霸和零和博弈为特征的'传统国际关系'"[5]之"旧"而言的，既具有中国特色又带有时代特征。它秉承新中国外交的优良传统，符合联合国宪章关于主权平等、和平解决争端、促成国际合作等宗旨和原则，契合当今时代发展潮流，是对传统国际关系理论的超越与创新，具有深刻的理论内涵。[6]相互尊重、公平正义、合作共赢是新型国际关系的核心内容和重要特征，政治、安全、经济、文化、生态"五位一体"构成了建设新型国际关系的总战略布局，构建你中有我、我中有你的人类命运共同体是新型国际关系崇高的目标追求。

相互尊重是新型国际关系建设的基础。相互尊重意味着国家不分大小、强弱、贫富一律平等；尊重各国主权和领土完整，互不干涉内政；尊重各自的发展道路、发展模式和制度选择；尊重彼此的核心利益和重大关切。公平正义是新型国际关系建设的保证。国际社会不可能免除道德因素，强权政治、霸权主义不符合国际关系发展的趋势，弱肉强食、损人利己的原则也不可能长久。不公正不合理的国际秩序下，没有一个国家能够成为赢家，不仅使发展中国家成为不平等的受害者，最终也会贻害发达国家。建设一个公平正义的美好世界是各国人民的共同心愿。合作共赢是新型国际关系建设的原则和目标。合作共赢是中国处理对外关系一直坚持的原

---

①《习近平谈治国理政》(第二卷)，北京：外文出版社，2017年，第441—444页。

②《习近平谈治国理政》(第二卷)，北京：外文出版社，2017年，第521—531页。

③《习近平著作选读》(第二卷)，北京：人民出版社，2023年，第47—50页。

④《习近平著作选读》(第一卷)，北京：人民出版社，2023年，第49—52页。

⑤ 金灿荣等：《中国智慧：十八大以来中国外交》，北京：中国人民大学出版社，2017年，第28页。

⑥ 王毅：《构建以合作共赢为核心的新型国际关系——对"21世纪国际关系向何处去"的中国答案》，《学习时报》2016年6月20日。

则，也是新型国际关系建设的指导原则。合作共赢使双方或多方在合作中互惠互利、相得益彰，让合作各方都各有所获且各得其所。合作共赢以合作为路径，以共赢为目标，描画出通向新型国际关系的路线图。

构建新型国际关系体现在中国外交的总体外交布局中，由大国关系、周边关系、发展中国家关系，以及多边合作关系等全面展开、共同推进，形成新型大国关系、新型周边关系、新型发展中国家关系，以及新型多边合作关系相互交织的立体外交新格局。

新型大国关系是构建新型国际关系的关键。新型国际关系的理念最早就是由新型大国关系理念拓展、延伸而来的。大国关系举足轻重，决定着一定时期国际关系的整体走向，影响着国际局势的发展，是世界格局和秩序的关键影响因素。冷战结束后，大国关系态势总体稳定，但随着大国实力此消彼长的变化，仍然面临着挑战、摩擦和冲突。中国作为一个正在崛起的新兴大国，希望谋求大国关系的务实合作、良性发展，积极引导新型大国关系的形成。在可能的大国关系形态中，新型大国关系既不是热战敌人关系，也不是冷战对手关系，也不能是恶性竞争关系，而是起步于良性竞争关系，成长于伙伴关系，追求共同体成员关系的理想形态。[①]构建新型大国关系在双边层面要加强政治互信、经济共赢、安全共享、文化交流和生态共建，在多边层面需要加强国际合作，共同维护世界和平、促进共同发展、推动全球治理，引导国际关系良性发展，结成紧密的命运共同体。

新型周边关系是构建新型国际关系的首要。中国与世界的关系首先体现在中国与周边的关系，中国与周边的关系对中国与世界的关系走向起着至关重要的作用。[②]中国与周边国家既有广泛的利益交汇，也有现实的

---

① 陈志敏教授以温特的三种无政府文化下的国际关系三种形态——霍布斯文化中的敌人、洛克文化中的竞争对手、康德文化中的朋友——为分析原型，结合国防大学刘明福教授对中美关系的三种分类——敌手、对手、选手，以及澳大利亚总统陆克文分析的中美关系的三种形态——热战关系、冷战关系、凉战关系，提出大国关系的七种形态：热战敌人关系、冷战对手关系、恶性竞争关系、良性竞争关系、双边伙伴关系、传统盟友关系和共同体成员关系。在陈志敏看来，从否定性角度看，新型大国关系不可能是热战敌人关系、冷战对手关系和恶性竞争关系，结盟关系所产生的"牵连效应"也是它不会成为大国关系的常态或最佳选择。大国关系的理想形态应是良性竞争关系、伙伴关系和共同体成员关系。参见陈志敏：《外交新理念：新型大国关系的形态分析》，载国务院新闻办公室编：《解读中国外交新理念》，北京：五洲传播出版社，2014年，第150—160页。

② 张清敏：《外交新理念与中国周边外交创新局》，载国务院新闻办公室编：《解读中国外交新理念》，北京：五洲传播出版社，2014年，第137页。

分歧摩擦。为了实现稳定的周边安全环境,促进区域内的经济融合,增进彼此间的交流与情感,中国一贯坚持睦邻友好的方针,提出亲诚惠容的外交理念,坚持睦邻、富邻、安邻的原则,有层次、多维度地推动构建周边命运共同体,打造中国—东盟命运共同体、亚洲命运共同体等。不仅重视加强与周边国家的经济合作,而且从道德和情感的角度增进互利互信。在亚太地区编织紧密的共同利益网络,提升利益融合度,以对话解决分歧,有效管控危机,增进政治互信和安全合作,使亚太各国均能从区域和平、安全、发展中获益,让共同体意识在周边国家落地生根,深化互利共赢格局。

新型发展中国家关系是构建新型国际关系的基础。中国仍然是世界上最大的发展中国家,这一外交立场在党的十九大报告中被进一步重申。作为发展中国家的代表,中国始终将发展中国家作为走和平发展道路的同路人,一直与广大发展中国家一道共同反对霸权主义、强权政治,积极推动全球治理体系变革,坚定地支持发展中国家在全球治理体系中发挥更大的作用。中国认为,发展中国家在实现发展、维护和平、推进公平上有共同的需求。改变当前全球治理存在的不公正、不合理、不均衡等问题与不足,关键是加强发展中国家的合作,使国际机制最大限度地尊重多数国家的意见,增加不同区域的代表性,充分吸收在全球治理中针对与发展中国家的关系,中国提出以正确义利观作为基本准则,构建亚洲命运共同体、中非命运共同体、中拉命运共同体。

新型多边合作关系是构建新型国际关系的平台。全球治理时代,国际关系正由"多极冷战式共存,朝着新的多元协调共治的方向,缓慢却有力地实现过渡转换"[①]。这一多元变化证明,单纯的双边关系已经不能满足日益复杂、多维、立体的全球治理需要,多边合作是治理必要的载体。相较于双边合作,多边合作机制更有利于解决人类共同面对的全球性问题。现有的多边机制由西方发达国家主导,脱胎于冷战时期的权力结构,而在全球问题急剧蔓延时期,现行的多边机制越来越无法满足治理需求。但联合国、国际货币基金组织、世界银行、世贸组织等毕竟为全球政治、经济、安全等活动提供了一定的规范和秩序,而且这些机制也在进行着不同程度的有利于有效治理的改革。因此,中国倡导多边合作机制的变革,意在使现有的多边合作机制最大限度地发挥其作用,而不是颠覆性的重建。"这种改革并

① 王逸舟:《创造性介入:中国外交的转型》,北京:北京大学出版社,2015年,第31页。

不是推倒重来，也不是另起炉灶，而是创新完善。”[①]中国充分尊重并积极参与现有的多边机制，并启动新的多边机制对现行机制进行补充，增加发展中国家在国际社会的代表性和发言权。

（四）新结构：倡导多元共治体系

在全球治理体系是否需要变革这一问题上显然各国已经达成了一致，而对于全球治理体系变革的方向与方式，却一直是存有争议的话题。作为全球治理体系的晚近参与者、建设者，当下和未来治理体系变革的引领者，中国贡献的治理方案必然关注治理体系结构的变化。

在对待全球治理及其变革问题上，国内存在着两种相左的观点。一种观点认为，当今的全球治理体系是西方大国按照其利益需求建构并主导的，它体现并维护少数西方利益集团的利益和支配权，中国等大多数发展中国家的利益和主张不可能得到维护和伸张，而且最终国家的根本利益也必将受损。因此，中国参与这样的全球治理体系必然弊大于利，失多于得。另一种观点承认全球治理体系存在大国支配、不公正、不合理等问题和不足，但认为这不能成为中国拒绝参与全球治理进程和全球治理体系的充分理由。相反，这恰恰是中国参与全球治理，提出符合正义要求的治理目标、推动全球治理体系变革的契机。[②]中国特色的全球治理理论是一个随着中国外交实践和全球治理实践深入而不断发展的理论演进过程，需要实践的检验和证明；是一个尚待进一步完善进而得到广泛认同和支持的开放性体系，需要科学的论证和升华。中国的全球治理理论最终体现在实践中推动全球治理体系新变革。

如果说中国特色大国外交的基本定位是满足自身发展壮大的内在需要，营造有利于自身发展的外部环境的话，其更高追求则是推动全球治理体系的变革，实现国内需求与国际利益、全球收益与国际责任之间的动态平衡，[③]构建全球治理的新结构。到底应该采用何种方式实现全球治理体

---

① 习近平：《坚持构建中美新型大国关系正确方向 促进亚太地区和世界和平稳定发展》，《人民日报》2015年9月23日。

② 王逸舟认为，对中国参与全球治理持否定态度的主要是“左”倾批评者。他们不只是简单地质疑中国参与全球治理的必要与可能，而且强调中国作为社会主义国家、发展中国家必须表达异于西方大国的鲜明态度。中国政府与大多数学者则对全球治理持一种理性态度，认为中国不仅要参与当今全球治理，融入全球治理体系，而且要积极推动全球治理体系的变革。参见王逸舟：《创造性介入：中国外交新取向》，北京：北京大学出版社，2011年，第88—90页。

③ 王逸舟：《创造性介入：中国外交的转型》，北京：北京大学出版社，2015年，第6页。

系由西方主导向均衡、合理的方向变革呢，是采用摧毁性、破坏性的方式，实现全球治理体系的快速质变、颠覆性再造，还是采用较为温和、渐进的方式，实现全球治理体系的改良，通过量变带动质变？显然，无论是世界政治经济发展的总体趋势，还是中国特色社会主义建设，都不可能采用激进极端的方式。

中国希望通过增强治理机制的代表性和发言权，改变现行全球治理体系不合理的结构。在全球治理体系变革上，中国表达了一种与西方对抗性、等级性、中心论思维截然不同的路径，一种既传递中国文化特征，又体现鲜明时代气息，更契合世界发展大势的全新思路。

在全球治理的参与主体上，中国主张多元化、民主化，构建多元共治的治理体系。多元化体现在参与主体的性质拓展，民主化体现在参与主体的数量增长。第二次世界大战以来的全球治理主要是由国家特别是发达国家主导的，呈现出国家中心主义、大国中心主义的特征。这是造成现行全球治理结构不合理、不公正、效率低的主要原因。中国认为，全球治理是关涉世界各国的公共事务，任何国家都无力单独应对最紧迫的全球挑战所带来的繁重工作，需要各类行为体和各民族国家共同参与、贡献智慧、集体行动。在涉及多国合作行为的情境下尤其如此。一个未能将绝大多数国际组织和国家行为体纳入其中的体系不可能体现出其代表性，并体现出高效率，甚至不能被称为"全球"治理。20世纪70年代以来国际组织、跨国集团、国家集团快速增长及其影响力的提升，对过去主权国家主导的单一治理局面造成了极大冲击。进入21世纪，新兴国家和发展中国家在国际事务中的发言权增大，对过去大国主导的强权治理模式带来了极大改变。可以预见，未来构建的一个权威的全球治理框架不可避免地是一个多中心的、多元共治的治理体系。

在全球治理的层次结构上，中国主张区域治理是推进全球治理的重要形式和必要步骤。全球治理是一个长期、复杂、巨大的构建过程，提升全球治理的效率需要"试错"，需要局部地区实践积累的经验，需要由此及彼、从小到大地逐步推广。迄今全球治理形成了国内—区域—全球三层治理体系。如果说有一个问题是全球治理所有学者都同意的，那就是"旧的分层治理模式在应对当今许多最重大的全球挑战方面的效用有限"[①]，因为以自

① John Gerard Ruggie, "Global Governance and 'New Governance Theory': Lessons from Business and Human Rights", *Global Governance*, No.20, 2014, pp.5-17.

上而下的方式难以制定出普遍适用政策。全球治理的实践证明,区域治理能够为全球治理的改进提供必要的经验。相对而言,区域治理因关涉的国家和地域范围较小,更容易寻求利益的交汇点,并促成合作。诚然,区域治理中获得成功的并不意味着在全球治理中就一定能成功,但是区域治理中无法实施的必定在全球治理中难以推广或不宜实践。作为亚太国家,中国一直注重发展与周边国家的友好关系,推动亚太地区在政治、经济、文化、安全、能源、反恐等领域的双边与多边合作。除了参与并推动亚太经合组织、东盟10+3、朝核六方会谈等合作机制外,中国还倡导成立了新的合作平台,如上海合作组织、"一带一路"建设、亚洲基础设施投资银行等。这些合作的经验可以在全球治理层面进行谨慎推广。

在全球治理的覆盖领域上,中国主张建立"五位一体"的全球治理体系,并不断予以拓展。我们生活在一个飞速发展的时代,全球治理体系需要变革的前提是人类共同面临的公共事务不断增多,需要合作的领域急剧扩张。第二次世界大战以来,全球治理已经由经济、政治、安全等领域扩展到经济、政治、安全、文化、生态等更广领域。结合自身进行国内治理和现代化建设的基本经验,中国提出"五位一体"的全球治理体系建设。在经济领域,坚持"创新、协调、绿色、开放、共享"的发展理念,提出"以平等为基础、以开放为导向、以合作为动力、以共享为目标的全球经济治理观,倡导构建金融、贸易投资、能源、发展等四大治理格局"[①]。在政治领域,顺应并推动多元化、民主化的国际关系发展潮流,提出以和平发展为目标、以和平共处为原则的全球政治治理观,公正、合理的世界新秩序。在安全领域,面对传统安全和非传统安全的共同挑战,加强多边和双边的安全合作,应对安全治理不足,倡导新安全观,构建多层次、多元化的安全治理框架,建设持久和平、普遍安全的世界。在文化领域,尊重每个国家的文化传统、社会制度和生活方式,正视文化差异,协调文化冲突,反对文化入侵,主张加大教育交流、信息沟通、文明对话,增强文化认同。在环境领域,面对全球环境形势的不断恶化,深刻认识到环境问题的系统性、整体性、综合性、复杂性,倡导建立以议题为中心的全球性、网络化的治理机制,实现世界可持续的发展,保护人类共同的生存环境。

在全球治理的平台依托上,中国主张对现有治理机制进行改造,并适

---

① 王帆、凌胜利主编:《人类命运共同体——全球治理的中国方案》,长沙:湖南人民出版社,2017年,第217页。

应治理需要进行创新平台建设。制度上的漏洞既需要有针对性的补救措施加以弥补改进,更需要制度创新。全球治理体系变革的一个重要标志是治理体制的创新。全球治理出现的新议题、新情况,对现行的全球治理体制提出了新标准、新要求。全球治理的实现必然需要将这些问题纳入治理体制应对范围之内。实现这一目的,首先需要进行治理议题的合理设置,确定治理核心难题,将亟待解决的问题纳入议事平台,保持对传统问题的关注,密切追踪各领域出现的新热点。其次,确定合理的治理规则,充分考虑到不同行为体的偏好和诉求,使越来越多的行为体都能成为规则的制定者。最后,因全球治理之时而变,并随全球治理之事而制,冲破旧机制的束缚,创建更为有效的治理新框架,为全球治理提供新的平台和模式。如"一带一路"倡议的提出开创了一种新型合作方式,其灵活性、包容性、系统性促成了丝路沿线国家之间广泛而有效的合作,并且能够为原有治理体制的改革提供有益借鉴。

四、人类命运共同体:寻求全球治理之道

经过百年以来的革命、改革和建设,中国共产党领导中国特色社会主义建设进入新时代。近代以来历经磨难的中华民族和中国人民走过了站起来、富起来的辉煌历程,而今迎来了强起来的伟大复兴时代。强起来的中国把国家治理和全球治理结合在一起:一方面沿着中国特色社会主义道路以中国式现代化全面推进中华民族伟大复兴,另一方面希望通过阐述中国的治理理念,为全球治理体系朝着更加公正合理的方向发展贡献中国智慧,提供中国方案。"全球治理与国家治理已获得了前所未有的战略重要性,成为当代中国的两大战略考量。"[①]正如党的二十大报告中指出的,中国不仅要为中国人民谋幸福、为中华民族谋复兴,而且要为人类谋进步、为世界谋大同。[②]

(一)新时代中国治理体系与治理能力现代化

国家治理(national governance)是全球治理题中应有之义。在当今多层次全球治理(multi-level governance)体系中,国家治理始终处于核心地位,有效的全球治理必然是以有效的国家治理为基础的。国家治理问题是全球化时代各国普遍面临的问题,对于正处于现代化建设进程中的中国而

---

① 蔡拓:《全球治理与国家治理:当代中国两大战略考量》,《中国社会科学》2016年第6期。

②《习近平著作选读》(第一卷),北京:人民出版社,2023年,第18页。

言尤为重要。虽然从对治理繁荣抽象思维逻辑看,国家治理是全球治理的前提,但是从概念发生的时间逻辑看,全球治理先于国家治理进入中国学界和政府的话语体系。[①]2013年党的十八届三中全会提出推进国家治理体系和治理能力现代化的时代命题。总结新时代治国理政的基本经验,2017年党的十九大明确将"实现国家治理体系和治理能力现代化"作为全面建设社会主义现代化国家的重要内容。2019年党的十九届四中全会全面概括出中国实现治理现代化的制度优势。2022年党的二十大郑重申明新征程要以中国式现代化全面推进中华民族伟大复兴,建设社会主义现代化强国。总结中国实现有效治理的经验,全面认识中国国家治理体系和治理能力的优势和特点,实现国家治理体系和治理能力现代化目标,对于推进全球治理变革具有深刻现实意义。

国家治理体系和治理能力是一个国家制度优劣和制度执行能力的集中体现。"国家治理体系是在党领导下管理国家的制度体系,包括经济、政治、文化、社会、生态文明和党的建设等各领域体制机制、法律法规安排,也就是一整套紧密相连、相互协调的国家制度;国家治理能力则是运用国家制度管理社会各方面事务的能力,包括改革发展稳定、内政外交国防、治党治国治军等各个方面。"[②]中国式现代化"既有各国现代化的共同特征,更有基于自己国情的中国特色"[③]。中国的国家治理体系和治理能力现代化既具有一般意义的治理共性,也具有中国治理特色的特殊性。从治理共性角度,中国治理作为全球治理的一部分可以直接增益全球治理;从治理个性角度,中国治理经验可以丰富全球治理的多样性,中国治理方案可以为全球治理提供别样视角和路径。

治理是不同于统治和管理的现代概念。作为普遍意义的治理,具有多元、协同、合作、制度化的内涵特征。治理主体是以国家为核心的多元化行为体组成的治理体系;治理行为是多元主体彼此协调、共同合作、协同治理的结果;治理目的必然通过多个治理主体之间的相互合作而不是权力关系达成;治理实施需要借助具有权威性和约束力的一系列制度和程序。

中国国家治理具有中国特色,是不同于西方国家的治理。首先,从治理性质看,中国的国家治理是社会主义的国家治理;其次,从治理出发点

① 陈志敏:《国家治理、全球治理与世界秩序建构》,《中国社会科学》2016年第6期。

② 习近平:《切实把思想统一到党的十八届三中全会精神上来》,《人民日报》2014年1月1日。

③《习近平著作选读》(第一卷),北京:人民出版社,2023年,第18页。

看，中国的国家治理是代表最广大人民根本利益的治理；再次，从治理目的看，中国的国家治理是通过全面深化改革实现中华民族伟大复兴的中国梦；再次，从治理载体看，中国的国家治理以中国特色社会主义道路、中国特色社会主义制度、中国特色社会主义理论和中国特色社会主义文化为载体，形成了中国式现代化道路；最后，从治理途径看，中国的国家治理以改革开放为基本途径。

在国家治理与全球治理的关系上，中国提出了完全不同于西方的观点。全球化进程一直存在着全球性与国家性、地区性的矛盾。冷战结束后，西方的主流观点普遍质疑国家治理，认为相较于全球治理，国家治理的重要性下降，已经不是人类社会治理的关键问题。这种观点主要从两方面寻求支持。在持西方制度具有普世性的人看来，苏联解体、冷战终结是西方民主制度、市场经济和价值观念的历史性胜利，是资本主义的胜利。只要其他国家仿效西方的政治、经济和文化，国家治理必然能够轻易解决。在持主权过时论者看来，传统国家主权已经不能适应全球化时代人类社会面临的诸多问题和挑战，国家治理必然归顺于、让位于全球治理。上述关于国家治理和全球治理之间关系的种种言论，根本上反映出对全球治理中国家作用和功能认识的偏差。一种观点在全球主义观念下，夸大非国家行为体的治理能力，而对国家在全球治理中的作用认识不足，或者根本上予以否定；另一种观点则受国家中心主义观念的影响，夸大乃至过度迷恋国家的主导作用，把非国家行为体视为国家治理能力的延伸和辅助。[①]中国学界和政府则认为："在全球治理与国家治理互动的思想谱系中，全球治理与国家治理既是人类共同利益与国家自我利益的对立统一体，同时也是全球共识与民族个体价值的对立统一体。"[②]国家治理与全球治理并非此消彼长的关系，而是相辅相成、相得益彰的互构关系，二者"愈来愈表现出高度的依存性、渗透性和互动性"[③]。

国家治理是全球治理的基础和支撑。全球治理作为一个系统建构，是"国家中心治理和超国家中心治理组成的复合结构"，展现出国家治理及其互动构成的整体系统。在主权体系下，二者之间是一种非对称关系，国家

---

① 蔡拓：《全球治理的反思与展望》，《天津社会科学》2015年第1期。

② 刘贞晔：《全球治理与国家治理的互动：思想渊源与现实反思》，《中国社会科学》2016年第6期。

③ 蔡拓：《全球治理与国家治理：当代中国两大战略考量》，《中国社会科学》2016年第6期。

中心治理在全球治理中居于主导地位，超国家中心治理处于边缘地位。[①]国家治理主要是指国家边界之内的治理，国家边界之外治理则更多体现为国际治理和全球治理。国家不仅是现实政治生活的中心，也是人们“政治想象的基本依托”[②]。人们关于全球治理的想象只能根植于国家治理经验。国家内部实现了治理，才有可能更好地关注和解决外部治理问题。国家治理为全球治理提供了基本的素材和经验。当前全球治理面临的困局，主要是国家治理状况和水平不尽如人意造成的。[③]

全球治理是国家治理的保证和导向。全球治理体系与国家治理体系构成系统与单元之间的关系。全球治理系统一经形成，便成了具有独立功能的整体，不再只是简单接受单元因素的影响，而是发挥整体对单元的辐射效应。系统层面实现了治理才能为单元层面的国家治理提供良好的外部治理环境，才能保证单元治理的效率、效果和效能；系统层面的治理在治理方法、治理模式、治理观念等方面也会形成对国家治理的引导，使国家治理能够顺应世界大势。在全球化时代，全球治理和国家治理互动同构，缺一不可。

国家治理具有了全球治理意义。国家治理特别是大国治理不仅着眼于带有民族特性的问题，国际责任和世界情怀也会促使大国以解决人类共同面对的全球性问题为自己的使命担当。一个国家寻求独具特色的发展道路、制度模式和价值观念的过程，恰恰就是在为人类社会的发展探寻多样性的可能；一个国家实现国家富强、民族振兴和人民幸福的努力，恰恰就是在为增进人类的共同福祉贡献力量；一个国家设定富强、民主、文明、和谐、美丽的总体布局和奋斗目标，恰恰就是在为最终实现“人”的充分发展提供必要的物质和精神条件。每个国家做好自己的事情，这本身就是在为全球治理做贡献。

中国提出国家治理体系和治理能力现代化就是要实现政治决策、经济发展、价值观念、社会建设和生态环境等的合理配置和良性运转，[④]以期为全球治理提供可资借鉴的经验，助推全球治理的发展。

---

① [日]星野昭吉：《全球治理的结构与向度》，《南丌学报（社会科学版）》，刘小林译，2011年第3期。

②《论全球化与国家主权》，载俞可平主编：《中国学者论全球化与自主》，重庆：重庆出版社，2008年，第65页。

③ 蔡拓：《全球治理与国家治理：当代中国两大战略考量》，《中国社会科学》2016年第6期。

④ 蔡拓：《全球治理与国家治理：当代中国两大战略考量》，《中国社会科学》2016年第6期。

第一，政治决策现代化决定了国家政策科学化、民主化、法治化程度，反映出执政能力、领导能力和治理能力，是衡量国家治理效果的主要标志。当代中国民主政治的本质是人民当家作主，国家的一切权力属于人民，中国共产党在政治决策中处于核心领导地位，实现决策现代化的基本方略是建设法治国家、法治政府、法治社会。在此过程中，国家、政府、人民的法治观念、法治意识、法治精神不断深化，为真正融入和参与全球治理体系，尊重并恪守国际机制，以身作则发挥国际感召力作了准备。

第二，经济发展现代化决定了国家参与全球经济治理的力度。中国特色社会主义市场经济是经济现代化的模式选择，突破了将市场与社会主义对立起来的错误观念，理顺了政府与市场之间的关系，弥补了市场失灵与政府失灵，为经济发展带来活力，同时又体现了经济制度的社会主义优越性。经济的快速发展提升了中国在全球经济格局中的地位，使中国在全球经济治理中发挥举足轻重的作用，成为世界经济发展的主要稳定器和动力源。中国庄重承诺：欢迎世界各国搭乘中国经济发展的快车和便车，体现了中国作为经济大国的责任担当。

第三，价值观念现代化决定了国家对全球治理的认同度和参与热情。[①]当代中国对自己的传统文化、革命文化和社会主义先进文化充满自信，重视培育和践行社会主义核心价值观，以实现中华民族伟大复兴为共同理想，高举和平发展合作共赢的旗帜，倡导“义利相兼，以义为先；立己达人，兼善天下；义利并举，义重于利”的义利观，开放包容普惠共赢的经济全球化主张。这些整体性的价值观念，突出了国家与人类、国家利益与全人类共同利益之间的关系，有利于将国家视角拓展为全球视角，将国家关怀升华为全球伦理，从而认同并推动全球治理的展开。

第四，社会建设现代化有利于推动非国家行为体从边缘走向中心，促使全球治理体系复合结构更加均衡化。作为“五位一体”总布局中的重要领域，社会建设现代化的目标是构建社会主义和谐社会，其核心问题是处理好国家与社会之间的关系，解决社会矛盾，激发社会活力，关注并改善民生。在和谐社会的基础上，中国提出构建和谐世界。如果说和谐社会是实现人与自然、人与社会、人与人、人与自身的和谐的话，和谐世界就是要实现国家与国家、国家行为体与非国家行为体、人类与自然、不同文明和文化之间的和谐关系。在此意义上，和谐世界就是全球治理的

① 蔡拓：《全球治理与国家治理：当代中国两大战略考量》，《中国社会科学》2016年第6期。

目标和内涵之一。

第五，生态环境现代化有利于实现全球生态治理，建设一个清洁美丽的世界。生态建设的核心问题是处理好人类与自然的关系。工业化时代，传统发展观将社会发展简单等同于经济增长，而粗放型的经济增长是以高能耗和高污染获取的。破解发展难题，转换发展思路，中国提出创新发展、科学发展、均衡发展理念，不仅立足于当代的发展，更重视长远的发展；不仅关注经济发展，也重视环境和生态保护。建设美丽中国就是在建设人类共同生活的美丽世界，人们形成的生态保护理念和科学发展观念有利于推动全球环境治理、全球气候治理，最终实现人类与自然的和谐共生。

(二)人类命运共同体：全球治理理念新发展

治理赤字、安全赤字、和平赤字和发展赤字是摆在人类面前的"四大赤字"。[①]破解"四大赤字"，寻求有效的治理之道是全球治理推进的当务之急。当前全球治理追寻的目标与全球治理面临的困境存在着巨大的张力，各种理念、理论和范式相互碰撞、相互磨合，需要人类转变思维方式，形成新的治理观念与治理理论。"世界那么大，问题那么多，国际社会期待听到中国声音、看到中国方案。中国不能缺席世界上重要问题的解决。"[②]糅合中华优秀文化、西方治理理论和马克思共同体思想，联结人类社会发展的历史、现实与未来，人类命运共同体理念探寻有效的全球治理之道，成为摆脱全球治理困境的有益尝试，是新时代的全球治理新范式。

人类命运共同体为全球治理指明了前进方向。全球治理是包含规范性的研究与实践范式，表达了人类对"人文价值的追求，生活意义的向往，社会伦理的偏好"[③]。然而一直以来，无论在理论研究还是在实践行动中，规范性并没有得到充分的论证和展示，这使得全球治理的目标始终不甚明确。人类命运共同体理念集中展示并完整呈现了中国外交的核心价值理念，也符合全人类共同的价值追求。人类命运共同体以和平秩序作为全球治理的基本要求，希望保证人类的共同安全、持久和平，消除战争苦难，实

① 2019年，习近平在全球治理论坛上首次提出"四大赤字"，将之表述为治理赤字、信任赤字、和平赤字、发展赤字。2022年，党的二十大报告将"四大赤字"表述为和平赤字、发展赤字、安全赤字、治理赤字。参见习近平：《为建设更加美好的地球家园贡献智慧和力量——在中法全球治理论坛闭幕式上的讲话》，《人民日报》2019年3月27日；《习近平著作选读》(第一卷)，北京：人民出版社，2023年，第49页。

② 金灿荣等：《中国智慧：十八大以来中国外交》，北京：中国人民大学出版社，2017年，第59页。

③ 蔡拓：《全球治理与国家治理：当代中国两大战略考量》，《中国社会科学》2016年第6期。

现无政府世界的秩序;人类命运共同体把实现世界正义作为全球治理的原则立场,改变弱肉强食的强权政治传统,反对任何形式的霸权主义,维护国家的正当权益;人类命运共同体以共同繁荣和发展作为全球治理的利益基石,反映出各国你中有我、我中有你的一体关系,揭示出合作才能共赢、互助方能发展的道理;人类命运共同体以开放包容作为全球治理的相处之道,尊重各国的文化传统、道路选择和发展模式,倡导相互借鉴、共生并进的国际关系;人类命运共同体以美丽世界作为全球治理的理想境界,引领人类社会走向生态文明,实现人类与自然的和谐共生,着眼于人类社会的科学发展、全面发展和持续发展。

人类命运共同体为全球治理理顺了发展思路。发展是解决当前人类面临的所有问题的根本。当前全球治理中存在的诸多问题究其根本往往是发展不平衡、不充分造成的,因而必须且只能通过发展去解决。实现经济高速稳定发展和快速工业化、现代化,是近代以来很多国家孜孜以求的目标。以英美等国为代表的西方国家,在现代化、国家治理和全球治理上起步较早,率先实现了现代化,并形成了关于现代化发展的一些规律性认识和有益成果。长期以来,人们将西方现代化视为世界发展成功的典范。在推进改革开放和社会主义现代化建设过程中,中国也吸收借鉴了西方国家的一些先进技术、管理经验和发展理念。然而,随着世界现代化进程的不断深入,西方现代化模式的问题、弊端不断显现。西方现代化带有的掠夺本质加剧了全球不平等,成为各国普遍共识。当前,西方发达国家频繁出现的社会问题已经表明,西方现代化道路在价值上的失败和在现实中的困境。与此同时,一些发展中国家在现代化进程中,套用西方现代化模式鲜有成功案例。这提示我们:现代化的道路绝非一条,西方现代化只是适用于彼时彼地的西方国家的现代化。西方现代化模式并不具有普世性或普适性,探索符合自身国情特点的现代化之路是每个国家达至现代化的先决条件。现代化不仅是经济发展的现代化,而是涵盖社会全面、全方位、多领域的现代化,隐藏在国家现代化模式背后的文化观念因素是决定发展的关键性因素。中国特色社会主义建设走出了一条符合自身文化、历史、现实和未来的发展之路,这是一条完全不同于西方现代化的中国式现代化道路,体现了一种全新的发展理念和发展思路。中国式现代化是中国的道路选择,也为人类发展提供了全新选择。新时代的中国胸怀世界,以东方智慧和全球视野审视和分析中国和世界发展所面临的重大矛盾与问题,破解西方现代化困局。人类命运共同体融合现代化目标与民族复兴目标,最大限度地增进社会共识、凝聚社会力量；以创新、协调、绿色、开放、共享新发展理念引领现代化，注重整体性、均衡性、包容性发展；将中国的发展和世界共同发展结合起来，以自身的发展带动并推动世界发展。人类命运共同体开辟了推进世界发展和全球治理的新境界，带给人类一个更加和平、繁荣且美好的世界。

人类命运共同体为全球治理贡献了中国方案。人类命运共同体是中国结合自身的历史、文化和经验，经过科学思考和严整论证提出的中国方案。这套方案跳出中国视界，协调自身与世界的关系，形成全新的世界观、治理观，并通过外交新理念和新战略推进其由理念走向实践。中国方案并不止步于实现中国梦，而是致力于在实现中国梦的同时，放眼世界、筑梦世界，推动建立和平发展、和谐美好的世界，使中国梦包含于世界梦、助力于世界梦。中国方案奉行整体性、全局性世界观，突破了以冲突性、对抗性为特征的西方传统治理观，抓住了全球治理出现的新变化和大趋势，凸显了人类休戚与共、命运相连的客观现实，发展出经共商共建以实现共享的新型的全球治理观。中国方案提出构建新型国际关系，走出一条国与国互相尊重、公平正义、合作共赢的交往新路，积极构建全球伙伴关系，扩大同各国利益交汇点，推进大国协调与合作，深化同周边国家关系，加强同发展中国家团结合作。中国方案推进“一带一路”建设，在具体实践中，中国的全球治理观、秩序观、义利观、安全观等经受了实践的考验和检验，它为化解大国权力博弈、地区局势动荡等诸多挑战，应对安全风险、政治风险、制度风险、经济风险等①提出了全新的对策思路，为全球治理相关问题的处理提供了有益借鉴。

人类命运共同体为全球治理搭建了总体布局。人类命运共同体向国际社会响亮回答了“中国想要一个什么样的世界，人类需要一个什么样的世界”这一重大问题，主张从政治、安全、经济、文化、生态五个方面整体、全面推进全球治理，建设持久和平、普遍安全、共同繁荣、开放包容、清洁美丽的世界。 在政治上，人类命运共同体主张建立平等相待、互商互谅的新型国际关系。新型国际关系是顺应国际关系民主化、多极化而出现的一种新型的国际关系，它反对建基于强权的政治对抗关系、军事同盟关系，发展出一种相互尊重、协调合作的国际关系新模式。在安全上，人类命运共同体

---

① 王帆、凌胜利主编：《人类命运共同体：全球治理的中国方案》，长沙：湖南人民出版社，2017年，第81页。

主张营造公道正义、共建共享的安全格局。传统安全与非传统安全交织，国家安全与世界安全相连，集体安全与共同安全相伴，面对如此复杂的安全形势，秉持传统的安全观必然会陷国家于安全困境中，陷全球于动荡不安中。中国倡导共同、综合、合作、持续的新安全观，以此处理国际安全关系，并且构建人类安全共同体。在经济上，人类命运共同体主张导向共同发展、合作共赢的美好前景。发展是目的也是手段。发展不是某个国家的发展，也不是某些国家的发展，而是世界的共同发展。全球化时代实现共同发展需要创新发展理念、探索发展模式、增强发展动力、推动科技合作，实现均衡、全面、互惠、可持续的发展。在文化上，人类命运共同体主张促进和而不同、兼收并蓄的文化交流。文化的多样性是使我们这个世界丰富多彩的决定因素。每个国家都有各自独特的历史和民族特色，因而也形成了独具魅力的文化传统。中国主张不同文化之间应该相互尊重、兼容并蓄、交流互鉴，而不能搞文化霸权和文化冲突。在生态上，人类命运共同体主张构筑尊崇自然、绿色发展的生态体系。一个治理的世界，不仅要实现人与人之间、国家与国家之间的和谐相处，也包含了人与自然的和谐相处。生态文明是关系世界人民福祉、关乎人类未来的长远大计。面对全球资源短缺、环境污染、生态退化的严峻形势，必须树立尊重自然、顺应自然、保护自然的生态治理理念。

人类命运共同体既是一种全新的治理理论，也是一种全新的治理实践。自2013年提出以来，人类命运共同体不断结合世界之变、时代之变、历史之变，积极回应世界之问、时代之问、人类之问，形成了关照治理现实、学理内涵丰富、思想理念深邃、国际普遍赞誉的博大精深理论体系，成为中国全球治理理念的集中体现。人类命运共同体的精到之处还不止于此。它成功地将理念转化为中国的外交实践，推动一系列增进各国共识、维护共同利益、倡导共同意识的国际合作机制和平台落地生根、开花结果。可以期待，人类命运共同体定能为破解全球治理困局，推动治理体系变革，寻求人类共生共在之道，构建更加和平、发展、和谐、美好的世界贡献智慧和力量。

第四章　理想的治理：全球治理的伦理价值诉求

全球治理是包含了目的论的理论范式和现实行动。它不仅应该是一种现实或可能的状态，也应该被视为一种价值。人不仅生活在一个客观的物质世界中，同时也创造了一个意义联结的世界。全球化背景下人的行为可以获得更为宏大的意义，人也在为自身的行为寻求更广泛的意义。“全球价值必须是全球治理的基石”[①]，公认的规范价值和行为准则是有效的全球治理发生的必要前提。关于全球治理的研究呈现出日益复杂化、多维化的特征。全球化问题的凸显，引发了学术研究对全球治理的关注，并且将之置于学术争论之中。无论全球治理范畴的界定，还是其研究范围的廓定、研究视角的拓展、研究方法的建立，都使得全球治理呈现出日益专业化的特点。然而，全球治理的伦理问题却并未获得与其重要性相匹配的足够关注。诚如墨菲(Craig N. Murphy)指出的，我们对全球治理“行之少”(poorly done)，且“知之少”(poorly understood)。处于世界政治核心的道德问题和道德危机，没有获得学界的正确认知，甚至并没有成为全球治理研究的议题，[②]这显然与全球治理研究的重要性和紧迫性并不匹配。

伦理问题是全球治理的核心问题。在治理现实中，行为体所面临的最棘手的问题便是道德困境(moral dilemmas)。脱离伦理意识及其镜像，人类便无法充分理解全球治理中产生的难题，也无法找到解决问题的关键点。全球治理需要形成“以人类本位、全球价值、全球意识、全球伦理为特

---

① [瑞典]英瓦尔·卡尔松、[圭]什里达特·兰法尔主编：《天涯成比邻——全球治理委员会的报告》，赵仲强、李正凌译，中国对外翻译出版公司，1995年，第44页。

② Antonio Franceschet, “Ethics, Politics, and Global Governance”, in Antonio Franceschet ed., *The Ethics of Global Governance*, Lynne Rienner Publishers, 2009, p.1.

征”[①],与国家主义迥然相异的全球主义伦理价值观。伦理与全球治理不能决然分离,与伦理分离的全球治理是不能被接受的,也是危险的。[②]正是在与伦理原则和伦理课题的关系中,世界政治行为体及其权威结构不断促动人类社会趋向更加“善”的生活,即通过全球治理为全人类建设一个和平、安全、繁荣、包容、正义的世界。[③]

和平、安全、繁荣、包容、正义五大诉求相互关联、缺一不可。和平是全球治理的基本目标,是推进全球治理的基础性条件;安全是全球治理的重要议题,也是全球治理无法绕开的痛点、难点;发展是全球治理的保证,为全球治理提供解决问题的有效方法和持久动力;包容是全球治理追寻的理想,也是破解治理难题的关键;正义以至关怀成就的全球伦理,是全球治理的终极价值追求。

一、持久和平:全球治理的基础

全球治理的基本诉求是达至秩序。“成功的社会必然要求某种保证政治秩序的途径……政治秩序不会自动形成。政治秩序是需要用心建设的公共物品。”[④]世界秩序概念的提出和使用,意味着人们对国际体系的一致性与内部协调持一种积极乐观的态度。在讨论全球治理时,通过何种治理、建立何种秩序才能终结当前无法回避的折磨人类和地球的无数弊病,是一个根本性问题。同样重要的问题是,了解当前世界秩序的确切形

① 《全球性:一个划时代的研究议题》,载蔡拓、刘贞晔主编:《全球治理变革与国际法治创新——全国首届“全球学与全球治理论坛”成果》,北京:中国政法大学出版社,2014年,第16页。

② Antonio Franceschet, “Ethics, Politics, and Global Governance”, in Antonio Franceschet ed., *The Ethics of Global Governance*, Lynne Rienner Publishers, 2009, p.2.

③ 党的十九大提出从持久和平、普遍安全、共同繁荣、开放包容和清洁美丽五个方面推进人类命运共同体的构建。中国最早从事全球治理研究的学者俞可平认为,全球治理的核心内容就是“健全和发展一整套维护全人类安全、和平、发展、福利、平等和人权的新国际政治经济秩序”。王缉思在探讨世界政治的终极价值时,在世所公认的诸多目标中遴选出安全、财富、信仰、公正、自由五大终极目标。本书认为,和平、安全、繁荣、包容、正义是中国和世界对全球治理寄予的美好价值诉求。参见俞可平:《全球治理引论》,《马克思主义与现实》2002年第1期;王缉思:《世界政治的目标》,北京:中信出版集团,2018年,第21—41页。

④ [美]布鲁斯·布恩诺·德·梅斯奎塔、希尔顿·L. 鲁特主编:《繁荣的治理之道》,叶娟丽、王鑫等译,北京:中国人民大学出版社,2007年,第18页。

态。[①]而这些问题在全球治理研究中显然被忽视了或被弱化了。在理论层面，研究重点不是要不要秩序的问题，而是在何种范围建立何种程度的、何种性质的秩序；在现实层面，实现秩序首先要避免或至少约束国际行为体之间的冲突、战争，将其限定在可控的范围之内。全球治理的最低限度就是实现国际社会在某种制度框架内的秩序，为国际行为体提供合理的行为预期。

(一)避免战祸，实现和平

战争与和平是人类社会生活的主题。"战争是人类自古至今主要的灾变异数"，在此意义上，人类本质上有一部共同的历史。[②]自人类公共生活产生以来，纷争不断，冲突不停，如何避免战祸，实现和平便成为人类思考的头等大事，也直接促成了国际关系学的诞生。在主流叙事中战争与和平往往被对立起来，用以描绘人类的存在状态。埃德蒙·伯克(Edmund Burke)认为，如果说战争"是不公与暴力的手段，那么它也是实现国家间正义的唯一手段"[③]。

国家既被视为战争的制造者，也被视为战争的避免者。国家的建立，通过主权政府掌握的暴力机器，实现了内部冲突的可控性；国际社会则因缺乏统一的中央政府而陷入战争的困扰之中。战争与和平也被视为区别国际社会与国内社会、国际政治与国内政治的重要标志。"在动态化背景下建立和维护社会秩序一直是一个古老的社会难题，并继续成为现代世界的一个中心问题。"[④]当今时代，全球化急剧发展，寻求一种动态的平衡成为时代性难题，尤其在一个无政府社会中无疑难上加难。

人们对秩序的理解通常与公共权力联系在一起，认为政府必然带来秩序和发展。在社会契约论者看来，在前国家状态——自然状态下，人们身

① Thomas G. Weiss and Rorden Wilkinso, "Global Governance to the Rescue: Saving International Relations?", *Global Governance*, No.20, 2014, pp.19-36.

② [美]威廉·麦克尼尔：《西方的兴起——人类共同体史》，孙岳、陈志坚、于展等译，北京：中信出版集团，2015年，第11页。

③ Edmund Burke, Letters on the Proposals for Peace with the Regicide Directory of France, Letter I, The Works of the Right Honourable Edmund Burke, iv, London, 1802, p.433. 转引自[新西兰]贝内迪克特·金斯伯里、[英]亚当·罗伯茨：《第一章 导论：格劳秀斯的国际关系思想》，载[英]赫德利·布尔、[新西兰]贝内迪克特·金斯伯里、[英]亚当·罗伯茨主编：《格劳秀斯与国际关系》，石斌等译，北京：中国社会科学出版社，2014年，第14页。

④ [美]布鲁斯·布恩诺·德·梅斯奎塔、希尔顿·L. 鲁特主编：《繁荣的治理之道》，叶娟丽、王鑫等译，北京：中国人民大学出版社，2007年，第19页。

处于战争之中,或者在处理社会关系中存在着诸多不便,为了避免战争实现自保,或者为了协调不便保障权利,人们订立契约,促成了国家的诞生。国家拥有了人们让渡的部分权利,而成为公共权力的使用者,并以此维护共同体的存在。国家的诞生结束了人与人之间的战争状态,为人际关系的处理提供了基本规则,实现了国家主权范围内的秩序与和平。而国家与国家之间却始终未能建立一个统一的中央政府,去协调和处理国际关系和国家之间的纷争,这导致国际社会始终面临着战争的危险。按照这一逻辑,战争或冲突是国际关系的本质。或许全球治理可以在某种程度上实现建立在国家自我约束前提下的秩序,但纷争永远无法真正避免。然而,显见的历史表明,许多政府既未带来和平,也未能实现繁荣。

探究战争的根源,以遏制战争、缔造和平成为全球治理追求的目标。无论现实主义者还是自由主义者,无论理论家还是实践者在这一问题上均达成了一致。而在造成战争的根源及实现和平的手段上,不同的理论流派给出了不同的,乃至截然相反的回答。从对战争根源层次的定位来看,可将其归纳为两大类:一是从微观角度,研究人性、人的心理和行为对战争的影响,如理想主义与古典现实主义;另一种是从宏观层面,即在社会、国家、全球体系等层次上分析战争的原因,如新现实主义与新自由主义。早期的理想主义与古典现实主义均以人性为理论基础,认为是根植于人内心深处的人性导致了战争,但对人性的认识二者却是完全对立的,也由此导致了双方对于战争能否避免的不同结论。理想主义认为,人性是善的或是不确定的,会随环境的变化而变化。因此,通过提高教育、改善环境、加强合作,国家间的战争是能够从根本上避免的。而曾主导了国际政治学发展三十余年的古典现实主义则认为,人性是恶的,人的这一天性无法改变,作为人性必然产物的战争将永远与人类形影相随。现实主义对人性与战争关系的这种认识并非空穴来风,我们可以透过霍布斯在《利维坦》中的相关论述窥探出现实主义这一观点的全貌。

霍布斯认为,自然状态下人们身心能力的平等,使得人们在追求权势的过程中不断地产生冲突、战争。即便是在国家产生后,君主仍然“在国外致力于通过战争来保持其权势”[①]。足见,在霍布斯眼中,正是自私、贪婪的人类本性导致了自然状态下人们彼此间永无休止的战争。尽管公共权威可以带来国内的秩序与和平,国家却仍然处于国际无政府状态之中,就

---

① [英]霍布斯:《利维坦》,黎思复、黎廷弼译,北京:商务印书馆,1985年,第72页。

像自然状态下彼此争斗的个人一样,无法免于战祸。霍布斯对人性的论述被古典现实主义学派用于解释国际社会中战争和冲突的爆发。被誉为国际政治学之父的古典现实主义大师汉斯·摩根索在《国家间政治》一书开篇,就对两种关于人、社会和政治性质的不同观点作了区分。在对理想主义的“人性本善”“具有无限可塑性”的人性观进行批驳的基础上,摩根索坚定地表明了自己的政治现实主义立场——世界的不完善皆因人性的不完善,进而摩根索认为人性是政治运行规律的根源,并将“人性恶”的判断作为政治现实主义的六原则中的首要原则。从霍布斯所称的人类共有的普遍的权势欲倾向出发,现实主义推演出国际政治实为国家争取强权的斗争,“不管国际政治的终极目的是什么,强权总是其直接目的”[①]。在解释国家间战争的根源时,古典现实主义直接将国家与个人类比,赋予国家以人格特征,“国家受人性支配,人生来就具有‘权力欲望’”[②]。它沿着人性本恶,个人间的冲突不可避免,则由个人组成的国家也是恶的,国家间关系本质上是冲突的这样一条逻辑线索,将战争定义为国家本性的必然产物。

作为古典现实主义的继承和发扬者,新现实主义对于战争状态的界定,与霍布斯惊人的相似。两者均认为,战争状态不是指某一次具体的、特定的战役或武装冲突,而是指敌对双方出于恐惧而产生的普遍战斗意图使得战争随时都有可能爆发。战争的性质“不在于实际的战斗,而在于整个没有和平保障的时期中人所共知的战斗意图”[③]。“国家间的自然状态就是战争状态。这并不意味着战争会经常爆发,而是说……战争随时可能会爆发。”[④]在现实主义者看来,无论是自然状态中的个人间还是无政府社会中的国家间,可能导致战争的敌意是普遍存在的。自然状态下的个人与无政府状态下的国家均无法免于战争。

然而正是将秩序与权威相结合的逻辑,以及将国际政治与国内政治分离的做法,为人们将国际机制引入世界政治领域,以最大限度地实现某种

---

① [美]汉斯·摩根索:《国际纵横策论——争强权,求和平》,卢明华等译,上海:上海译文出版社,1995年,第36页。

② [美]约翰·米尔斯海默:《大国政治的悲剧》,王义桅、唐小松译,上海:上海人民出版社,2003年,第18页。

③ [英]霍布斯:《利维坦》,黎思复、黎廷弼译,北京:商务印书馆,1985年,第94页。

④ [美]肯尼思·华尔兹:《国际政治理论》,信强译,上海:上海人民出版社,2003年,第135页。

程度的世界秩序，避免战争提供了思路。[①]制度主义者提出以制度实现秩序，国际机制能够使相互依赖的国家依靠国际组织进行合作，协调彼此冲突的国家利益。现实世界中国家间的冲突和战争根本上讲是利益矛盾和冲突造成的。20世纪70年代，关于国际机制的研究随着国际合作的理论和实践的展开而兴起。约翰·鲁杰首次使用"国际机制"一词，基欧汉和奈则将国际机制应用于世界问题的研究之中，并对现实主义的权力政治范式提出了挑战，由此也确立了新自由主义在世界政治研究中的主流地位。国家利益的融合为国家实现合作提供了现实基础，国际机制促成了国际合作，国际合作为国家之间解决争端、处理矛盾提供了另外一种避免战争的方式。20世纪90年代，建构主义尝试从观念出发解释国际冲突的根源，认为正是国家之间的彼此敌意，将缺乏统一中央权威的事实解读成战争的直接根源。因此避免战争，必须建立起国家之间的信任和认同。

从现实层面看，冷战结束并没有带来世界的永久和平。相反，冷战秩序下被掩盖的地区纷争、民族冲突、宗教争端日益凸显，世界并未就此远离战争，而是战乱频仍、冲突不断，所谓"历史"并未就此终结。[②]对于冷战后的世界冲突，亨廷顿提出了截然不同的解释。亨廷顿认为，把世界描绘成不再有冲突的和平景象是不符合冷战后的世界现实的。"终结论"没有看到意识形态而外的其他冲突形式，特别是文明冲突已经成为冷战后世界战争的重要根源。"文明是终极的人类部落，文明的冲突则是世界范围内的部落冲突。"[③]全球政治的主要冲突将发生在不同文明的核心国家之间，断层线冲突将成为世界冲突的主要形式，文明之间的冲突将主宰全球政治，不同文明的核心国家关系将影响冷战后世界秩序的形成和未来走向。相比于探讨战争的起因，人们更关心亨廷顿提出的避免战争的途径。在亨廷顿看

---

① 对于秩序与和平的实现到底是权力平衡的结果还是由制度约束带来的，现实主义和新自由主义各持己见。本书认为，世界秩序是一个复杂的动态过程，它是权力和制度共同作用的结果。任何丧失权力均衡或缺乏制度协调的国际社会必然导致战争与冲突。参见何杰：《权力与制度——国际机制理论的现实主义分析》，《欧洲研究》2003年第4期。

② 福山认为，随着冷战的结束，西方政治制度、经济制度和意识形态在世界上取得根本性胜利，与西方相对立的其他意识形态彻底失败。国家之间的意识形态冲突不复存在，大国之间发生战争的可能性就此消失，人类冲突的历史就此结束，从而实现了人类的永久和平。参见[美]弗朗西斯·福山：《历史的终结及最后之人》，黄胜强、许铭原译，北京：中国社会科学出版社，2003年。

③ [美]塞缪尔·亨廷顿：《文明的冲突与世界秩序的重建》（修订版），周琪等译，北京：新华出版社，2010年，第184页。

来，如果西方文明一味坚持其宣扬的普世主义，并推行文明霸权，将不可避免地导致它与其他文明之间的冲突。显然，西方文明只是世界多元文明中的一支，它是特殊的而非普世的。"在多文明的世界里，建设性的道路是弃绝普世主义，接受多样性和寻求共同性。"[①]尽管亨廷顿提出"文明冲突论"的初衷是提醒美国保护西方文明，提防异质文明的挑战，但"文明冲突论"还是为我们审视全球治理时代导致人类冲突和战争的因素提供了另外一种视角和思路。

后冷战时代，西方对其他国家的干预是造成多文化世界不稳定和现实及潜在冲突的唯一危险因素。多元共处是全球治理面临的一个基本现实，只有充分尊重每个国家的主权、独立和独特性，通过谈判而不是对抗解决冲突，通过合作而不是结盟获得安全，通过交流而不是孤立和霸权而增进了解，才能最大限度地避免战争，实现世界的长治久安。

和平作为中国全球治理观的内核，是对中华传统文化的内在延续。这一理念所追求的是国家间和平共处，全球体系稳定有序，以及人与自然、人与人、人与社会的和谐统一。和平不仅是一种理想的秩序形态，更是实现、维持并发展全球治理的合理路径。中国提出以和平共处五项原则作为处理国际关系的基本原则，并进一步提出"和平发展合作共赢"的全球治理理念，这既是中国对未来国家战略做出的科学完善，同时也是中国以负责任大国身份向国际社会做出的庄严承诺。[②]

(二)无政府世界的秩序

全球治理内含多维、多元、多层次的目标，实现世界的秩序和稳定状态是其基本目标。尽管在全球治理目标界定各不相同，但毋庸置疑的是"全球治理能够通过管理和解决共同的问题促进稳定和公正的全球秩序的实现"[③]。就此而论，秩序应该是善治的基本内涵和达至善治的前提条件。全球治理的理想状态是实现善治，最低要求则是实现秩序。当前全球治理出现的困境就在于人类秩序的缺乏。[④]自治理范式出现以来，如何实现有效

---

① [美]塞缪尔·亨廷顿：《文明的冲突与世界秩序的重建》(修订版)，周琪等译，北京：新华出版社，2010年，第294页。

② 董贺、袁正清：《中国国际秩序观：形成与内核》，《教学与研究》2016年第7期。

③ [加拿大]阿米塔·阿查亚：《建构全球秩序——世界政治中的施动性与变化》，遥远、叶晓静译，上海：上海人民出版社，2021年，第8页。

④ 陈心刚：《全球治理依托于人类秩序——访复旦大学国际关系与公共事务学院林尚立教授》，《理论参考》2007年第5期。

的治理,什么才是治理的理想结果便不断地促使学者对治理问题进行规范性阐释。“元治理”“健全的治理”“有效的治理”和“善治”等概念应运而生。20世纪90年代以来“善治”成为治理研究使用频率最高的词汇之一。国内最早从事治理研究的学者俞可平认为:“善治就是使公共利益最大化的社会管理过程。善治的本质特征就在于它是政府与公民对公共生活的合作管理,是政治国家与公民社会的一种新颖关系,是两者的最佳状态。”[①]这一标准同样也适用于分析全球治理。全球治理就是要实现人类共同利益的最大化,达到主权国家与非国家行为体、全球公民社会之间关系的最佳状态。按照现实主义的逻辑解释,在缺乏统一中央权威的自助体系中,国家利益彼此冲突,每个国家的首要利益是实现自保,由此所谓人类的共同利益便是如何避免由利益冲突的不可控而引发的战争,使国家遵守一定的行为规范。可见,秩序是全球社会或者说全球治理最基本的价值诉求。

政治始于秩序问题,世界政治始于世界秩序问题。赫德利·布尔(Hedley Bull)曾经指出:“今后不管全球政治或社会结构是什么样的,世界秩序问题一直都会存在着。”[②]全球治理的初衷就是使国际社会摆脱混乱、无序和冲突,寻求世界的某种秩序状态。自近代意义的国际关系形成以来,秩序问题就一直困扰着人类。人类寻求秩序的努力促成了国际关系学的诞生和发展。此后,无论是大国间的博弈,还是不同学派的理论争鸣,无一不是围绕着世界秩序问题展开的。“虽然国际关系理论的内容在几个世纪中发生了戏剧性的变化,但对一种最终将拯救人类的‘国际关系的科学’的信仰却依然深藏于这一理论的许多研究之中。”[③]当前世界政治所涵盖的基本研究主题,如和平与发展、战争与安全、利益与权力等最终都可以囊括在秩序问题范围之内。在不存在凌驾于主权国家之上的世界政府的国际社会中,有效避免战争的爆发,实现世界的和平、安全与秩序,一直是符合人类根本利益和价值的共同志向。

冷战的结束和全球化趋势的加强给世界秩序的发展变化带来了历史性契机,引发了世人对构建新的世界秩序广泛而热烈的关注,同时也引起了关于世界秩序的更为深层次的理论思考:世界秩序的规范意义何在?影

---

① 俞可平:《治理和善治引论》,《马克思主义与现实》1999年第5期。

② [英]赫德利·布尔:《无政府社会——世界政治秩序研究》(第二版),张小明译,北京:世界知识出版社,2003年,第17页。

③ [美]罗伯特·吉尔平:《世界政治中的战争与变革》,宋新宁、杜建平译,上海:上海人民出版社,2007年,第228页。

响世界秩序的重要变量有哪些？如何在利益多元化的国际社会中寻求稳定的秩序？[①]如何才能缩短世界秩序的理想与现实之间的差距？基辛格用三个基本问题对此进行了概括：世界秩序的基本单位是什么？它们的互动方式是什么？它们互动，以什么为目标？[②]对于如此宏大的问题，给出一个各学派和各国家普遍接受的标准答案是不现实的。事实上，人类就世界秩序问题的分歧远远大于一致性，世界秩序仍是全人类共同面对的尚未解决的全球性问题。旧的世界秩序的坍塌增加了人们对主流范式的不满，也为国际关系研究采用新概念、新范式和新方法提供了新的动力。现实和理论两方面的迫切需要，使世界秩序的重要性再次凸显，进一步提升了人们探究新秩序、构建新秩序的紧迫性。

无政府状态是全球治理面临的基本现状。无论怎样界定和阐释无政府状态，一个基本事实是国际社会是缺乏统一中央权威的世界。无政府社会如何保持秩序，实现最基本的治理呢？这种秩序状态与权威政府之下的秩序状态是同质的吗？

从卡尔（E. H. Carr）到华尔兹，现实主义者把霍布斯奉为不可超越的理论家，因为他证实了他们所说的无政府状态问题：缺乏统一权威，生命就会变得卑污、粗鄙、短暂。恰恰因为切中了国际体系存在的基本事实，霍布斯通常被视为实证主义者。此后，无论现实主义者还是自由主义者都致力于寻求应对这一事实的方法，要么是管控，要么是超越。他们这样做的原因是"无政府状态往往被当作暴力的象征"[③]。虽然现实主义将个人设定为国家的原型，其对国家的判定可以依据对人性的认识获得，但它并不认为结束个人之间自然状态的逻辑也适用于无政府的国际社会。在主权至上原则之下，"世界政府"的出现并不具有现实可能性。现实主义对国际无政府状态的认定，获得了其他学派的一致认同，成为人们理解国际关系，制定国家外交政策的基本出发点。那么，这是否意味着国际社会必然遵循一种无序逻辑？如何才能实现无政府世界的秩序状态呢？

从全球治理现实来看，在现实主义大行其道的国际关系领域，国际社会虽然缺乏统一的中央权威，但仍然实现了某种形式的秩序。全球治理

---

① Birthe Hansen and Bertel Heurlin eds., "Introduction: The New International Order", in *The New World Order: Contrasting Theories*, Macmilian Press Ltd., 2000, pp.vii-viii.

② [美]亨利·基辛格：《大外交》，顾淑馨、林添贵译，海口：海南出版社，1997年，第747页。

③ Daniel S. Geller and John A. Vasquez, "The Construction and Cumulation of Knowledge in International Relations: Introduction", *International Studies Review*, No.6, 2004, pp.1-6.

的目的就是要为缺乏统一中央权威的世界带来秩序，寻求实现持久和平的途径。

无政府社会公共秩序的确立需要具备三个基本条件：第一，各行为体构成的集合具有独立于行为体的利益，即行为体具有共同利益并形成整体利益；第二，各行为体之间能够通过战争而外的方式理性化解矛盾，即无政府社会为行为体提供了有效的行为规范；第三，各行为体在面临自身利益与共同利益的冲突时，能够二者兼顾，或不因追求自身利益而损害整体利益或共同利益，即行为体之间彼此认同，获得无政府社会中的集体身份。简而言之，全球治理体系中秩序的实现需要治理体系获得独立性，有其凝汇行为体利益而形成的整体利益，具有对行为体行为构成约束的国际机制，赋予行为体统一的集体身份。这一全球治理体系虽然不是一个统一的中央政府，不具有合法使用武力的权力，但它仍然能够具有独立于主权国家的权威性，因而使得既定的行为准则可以获得行为体的一致认同，从而保障治理体系的有序运转。

全球治理体系存在的前提基础是行为体具有共同体利益。行为体在互动的过程中，形成一个社会系统，它独立于行为体之外，集合了具有相同利益诉求的行为体，但又不是行为体简单叠加的关系。任何一个独立的社会系统的形成都需要具有自身独立的利益，这是行为体利益的相同部分，也是满足社会系统生存发展的基本需要。在此意义上，全球治理体系的利益就是内含于每个行为体利益一种的最基本的利益，是全球治理体系得以产生的基础。从根本上，维护全球治理体系的利益就是维护每个行为体自身的利益，二者是并行不悖的。行为体利益与全球治理体系利益相矛盾、相冲突，从根本上讲是行为体自身利益不同组成部分之间的矛盾。当对自身利益认识不清、分割不当、协调失衡时，就会出现利益冲突。鉴于此，化解行为体与全球治理体系之间的矛盾关键还是要求行为体对自身的利益进行清晰判断、合理分割，以及战略性协调。只有真正地维护好、实现好全球治理体系的利益，每个行为体的利益才能得到最大限度的维护和实现。在全球治理体系的利益中，最根本的利益就是维系体系的存在，确保体系的秩序。这既是实现全球治理的需要，也是各行为体根本利益之体现。

全球治理体系通过国际机制约束行为体行为，从而实现秩序。构成全球治理体系的行为体之间的权力关系构成了治理体系结构，而国际机制为行为体提供了基本的行为规则。即便国际机制是在某些行为体的操纵之下建立起来,更多地体现和维护了既得利益行为体的诉求,但它也发挥了维系体系、提供准则的作用。行为体遵守国际机制,则全球治理体系的秩序和基本利益得以维护。反之,则全球治理体系秩序遭到破坏,和平和安全无法获得保证,行为体自身的相关利益也将受到影响。国际机制为行为体提供了稳定的心理预期,通过惩戒和奖励完成了对行为体的引导。它向行为体展示了哪些行为是体系禁止和反对的,一旦实施行为体将面临惩戒的严重后果;哪些行为是体系支持和鼓励的,一旦实施将给行为体带来切实的利益和荣誉。在行为体互动及其与体系进行磨合的过程中,行为体习得了行为规范,认同了国际机制的权威性,通过稳定的可预期的行为模式,学会了去处理与体系及与其他行为体的关系。在全球治理体系成长的过程中,行为体也获得了成长。而且,随着体系多元化的发展,国际机制愈益显现出对正义、平等的关注,因而成为确保行为体利益的不可或缺的规范。

全球治理体系赋予了行为体集体身份认同,使体系获得了合法性。全球治理体系是利益独立、功能健全、结构复合的复杂系统。全球治理体系的构成单元除了其独特的历史文化和政治主权造成的特殊性之外,也被全球治理体系赋予了共同的集体身份。它们共处于同一世界,地球是一个整体,全人类组成一个命运共同体。交通、通信、网络等现代科学技术的发展将世界各国联结为一体,人类同样也需要在精神和观念层面成长为一个整体。除了认同民族国家,人们也需要认同自己作为世界公民、地球人类的大身份,“超出狭隘地忠于部族和国家的老传统,而忠于更广大的全人类”[①]。有效全球治理的实现需要人们“对全人类共同利益的忠诚必须超越对单个民族国家利益的忠诚”[②]。国家行为体、非国家行为体包括个人对全球治理体系的一致认同,为全球治理体系提供了权威性、合法性。这意味着,一方面全球治理的结果是基于行为体一致认同的结果,行为体应该对治理行为和结果一同负有责任;另一方面全球治理体系应该是民主的、平等的共同体,行为体享有同等的权利,也共同分享治理的成果。

二、普遍安全:全球治理的保证

获得全球治理体系长久的普遍的安全,以确保全人类的整体安全是全

① [美]芭芭拉·沃德、勒内·杜博斯:《只有一个地球——对一个小行星的关怀和维护》,《国外公害丛书》编委会译,长春:吉林人民出版社,1997年,第251页。

② 刘贞晔:《全球治理时代全球利益与国家利益的调适》,《社会科学》2015年第1期。

球治理展开的保证。传统上人们倾向于将安全理解为战争的消除，和平的实现，把安全界定为外部军事威胁的消失。今天再以这样的安全理念去理解愈益复杂化的安全问题，显然并不周延。全球化时代，安全的内涵大大拓展，传统安全威胁与非传统安全威胁交织的趋势，使得以对立关系思维界定安全的观念正面临着极大挑战，人类共同的安全威胁正逐步将国际社会塑造为一个共生共在的安全共同体。

(一)新安全观破解安全困境

当代的国际安全研究由现实主义所主导，安全被视为确保民族国家生存的最高需要。传统的安全概念保持着明显的高度国家中心主义和强烈的外部倾向。国家被认为是安全的支柱，它为民族共同体的成员提供保护。在由个人安全、国家安全、区域安全和全球安全构建起的安全关系系统中，国家居于整个安全链条的核心。国家安全通常从消除对国家权力或权威实质的或潜在的外部威胁的角度来理解。权力被视为安全的本质，国家安全被认为最终依赖于军事权力。相对于传统的、外部倾向的国家安全概念，20世纪的国家安全概念发生了内部转向。对国家安全构成威胁的因素，更多地来自国家内部而非外在的无政府体系，国家安全由传统的政治、军事领域外溢至经济、文化领域。国家安全概念的转向与拓展使军事维度的重要性相对降低。国家安全变得更具有社会中心取向，而更少国家中心主义色彩，它越来越与更广泛、更深入的社会需求，例如经济振兴、社会整合、政治自由、平等主义的民主化等，联系在一起。但与这种变化并存的是，大多数国家的安全机构和安全研究却仍然由日渐过时的现实主义安全观念主导着。①

"现实主义思想之父"修昔底德在分析伯罗奔尼撒战争的根源时指出："使战争不可避免的真正原因是雅典势力的增长和因而引起斯巴达的恐惧。"②在他看来，伯罗奔尼撒战争的起因是雅典和斯巴达之间相对权力的变化，深层次原因是二者之间势力均衡变化引发的恐惧和疑虑。斯巴达和雅典都将对方权力的增长视为自身安全的最大威胁，同时，又把实力扩张作为维护自身安全的最佳途径。由此，双方陷入无休止的权力竞争之中，

---

① J. Drèze and A. Sen, "Public Action for Social Security: Foundation and Strategy", 1991, p.3, in Ines Smyth, "Gender, Change and Insecurity: Theoretical Issues and Practical Concerns", *Gender and Development*, Vol.3, No.3, October 1995, p.6.

② [古希腊]修昔底德：《伯罗奔尼撒战争史》，谢德风译，北京：商务印书馆，1978年，第19页。

秩序建基的势力均衡被打破，战争最终爆发。国家理性追求安全的行为，最终却演变成了自身安全的威胁，并引发了战争，这是典型的“安全困境”（Security Dilemma）。

“修昔底德陷阱”陷国家于“安全困境”之中。国家发展速度不等造成实力的此消彼长。一个国家快速崛起，实力提升，随着自身实力的变化必然要求在现有体系中建立体现自己话语权和领导权的世界秩序，从而建立自己的霸权。这就是主流范式认同的“国强必霸”逻辑。缺乏统一中央权威的全球治理体系实质上是一个自助体系，国家彼此之间充满敌意，国家最大的利益诉求是获得自保。任何国家实力的增长都会被其他国家视为对自身安全的最大威胁。在军事实力被视为获得国家安全有力保证的观念之下，国家会不遗余力地发展军备，军备竞赛由此无可避免。然而，军备能力的提升却并没有换来国家安全感的提升，国家由此陷入“安全困境”所带来的“安全与权力积聚的恶性循环之中”[①]无法自拔。

说到底，“安全困境”是一种零和博弈，是冷战思维方式的结果，它从特定的概念和认识偏好出发，对安全的认识存在偏差，只呈现了安全的一个方面、一个角度和特定特征。现实主义提出的安全概念成为西方理论界和政治界理解安全问题的逻辑基点。首先，国家被认为是安全的优先指涉对象。安全被冠以“国家安全”之名，“国际安全”也被直接等同于“国家安全”，或者被视为其他安全对象获得安全的最佳方法。个体、族群、环境、地球和人类作为安全主体和安全参照系的身份被忽略了，国家安全对非国家行为体安全的影响被夸大了，而国际社会安全和人类的共同安全被置于次要或无足轻重的位置。其次，安全威胁与国家领土边界相联系。国内/国际二分法，将国内与秩序、安全相关联，而将国际与无政府、威胁相关联。边界之外的行为体（特别是敌对国家）被假想为威胁国家安全的敌人。敌对关系成为国家之间关系的主要特征，经济合作、文化交流、政治磋商都不会从根本上改变国家彼此根深蒂固的敌意。再次，安全被限定在军事安全范畴内，其他领域的问题如经济活力、政治稳定、能源供给、科技发展、食物食品等要么未被纳入安全考虑之中，要么仅在其成为军事安全影响因素时才被视为安全问题。各领域之间的关

---

① Joan Herz, “Idealist Internationalism and the Security Dilemma”, *World Politics*, No. 2, 1950, pp.157-180. 转引自［英］巴里·布赞、［丹麦］琳娜·汉森：《国际安全研究的演化》，余潇枫译，杭州：浙江大学出版社，2011年，第14页。

联被切断，只有在国家面临直接的军事或武力威胁时，才被认为是国家安全形势吃紧。最后，安全往往与威胁、危险、紧急事态相关联。国家只有不断地获得更多的权力，才有足够的力量抵御来自外部的军事威胁，而且只有国家获得超出对手的力量才能够获得足够的安全，而陷对手于不安全。这就必然导致整个国际社会始终处于一种充满敌意、濒临战争的状态，人类被冷战氛围笼罩，[①]“‘行动—反应’的螺旋式上升，‘安全—实力—不安全’格局不断升级”[②]。

破解“安全困境”的关键在于转变思维方式，重新审视我们对安全的狭隘理解，对安全作出符合时代和现实的界定，在实践中践行新的安全理念。中国倡导的新安全观就是一种非零和博弈观，一种能够破解“安全困境”的安全观念。中国的新安全观倡导共同安全、综合安全、合作安全、可持续安全。[③]

（二）合作安全推进集体安全

全球化时代的安全是共同安全。安全的主体不仅是国家也应包含次国家行为体（个人、组织）、超国家行为体（跨国组织、国际社会、全球体系、全人类）。国家安全只有在全球体系、全人类安全得到维护和保障的时候才能真正获得。人类共处一个地球，彼此利益交融、安危与共，日益成为一荣俱荣、一损俱损的安全共同体。共同安全下的安全是普遍安全、平等安全、包容安全。普遍安全就不能是某个或某些国家安全而其他国家不安全，更不能以牺牲别国的安全换取自身的安全；平等安全意味着各国享有平等参与安全事务的权利，任何国家都不能垄断地区或国际安全事务，侵害其他国家的安全利益；包容安全就是各国恪守尊重主权、独立和领土完整、互不干涉内政等国际关系基本准则，尊重各国自主选择的社会制度和发展道路，尊重并照顾各方合理安全关切。

全球化时代的安全是综合安全。安全的领域不再仅限于军事安全，也应该包括经济、政治、文化、社会、生态等全方位、多领域的安全，要统筹传统安全和非传统安全，在重视国家传统安全的同时，也要重视恐怖主义、跨国犯罪、环境安全、网络安全、能源资源安全、重大自然灾害等非传统安全

---

① [英]巴里·布赞、[丹麦]琳娜·汉森：《国际安全研究的演化》，余潇枫译，杭州：浙江大学出版社，2011年，第11—14页。

② [法]达里奥·巴蒂斯特拉：《国际关系理论》（第三版增补本），潘革平译，北京：社会科学文献出版社，2010年，第327页。

③《习近平谈治国理政》（第一卷），北京：外文出版社，2018年，第353—359页。

问题带来的挑战。加强国际社会在传统安全问题上的对话，消除彼此之间的敌意或误解，交换彼此对安全的看法，通过政治谈判、对等磋商等手段寻求化解政治危机和军事冲突，避免使用武力或以武力相威胁；非传统安全在全球化时代正成为更为严峻的安全问题，实现政治安全、经济安全、文化安全、社会安全[①]、环境生态安全，国家和全球体系才能获得完整意义的安全。政治安全就是各国制度稳定、政府体系及其意识形态获得合法性，政治主体在政治意识、政治需要、政治内容、政治活动等方面免于内外各种因素侵害和威胁的客观状态；经济安全就是各国经济主权独立、基础稳固、运行健康、增长稳定、发展持续，同时国家经济发展所依赖的国外资源和市场的稳定与持续，免于供给中断或价格剧烈波动而产生的危机，散布于世界各地的市场和投资等商业利益不受威胁；文化安全就是一国的观念形态的文化生存和发展，如民族精神、政治价值理念、信仰追求等不受威胁，国家文化主权保持独立，文化传统得以传承，文化的民族性得以维护；社会安全就是国家社会生活稳定，社会组织充分发挥组织和管理治理能力，民生问题受到重视和解决，人民安居乐业，充分享受发展的成果；环境安全就是在人类社会发展的同时生态环境得到保护，人的生活、健康、安乐、基本权利、生活保障来源、必要资源、社会秩序和人类适应环境变化的能力等方面不受威胁。

全球化时代的安全是合作安全。这为全球治理提供了获得普遍、持久安全的途径，就是要通过对话合作促进国家、地区和国际社会安全。要通过坦诚深入的对话沟通，增进战略互信，减少相互猜疑，求同化异、和睦相处。要着眼于各国共同安全利益，从低敏感领域入手，积极培育以合作应对安全挑战的意识，不断扩大合作领域、创新合作方式，以合作谋和平、以合作促安全。要坚持以和平方式解决争端，反对动辄使用武力或以武力相威胁，反对为一己之私挑起事端、激化矛盾，反对以邻为壑、损人利己。安全是全人类共同面对的事情，归根结底要靠各国人民共同来办，世界的安全问题归根结底要靠各国人民来共同处理，世界的安全归根结底要靠各国人民来共同维护。各国人民有能力、有智慧通过加强合作来实现世界和平稳定。国家在加强自身合作的同时，要坚定致力于同其他国家、其他地区和国际组织的合作，为世界安全和合作发挥

① [法]达里奥·巴蒂斯特拉：《国际关系理论》(第三版增补本)，潘革平译，北京：社会科学文献出版社，2010年，第333页。

积极和建设性作用，努力实现双赢、多赢、共赢。

全球化时代的安全是可持续安全。对全球治理体系和全人类而言，发展就是最大的安全，也是解决地区安全问题的"总钥匙"。人类解决当前全球化进程中出现的所有问题必须通过发展实现，安全问题得到最终的、根本性解决的途径只能是发展。只有安全与发展并重才能实现持久安全。发展是安全的基础，安全是发展的条件。贫瘠的土地上长不成和平的大树，连天的烽火中结不出发展的硕果。要建造经得起风雨考验的人类安全大厦，就应该聚焦发展主题，积极改善民生，缩小贫富差距，不断夯实安全的根基。要推动共同发展和全球治理进程，努力形成经济合作和安全合作良性互动、齐头并进的大好局面，以可持续发展促进可持续安全。

党的十九大提出了总体国家安全观，"坚持国家利益至上、以人民安全为宗旨、以政治安全为根本"三个核心理念，统筹外部安全和内部安全、国土安全和国民安全、传统安全和非传统安全、自身安全和共同安全四组重要关系，[①]实现了安全观念的进一步创新和发展。中国不仅在安全观念上提出了新的安全思路，而且实践中积极践行新安全观，以此处理中国与世界、中国与大国、中国与周边、中国与发展中国家的关系，推动构建人类安全共同体。

三、共同繁荣：全球治理的支柱

和平与发展是当今世界的时代主题，二者相辅相成、相互促进。实现世界持久和平是促进人类共同发展的前提，而促进共同发展是实现世界和平的保证。当前导致世界不太平的因素究其根源主要在于发展程度低、发展不平衡、不和谐。相较于和平问题，发展问题更为突出、紧迫。如何为繁荣而治理，是21世纪人类最大的政策困惑。[②]

（一）共同利益要求共同发展

传统观念将国家塑造为有明确边界的共同体，其公民具有共同的认同和生存利益。国家利益被描绘成客观的、先定的，它代表了全体国民的共同利益。"国家中心主义"理念造成国家"自我"/"他者"的思维方式，国家只

①《习近平著作选读》（第二卷），北京：人民出版社，2023年，第20页。

②［美］布鲁斯·布恩诺·德·梅斯奎塔、希尔顿·L. 鲁特主编：《繁荣的治理之道》，叶娟丽、王鑫等译，北京：中国人民大学出版社，2007年，第2页。

关心自身的发展，追求自身利益的维护和实现。安全、和平、繁荣、权威等概念常与国家相联系，而威胁、冲突、贫穷、无政府等常与外部、国际观念相联系。在全球治理中，国家被装扮成一个被民族情结牢固地联结在一起的共同体，它与外部的其他行为体之间，存在着现实的或潜在的冲突。国家的认同边界强化了国家内部、外部存在着明显界线的观念，加剧了公共领域与私人领域、国际政治与国内政治的分化。

传统观念倾向于在多元化、多样性的世界中，把异于“自我”的定义为“他者”。国家以自我为中心，通过发展增强自我能力，使“自我”在与“他者”的关系中处于有利地位。[①]国家要么对其他行为体的发展漠不关心，要么对其他行为体的发展持一种谨慎提防的态度。因为任何外在力量的发展带来的实力增长，都将被视为对自身安全和发展的重大威胁。“国家中心主义”必然导致国家在全球治理中采取孤立主义和利己主义的行为方式：持孤立主义观念的国家将全球化视为资本主义对世界主宰的过程，为保持国家独立，他们拒绝国际合作与国际对话，拒绝参与全球治理；持利己主义观念的国家认为全球化不可能改变国际社会的冲突本质和无政府性状，国家行为受自利本性的驱动，导致国际集体行动难以成功，国际公共产品供给缺乏且被滥用。[②]这两种观念无疑都导致在现实中全球治理举步维艰，难以取得突破性进展。

全球化时代是国家利益、国际利益、人类共同利益相互交织的时代。国家作为以理性经济人为原型的人类组织形式，必然在全球治理中趋利避害，追求自身利益的最大化。在无政府的自助体系下，国家利益成为国家行为的首要原则也是最高原则。“国家中心主义”在传统治理观的理论建构中具有本体论意义：一方面，它否认“国家”范畴之外的因素对全球治理具有影响力和解释力；另一方面，它把治理视为国家及其行为的产物。由此看来，理解主流的全球治理概念，必须以它们对国家的基本认识为前提。长期以来，全球治理理论与实践被理性选择理论所主导。它假定理性行为体在资源稀缺的环境中彼此竞争，它们具有且能够把握自身毋庸置疑的明确利益。据此，主流范式假定，世界秩序的基本构成单位——国家是理性

---

① 《新政治发展观与全球治理困境的超越》，载蔡拓：《全球学与全球治理》，北京：北京大学出版社，2017年，第292页。

② 《新政治发展观与全球治理困境的超越》，载蔡拓：《全球学与全球治理》，北京：北京大学出版社，2017年，第290—292页。

行为体，它根据自己的利益，在国际社会中理性地行动。[①]国家是利己的、单一的理性行为体，其身份和利益是先定的；国家是自身行为的最终裁定者，不受任何社会规范、道德的约束，国际社会只是国家寻求实现自身利益的舞台。在全球治理中，理性和道德被置于对立关系中。全球治理被视为国家"理性"地追求利益的副产品，而无关道德。作为全球治理的基本构成单位，国家理性计算利益得失，在本质上是利己的。

事实上，全球化的迅猛发展已经对传统的国家中心主义观念和冲突性国际关系构成了挑战。国家绝非生存于孤岛上的个体，而是处于日益复杂化、彼此交织、相互依赖的国际关系中的社会性因子。全球化带来的这种变化引起了国家发展观念的变化，促成了传统发展观向新发展观的转变。

内政和外交、国内和国外之间的区隔逐步销蚀，国家之间、国家与世界相互依赖不断深化。世界是开放的世界，任何国家的发展都不可能是自我封闭式地发展。发展不再是局限于领土边界内的问题，而是人类社会共同面对的问题。国家必须将自身发展与国际发展、世界发展、人类发展结合起来，才能充分调动一切国内、国际因素实现快速的、持续的、稳定的发展。一方面，国家发展对外部环境的要求越来越高，对外部世界的依赖越来越强；另一方面，国际问题、全球性问题的解决也依托于国家发展的程度和经验。历史发展证明：一个自我封闭、对外界始终抱有疑虑和敌意的国家，人为地切断自身与外界的联系，必然在世界发展的大潮中落后于世界大势。

全球治理存在和展开的前提是构建起以共同利益为基石的全球治理体系。全球化凸显了国家之间的相互依存，通过相互依存发展出全人类的共同利益。全球化时代，国家之间的相互依存不是一般意义的相互影响、相互联系，而是对国家构成了结构性约束力，并且成为国家生存发展的内在需要。国家无法脱离社会关系而独立存在，国家及非国家行为体构建起全球共同体。全球共同体首先是利益共同体，各国利益的相同部分是全球共同体建立的基础，各国利益内含于共同体利益之中。国家在全球治理中不仅只关注自身的利益，也要协调好自身利益与共同利益之间的关系；不仅要实现自身的发展，也要通过国际合作促成共同利益的发展。全球共同

---

① 基欧汉明确把新自由主义归入理性主义之列。他认为，20世纪90年代以来，以新现实主义和新自由主义为一派，以规范理论、女性主义、批判理论、历史社会学和后现代主义等非主流范式为另一派，产生了所谓理性主义与反思主义之间的论战。See Robert Keohane, "International Institutions: Two Approaches", *in International Institutions and State Power: Essays in International Relations Theory*, Westview Press, 1989.

体也是命运共同体,世界各国利益交织、休戚相关,共同体的前景关乎每个国家、每个个体的生存和发展,各国对于全人类和世界命运负有共同责任。全球共同体还是一个身份共同体。全球共同体给予了国家在国际社会中的社会身份,国家在社会交往中获得社会认同和社会身份,并且需要在社会关系中维持社会身份。这意味着国家产生了对共同体的依赖和认同,会反对破坏共同体发展的力量。

当今世界的发展是共同发展,是基于人类共同利益的共同发展。世界经济发展的现实表明,国家之间存在的发展速度、发展程度、发展水平的巨大差异,构成了发达国家与发展中国家之间巨大的发展鸿沟。世界经济发展的不平衡规律,以及历史上帝国主义对落后国家的侵略、资本主义在世界范围内的扩张,是造成当代国家在发展中存在巨大差异及发展中国家形成对发达国家依附关系的根本原因。中国人民经过近代民主革命和社会主义革命的艰苦奋斗历程,确立了具有优越性的中国特色社会主义基本制度,并通过改革开放为社会主义发展提供动力支持,国家经济实力迅速增长,国家总体实力不断跃升。中国已经成为全球经济体系和经济治理中举足轻重的国际力量。但在国际地位上,中国一直将自己定位为发展中国家,在国际事务中始终站在广大发展中国家的立场上,为发展中国家争取权利,维护发展中国家的利益。历史上形成的发达国家和发展中国家存在的巨大差异在当今时代有进一步拉大之势。大多数发展中国家经济发展仍存在不同程度的困难,面临着在全球化进程中被进一步边缘化的危险。

全球治理的目的在于推动经济全球化朝着均衡、普惠、共赢的方向发展,努力缓解发展不平衡问题,消除贫困;积极推进区域和全球经济合作,共同解决全球经济发展中出现的问题,维护经济安全;以相互开放取代彼此封闭,努力建立和健全开放、公平、规范、非歧视的多边贸易体制,实现优势互补、互利共赢,可持续发展,使所有国家都从中受益;加强全球能源对话与合作,共同维护能源安全和能源市场的稳定,为世界经济增长提供充足、安全、经济、清洁的能源;积极促进和保障人权,努力普及全民教育,实现男女平等,加强公共卫生能力建设,使人人享有平等追求全面发展的机会和权利;尊重发展模式的多样性,加强发展经验的交流和借鉴,提高各国自我发展的能力;积极推动发达国家为实现全球普遍、协调、均衡发展承担更多责任,在开放市场、转让技术、增加援助、减免债务等问题上采取切实措施,帮助发展中国家特别是重债穷国和最不发达国家加快发展,使21世纪真正成为“人人享有发展的世纪”；充分反映广大发展中国家的关切，促使发展中国家充分利用自身优势推动发展，广泛开展南南合作，推动国际社会全面进步。

中国主张正在改善全球经济治理格局不均衡、不平等的问题。在全球经济治理体系中，发达国家主导着全球经济治理机制，操控着全球经济事务的处理，成为全球经济治理体系的决定性力量，而发展中国家的利益和诉求很难在现有的经济治理体系中得以体现。中国认为，要解决世界发展乏力的问题，必须着力解决发展中国家的发展问题。只有广泛吸纳发展中国家进入当前的全球经济治理体系，改变全球经济治理格局失衡的问题，才能从根本上推动发展中国家的发展，并且最终解决世界共同发展问题。

(二)共同发展促成共有观念

有效的全球治理需要全球治理体系不断扩大共同利益基础。共同利益拓展意味着全球治理体系达成共识的基础在扩大，增强了行为体集体行动的可能性，并且逐步发展出共有观念：新发展观、全球意识、合作意识和共在意识。[①]这些观念和意识使人们以包容心态、理性方式、多元观念审视别国的利益，对待异质文明，关注人类整体的进步和发展。

新发展观是一种开放发展观、负责任发展观和共同发展观。新发展观认为，当今的世界是开放的世界，任何国家的发展都离不开世界；每个国家只有全面开放，才能更好地发展。同时，世界各国特别是大国对世界的发展负有各自的责任，世界的发展离不开各国的发展；世界对国家的发展也具有不可推卸的责任，特别需要提供条件促成贫穷、落后国家的发展，帮助发展中国家发展是全世界的共同责任。新发展观还认为，世界各国和世界是共同发展、共同进步的，发展中国家的长期落后不仅关乎自身的发展，也直接影响着发达国家和整个世界的发展；任何国家的发展都会受制于世界的整体发展，促进世界整体、全面、协调、均衡的发展是世界各国发展根本利益所在。

新发展观的形成有助于消解“国家中心主义”观念，克服“自我”/“他者”之间的对立、对抗关系，以一种整体主义的观念、一种开放包容的心态、一种理性乐观的态度对待别国的发展和世界的发展，从而有助于消解全球治理的参与赤字。国家不只追求绝对获益，而是把自身利益与世界整体利

---

①《全球化的若干问题》，载蔡拓：《全球学与全球治理》，北京：北京大学出版社，2017年，第95—100页。

益联系起来，在增进自身利益的同时，也维护和发展共同体利益。国家不再否定或排斥全球化，而是自觉地积极参与全球化进程，通过融入全球治理体系，从世界发展中获益。

新发展观有助于形成共同体意识，使国家建立对全球治理的责任感，从而解决全球治理的责任赤字。在传统发展观下，国家否认自己作为全球共同体成员的身份，认为国际责任是影响自身利益实现的负担和障碍。新发展观则有助于国家从自身利益和共同利益的一致性来审视自身与共同体的关系，自觉地遵守、服从国际机制和国际关系准则，通过国际合作消弭利益冲突，增进政治共识。

全球治理推动国家意识向全球意识转变。长期以来，民族国家是人类群体意识最主要的表现形式，国家意识成为人们身份认同、政治认同和文化认同的终极表现。国家之上，再无或者难以形成超越国家概念边界的共同体。这导致尽管存在着所谓全球治理，但并没有形成全球共同意识，人类共同体不过是存在于理论家头脑中的“想象的共同体”。全球性问题的大量涌现，似乎正把想象转变为现实：“世界是一个整体，人类正成为区别于个体、群体的新的主体。”[①]全球性问题表现出的普遍性、严重性、长久性需要人类用一种全局性、整体性的全球思维方式去审视全球治理问题。全球意识，就是“在承认国际社会存在共同体利益，人类文化现象具有共同性的基础上，超越社会制度和意识形态的分歧，克服民族国家和集团利益的限制，以全球视野去考察、认识社会生活和历史现象的一种思维方式”[②]。

全球意识的形成需要特定的前提，是全球治理不断深化到全球共同体生长阶段的产物。全球意识形成需要行为体间形成共同利益，并不断拓展为共同体存在的基础。在人类发展史上，共同体是人类存在的基本形式。部落、民族、国家，乃至国际社会、全球共同体的形成，都是以构成群体的成员间存在共同利益为前提的。

氏族公社是人类社会最早出现的共同体，维系氏族的纽带是血缘。随着生产力的发展，氏族不断拓展其地域范围，具有亲缘关系和利益相近的氏族联合成部落。在原始社会末期，剩余产品的出现带来了产品私有制，并且由于部落之间地理上的接近，爆发冲突乃至战争的可能性不断增加，

---

①《全球化的若干问题》，载蔡拓：《全球学与全球治理》，北京：北京大学出版社，2017年，第96页。

② 蔡拓：《当代全球问题》，天津：天津人民出版社，1994年，第562页。

战胜方将战败方变为奴隶，形成人身依附关系，原始社会的不平等关系被打破，一种貌似凌驾于冲突双方利益之上的、代表社会成员共同利益的组织——国家就此产生。[①]如果说从前国家状态到国家状态，随着人类共同体的拓展，共同利益也在层次上不断升级，但到了国家时代，国家一直被视为社会成员共同利益的最高代表者，在国家之上似乎很难再出现一个能够统合国家利益的共同体，人类的共同意识也似乎就此止步升级。

20世纪70年代以来，人类生存、发展中面对的问题越来越超出一国边界的限制。相较于国家应对的内部问题，这些"外溢"的问题于全球治理似乎更为根本，不仅遍布世界各角落，而且关乎每个国家乃至全人类的前途命运。全球意识使行为体能够自觉维护维系全球治理体系的基本国际机制。国际机制是全球治理体系正常运转，治理行为顺利展开的条件。历史上国际机制往往是为解决当时国际社会中较为突出的"公共问题"，部分国家或大多数国际行为体经过反复磋商达成的一致。尽管国际机制在大国操纵、主导之下难免会带有国际体系不平等、不民主的色彩，各国从国际机制中受益程度不一，但随着治理实践的推进，国际机制必然不断趋向于公正、合理，并符合行为体普遍的正义诉求，成为行为体自觉遵守的行为规范，进而转化为行为体对国际机制的内在认同。国际机制在全球治理中地位和作用不断提升，会加强行为体的合作意识、规范意识。全球意识是一种身份意识，一种集体认同。人与人之间的共性远远大于其差异，人类社会面临共同问题的重要性远远大于其特性问题。全球治理凸显了国家、人类的共性和共同问题，需要获得关于世界变化的合理解释，共同努力寻求解决这些问题的有效方法。

全球治理的实施形式是国际合作，发展出国际合作意识。在现实主义和冷战思维主导的时代，国家行为的根本决定因素是国家利益，国家之间的合作不论是在客观上还是主观上都是极为有限的。客观上，国家之间联系和交集较少，内政与外交之间的关联性不明显，治理主要是内向型的。主观上，国家出于相对收益考量而不愿意进行合作，担心合作只会增进合作方的利益。最后的结果是，合作没有增加自身的利益，反而带来了对自身安全的威胁。这种观念显然并不适合冷战后日益全球化的世界，国家之间因共同利益的增长和共同问题的增多，相互依赖不断加深，国家也逐渐意识到这个多样化的世界求同存异、共同合作才能和平共处，合作是国际

① [德]恩格斯：《家庭、私有制和国家的起源》，北京：人民出版社，2018年，第189页。

交往的主流,也是国家利益得以维护和实现的不可或缺的形式。合作意识的形成改变了对抗性思维方式,有助于国家彼此尊重、和平对话、平等竞争、消除歧见、化解矛盾。

有效的全球治理推动形成的新发展观、全球意识和合作意识,说到底是一种整体世界观和共有观念。在理解这一观念时需要注意四点:第一,共有观念有一个从有到无、积少成多、逐步扩展的过程,它是伴随着治理实践的展开和全球治理体系发展而形成的;第二,共有观念与国家、民族、组织原有的价值观并不冲突,不是要用共有观念对抗或替代原有观念,观念多样恰是共有观念形成的前提;第三,共有观念由国家提出,却不是由哪个国家主导的或强加的,而是国家在集体行动中,相互合作、相互融合逐步发展起来的;[①]第四,共有观念在形成和传播的过程中可能会遭遇阻力,出现逆转,但这不会从根本上改变全球化的发展,也不会消解共有观念。

四、开放包容:全球治理的理想

在今天关于全球治理的研究、争论和实践中,文明重回前沿。[②]在全球治理理念与理论构建中,文化作为形而上的成分为人们理解全球化及其结果和趋势提供了认识工具、思考方式和阐释维度。不仅一些大国愈发强调自己的文明身份,许多学者在解释全球治理现象时也力图在将文明作为深层动因。全球治理面对的一个基本事实是,世界是由众多主权国家组成的,国家则有着不同的文化传统、价值观念。关于"文明"这一概念的界定,国际关系学界历来存在争议。有学者赋予文明实体性意义,将全球治理视为不同文明之间的纷争与合作。还有学者以过程性定义文明,认为全球治理是发生于带有不同文明身份的行为体之间的互动过程。[③]本书认为,文明是治理行为体交互时的身份标识,全球治理就是治理行为体基于文明差异性和一致性的分歧、认同、合作、冲突的过程。文明虽然不具备行为体属性,但它在当前的主权国家主导的治理体系中依托国家的组织性而带有实

---

① 《全球化的若干问题》,载蔡拓:《全球学与全球治理》,北京:北京大学出版社,2017年,第99页。

② Amitav Acharya, "The Myth of the 'Civilization State': Rising Powers and the Cultural Challenge to World Order", *Ethics & International Affairs*, No.2, 2020, pp.139-156.

③ 秦亚青主编:《当代西方国际思潮》,北京:世界知识出版社,2012年,第230页。

体性的特征。"文明不是行为体,但构成了政治实体采取行动的背景。"①

在多元的世界寻求共识和一致行动,一直是全球治理需要跨越的门槛。聚焦文明进程和文明身份审视全球治理,不仅使治理赤字背后潜在的、深层次因素得以显现,更为具体地勾勒出全球治理特定的历史文化背景,而且为深入理解全球治理提供了身份视角和规范指导,更有助于从中获得规律性认识。②

(一)文明:全球治理发生的嵌入背景

文明与治理的纠缠是全球治理表象背后的动因。透过全球治理的种种现象,文明及其影响逐渐浮出水面。作为一种社会理论,全球治理"具有文化胎记"③。全球治理发生的伦理基础是,人们在何谓良好治理、何谓美好生活方面可以达成最朴素的共识,对于秩序、和平、正义有基本诉求。此外,基于文化传统的差异,全球治理面临的是一个多文明中心的世界。各国或不同民族形成了特色各异的文化。全球治理发生的宏观时代背景不是固化的文明,而是多变的文明进程。对全球文明的考量可以从其存在状态和历史演进两个维度去审视。就存在状态看,文明依托于共同体,特别是主权国家行为体,进而促进了"文明国家"的出现。就历史演进来看,文明是在行为体互动过程中建构起来的。④可见,文明不仅以组织形态呈现,成为各种关系链条中的纽结,而且推动了人类历史延续与变革的进程,成为社会变迁的引擎。当代跨越全球的现代文明是多元文明演进、交互、吸

---

①《比较视域下的中国化》,载[美]彼得·J. 卡赞斯坦主编:《中国化与中国崛起——超越东西方的文明进程》,魏玲、韩志立、吴晓萍译,上海:上海人民出版社,2018年,第191页。

②[美]彼得·J. 卡赞斯坦主编:《中国化与中国崛起——超越东西方的文明进程》,魏玲、韩志立、吴晓萍译,上海:上海人民出版社,2018年,前言第Ⅱ—Ⅲ页。

③秦亚青:《关系与过程:中国国际关系理论的文化建构》,上海:上海人民出版社,2012年,第17页。

④穆斯塔法·艾米拜尔(Mustafa Emirbayer)区分了文明的两种分析模式,即行为体导向分析和过程导向分析。卡赞斯坦将这两种方式分别归为属类研究和话语研究,前者强调文明的内聚性、一致性、实体性,是本质主义内核的;后者则突出文化的过程性、互动性、社会性,是话语性的实践。本书认为,文明既是一种状态,通过行为体呈现出来,又是一个过程,通过交往实践不断演化。在对全球治理所处的文明背景和文化意向进行分析时,二者缺一不可。它们共同指向了全球治理的意义内涵。参见《多元多维文明构成的世界:多元行为体、多元传统与多元实践》,载[美]彼得·J. 卡赞斯坦主编:《世界政治中的文明——多元多维的视角》,秦亚青、魏玲、刘伟华、王振玲译,上海:上海人民出版社,2018年,第8—20页。

纳、重组的过程，是“自我”与“他者”之间分离又依赖的结果。全球治理范式的“核心部分包含了不可磨灭的文化要素”①。

以西方文明和非西方文明的二元论视角区分世界文明是一种普遍惯常的做法。这种认识建基于对全球治理体系东西方的二元划分。二元论思维是西方政治理论传统之一。西方思想一直习惯于以对立的范畴来定义主要概念，如客观与主观、普遍与特殊、精神与肉体、自我与他者、国内与国际、文明与野蛮等。虽然这些范畴貌似是中性的，但事实上，它们却内含着价值评判，并依据附着价值被等级排序，“一个是优越的（或享有特权的），而另一个是低劣的（或服从的）”②。由此，潜藏在文明二元论背后的是一种将不同文明截然对立的认识论视角，以及赋予西方文明和非西方文明不同价值的评判标准。在权力政治主导的世界政治中，“西方中心主义”成为全球治理的标签，西方主导全球治理体系是客观实在，西方领导、非西方服从的权力结构投射到文明论中，西方文明优越感就此产生，造成了西方文明统领乃至凌驾于非西方文明之上。文明和非文明，或者文明和野蛮的区分被视为西方和非西方二元对立范畴的延伸。更为不可思议的是，这一结论被正当化。

冷战结束后，关乎文明的关于世界文明的发展成为全球治理乃至国际关系研究的重要议题之一。在诸多论述和论争中有两种典型观点追随者众多，一种是福山提出的“历史终结论”，另一种是亨廷顿持有的“文明冲突论”。尽管结论相左，但这两种观点的本质一致，那就是均持“西方文明至上”的根本立场。以西方文明作为世界文明的中心，并将其作为现代文明的典范，制造文明等级制，进而成为论证现代世界体系等级合法化的依据。

“历史终结论”认为，苏联解体表明西方自由民主制度获得了最终胜利，昭示资本主义一统天下时代的到来，民族国家在道路选择、制度设计、价值认同上趋同。国家间的关系，亲密或冲突乃至对立，这背后是国家所持有的文化观念上的认同、差异或敌对。显然，福山乐观地认为，资本主义的民主自由观念和制度安排是人类的最佳选择。然而无论是20世纪90年代的东亚奇迹，还是21世纪新兴国家、发展中国家的群体性崛起，抑或近些年国际社会热议的中国全面复兴，都已经用事实回应了“历史终结”的荒

---

① 秦亚青：《国际政治的关系理论》，《世界经济与政治》2015年第2期。

② ［挪威］托布约尔·克努成：《国际关系理论史导论》，余万里、何宗强译，天津：天津人民出版社，2004年，第281页。

谬。一国制度的变化、文明的转向并不意味着它所代表的文明的灭绝。由此可见,文明不是单一的,而是多元的,全球治理的深入需要不同文明体的一致行动,而不是制造敌意。

"文明冲突论"将冷战结束后的国际冲突锁定在了异质性文明之间。每当国际社会出现重大危机时,无论是"9·11"恐怖主义袭击,还是国家和种族间爆发的冲突,都会引发一场关于文明冲突的全球性辩论。似乎"西方""非西方"正陷于亨廷顿所说的"永久的文明冲突"之中。在备受推崇的同时,文明冲突也面临着将文明关系简单化的指责。"文明冲突论"貌似承认文明的差异性,实则突出的是同质文明的内聚力和统一性。其论证的目的是,说明西方文明要通过强化认同来抵御非西方文明的挑战。去除了文明的过程性因素去考察不同文明之间的关系,"文明冲突论"营造出异质性文明必然陷于冲突的全球治理时代场景。这使亨廷顿的观点不可避免地呈现了文化本质主义的特征。而"西方""非西方"的划分方式,也令"文明冲突论"备受质疑。就文明的内部维度而言,单向的、不变的文明并不存在。特朗普政府曾经将中美之间的关系描述为"一场不同文明和意识形态之间的战争"。坚持以排斥、改造甚至取代的态度对待其他文明的做法是愚蠢的且具有灾难性的。其实,"文明冲突论"背后潜藏的仍然是利益。

无论是"历史终结论"还是"文明冲突论"都存在"简单化"的致命问题。这种短视的观点忽视或歪曲了历史的复杂性和当代文明多样性的现实。以一种宏观历史维度的视野去审视人类社会的历史变迁会发现,将现代世界看作西方文明扩张的结果是极为片面的。历史变革的主要动力来自不同文明之间的接触互动。[①]文明表达了不同民族、不同时代人类的不同思维方式,它在"回应内部多元性和进行外部交往的过程中逐渐进化"[②]。在当前主权国家构成的全球治理体系中,文明以主权国家为载体和行为体,主权国家之间的关系本质上就是文明之间的关系,主权国家对于全球治理所持的态度根本上就是不同文明对于全球性问题的认识和判断。国家之间的冲突与合作无非就是多元文明之间本质属性上的分殊或一致,决定冲

---

①《二十五年后再评〈西方的兴起〉》,载[美]威廉·麦克尼尔:《西方的兴起——人类共同体史》,孙岳、陈志坚、于展等译,北京:中信出版集团,2018年,第xxiii页。

②《多元多维文明构成的世界:多元行为体、多元传统与多元实践》,载[美]彼得·J.卡赞斯坦主编:《世界政治中的文明——多元多维的视角》,秦亚青、魏玲、刘伟华、王振玲译,上海:上海人民出版社,2018年,第8页。

突与合作的“不是物质性实力,而是文化基因”[①]。在此意义上,当前全球治理的研究和实践不可能免除对文明的审视和关注。文明塑造人类历史,也赋予了各种实践以意义。只有从文明入手去分析治理困境,才能找到根本性的解决方案。全球治理焕发新生命需要寻求其文明之源,从文化中获得生发的力量。我们有充分的理由相信,正是基于文明之间的融通性,人类才对全球治理的理想有共同的期许,对达至理想的治理状态采取一致行动。

(二)全球治理体系:多文明共在体系

文明的差异性是全球治理面临的一个基本事实。全球治理对于人类文明的多样性究竟会产生怎样的影响,已产生了何种影响,是一个难以简单作答的问题。阿查亚提出要重视非西方历史与文明,实现国际关系研究的多元化,“全球国际关系学”(Global International Relations)概念就此诞生。[②]全球治理应该是保护文明多样性而不是将消除差异作为治理目标,全球治理体系应该是“多元多维文明”[③],这已经成为文明论者普遍认同的一个前置假定。

承认文明的多样性基于审视文明维度的多元性。从纵向时间维度看,文明具有变化性与稳定性特征。文明的变化性表现为任何文明都是一个历史演进的过程,它在与其他文明的交互中延展并定位自己。文明的延展表明其变动不居的流动性,文明的定位意味着其内含的核心特质稳定,并将自身与其他文明区别开来。从横向关系维度看,文明具有分异性和一致性特征。文明的分异性表现为多样的文明异彩纷呈、大不相同;文明的一致性则意味着,作为人类的精神成果,不同文明又是相通的,其内含着共同的价值认同。分异与一致成为隐藏在全球治理的冲突和合作背后的关键因素。整合时间维度和关系维度建立的文明坐标系,可以发现文明可能处于不同的时空象限,而全球化为文明之间的交互提供了共同的时代背景。

---

① 秦亚青主编:《当代西方国际思潮》,北京:世界知识出版社,2012年,第233页。

② Amitav Acharya, “Global International Relations”, in Presentation at the Conference on Global IR and Chinese School of International Relations Theory, China Foreign Affairs University, Dec. 8, 2014.

③《多元多维文明构成的世界:多元行为体、多元传统与多元实践》,载[美]彼得·J.卡赞斯坦主编:《世界政治中的文明——多元多维的视角》,秦亚青、魏玲、刘伟华、王振玲译,上海:上海人民出版社,2018年,第4—8页。

当前的全球治理是一个由主权国家主导的体系。国家的权力分殊虽然不是全球治理中的唯一因素或决定性因素，但对全球治理议题设定、实践行动仍然发挥着重要影响。在国家权力评价中，文化软实力反映了国家治理能力的持续性。文明与国家之间的纠缠无法免除，文明成为国家权力的重要表征和考量标准。另一方面，文明又与国家及其权力保持着距离感，国家无法涵盖文明的全部，权力不能度量文明的力量。也就是说，国家只是当前文明存在的一种载体，权力也不过文明暂时的推动力量。在此意义上，全球治理对国家的期许不是永恒的，文明才是实现治理的永续动力。

不容否认，当前的全球治理体系总体上呈现为依托国家权力的等级体系，而国家背后的文明却是没有优劣之别的。全球善治需要的是多中心体系，需要多元文明之间的沟通和共识。在我们反对国家通过政权将文明威权化[①]的同时，也一定要警惕一些大国在国际社会中将本国文明威权化，把全球治理体系打造为一个披着文明外衣的权力等级体系。

首先，文明多样性是人类社会的基本事实。在审视全球文明时，基于二元论，主流认识通常以西方—非西方范畴划分人类文明。这种划分是以权力为标准的，反映出全球治理体系在文化层面的权力关系，中心与边缘、强势与弱势。不过这种划分显然简化了人类文明的维度。不论在西方文明内部，还是在非西方文明内部都绝非简单的一元模式。我们既不能将西方文明化约为同质同型，也不能将所有非西方文明直接打包为“他者”，“所有文明都是内在多元的。各文明都具有多元性，这正是它们最为相似的特征”[②]。关于多文明对于全球治理的影响，人们一直存在截然不同的认识。持集权主义观点的人认为，建立一个主权国家共同认可的世界政府，改变国家各自为政的无政府状态才能最终破解治理难题。相反，分权（赋权）主义者则强调，捍卫自由因而凸显世界的多样性才是全球治理追求的目标。[③]诚然，集权和分权（赋权）是考量全球治理的解决方案的两种极端标准。更为理性的、观照现实的状况是，人们一方面

① Amitav Acharya, “The Myth of the ‘Civilization State’: Rising Powers and the Cultural Challenge to World Order”, *Ethics & International Affairs*, Vol.34, No.2, 2020, pp.139-156.

②《英美西方文明》，载［美］彼得·J. 卡赞斯坦主编：《英美文明与其不满者：超越东西方的文明身份》，魏玲、王振玲、刘伟华译，上海：上海人民出版社，2018年，第13页。

③［英］安德鲁·赫里尔：《全球秩序与全球治理》，林曦译，北京：中国人民大学出版社，2018年，第260—261页。

认识到全球治理需要文化的交流与共识,另一方面也要认识到多样性世界才是世界可持续发展的前提。

其次,文明进程是多维交互的过程。从表现形式看,人类文明是多元的。从发展进程看,多元文明之间的交互过程造就了多样性文明的互系性关系,又从中获得进一步交互的动力。人们对于文明的认识有一个伴随着全球治理的深入而拓展的过程,这一过程是流动性关系的展现,它本身就是在冲突中追求和谐成长的。[①]文明不是一个先定的范式,也不是确定不变的,文明的特质是时代进展和互动关系造就的。就文明进程而言,多元文明的存在是多维交互的前提,文明共识则为交互提供了可能。文明交互的结果是强化并扩大共识,并且带来愈发多样态的文明。差异性带来交互的动力,人类社会伴随着文明的演进及其交互而不断发展,文明的演进是多元文明之间交流互鉴的结果。文明不是单一的,其所附着的共同体不是单一的文明复合体,文明进程也不是一元的、单向的、浅易的。这意味着,所谓强势的(西方的)文明在影响、辐射乃至改造弱势的(非西方的)文明过程中,后者同样也在反作用于前者。文明进程的交互性,正如力的相互性。文明的不断演进恰是这一交互进程的结果。作为文明进化中的世界公民,人类正在拥有越来越多的全球同情意识。任何文明的产生、演进都是跨文明联系、邂逅、碰撞、混杂、交融的过程,最终由“移情文明”[②](empathic civilization)促动多元多维文明共同体的出现。

最后,文明互鉴是治理推进的动力。如果说文明的多元与差异是人类历史的主要特征,那么在人类文明这枚硬币的另一面呈现出的则是多元主义背后的文明共性。多元决定了文明交流的必要性,共性则带来了文明互鉴的可能性。全球治理的必要性在于人类面临的全球性问题涌现,这些问题不是靠某个或某些国家就能完全应对的。而全球治理的发生则需要人类能够跨越国家所制造出的武力和心理边界,就这些共同面临的问题形成一致的认识,并采取一致的行动,文明交流互鉴是达成共识的必要保证。就此意义而言,全球治理的展开、推进、深化,并取得成

---

① 秦亚青:《关系与过程:中国国际关系理论的文化建构》,上海:上海人民出版社,2012年,第120页。

② 杰里米·里夫金(Jeremy Rifkin)认为,人类从根本上讲远非孤立和自私的个体,而是通过移情特质普遍连接的。与其他人分享积极经验的共情倾向,促进了人类的扩展意识和合作的倾向。See Jeremy Rifkin, *The Empathic Civilization: The Race to Global Consciousness in a World of Crisis*, Penguin/Tarcher, 2009.

效，首先就是要由持有不同文明的国家就治理的对象、治理的主体、治理的方案等达成共识 。可见，文明是全球治理发生的条件。多元文明在交流互鉴中能够产生认同，并基于对共同体的认同带来特定的身份角色，从而强化共同体意识。全球治理的有效推进需要国家在文明交流中引发对共同体身份的确认，全球治理的一致认同需要秉持不同文明的国家实现多渠道的文明互鉴。

（三）导向开放包容的全球治理世界

从文明角度审视全球治理体系的演进，可以分为三个阶段：第一阶段，文化出现并依托人类社会发展中的具有组织形态的共同体生成文明的时期。因为地理阻隔文明展现出巨大的差异，这一时期文明之间的界分鲜明，碎分化特征突出，文明与自然之间的关联紧密。第二阶段，文明随时间的延展呈现出强烈的历史纵深感，体现出阶段性、时代性特征，并在文明互动中实现内涵的拓展，主体性、独特性增强或削弱。这一阶段的文明在地理上实现空间的跨越，成为考量国家力量的重要因素，对国际关系影响深远。第三阶段，文明在更广范围传播，文明之间的深度连接和纽带为更具包容性的共同体的建立提供了认同支持，同时文明的民族性在逆全球化和反全球化浪潮中被强化，文明之间的冲突和对立有加强之势。文明在一致与分异的张力中发展。

当前，文明发展已呈现出导向包容性共同体的态势。在文明的广泛交流和互动中，许多国家不断强调自身文明的独特属性，防止其他文明的入侵，以及由此可能对本国身份认同构成的挑战。文明的多样性得以保持，文明的延续性得以维系，文明独立性内核得以强化。与此同时，文明的交流和互动也促使多元文明不断融入新的要素，以顺应历史大势和时代潮流。排斥与融合、对立与冲突并存，对全球多元文明格局既提出了挑战又提供了机遇。全球化时代，推动文明由国家主体转化为全球共同体文明，需要增强共同体意识，同时需要多元文明之间就全球性问题达成共识，并为全球治理采取一致行动。

全球治理是文明交互作用、彼此融通的结果，它也为多文明包容共生提供了必要条件。人类文明历史演进的客观进程已经表明，“任何一个文明都绝非铁板一块”[①]。差异性造成多样性，构成了全球治理面对的基本现

---

① Amitav Acharya, “The Myth of the ‘Civilization State’: Rising Powers and the Cultural Challenge to World Order”, *Ethics & International Affairs*, No.2, 2020, pp.139-156.

实最鲜明的特征。如果说多元与差异是文明的存在状态,那么开放与包容则是全球治理追求的理想状态。文明的差异赋予了事物不同价值取向的判断,具有不同的文明决定了国家在参与全球治理时会产生不同的认知,非国家行为更为具体化、微观化的视角则增加了文明碎分化的可能,也带来了交互涵化[①]的新成果——全球治理的背景知识。文化霸权不利于全球治理,文明共识匮乏同样有损于全球治理。对自身文明的普遍性、优越性深信不疑,进而认为这一文明需要扩展到全世界,是一种典型的文化霸权心态。常态健康的全球治理需要多元文明主体的参与推进,也需要就治理议题可以凝聚共识的磋商合作。

不仅西方/非西方的文明简单二元划分是令人存疑的,而且单就西方或者非西方的文明内部来看,也并非单一文明。冲突与合作、对立与包容是全球治理面临的文明关系现状。多元文明的多维互动带来的对全球共同体的集体身份认同,以及多元文明的独立性为我们理解全球治理提供了一种新视角。差异性与一致性是文明的两个显著特征,它们造成了全球治理的必要性与可能性。在全球治理深入推进中既需要一种文明层面上的治理共识,也需要一个极具包容性的治理体系。事实上,全球化进程下的全球治理正在发生明显的由西方主导向后西方时代的迭代转型。"全球国际社会发生的这种性质和规模的变革,会使其变得更加多元化(多元化所指的不仅是财富和权力的扩散,也包括文化权威在更广范围的扩散)。"[②]

全球治理研究需要一种超越基于美欧西方大国经验而生成的治理理念,需要一种包容不同历史经验、民族特性、文化观念的多元文化主义视角,需要一种能够囊括全部人类活动的宏大理论研究范式。[③]以特定文明为身份属性的行为体的全球治理行为,就是一种寻找与其他文明一致性的过程。尽管每个文明的历史演进脉络不同,文明构成要素及其文化特质有别,但本质上文明都是一个生成的过程。在这一过程中,每个文明通过与其他文明的互动既融合了其他文明的长处,又保有了自身的特质。经历这

---

① 秦亚青认为,文化不仅互动、相互影响,而且在此过程中融入新元素,催生文化的新发展。

② [加拿大]阿米塔·阿查亚、[英]巴里·布赞:《全球国际关系学的构建:百年国际关系学的起源与演进》,刘德斌等译,上海:上海人民出版社,2021年,第267—268页。

③ [英]巴里·布赞、理查德·利特尔:《世界历史中的国际体系——国际关系研究的再构建》,刘德斌主译,北京:高等教育出版社,2004年,中文版序言第Ⅰ—Ⅲ页。

一过程之后,文明不再单纯是相互分异的,而是生成了“一个相互包含而非同质的新的合体”[①]。

这一“新的合体”具有阿查亚所说的“复合世界”特征:文化和政治的多样性,成员紧密联系又相互依赖,不存在全球霸权。“它是一个‘去中心化’的世界。”[②]这一世界将是最终解决困扰人类的全球性问题的必要前提,也是全球共同体构建的文明要件。在一个更具包容性的全球治理体系中,多元文明和多中心治理是彼此倚重、相互成就的。从文明角度审视全球治理中的纷争、冲突、合作,其背后不过是文明之间的对立、冲突和交融。推动国家之间的治理合作,弥合国家之间的纷争和冲突,探求全球治理的有效路径,需要将文明动因纳入考量,并寻找多元文明的契合点,达成文明共识。

全球联结构成的共同生活为超越文明差异达成文明共识提供了现实可能。正如马丁·怀特(Martin Wight)所言,若无一定程度的文化一致性,国际社会无从建立,[③]国际关系无从展开,全球治理则难以出现。就此而言,文明的一致性与文明认同为全球治理的展开提供了可能性,也为全球治理合作提供了基本依据。首先,文明共识意味着不同文明对于全球治理内涵的价值属性具有趋同性认识。这些价值如和平、安全、繁荣、正义等,来源于人类的共同善,基于人类普遍认同的伦理价值而形成,并在各个层面的制度设计和行为实践中成为指导性原则,成为维系公共生活秩序的基本准则。这意味着不同文明存在着“相似的道义基础”[④]。其次,文明共识依托于全球公民社会的显现。如果说全球化客观上赋予了人类“地球村村民”的身份,那么全球公民社会则需要每个村民身份意识的觉醒,以全球公民身份享有全球治理的资格和权利,以全球公民身份参与全球治理议题设定和方案制定,以全球公民身份评判全球治理的成效和问题。最后,文明共识引导出一个全球共同体或人类共同体。全球共同体(人类共同体)是全球治理的目标指向,文明共识将助益于这一目标的实现。文明共识体现出多元的一致,为文明的重要载体提供了和谐相处的智慧和方式,全球共同体构建的要素特征、关系模式、演进逻辑可

---

① 秦亚青主编:《当代西方国际思潮》,北京:世界知识出版社,2012年,第240页。

② [加拿大]阿米塔·阿查亚:《建构全球秩序——世界政治中的施动性与变化》,姚远、叶晓静译,上海:上海人民出版社,2021年,第24页。

③ Martin Wight, *Systems of States*, Leicester University Press, 1997, p.33.

④ 阎学通:《大国领导力》,李佩芝译,北京:中信出版集团,2020年,第13页。

以由此获得必要的经验支持。

全球治理的文化之维赋予全球治理以理想，为全球治理引入了物质性之外的观念因素，展示出文明化人、化物、化世界的力量。作为一种“硬”力量之外的“软”力量，文明不仅为解释全球治理表象提供了理据，也为我们思考全球治理观念转换和全球治理体系变革的根本找到了合意的切入点。

五、全球正义：全球治理的追求

全球治理现实表明，正义在全球治理理论与实践中是一个重要却被忽略的要素。[①]在政治学科史上，没有任何一个主题比正义具有更为悠久的历史及更加突出的地位。人类的公共生活需要正义，正义通常被视为良好政治秩序的基本属性。反之，“任何形式的正义，唯有在某种秩序的背景之中才能成为现实”[②]。这似乎仅限于国内社会。而国际社会通常被认为是无关正义的。作为一种道德追求，正义被排除在国际政治之外。许多研究者和实践家都认为，相较于道德、正义，国家更关心的是利益的实现和权力的增长。世界正义由此变成了一个伪命题。事实上，作为人类公共生活的一部分，国际政治不可能免除道德因素。“一个和平的世界秩序同样也应该是正义的秩序，但绝非自发地，也不是必然地成为正义的秩序。”[③]全球治理作为实现人类共同美好生活的途径，必然包含人类的共同善，正义则是这一共同善的重要考量因素。

（一）全球治理考量的正义维度

强烈的规范取向是全球治理的基本特征，它关注国家正义特别是全球正义问题。正义观念是西方政治哲学的核心价值之一，也是构成当代国际社会生活的规范因素。[④]不同时代的思想家关于正义的思考，为分析和思

---

① Antonio Franceschet, “Justice and International Organization: Two Models of Global Governance ”, *Global Governance*, Vol.8, 2002, pp.19-34.

② [英]赫德利·布尔：《无政府社会——世界政治秩序研究》（第二版），张小明译，北京：世界知识出版社，2003年，第68页。

③ Byron Kaldis, “World Justice, Global Politics and National Ststes: Three Ethico-Political Problems”, *The European Legacy*, Vol.7, No.2, 2002, pp.167-194.

④ 玛莎·费丽莫指出，当代国际社会生活是围绕着三个基本因素展开的，即科层组织、市场和人人平等。参见[美]玛莎·费丽莫：《国际社会中的国家利益》，袁正清译，杭州：浙江人民出版社，2001年，第134页。

考国际正义问题提供了理论素材。然而,这些正义思想无一例外地与政治共同体联系在一起。早期西方政治理论经典无一例外地关注了正义问题,并促成了历史上人类最伟大的思想。

在《利维坦》一书中,霍布斯指出,正义和道德并不适用于国际共同体缺席的国家间社会。由于缺乏共同的情感和权威机构,主权国家必然只是毫无限制地追求自身的目的。[①]根植于中世纪神学观念的普世主义传统,提出了在近代民族国家之间建立正义社会的观念,从而将正义概念与主权观念联系起来。然而,在现实主义和权力政治规则大行其道的国际政治领域中,正义似乎并无栖身之所。然而时至今日,国际关系学者对正义并不感兴趣,许多人认为正义是或应该是政治学的专属领域(the exclusive province),[②]而与国际关系无关。只有在政治共同体——国家内部,探讨正义才是有意义的。国际关系现实主义范式的主导地位和行为主义方法革命显然是造成这一现象的主要原因。作为国际关系的经典之作,《伯罗奔尼撒战争史》(*The Peloponnesian Wars*)为后世研究植入了这样一些信条:权力无比重要,在现实中追求正义是愚蠢的。深受自然科学的影响,国际关系致力于发展出科学且严谨的理论,这导致国际关系学形成了一种略掉或忽视难以被验证的对象的研究倾向。如果说古典现实主义还为把正义作为解释国家行为的动因提供了可能性的话,新现实主义则从根本上否定了正义因素对国际关系阐释的有用性。对权力的推崇使主流范式最终走向了道德的反面。

传统正义理论关于正义的认识包含着一个必要假定:国家是物质上自足(materially self-sufficient)、道德上自主(autonomous moral)的政治共同体(political communities)。贝茨(Charles R. Beitz)对这一假定提出了质疑:为什么"无知之幕"(the veil of ignorance)背后原始契约的签订者必然是国家边界内的,而不是所有的人类?[③]正义理论假定国家是自足的因而不需要社会合作。按照这一逻辑,如果国家内部的个体也是自足的,那么就不存在所谓因分配而产生的正义。正如功能主义者和相互依存论者所

---

① [英]霍布斯:《利维坦》,黎思复、黎廷弼译,北京:商务印书馆,1985年。

② David A. Welch, "The Justice Motive in International Relations: Past, Present, and Future", *International Negotiations*, No.19, 2014, pp.410-425.

③ Charles R. Beitz., "Part III: International Distributive Justice", *in Political Theory and International Relations*, Princeton University Press, 1979, p.128.

坚持的，20世纪以来国际政治发展的现实已经显而易见地证明，社会合作恰恰是一种跨国家现象，“国家是自足的”这一假定是站不住脚的。因而正义能够且应该在全球政治中得以保留，但这并不意味着国内政治正义概念可以简单适用于全球政治领域。

洛克认为，欧洲人可以自由地占有欧洲之外未开化的、自然状态下的区域。休谟（David Hume）将正义与私有财产和所有权关联，指出一个正义者必然遵守关于私有财产和所有权的法律规范。正义的三项基本的、普遍的原则，即占有的稳定性、经同意的转让和信守承诺，这是自然法则（laws of nature）。在布尔（Hedley Bull）看来，18世纪所谓的全球正义就是一种维持国际社会普遍目标的秩序，而这些目标包括限制使用暴力、协定神圣不可侵犯和财产规则。在殖民化进程中，国家主权制度似乎为殖民地半殖民地提供了一个对抗全球不对称规则的合法平台。新兴独立国家要求国际体系结构变革和全球再分配正义。在后殖民语境下，秩序和正义形成鲜明对照，并成为20世纪国际政治和国际法研究的主要议题。

在西方政治思想传统中，秩序总是与正义联系在一起的。自柏拉图时代起，正义就被视为良好政治秩序的一个基本属性。通过对“绝对律令”（categorical impartiality）的阐释，康德提出了一个非历史的、普遍的理性正义框架。这一正义伦理（ethic of justice）强调，只有从关系中分离出来，超越利益特殊性和情感，正义才可能获得。作为一种抽象、正式的普遍道德原则，正义实质上源于人类理性，它要求从特殊的经验、情感、欲望、许诺中抽象出来，倡导一种分离的、冷静的态度。①

一般而论，正义高于秩序，秩序的最终指向是正义，正义是秩序的最佳状态。然而在国际关系领域，却始终存在着正义和秩序何者更为重要的争论。对霍布斯式的现实主义者而言，在多中心的国家体系中，单一合法权威的缺失必然使正义退居秩序之后，秩序才是国际关系优先追求的目标。在现实主义者看来，康德的“绝对律令”只是对个人的道德要求，仅适用于个人层面。国际领域与国内领域相互分离，致使国内领域的正义准则并不适于国家间关系，国家的行为准则不可能以个人道德为标准。在无政府状态下，国家最首要的行为准则是自保，而不是道德。为实现自保，国家必须追求扩大自己的权力。国内政治倡导的人人平等的正义理念，在国际领域被国家间实力对比所导致的等级体系替代。如果一定要说国际关系中存

① [德]康德：《道德形而上学原理》，苗力田译，上海：上海人民出版社，2002年。

在着所谓的"正义",那么这种"正义"也是以国家对自身利益的维护和实现为尺度的。

自由主义者反对现实主义蔑视正义的态度,"把正义界定为稳定、持久秩序的先决条件"①。它认为,正义是国际关系的基本准则,虽然国家之间相互依存的程度不同,但合作乃出于自愿,并由国际机制予以保障。另一方面,自由主义所谓的"国际正义"是有条件的,它认为正义准则只适用于调整民主国家间的关系。在国内政治领域,自由主义倡导"人人生而平等"的价值理念;在国际关系领域,自由主义的理想是实现民主和平,建立"民主国家的自由联合体"。

人们对全球治理关涉的世界政治、世界事务、国际关系及国际机制等是否具有正当性提出疑问时,其潜在的预设是人们清楚正义的含义,以及在全球治理中讨论正义问题是有意义的。众所周知,罗尔斯(John Rawls)《正义论》的出版带来了20世纪后期政治哲学的复兴。和米勒(John Stuart Mill)等许多自由主义前辈一样,罗尔斯理所当然地将正义的边界等同于主权国家的边界。在自由主义理论中,国家恰似自由的个体,对内正义是可能的,对外仅存在维持国家共存的国际法。"美好的生活、进步、民主和正义仅存在于主权国家边界之内"②,国际政治与国内政治的区别就在于国际政治更不易受进步主义的影响。国家边界以外并不存在对美好生活、正义及其他价值的共同认知。它所谓的世界帝国或全球共同体要么是乌托邦,要么是危险的。

在权力政治学中,人与人之间是存在等级关系的,国家与国家之间也存在着基于实力差异的不平等。尽管"不平等"一直被认为是过去全球治理体系的突出特征,但在日益全球化的世界中,显见的事实是全球治理体系依托于权力等级而形成的中心—边缘印记正在消减,呈现出以深层次多元化、深层次多元主义③为基础的趋势。国家之间的相互联系和相互依存不仅在密度与强度上不断加强,而且其不对等性、不均衡性也在同时减弱。中心—边缘之间的界限逐渐模糊,集体行动的需要凸显了全球治理体系的

---

① Graham Evans and Jeffrey Newnham, *Dictionary of International Relations*, Penguin Books, 1998, p.290.

② Heikki Patomäki, "Global Justice: A Democratic Perspective", *Globalizations*, Vol.3, No.2, June 2006, pp.99-120.

③ [加拿大]阿米塔·阿查亚、[英]巴里·布赞:《全球国际关系学的构建:百年国际关系学的起源与演进》,刘德斌等译,上海:上海人民出版社,2021年,第316页。

"人类""共同命运""共同体"等本原性、应然性特征。全球治理成为实现全球正义的途径,也成为全球正义本身。

(二)从全球正义升华为关怀伦理

作为全球主义视角和道德在世界秩序问题上的反映,全球治理重视关怀伦理在推动实现世界和平、安全、发展、和谐中的重要作用。作为关乎全人类命运的命题,全球治理需要关怀伦理为解决全人类共同面对的问题提供有益的解决之道。全球治理是人类关系的一种存在形式,是世界各国相互依存的反映,是人类命运共同体的构建基础和推动力量。人类所生活的世界、国际关系展开的舞台,与其说是分离的、独立的行为体追逐各自利益的后果,莫若说是由彼此联系、相互依赖的行为体在联系与互动中建构的。

几个世纪以来,国际社会冲突不断、战乱频仍的主要原因就在于,以冲突、对立为基本特征的权力政治观念主导着人们的观念与行动。要改变这种状况,建立一个和平、和谐的世界,就必须重视人与人之间、国家与国家之间、共同体与共同体之间的关联,把关怀引入国际关系中。在全球治理中引入关怀伦理,有助于建立和谐的国际关系。传统观念以二元论思维将国家置于对立关系之中,从而忽略了它们之间的关联和依存。世界是由存在差异同时又具有共性的国家共同建构的,让世界充满关怀和爱,首先必须在国家之间建立关怀和爱,并将看似存在于人与人之间的关怀推演至国际关系之中,成为处理国际关系的基本准则。在平等的基础上引入必要的关怀,有助于消除国家之间的敌对心理,增进相互依赖,促成国际合作,推动共同发展。

全球治理的拥护者认为,关怀伦理强调具体而非抽象、联系而非分离,从而更具包容性,其维度可以由个体维度扩展至所有边缘化的行为体。关怀不仅是一个道德概念,更是一个政治概念。"在这个世界里,人们彼此的日常关怀是人类生存的一个有价值的前提。"[①]对自己、他人和世界的关怀,是道德生活的主要目标。关怀产生于联系,作为一种关系行为,它是人类群体生活的核心和基础。它意味着,人不仅是自主的,更是相互依赖的。进而,关怀与政治是相容的,它应该被视为政治生活所必备的特性。只有在一个公正、多元和民主的社会中,关怀才能得到充分发展。只有把关怀

① Joan C.Tronto, *Moral Boundaries*, Routledge, Chaprnan and Hall, Inc., 1993, Preface. 转引自肖巍:《女性主义关怀伦理学》,北京:北京出版社,1999年,第176页。

作为一种政治理想来追求，作为一种政治策略来实施，才能实现社会正义，并最终建立一个人与自然、人与人、国家与国家和谐相处的世界。建立以关怀为纽带的人类社会，要求必须使关怀进入公共领域，并以此作为调节人类政治关系的一项基本准则。

以关怀伦理构建人类命运共同体，必须充分重视发展中国家在全球治理中的作用。一方面，发展中国家是需要关怀的被关怀者。在既有的全球治理中，这些国家是长期被忽略而需要关怀的群体。发展中国家被排斥在主流治理机制之外，处于治理体系的边缘，它们的权利被漠视、忽略，它们的利益和诉求未能得到很好的维护和表达，这本身就是世界不和平、非正义的表现。另一方面，发展中国家也是实施关怀的关怀者。尽管这些国家的道德主张并不能简单地等同于关怀伦理，但是其边缘者、屈从者的地位，却使其更能保有一种自然的关怀道德。[①]处于全球治理边缘地位的国家其“特殊经历和智能使她们拥有一种肯定生命的、和平的、富有创造性的世界观”[②]。因此，更多的发展中国家进入全球治理体系的中心，能够促使国际社会关注道德，关注边缘者，从而有助于实现全球正义。

自古希腊时代以来，伴随着公共领域和私人领域的划分，正义与爱就被分离开来，成为适用于不同领域的道德准则。在主流观念中，正义与爱是不可交融的。正义要求人们抛开私心杂念，奉行绝对的道德律令，而爱则会扭曲、破坏普遍的正义准则。现实主义认为，正义和爱都不属于国际关系领域。即便存在所谓“正义”，也不过是以实力为基础的弱肉强食的丛林法则。国际社会被描述为与前国家状态相仿的人类存在状态。自然状态下，没有一个权威机构对个人行为进行有效的约束，决定人们生存还是死亡的唯有暴力，力量对决中的优胜者可以决定失败者的存亡。在国际无政府状态下，国家的处境与自然状态下人的处境相同。虽然国际法、国际规则、国际道德等国际机制一定程度上可以构成对国家行为的约束，但由于世界政府的缺位，国家才是自身行为的最终决定者，国际机制并不具有根本的约束效力。

---

① 奈尔·诺丁斯认为，关怀有两种形式：一种是自然关怀，它源于人原始的、最初的感觉，如母亲对孩子的关怀；另一种是伦理关怀，它以自然关怀的感觉为基础，需要做出伦理努力才能实现。See Nel Noddings, Caring: *A Feminine Approach to Ethics Moral Education*, University of California Press, 1984, pp.79-81. 转引自肖巍：《女性主义关怀伦理学》，北京：北京出版社，1999年，第137—138页。

② [美]约瑟芬·多诺万：《女权主义的知识分子传统》，赵育春译，南京：江苏人民出版社，2003年，第57页。

强者统领弱者才是国际社会适用的正义逻辑。正义就是强者的利益。而“爱”在国家间根本不具有实现的可能性。任何一个国家都不可能本着关爱和怜悯之心去对待被它视为对手和敌人的国家。在无政府社会中,其他任何一个国家都被看作本国安全、利益的威胁,每一个国家无时无刻不提防着来自别国的进犯。自由主义尽管在一定程度上承认存在所谓正义,却否认世界政治中存在爱。它认为,国家合作并遵守国际机制,不是出于爱,而是因为正义准则能保证国家的绝对获益。可见,在主流治理理论理解的全球治理中,正义或者关怀都是次于国家利益考虑因素。

在人类社会中存在的正义伦理和关怀伦理,前者源于平等和权利问题,后者源于责任与关系问题。[①]传统的国际关系研究将这两种道德方式适用于不同的领域,认为二者之间存在可调和性。关怀伦理虽然是一种有益的道德视野,却只能适用于友谊和家庭这样的私人领域,它论及了人们在私人领域中应当承担的责任,却未涉及人们在公共领域中彼此的义务。赞同在全球治理中引入关怀伦理的人则认为,虽然关怀伦理最初是在私人领域中发展起来的,但仍然具有公共意义,而且应该被扩展到公共事务:不仅应该扩展到国内公共生活,而且也应该扩展到国际公共生活领域——全球治理。对此,戴马特·布柏克(Diemut Bubeck)指出:“在关怀与正义之间作出选择本身就是错误的选择……思考正义问题不得不部分地涉及关怀伦理。”[②]道德因素被排除在国际关系领域,未能作为全球治理的重要考量因素是由社会历史环境及人们在思考公共生活问题将正义与关怀进行分离造成的,是二元思维方式的结果。对于全球治理而言,沟通正义和关怀,实现两种伦理的商谈和共荣既是可能的更是必需的。

尽管在理解正义和关怀的关系问题上,全球治理拥护者的态度存在着差异,但是他们一致认为,全球正义应该是全球治理的基本考量因素,关怀伦理不能取代或超越正义所强调的道德问题。赞同将关怀伦理引入全球治理的人进一步主张,正义与关怀并非二元对立,而是相互补充、高度互动的,因此应通过这两种伦理形式的商谈,将其整合为一体。[③]正义感由关怀感中生长而出,关怀是正义的前提和基础,同时,关怀又是比正义更高的道德诉求。社会发展的历史表明,正义伦理具有历史特殊性。作为调节社会

---

① Carol Gilligan, *In A Different Voice: Psychological Theory and Women's Development*, Harvard University Press, 1982, p.19.

② 转引自 Judith Squires, *Gender in Political Theory*, Polity Press, 1999, p.149.

③ 肖巍:《女性主义关怀伦理学》,北京:北京出版社,1999年,第246页。

关系的基本原则，正义伦理并非恒定不变的，也不总是具有排他性。将正义伦理和关怀伦理严格分离开来，分别适用于调节不同领域社会关系的做法并不符合真实的历史。[①]玛丽琳·弗里德曼（Marilyn Friedman）指出，正义与关怀的二元划分并不切合实际，在概念上二者彼此相容，在实践中二者相互交织。在公共领域确立了正义目标与正义准则之后，补充一种“关怀”的视角是必要的。无论是公正还是关怀，是对同一事物的两种不同的道德认知方式，是从不同的伦理角度得出的道德选择和判断结果，它们之间是相互补充的。“没有关怀的概念，公正也是不完整的”；[②]反过来讲，没有公正，所谓的关怀不仅会失去意义，而且也无法实现。弗里德曼认为，正义同样适用于私人关系。私人之间的关系是社会体系的缩影，社会体系包含了亲密、支撑、关心等价值，正义关注如何在社会体系的参与者中间分配利益、责任，以维系社会体系中人们之间的联系。[③]正义关乎个人，关乎每个人平等的、基本的人权，它本身包含了人们处于联系之中的观念，确保正义的最佳途径是通过“移情”商谈，尊重人的自主性和个人权利：

> 作为道德主体，我们把每一个他人的身份、目标与喜好，当作是我们自己的来加以平等观照……发展出换位体谅和与他人就不同的生活样态进行交流的能力。但只是这些还不足以让我们保持正义感。因为我们知道自己是谁，也知道自己的特殊利益和善的观念，我们也就需要有一颗仁爱之心；要像关怀自己那样同等程度地关怀他人。[④]

在全球治理范围内讨论关怀伦理和正义伦理是十分有意义的。当关怀与正义从个人领域进入到政治领域、国际政治领域时，不仅涉及在国家和个人之间切实地实现正义的问题，更为重要的是关注如何使关怀伦理能够适应于传统上被认为“缺乏关怀”的领域，把关怀成功引入全球治理当中。在全球治理中合理地添加关怀视角，不仅有助于改变主流研究忽略正义和关怀问题导致的缺陷，更为重要的是，它可能发展出一种更深层次的

---

① Judith Squires, Gender in Political Theory, Polity Press, 1999, p.148.

② Joan C. Tronto, *Moral Bounderies*, Routlege, Chaman and Hall, Inc., 1993, p.167. 转引自肖巍：《女性主义关怀伦理学》，北京：北京出版社，1999年，第178页。

③ Fiona Robinson, *Globalizing Care: Ethics, Feminist Theory, and International Relations*, Westview Press, 1999, p.24.

④ Susan Moller Okin, *Justice, Gender and the Family*, Basic Books, 1989, p.246.

关怀内涵。这一关怀内涵有助于推进全球治理理论研究和实践发展。要实现上述目的，一方面需要在全球治理体系中囊括更多具有关怀思想的国家，将发展中国家纳入全球治理体系与机制的重要考量中；另一方面，需要进行全球治理理念的重大变革，突破西方中心、国家中心的治理理念，发展出一种整体性世界观和思维方式。全球治理创造的理想世界，平等不是目标而是背景条件，公正亦不是社会制度的第一美德，关怀才是人类的真正需求。

（三）全球伦理：治理价值指向

全球治理最终要导向一个以全球伦理为价值承载的世界。全球伦理回答了全球治理为了“谁”、因为“什么”、追求“什么”的问题。全球伦理是“全球性的真谛，也是最集中、最鲜明地反映全球化时代人类社会生活本质性变化与指向的新要素、新特质，是区别于传统人类生活的标尺”[①]。

实现全球伦理是全球治理的价值取向。20世纪90年代全球伦理开始成为国际关系的一个流行概念，然而作为一种复杂的全球性现象，其理论的深度和完备性还具有诸多欠缺，不仅没有取得对其界定的共识，即便在表述形式上也存在着诸多差异。[②]全球伦理的兴起源于全球性问题的涌现，及其解决的现实紧迫性。全球伦理反映了人类在价值理念上从国家中心主义到人类中心主义再到生态中心主义的转变。这意味着全球化时代全球治理不仅要关注国际关系、人际关系，还要重视人与自然的关系，为这些关系面临的困境提供解决路径和伦理道德支撑。就当前而言，全球治理的伦理诉求应集中于维持国际社会的秩序，实现世界正义—全球正义，并提升世界政治的伦理要素。

当前全球治理研究呈现出国家中心主义特别是西方中心的特征，全球治理发展出全球伦理是要从根本上超越西方—非西方或任何类似的二元的、相互排斥的划分类别（binary and mutually exclusive categories）。[③]全球

---

①《全球性的理论思考》，载蔡拓：《全球学与全球治理》，北京：北京大学出版社，2018年，第123页。

② 目前对于全球伦理的表述大概有普遍伦理、普世伦理、世界道德、世界伦理、全球意识伦理、底线伦理等，这表明关于全球伦理的研究仍处于探索阶段。

③ 阿米塔·阿查亚认为，“西方的”（the Western）、“非西方的”（non-Western）、“后西方的”（post-Western）等分类可能作为范畴还会继续存在，但在“全球国际关系”（Global IR）中，这些范畴将失去分析意义。See Amitav Acharya, “Global International Relations (IR) and Regional Worlds: A New Agenda for International Studies”, *International Studies Quarterly*, Vol.58, 2014, pp.647–659.

伦理不仅要构建一种关于全球治理的理论，而且要反映出全球治理研究对更具包容性和多样性的渴求。阿查亚（Amitav Acharya）认为，全球伦理从六个维度形成：其一，它以一种多元全球主义为基础，这一全球主义不是“普遍适用”的，而是承认并尊重我们所处的世界是多样性的；其二，它根植于世界历史，而不是希腊—罗马、欧洲或美国的历史；其三，它是要重构而不是取代现有的全球治理理论与方法；其四，它整合了区域、区域主义和区域研究；其五，它避免了例外主义；其六，它肯定除物质力量之外的抵抗、规范行为、全球秩序的地方建构等多元要素对全球治理意义重大。

蒂克纳认为，全球伦理不是要寻求具有全球性的历史，而是要发现关于差异的被遗忘的角落，并展示出宽容与同情，对绝对真理（absolute truths）始终抱有怀疑。[①]全球伦理要求一种更坚实的、更广阔的世界历史基础，而不是西方历史基础，不仅超越西方和其他国家之间的界限，而且承认世界各国、所有人的声音、实践和价值观的合法性。在全球治理中加入非西方因素，不仅是要把非西方国家作为验证全球治理理论的试验田，而且要对现有的理论进行调整和延伸以适应多样化的治理实践。全球治理的主流范式并非完全丧失了对全球治理的解释能力，它们在一定程度上呈现出了全球治理（也包括非西方国家）某些方面的真实，并对此做出了合理性解释。反思主义理论对非西方语境和经验的敏感性特征，使其从西方之外的实践、议题和文化中获得理论洞见以丰富全球治理理论。非西方国家因其不同的文化和历史，能够发展出完全不同于西方的全球治理理论，看到全球治理中被忽视的或未被纳入理论研究的问题，敦促主流范式重新审视其假设，扩大其研究视野。

蒂克纳还指出，全球治理和全球伦理不意味着贬低地区和地区主义的重要性，也不是根本否定地区研究的贡献。相反，区域问题在全球治理中占有核心位置。“如果这个世界不是被分割成不同的区域，那么它就不会朝向不可避免地无缝隙的全球性发展。”[②]今天的区域研究已经不再是基于领土的或国家中心的研究，而是行为体和议题范围不断扩大的研究。正是区域研究呈现出的差异性整合，才能发展出一种整体性、全球性的伦理价值。一个真正的全球伦理必须避免文化例外论和狭隘论。例外主义是以展示

---

① J. Ann Ticker, “Retelling IR’s Foundational Stories: Some Feminist and Postcolonial Perspectives”, *Global Change, Peace & Security*, Vol.23, No.1, 2011, pp.5-13.

② Amitav Acharya, “Global International Relations (IR) and Regional Worlds: A New Agenda for International Studies”, *International Studies Quarterly*, Vol.58, 2014, pp.647-659.

自己群体的特征是同质的、独特的，而且比其他人都好的一种倾向。关于全球治理的国家理论或区域理论有助于拓展和丰富全球治理理论，但如果它采用了例外主义的形式和思维方式，就会对全球伦理构成挑战。主流范式认为，与全球治理的主流叙事相比较，所谓第三世界、南方国家是不足为道的。然而，后殖民主义、相互依存等批判理论恰恰是在边缘化假定的基础上发展起来的。这些理论对主流范式排除南方国家的做法进行了猛烈批判，却未能成功地建构起主流范式的替代理论。

当前全球治理研究从全球性问题凸显的现实中获得发展动力，需要一种从国家中心走向人类中心的理念转换：全球治理的终极关怀是个体的人和整体的人类，而非国家。在全球治理中最值得予以关注的就是观念和规范的传播。在西方中心主义理念下，西方国家与非西方国家在全球伦理的形成中被赋予了不同的角色。西方核心国家往往被赋予优先地位，而非西方国家却被视为伦理观念的被动接受者。在人类中心时代，全球伦理才真正具有了“全球性”。这种“全球性”伦理不是通过传播或被动接受形成的，而是在公共生活、社会互动中共有观念的核心部分。全球伦理的主体是超越国家边界的人。人与人之间有共性，有共同利益和价值诉求，对美好世界有共同期待，通过共同努力可以实现理想蓝图。

未来的全球治理不仅要关注人类的和谐，还要实现人与自然的和谐，最终发展出生态中心的全球伦理。生态良好，人类才能好。人类不是这个地球上唯一的物种，只是众多物种中的一个类别；人类的世界是一个客观物质世界，更是一个人文社会世界。物质世界的发展需要人文社会世界的共同进步，人文社会世界的进步需要价值观念的引领。人类的价值观念不仅应该是超越国家边界的，也应该是超越民族甚至物种界限的。

从国家中心到人类中心、生态中心是层层递进的关系，反映了全球伦理发展的一般理路。全球伦理发展的这一规律成为人们推进全球治理理论与实践发展的基本线索。

第五章 全球治理体系构成：结构、认同和机制

自从公共事务、公共生活诞生以来，人类创设了诸多的组织机构以实现某种程度、某个范围内的秩序。宗教组织、社会团体、政党、国家、国际体系（国际社会）都是人类借以实现共生共在的组织形式。国家因其具有的主权特征而在诸多组织中具有独特的地位。国家之间建立起普遍的社会联系促成国际体系或国际社会的出现。正如布尔所言："如果一群国家意识到它们具有共同利益和价值观念，从而组成一个社会，也就是说，这些国家认为它们相互之间的关系受到一套共同规则的制约，而且它们一起构建共同的制度，那么国家社会（或国际社会）就出现了。"①

冷战结束后，一个全球范围内的治理体系正在逐步形成。迈克尔·泽恩指出，全球治理所代表的政治体系已使得当代国际体系在质量上大大不同于以往的体系。②相对于此前几个世纪由主权国家构成的国际体系，超越了主权国家及正式跨国机构的世界的全球治理体系显然具有更加广泛的共同利益和共同价值理念。"国际社会不仅仅是国家的社会，而是全人类的大社会。"③对于理论研究者和政治实践者而言，更为重要的问题不再是"全球治理体系是不是可欲的，而是如何通过改革不断完善现有体系，使其更加公正、有效、敏感"④，以应对变动中的世界。"全球治理时

---

① [英]赫德利·布尔：《无政府社会——世界政治秩序研究》（第二版），张小明译，北京：世界知识出版社，2003年，第10—11页。

② Michael Zürn, *A Theory of Global Governance: Authority, Legitimacy, and Contestation*, Oxford University Press, 2018, pp.4-5.

③ [英]赫德利·布尔：《格劳秀斯在国际关系研究中的重要性》，载[英]赫德利·布尔、[新西兰]贝内迪克特·金斯伯里、[英]亚当·罗伯茨主编：《格劳秀斯与国际关系》，石斌等译，北京：中国社会科学出版社，2014年，第72页。

④ Fred Halliday, "Global Governance: Prospects and Problems", *Citizenship Studies*, Vol.4, No.1, 2000. p.19.

代的治理仍然需要回答：谁为了谁的利益，通过何种机制，为了何种目的而治理？"[①]可见，面对全球治理首先需要回答的问题就是谁治理，为了谁的利益而治理，治理发生的基本前提是什么，解决治理的基础、条件、工具、主体和目的等问题。

搞清楚全球治理体系的架构是明确全球治理应该及可能走向的前提基础。[②]与其就如何才能让世界更公平、更宜居进行盛大的、没有结论的争论，莫若更实际一些，着眼于全球治理体系的结构要素和运行机制。全球治理体系是一个整合性概念，包括组织、制度和其他形式的原则、规范、条例和决策程序等，涵盖了从事实到规范、从组织到制度、从个体到整体、从经济到环境几乎治理研究的各个层面和不同问题领域。因此，全球治理体系可以被称为"治理的元级别"[③](meta-level of governance)问题。在不同的治理层次、不同的问题领域、不同的组织机构、不同的制度设置中，治理效果呈现出差异性。这使得全球治理体系呈现出"碎片化"，而碎片化程度又会显示不同程度的治理效能。在解决特定问题领域的核心问题方面，更加一体化的治理架构会带来更高的效率。本章对全球治理架构的分析，主要侧重治理体系层次、国际机制、观念认同问题。

一、全球治理体系的利益协调基础

全球治理依赖于行为体的社会联系、国际合作。差异性是合作的前提，治理行为体具有自主性则是国际合作的前提。自现实主义者提出并界定了利益的概念后，对行为体行为(个人、组织、国家)的解释便有了明确的依从。全球治理理论与实践的勃兴彰显了世界政治中共同利益与利益冲突的张力、主权国家和非国家行为体的较量、国内治理与全球治理的矛盾，如果说协同一致是全球治理的基础的话，世界的差异性和矛盾性则是协同一致和机制产生的前提。在此意义上，世界的多样性和利益的多元化需要全球治理，同时催生了全球治理；全球治理存在的全部意义就在于寻找到

---

① McGrew, 2002, 8. See Antonio Franceschet, "Ethics, Politics, and Global Governance", in Antonio Franceschet ed., *The Ethics of Global Governance*, Lynne Rienner Publishers, 2009, p.9.

② Thomas G. Weiss and Rorden Wilkinso, "Global Governance to the Rescue: Saving International Relations?", *Global Governance*, No.20, 2014, pp.19-36.

③ Frank Biermann, Philipp Pattberg, Harro van Asselt, and Fariborz Zelli, "The Fragmentation of Global Governance Architectures: a Framework for Analysis", *Global Environmental Politics*, November, 2009, pp.14-40.

一种能够体现和平衡各种利益诉求,并最终维护人类共同利益的一种有序性的制度安排,而全球治理之所以能够出现并得以维系,这本身就意味着在众多的行为体中存在着共同的利益诉求。

(一)多元利益格局下的全球治理体系

利益依托于行为体而存在,是满足行为体生存和发展的一切需求。国际舞台上的行为体围绕着实现、增进和维护其自身利益而展开行为。20世纪50年代以来,随着现实主义理念大行其道,利益成为世界政治理论研究和现实政策制定者理解和阐释一切政治经济现象的核心范畴。此后,无论是新自由主义还是建构主义,尽管对利益到底是相对的还是绝对的,是物质的还是理念的争论不休,但利益都成了他们在探讨全球治理问题时不可回避的重要范畴。在全球治理的行为体问题上,历来存在着两种观点的争论。一种观点认为,全球治理是国际体系固有的性能,其成败取决于非人格化机制的运转,而非行为体的意图;另一种观点则认为,全球治理是各种行为体通力合作应对全球挑战的结果。①

全球治理体系具有可分解的特征,这有利于自下而上地对体系问题进行解释。与其像现实主义那样假定体系中的行为体是单子式的,莫若说复杂的体系模型使行为体是社会嵌入性的(socially embedded),嵌入性并不否认行为体具有普遍自主性,而且认为特定的社会环境影响了行为体的行为选择。②在全球治理时代,治理主体日益增多,呈现出层级性特点,由以主权国家为主导的单一利益层次向个人、国内组织、民族国家、国际组织、跨国公司、区域共同体等多元主体构成的纵向网络层次转变。

> 多层全球治理指的是,从地方到全球的多层面中公共权威与私人机构之间一种逐渐演进的(正式与非正式)政治合作体系,其目的是通过制定和实施全球的或跨国的规范、原则、计划和政策来实现共同的目标和解决共同的问题。③

---

① [意]富里奥·塞鲁蒂:《全球治理的两个挑战:哲学的视角》,载朱立群、[意]富里奥.塞鲁蒂、卢静主编:《全球治理:挑战与趋势》,北京:社会科学文献出版社,2014年,第2—3页。

② Christine Brachthäuser, "Explaining Global Governance—a Complexity Perspective", *Cambridge Review of International Affairs*, Vol.24, No.2, June 2011, pp.221-244.

③ [英]托尼·麦克格鲁:《走向真正的全球治理》,陈家刚译,《马克思主义与现实》2002年第1期。

由民族国家向下分解，各类组织乃至公民个人均可以成为全球治理的主体；由民族国家向上延展，出现国际组织、跨国公司、区域一体化组织等超国家组织，在全球治理中扮演日益重要的角色。与此同时，无论国家行为体还是非国家行为体自身的利益诉求越来越趋于多样化，不再单纯地关注安全或经济利益，而是形成了横向交织的利益相关网络。纵向多层次与横向宽领域共同构成了一个多元、多维、复杂且难以切割的利益结构格局。

国家是世界政治中最基本的和唯一合法的行为体，这既被视为世界政治最基本的事实，也成了主流范式研究的基本假定。在主流范式看来，这一事实在全球化时代也没有被改变。在政治和法律意义上，构成全球社会的仍然是主权国家。世界政治的主流研究由理性选择理论所主导。理性选择理论源自经济学，它假定理性行为体在资源稀缺的环境中彼此竞争，它们具有且能够把握自身毋庸置疑的明确利益。国际政治学中对国家的认识直接从对人的认识获得。主流研究将世界政治还原为其基本构成单位——主权国家，又将国家还原为独立的、抽象的"个人"。它假定人是理性自利的人，他可以明确判断自身的利益需求，并进行理性决策。如此，主权国家也是理性自利的，它能对国家利益进行明确判断，并根据利益采用理性行为。[①]国家是利己的、单一的理性行为体，其身份和利益是先定的；国家是自身行为的最终裁定者，国际社会不过是国家寻求实现自身利益的舞台。

然而，20世纪70年代的大量事实则已然说明，在一国主权范围内的个人、组织在全球治理时代也成为具有自身利益的重要行为体。越来越多的跨国公司、市场机构、非政府组织、犯罪组织、雇佣兵组织、宗教极端主义等对政府发挥替代的权威性影响，履行原来由政府组织机构承担的社会、经济职能。"这些组织拥有一定的资源和权威，被那些更大的公共机构（通常也包括国家）如政策、实践、规则、规范等的创制者视为合法的。"[②]

对于全球化时代次国家行为体给国家主权带来的影响，历来存在着三种观念：一种认为，次国家行为体突破了国家主权、边界的限制；一种认为，

---

①《国际政治的社会建构——温特及其建构主义国际政治理论》，载秦亚青编：《权力·制度·文化——国际关系理论与方法论研究文集》，北京：北京大学出版社，2005年，第116—120页。

② Rodney Bruce Hall, Thomas Biersteker eds., *The Emergency of Private Authority in Global Governance*, Cambridge University Press, 2002, p.4.

全球市场绝非由私人行为体而是由公共权威(通常指国家)或被国际政治机制赋予公共权威的机构决定的;还有一种观点持中立态度,认为私人行为体与国家主权之间并非零和博弈关系,而是创造了一种使全球化进程和行为体嵌入国家主权的充满活力的状况。本书取折中立场认为,非政府组织的影响不仅具有现实的物质基础,同时也产生了分析的、逻辑的影响。世界政治遵循“自然法则”(rule of law)的观念尽管没有被彻底颠覆,但在一定程度上受到侵蚀,国际社会中的规则和机制等会对国家的行为构成一定约束。[①]次国家行为体已经成为跨国现象的推动者,它们与国家之间形成了一种本构关系(constitutive relations):一方面,国家催生了各种次国家行为体,伴随着全球化浪潮的出现,次国家行为体迅猛发展且承担越来越多的职能,发挥越来越重要的影响;另一方面,次国家行为体带来了新型主体间关系,也为现代主权国家提出了更高的、更广泛的职能要求。全球治理并不意味着“减少行事适当的政府/统治,相反,有时它也意味着增加行事适当的政府/统治”。[②]全球治理时代,全球的、大陆的、跨区域的、区域的、跨国的、国家的、次国家的权力中心彼此联结、交互作用。这种难以厘清的关系在公域和私域的界分不断变化、国内和国际的界限日益模糊的全球变革时代愈渐复杂,成为名副其实的“异质体系”。

如果把全球治理视作一个治理体系,这个体系应该是自下而上层级建构的,并且一经产生便具有自身的独立性,其特征并非简单地由国家传递产生。新现实主义提出了国际政治的系统主义以区分以往的还原主义。华尔兹认为,对世界政治的理解可以从三个层面展开,即个人、国家和国际体系,[③]从个人和国家层次寻找世界政治的原因是还原主义理论,而从国际体系层次理解世界政治的是系统主义理论。[④]简单地从国家的性质和行为出发,并不能获得对世界政治的全面而深层次的理解,因为国际体系一旦形成便对其基本构成单位——国家产生了制约作用。全球治理时代,国家主权、权威、合法性不单纯地来自自身,也取决于全球治理社会。在前社会

① Thomas Biersteker eds., *The Emergency of Private Authority in Global Governance*, Cambridge University Press, 2002, pp.34–107.

② [美]托马斯·G. 怀斯:《治理、善治与全球治理:理念和现实的挑战》,张志超译,载杨雪冬、王浩主编:《全球治理》,北京:中央编译出版社,2015年,第69页。

③ Kenneth N. Waltz, *Man, the State, and War: A Theoretical Analysis*, Columbia University Press, 2001.

④ [美]肯尼思·华尔兹:《国际政治理论》,信强译,上海:上海人民出版社,2004年,第24页。

环境中，国家的角色被限定为国家利益的保护者，而随着跨国公民社会的形成国家的角色也在扩大，国家成为这个社会的一员，需要推进全球社会的安全、福祉、人权、环境保护等利益需求，[①]“民族国家不再是世界治理或权威的唯一中心或首要形式”[②]。

如果说因国家实力存在差异造成以国家为要素的国际体系无可避免地是一个等级体系的话，全球治理体系则因其更符合人类对共同善的追求，因而也更能体现民主、自由、平等和社会权利保护。[③]面对全球公共事务日益增多的现实，与传统的公共权威相关的国家、市场等疲于应付乃至束手无策，全球治理体系作为现有政治体系功能不足的有效补充应运而生，而且其产生也恰恰满足了未来政治系统的发展趋势。全球治理体系的出现及其复杂性表明，新兴国家、新兴行为体将推动传统治理模式步入新型治理时代，以国家为核心的单一体系已经让位于多元多维体系，制度的创新与创制也在同步展开，多层次、多领域、高效率的会晤、协商机制和多边合作机制及其载体已经显现，行为体间的联系和互动是广泛而密切的，全球人类共同体的形成不再只是一个幻象，而是成为更加现实、更具内涵和代表性的全球治理新范式。

（二）国家利益至上与全球利益共同体

国家利益是国家行为的手段和目的。迄今，许多学者和政治家仍然坚信，无论国内秩序还是国际秩序的实现都须经由国家，借助国家权力。事实上，在现实主义者眼中，国家是有明确边界的共同体，它具有共同的认同和生存利益。国家利益被描绘成客观的、先定的，它代表了全体国民的共同利益。秩序只能实现于国家主权范围之内，超出国家领土边界，国家之间难以存在秩序，或者即便存在秩序也是极其脆弱的。因此，现实主义认为，国家寻求利益的本质使国际合作难以为继。20世纪70年代末，新自由主义提出国家更加看重绝对收益的利益观，为国际机制的建立和国际合作的开展提供了新的研究思路。冷战结束后，世界政治经济发生了更为复杂而深刻的变化，现实主义的解释力再次遭到质疑。新

---

① 《安全共同体的研究框架》，载［以色列］伊曼纽尔·阿德勒、［美］迈克尔·巴涅特主编：《安全共同体》，孙红译，北京：世界知识出版社，2015年，第30页。

② ［美］戴维·赫尔德等：《全球大变革：全球化时代的政治、经济与文化》，杨雪冬等译，北京：社会科学文献出版社，2001年，第13页。

③ 蔡拓、吴娟：《试析全球治理的合法性》，载杨雪冬、王浩主编：《全球治理》，北京：中央编译出版社，2015年，第87页。

现实主义和新自由主义在各自不同的立场上逐渐接近，进而出现"新新合流"[①]之势。这一变化，使得理论更加趋于中庸，但同时似乎也增强了其对现实的包容性和解释力。在当前三足鼎立的国际关系理论界，无论是合流后的新现实主义和新自由主义，还是强调以观念作为基本范畴阐释世界政治经济的建构主义，尽管对国家利益的理解存在分歧，但它们无一不承认国家利益的存在。

国家主权和国家利益分别是国家行为的手段和目的。在主流范式中，理想的全球治理模式由主权国家建立，能够自觉维护和增进国家利益。在世界政治中，主权主要体现为国家的自主性。[②]国家主权的基本原型是理性自主人。自主人的概念源于"现实主义思想之父"马基雅维利和霍布斯。马基雅维利是将政治理论的基础，从关注正义问题转变为强调权力和自主的第一位思想家。在《君主论》中，他提出了如何获得并保有权力的问题。[③]汉纳·皮特金指出，马基雅维利对公民资格的理解表明，成为一个人必须自信、自主、避免依赖他人。相似地，与国家的安全和繁荣相关的也是自主。[④]与以往的政治思想家从人的社会性出发解释政治生活不同，霍布斯把人看作是单子式的个人。个人之间彼此敌对、冲突，战争随时可能爆发，个人在与他人分离的过程中谋求自保，为了自保，个人订立契约，建立主权国家，结束了人与人之间的战争状态，实现了国家领域内的秩序。但在主权国家之间，依然保持着无法消除的战争状态，在此意义上，全球治理就是国家间利益的相对平衡状态。这种平衡状态一旦遭到破坏，就会表现为国际冲突，换言之，国际冲突源于国家利益的冲突。

主权国家体系和传统的国家利益至上原则使得全球治理正面临着严重的"集体行动的困境"[⑤]。全球治理不是全球政府，任何企图建立一个

---

① "新新合流"是国际关系理论发展的一个重要现象，它意味着新现实主义开始承认国际制度对于国际社会的重要意义，承认国家之外非国家行为体对于世界政治经济的重要影响；新自由制度主义则认同了新现实主义关于"国家是国际社会中的首要行为体""国际社会处于一种国际无政府状态""国家是理性的寻求自身利益满足的行为体"等现实主义提出的理论假定。

② R. Ashley, "Untying the Sovereign State: A Double Reading of the Anarchy Problematique", *Millennium: Journal of International Studies*, Vol.17, No.2, 1988.

③ [意]尼科洛·马基雅维里：《君主论》，潘汉典译，北京：商务印书馆，1985年。

④ Hanna Pitkin, *Fortuna Is a Woman: Gender and Politics in the Thought of Niccolo Machiavelli*, University of California Press, 1984, p.25.

⑤ 朱立群：《代序 全球治理：现状与趋势》，载朱立群、[意]富里奥·塞鲁蒂、卢静主编：《全球治理：挑战与趋势》，北京：社会科学文献出版社，2014年，第6页。

囊括所有国家的全球政府的想法在国家利益至上原则主导的现实世界中都是行不通的,因为全球政府只能是将人民处于"一个更易于攫取权力、更适宜培植霸权野心、更加强国家和政府的控制而不是人民的权利的世界"[①]。因此,有学者指出:"只要民族国家还是起决定作用的主体,那么任何稳定的国际经济治理体制都必须与国家的偏好相一致。"[②]其实不单是全球经济治理需要考虑国家的偏好,任何领域的治理在进行机制建构和展开治理行动时,都必须充分考虑到国家的需求和利益偏好。既然国家在进行决策时总是优先考虑自身的利益得失并乐于自行其是,那么全球治理在进行机制建构时就必须将各个国家的利益偏好纳入全球共同利益当中,通过设定激励机制鼓励国家参与到全球治理之中,同时也应对主权国家的自利性行为进行有效约束。因为"主权的生命还未终结,但它也不是像曾经那样神圣不可侵犯"[③],一方面,形成一套以自愿为基础促进利益融合的治理规则;另一方面,确保规则的灵活性。这是否意味着并不存在所谓的全球共同体利益或世界秩序呢?答案当然是否定的。一个混乱的、缺乏利益协调的世界只能给国家及其公民带来更大的危险。在全球相互依存愈益加深的时代,任何国家都难以单凭自身的力量独自处理许多原有的或新生的问题。愈来愈多的国家意识到,只有与别国合作,才能更好地掌握自己的命运,并真正实现自身的利益诉求。全球治理的意义就在于为存在利益差异甚至冲突的国家提供一个合作的平台,使世界事务的治理"在可持续的将来符合所有人的利益,遵循基本的人类价值,是全球性组织符合世界多样性的现实"[④]。

从组织或体系形成的逻辑来看,全球治理必然建立在其基本组成单元存在着共同利益的基础之上。这样,我们所谓的全球共同利益实则是国家及非国家行为体各自利益的相同部分,它内含于基本单元各自利益之内,

---

① [瑞典]英瓦尔·卡尔松、[圭]什里达特·兰法尔主编:《〈天涯成比邻——全球治理委员会的报告〉节选》,谢来辉译,载杨雪冬、王浩主编:《全球治理》,北京:中央编译出版社,2015年,第143页。

② [美]丹尼·罗德里克:《经济全球化的治理》,载[美]约瑟夫·S.奈、约翰·D.唐纳胡主编:《全球化世界的治理》,王勇等译,北京:世界知识出版社,2003年,第299页。

③ [美]托马斯·G.怀斯:《治理、善治与全球治理:理念和现实的挑战》,张志超译,载杨雪冬、王浩主编:《全球治理》,北京:中央编译出版社,2015年,第76页。

④ [瑞典]英瓦尔·卡尔松、[圭]什里达特·兰法尔主编:《〈天涯成比邻——全球治理委员会的报告〉节选》,谢来辉译,载杨雪冬、王浩主编:《全球治理》,北京:中央编译出版社,2015年,第143页。

即便假定国家是理性自利行为体的现实主义也不得不承认，国家之间存在共同体利益而且共同体利益具有多样性。[①]全球治理时代，国家之间相互依存、平等互利，共同的利益需求不断上升。过去认为国家之间是一种零和博弈的观念，逐步让位于相互依存的观念。究其原因，一方面，全球治理的非国家行为体在一定程度上弥合了国家间的冲突，促成了共同体利益的扩展；另一方面，全球化带来了文化的交流和国际价值认同感的上升，共同体观念逐步形成且不断增强。

全球治理时代，国家之间的关系日趋复杂和多元化，合作中有矛盾，对立中有需要，难以用“联盟”—“伙伴”或“敌人”—“对手”来定义。国家间的合作呈现出复合性相互依赖的景象：“一国借助多国，大国需要小国，小国依赖大国，国家依靠地区及国际组织，国际组织求助一国甚至一国的非政府组织，任何国家、地区联盟和联合国都可能成为一国或数国利益各尽所能、物尽其用的‘工具箱’。”[②]与任何历史上形成的共同体相同，初见端倪的全球共同体也必然建立在共同利益的基础上，否则其“共同行为”特征便无法得到合理的解释。全球治理是全球各类行为体利益的最大保障，共同利益是全球治理体系产生和维系的内在驱动力。

全球治理同样要考虑合法性问题。一个政治系统的合法性主要来源于两点：其一，建立了成员的认同体系；其二，能够长期满足成员的需要和利益。[③]全球治理需要通过满足社会公众的利益需求获得认同、服从与支持，并通过政治社会化使更多社会公众参与全球治理，提升治理效度。与传统的政治系统不同，全球治理体系的合法性逻辑并不单纯地依靠权力而获得，而是基于全球公民社会的“散布性支持”。这意味着，全球治理体系的合法性并不简单地源于它给公众带来的利益满足，而更倚重于治理体系与公众的良性互动。因此，全球治理体系获得合法性的路径有二：一方面要加强全球公民的教育，提高公民对全球治理体系的认知水平；另一方面不断提升全球治理体系满足人类共同需要和公共利益的能力和绩效，进而获得更广泛而坚实的认同、服从和支持。

---

① [美]肯尼思·华尔兹：《国际政治理论》，信强译，上海：上海人民出版社，2004年，第5页。

② 王毅：《试论新型全齐治理体系的构建及制度建设》，载杨雪冬、王浩主编：《全球治理》，北京：中央编译出版社，2015年，第311页。

③ J. Rothschild, “Political Legitimacy in Contemporary Europe”, in Benitch, *Legitimacy of Regimes*, Sage Publication Inc., 1979, pp.38–39.

（三）利益协调机制与全球治理新结构

毫无疑问，在当今世界政治经济中，国家已经不再是唯一的治理主体，但依然是最重要的行为主体，此外，超国家组织、跨国家组织、次国家组织等发挥着越来越重要的作用。为了实现全球共同利益和公共善，全球治理需要运用具有公共权威的国际机制协调不同行为体的利益冲突，构建共同身份，推动"一个多层次的"(a many-layered)全球治理体系形成。①在实践层面，全球治理体系的完善，推动了理论层面全球治理研究深化，呈现出系统化、整体性、复合性研究趋向，"全球治理架构"(global governance architecture)研究应运而生。

"随着一种全球观念的形成，人们开始意识到，普遍的合作比任何冲突都更能够在人类普遍利益实现的同时使个人利益最大化。这种全球意识将是确立普遍合作关系的前提。"②人类社会的共生共在没有因行为体的利益争夺而遭受冲击，反而会在协调利益争夺的过程中催生合作机制而使世界变得更加有序。当前，国际社会民主化、平等化的趋势加强，由列强主导的旧秩序不断遭遇全球化带来的政治多极化的挑战，世界格局逐步由失衡走向平衡，国际社会进入了新型的全球治理体系之下，它以多元行为体的互动和利益协调为共治的基础，实现了治理机制和治理体系的创新，形成责任均衡化、要素多元化、方式共治化、发展同步化、追求善治化的全球治理新架构，具体如下：

一是全球治理责任均衡化。全球治理体系由大国、发达国家主导的时代逐步迈入利益共享、责任共担的新治理时代。新兴国家、发展中国家和非国家行为体在国际社会的话语权增大，在国际舞台上的地位逐步提高，在全球事务中承担更多的责任。这一方面表明，发达国家需要新兴国家、发展中国家和非国家行为体的参与来解决日益复杂多变的全球性问题；另一方面，则会不可避免地带来因话语权争夺引发的矛盾和摩擦。协调既有利益者与既有利益的"挑战者"的不同利益诉求，实现共处和共治的关键是处理好治理责任问题。各国、各类行为体可以根据自身的实力、影响力及利益偏好，在不同领域、区域和全球事务中确定自身的责任，以期化解利益矛盾，从大局和长远考虑处理不同领域的区域或全球问题。在各类行为体

---

① Fred Halliday, "Global Governance: Prospects and Problems", *Citizenship Studies*, Vol.4, No.1, 2000, p.19.

② 张康之:《合作的社会及其治理》,上海:上海人民出版社,2014年,第14页。

承担和履行各自责任的过程中，为避免责任背离现象的出现，需要国际社会和国际组织的有效监督和管控。如此，才能最终建立起一个真正平等意义上的“问责、节制、包容”①的全球治理责任机制。

二是全球治理要素多元化。全球治理体系呈现出主体多元化、客体多样化、价值取向多维化的特征。主体多元化既表现在非国家行为体改变了由主权国家主导治理体系的局面，也表现在政治多极化带来的单边控制的终结，出现了“多头共治”“多强共治”的治理格局。治理客体多样化既表现在治理对象的层级化，即由地方、国家、双边与多边、次区域、区域、全球等若干层面的问题，也表现在威胁全球安全与共同利益的问题向多领域、跨领域扩展，传统的政治、军事安全与新生的经济安全、反恐怖、移民、气候变化、环境保护等问题相交织。价值取向多维化既表现在治理的预期目标开始由秩序、安全向更高层次的正义、关怀、和谐等迈进，也表现为各类行为体的预期目标不再仅限于本国的、利益的维度，而是囊括了更多的道德考虑，利他、移情倾向增长。

三是全球治理方式共治化。全球治理主体的多元化、客体的多样化及价值取向的多维化，必然要求各类行为体通过合作，采取统一行动，因而体现出共治的治理特征。不同于传统的“少数垄断”治理模式，全球治理以共同合作、共同推进、共同策划、共同行动的模式展开治理，形成了一损俱损、一荣共荣的局面。国家的“行为是按照范围更广的共同体的利益来执行的”②。首先，全球性问题是全人类共同面对的问题，单凭某一国的力量难以应对，需要各国家和非国家行为体的通力协作。维护国际社会的安全与秩序不单是某个国家的需要，而是全人类的共同诉求。其次，全球化的推进不断加深各行为体的相互依存，零和博弈理念已经不能完整、有力、准确地诠释现代世界政治的全景，整个世界已经联结为一个利益共同体，国际社会的共同利益不断增强并拓展，合作方能共赢，互惠方能发展。再次，在共治形式上，出现在了灵活多样的合作关系。战略伙伴关系、集团式结对等丰富了原来的以双边、多边关系为主的合作模式，使得合作更加便利、有效。最后，国际关系的平等化、民主化带动了国际合作的展开。全球治理体系的形成既是国际关系民主化的结果，反过来又助推了国际关系民主化

---

① 王毅：《试论新型全球治理体系的构建及制度建设》，载杨雪冬、王浩主编：《全球治理》，北京：中央编译出版社，2015年，第313页。

②《安全共同体的研究框架》，载［以色列］伊曼纽尔·阿德勒、［美］迈克尔·巴涅特：《安全共同体》，孙红译，北京：世界知识出版社，2015年，第24页。

的进一步发展,在国际合作的过程中,全球性事务的解决需要国家不论强弱、大小、贫富协商,国家之间更具协调对等性。

四是全球化与区域化同步。区域化是全球化的重要表现,而且关于区域和世界的设想能力本身已经成为全球化的现象之一。[①]世界是区域的集合,区域化是全球化的先导和驱动,也是全球化在区域层面的体现。如果说世界的基本构成要素是国家,区域则是连接国家与世界的中介。这不仅仅是一个自然地理学的事实,同时也是历史文化观念发展的结果。同一区域的国家及其他行为体往往因地理上的接近,共同利益交汇点较多,文化差异较小,共有身份感强烈,也更容易实现合作。目前北美、欧洲、东亚、拉美等地区都实现了较为深入的合作。区域事务处理中累积的经验和成功的模式可以为全球治理提供可资借鉴的有益经验。与此同时,还出现了合作集团化的新态势,[②]如新兴国家之间、发展中国家之间、发达国家之间抱团取暖。全球化不是同步化,也绝非同质化。全球化的另一个重要表现是集团化。相较于区域化,集团化包含了“不同价值理念、不同文明、不同治理模式国家的集团的重新‘合并同类’”[③],更能体现全球治理体系中“异质”合作的特征。

五是全球治理追求善治。人类的行为总是无法剔除价值判断,价值诉求赋予人类行为更宏大的意义。全球治理作为人类社会的共同行动,与传统的治理追求善治的目标相同,是为了实现人类的共同善。20世纪80年代早期以来,治理特别是善治一直充斥着国际政治研究的话语体系,全球治理范式由此成为国际政治研究的显学。按照世界银行提出的标准,善治与人类的可持续发展密切相关,涉及公共部门的管理、交易成本的降低和协议的履行;[④]联合国则更关注治理的政治和公共面向不可或缺的民主和自由机制的建立与完善,以及“人性化治理”。遵循“人性化治理”原则的全

---

① 《草根全球化与研究的想象力》,载[美]阿尔君·阿帕杜莱主编:《全球化》,韩许高等译,南京:江苏人民出版社,2016年,第8页。

② 陈东晓:《国际安全格局的演变及中国与大国关系的机遇和挑战》,《国际问题研究》2010年第6期。

③ 王毅:《试论新型全球治理体系的构建及制度建设》,载杨雪冬、王浩主编:《全球治理》,北京:中央编译出版社,2015年,第315页。

④ World Bank, *World Development Report 1997 and World Development Report 1992*, Oxford University Press, 1992.

球治理要求各类行为体拥有“主人翁意识”“体面合宜”,并且“负责任”①,最终实现全球公共利益的最大化,将全人类导向一个更加安全、和平、有序、和谐、正义、美好的世界。“我们有很强的现实和规范理由去相信,这一多方面的、多层次的、多中心的治理观才是未来的方向。”②

二、全球治理体系发生的基本要件

作为无政府社会的治理模式,全球治理不是一种从来就有的历史现象,同时它也不会拘泥于某种固定的模式或状态。在此意义上,在特定历史时期出现的全球治理的发生、发展有其特定的前提条件。全球治理绝非自发形成的,而是人类有意为之的结果。既然全球治理符合人类对共同善的追求,那么怎样才能为全球治理提供必要的条件,才能引导全球治理朝向人类期许的方向发展,便成为治理研究必须予以关注并作出回答的问题。

(一)全球治理的促发性条件

在国际关系理论中存在着两种全球治理的阐释路径:现实主义和世界主义。二战后,受现实主义观念的影响,国际体系被认为是一个自助体系,以自我利益为中心的国家在无政府状态下追求自我利益;其所谓的国际机制,不能对国家的行为产生根本性约束,国际和平只是战争的短暂停歇,国际合作也因而是极其脆弱的。而世界主义所秉持的国际社会理念的形成则为人们理解和认识国际关系提供了新的思路。国际社会并非“霍布斯式”的单子式国家的松散集合,国际关系是受规范制约的,存在着共同实践。

20世纪30年代,国际(家)社会作为一个被赋予现代含义的术语在国际关系研究中被广泛使用,③并成为“英国学派”解读国际关系的核心范畴。国际社会的存在通常与多元主义、共存和尊重差异相关联。早在16、17世纪,国际法的创立者们便指出,国际关系发生在一致赞同的规范框架内,国

---

① [美]托马斯·G. 怀斯:《治理、善治与全球治理:理念和现实的挑战》,张志超译,载杨雪冬、王浩主编:《全球治理》,北京:中央编译出版社,2015年,第71页。

② [英]安德鲁·赫里尔:《全球秩序与全球治理》,林曦译,北京:中国人民大学出版社,2018年,第101页。

③ [英]克里斯·布朗:《重塑国家社会与全球共同体》,载[英]戴维·赫尔德、安东尼·麦克格鲁主编:《全球化理论:研究路径与理论论争》,王生才译,北京:社会科学文献出版社,2009年,第196页。

家共有一系列的实践。尽管国家被认为具有主权、拥有追求自身利益的权利，但即便发生冲突，国家也不会排除合作，更不会完全无视国际社会的利益，而是在不损害本国利益或安全的情况下维持世界的和平。国际社会理论家认为，国际社会维护的终极目标应该是人类而不是国家，不仅应保护国家的多样性，更为重要的是推动人类的繁荣。而让学者和政治家们越来越感兴趣的问题是全球政治的社会基础究竟是什么？何种条件能够促成国家间共同体性质（或特征）的关系？

那些认为并不存在一个统一的全球治理体系的人强调，相较于规模宏大、参与者众多的大型治理，只有最重要的国家参加的小型协定谈判，借助于松散的一体化机构达成一致的可能性更大，生效的速度也更快。[①]因此，他们不赞成整合呈现出碎片化特征的治理体系，不追求一个全球共同体的构建，因而就难免对促成共同体的共同核心规范持一种漠不关心的态度。全球治理的目的不是只满足少数参与者的利益，而是要符合国际社会的共同诉求。因此，整合分散的全球治理架构，并在共同价值规范下形成一个全球共同体是实现有效治理的前提。

全球治理需要成员间对国际社会的发展有着共同的可靠的预期。稳定的、可靠的预期意味着行为体能够对国际社会的未来有一定的判断，能够保持最基本的秩序与和平，"既不预期使用有组织的暴力也不准备将使用有组织的暴力作为解决国家间争端的手段"[②]。由此可见，全球治理的发生需要两个基本要素：其一，行为体有既定的利益和偏好；其二，行为体期待国际社会和平。行为体对利益的诉求和对和平的期许到底原因何在呢？各学派给出了不同的解释。新现实主义和新自由主义均把国际社会的行为体假定为理性行为体，认为行为体，特别是国家可以对自身的利益进行理性的判定，并为了追求利益采取外向型行为。国际社会的秩序状态及和平状态乃是国际行为体对自身利益和身份认定的副产品，或者说，行为体对和平、秩序的期许，不过是因为秩序、和平更符合行为体对自身利益的满足和追求。行为体内部认同感的维系，乃至行为体在国际社会的意义以外部威胁的存在为前提。针对"新新合流"将

① Frank Biermann, Philipp Pattberg, Harro van Asselt, and Fariborz Zelli, "The Fragmentation of Global Governance Architectures: a Framework for Analysis", *Global Environmental Politics*, November, 2009, pp.14–40.

②《安全共同体的研究框架》，载［以色列］伊曼纽尔·阿德勒、［美］迈克尔·巴涅特：《安全共同体》，孙红译，北京：世界知识出版社，2015年，第28页。

国家利益视为客观、先定的观点，建构主义学派从运用社会交往理论进行了批判。它认为，所谓行为体利益和身份都是在相互交往中建构起来的，行为体在实践中交换知识、传递信息，彼此学习，形成关系互动的模式。行为体间关系，特别是主权国家间关系的亲密程度决定着全球治理的发展程度。

从全球治理到一个全球共同体的出现，可以划分为初始阶段、上升阶段、成熟阶段。在全球治理的初始阶段，行为体接受国际机制对自身的行为进行约束，主要基于利益考虑，即便感到来自其他行为体的明显威胁，也会保持比较克制的行为，遵守行为体间的共有规范。技术进步、经济发展、环境变化等会促使行为体在彼此的方向中调整自己的角色和定位，并且愿意通过避免正面冲突的形式协调彼此的关系，并进行一定的合作，通过自身政策的协调实现共同获益。和平解决冲突的习惯和实践以行为体间存在着共有规范为基础。全球治理是由国际社会“共有目标和主体间意义支撑的活动”[①]，是对集体共有规范遵守的结果。共有规范不仅是调节性的，也是构成性的，直接反映了行为体的身份和自我理解。全球治理结构既依赖于行为体的外部身份和相关行为，也依赖于行为体内部的特征和实践。行为体间的实践和跨国力量创建了使行为体不通过战争解决纷争的保证，同时行为体内的治理行为方式与全球治理保持一致。行为体若要成为全球治理体系的一部分并被赋予某种权力、责任和义务，取决于它遵守规范性结构的能力。行为体从全球治理体系中获得了行动的合法性和权威。这意味着，行为体的利益和身份除了自身的理性判断，以及行为体间关系的互动，同样也是由外部治理体系结构赋予的。不过行为体间打交道和进行合作，并不意味着他们都能彼此信任或者相互认同。只不过因为对合作有所期待，行为体愿意进行互动、对话和政策的协调，这为行为体产生新的社会纽带提供了新的契机。

（二）信任与集体身份形成

全球治理由初始阶段的进一步发展，晋级为第二个阶段，行为体及其民众参与到一系列改变国际社会环境的社会互动当中。这意味着，全球治理环境塑造着行为体间的互动，并对行为体的身份进行重新界定。在全球治理体系中，存在着权力和知识构成的结构性因素，以及交往、国际组织、

---

①《安全共同体的研究框架》，载[以色列]伊曼纽尔·阿德勒、[美]迈克尔·巴涅特：《安全共同体》，孙红译，北京：世界知识出版社，2015年，第29页。

制度和社会学习的进程性范畴。对于互信和集体跨国身份的形成发展,结构性条件和进程性条件是必要的。信任可以由能提高交流互动的数量和质量的制度来提升,而交流互动反过来也促进规范的传播。集体身份的出现可以由发生在制度化背景中的学习进程来推动,并最终带来认知结构上的变化。

信任和身份相互作用、相互加强:信任以相互认同为基础,反过来可以加强相互认同。集体身份的形成需要一个最低限度的互信措施,因而,信任先于身份。一旦信任形成,集体身份会加强和提升信任的深度。信任意味着尽管存在着不确定性,但依然相信对方。信任作为一种社会现象,有赖于这样一种评估:另外一个行为体的行为方式会与规范性预期一致。身份则不仅是心理的或个体的,也是社会的,是由行为体与他者的互动和关系来界定的。

权力和知识是形成全球治理的"结构性主梁"①。权力是理解全球治理发展的首要因素,原因在于权力能够敦促或迫使行为体维系集体身份,可以赋予全球社会一种共有意义。全球治理由强国家推进,并为较弱国家提供安全及其他红利。作为全球治理体系核心力量的强国家并不塑造秩序或带给全球社会全面的安全,而是因为治理的结果给自身带来了强烈的吸引力。知识即全球共有意义和共有理解也是促成全球治理的重要因素,体现为共有意义的知识是行为体在实践和社会互动中逐步建构起来的,为行为体提供了实践行动与合法活动的规范。

当下,自由主义和民主被全球社会确认为是与全球治理相关的政治思想。相比于其他思想,自由主义更有利于提升全球社会的集体身份、相互信任与和平变革。在自由主义的全球治理体系下,共有思想被全球社会的成员所共享,并为成员提供可靠的安全感;在自由主义的全球治理体系下,更容易营造一种共有的跨国公民文化氛围,并赋予个人全球公民社会的身份角色;在自由主义的全球治理体系下,更容易形成全球公民社会有组织的进程网络,提升行为体的跨国交往、政策协调和共享项目,以增加成员间的交往,促成共有制度的建立。而通过互动交往和共享项目可以提升全球治理的共有目标,围绕共有目标方能形成共有身份,进而才会形成对和平的可靠预期。

---

① William Sewell, "A Theory of Structure: Duality, Agency, and Transformation", *American Journal of Sociology*, Vol.98, July 1992, pp.1–29.

进程性范畴，包括全球社会中的国际交往、国际组织、国际制度，以及社会学习。国际交往是指国际行为体之间进行的各种象征性的或实质性的、政治的或经济的、物质的或文化的、技术的或信息的等跨边界的交换。在全球治理体系中，各种类型的交往不仅在物质层面改变着国际社会，同样也重塑着集体经验和行为体间的共识。国际组织和国际制度同样也是进程性因素，它们直接和间接地推动着全球治理的发展。“国家、国际组织和全球公民社会之间的关系从未如此密集地制度化。”①

规范、规则、制度构造着行为体并约束其选择，有助于建立行为体间的互信，赋予行为体共有身份。首先，国际组织能够促进信任的发展，通过建立行为规范，建立监督机制及实施这些规范的制裁措施，并推动交往和信任。其次，国际组织和国际制度能够激励行为体发现其自身的偏好，并重构其社会身份，形成新的社会联系。国际组织是行为体进行社会化和学习的重要平台，也是引导其他行为体解读全球治理形势和理解国际规范的场所。发生在国际制度中并被制度提升的学习进程，能够使行为体形成正面的、对等的期望，并因此而彼此认同。最后，国际组织和国际制度有助于相互信任和集体身份的形成。在全球治理过程中，文化的交流、对共同体命运的渴望、对单边行为的自我约束，均有助于集体身份和行为体间互动的发展。特别是在地理上接近的国际组织有益于创建区域文化，共建区域性项目，而区域性治理的展开可以进一步升华为全球治理。社会学习是在新的因果知识和规范性知识的基础上，对全球治理现实的再定义或重新解读的积极进程。

通过社会学习，国际行为体不断调整对物质世界和社会世界及自身的看法。与集体身份、利益和实践相关的规范和其他认知性、文化性范畴在行为体间传递，被个体不断内化，被各种机构制度化。首先，全球治理中行为体间的交流是根本性特征。行为体在互动中沟通各自的理解和感知及规范性预期，对行为体及国际社会的理解和价值观会发生变化。其次，制度化有利于社会学习的发生和推进。制度不仅弥散在共时性行为体之间，推动不同文化、政治的行为体选择相似的规范性理解和认知性理解，而且也推动共有理解在行为体间进行历时性代际传播。最后，国际社会中的权力结构有利于推动社会学习。社会学习的发生往往是在权力不对称的背

---

① Orfeo Fioretos1 and Jonas Tallberg, “Politics and theory of global governance”, *International Theory*, 2020, pp.1–13.

景下通过社会性交换实现的。拥有强大物质力量和国际正统性的行为体会主动将其推崇的规范在政治上被采纳和制度化。

（三）和平变革的必要条件

全球治理发展的最高阶段是形成对和平变革的可靠预期。“全球化所造就的世界共同体将是一个多元化、差异互补、和谐共存的世界。”[①]在“一个日益整合、全球性日益增加的世界中，存在着这样一种需要，一种从民族国家转向某种全球共同体的需要”[②]，而在无政府体系下，信任似乎岌岌可危。即便信任能够存在的话，也必然需要一定的手段来监督。国际组织和国际制度的存在因而成为国际社会实现治理不可或缺的方式。全球治理的最高阶段意味着行为体不再单纯依赖国际组织或制度维持信任，共同体就此出现。这一共同体是全球意义的，而非领土意义上的。“在日益全球化背景下，合法性的规范和政治共同体的实践不再根植于以国家为取向的权威结构”，[③]全球治理发展为一个全球共同体需要所有行为体经过努力精心建构。

“今日之世界远非一个共同体”[④]，全球化虽然使行为体之间的物理距离缩小甚至消失，但仍未足以创造一个和谐的全球共同体。[⑤]“在作为地理事实和财富资源的物质世界之外，还不存在一个精神、制度和价值意义上的世界”[⑥]，创造一个全球共同体需要崭新形式的全球民主、服务于平等需

---

① 张康之：《合作的社会及其治理》，上海：上海人民出版社，2014年，第12页。

② [印度]桑迪普·瓦斯莱克：《我们时代的大问题：从民族国家到全球共同体》，载赵汀阳：《天下体系：世界制度哲学导论》，北京：中国人民大学出版社，2011年，第112页。

③ [加拿大]尼萨·莎赫：《国际都市或者帝国？——全球化的隐喻以及对合法政治共同体的描述》，载[加拿大]斯蒂文·伯恩斯坦、威廉·科尔曼主编：《不确定的合法性：全球化时代的政治共同体、权力和权威》，丁开杰译，北京：社会科学文献出版社，2011年，第85页。

④ [美]雅克·布道：《导论·全球化与共同善》，载[美]雅克·布道编著：《建构世界共同体：全球化与共同善》，万俊人、姜玲译，南京：江苏教育出版社，2006年，导论第1页。

⑤ 唐世平认为，虽然社会的演化趋势是更加基于规则，但规则背后的权力运作及其引发的冲突、斗争，使一个和谐的“世界社会”根本无从建立。参见唐世平：《国际政治的社会演化：从公元前8000年到未来》，董杰旻、朱鸣译，北京：中信出版集团，2017年，第187—188页。本书认为，制度的建立、转变固然离不开权力的作用，但权力之外的观念也在同时发挥作用。制度将物质性的权力和意识性的观念联系起来。国家可能是基于对权力带来的惩戒的恐惧而被迫服从制度，也有可能是基于对制度内含的观念的认同而选择服从制度。

⑥ 赵汀阳：《天下体系：世界制度哲学导论》，北京：中国人民大学出版社，2011年，第68页。

要，以及平等指向的经济、富于同情的政治文化、追求普遍利益的社会力量、承担保护共同善的责任的制度。

未来的全球共同体是一个民主的共同体。作为全球共同体，全球治理的最终目标是囊括世界所有的公民。对威胁全球治理的各种世界危险进行持续有效的控制，需要所有行为体和国际制度的合作与承诺。当代世界面临诸多威胁人类福祉的全球性问题，如大规模杀伤性武器不断改进、流行疾病广泛蔓延、自然环境恶化和遭到破坏、科学技术被误用和滥用、犯罪活动不断恶化，等等。全球性问题在加强了共同体成员之间联结的同时，也带来了全球社会危险的增加。极权主义理念和少数统治多数的观念既与人类追求的共同善相背离，也无益于全球性问题的解决。在不同合法性层面的法律法规和制度的实施、控制的综合作用，新的全球性制度的形成和完善，以及自由争论不断深化的共同善的关怀文化，有助于降低全球性威胁的严重性。

未来的全球共同体需要控制和引导金融、经济。全球共同体不仅是政治民主的共同体，也是经济平等的共同体。世界的公共财富不是个别政府的单独行动赐予的。全球治理由经济全球化推动，并强化了行为体间的相互依赖。市场经济的全球性拓展，带来了资本、技术和人员在全球范围内的优化配置，行为体间的经济关系更加紧密且平等。全球经济鸿沟逐步消弭，地球上的贫困逐渐消除，全人类渐渐摆脱贫穷的束缚，享受经济发展带来的社会进步。全球经济治理带来的全球公共财富体现在：系统的金融稳定，能够应付重大衰退和冲击的能力；开放的金融体系，能够包容全球社会的绝大多数国家；经济持续稳定发展，能够保护地球的共有资源和一套促进社会发展的政策框架；维系公平和国际社会凝聚力，通过广泛意义的经济合作，实现国际社会的平等与正义。

未来的全球共同体包含广泛而深刻的人类价值共享。未来的全球治理是“一种新型政治，在价值和理念上突出人类整体论、人类共同利益论”[①]。强大的道德价值是全球民主和全球治理的坚实基础，它需要一种全球视角去思考世界，用世界尺度而非利己的国家利益去衡量世界。全球共同体的形成不仅依赖于法律、制度等物质层面的因素，更依赖于全球共同的价值理念因素，需要共同体的所有成员共同努力寻找全体人类达到尊严和价值平等的原则，协调自由与团结、平等与创造，塑造更为人

① 蔡拓：《全球政治的要义及其研究》，《世界经济与政治》2005年第4期。

性化的全球共同体。全球治理需要倡导和凸显全球性、全球主义、人类中心，能够对国际政治所确立和维系的国家性、国家主义、国家中心产生重要影响。支撑全球共同体的政治文化应该是更少弱肉强食、更多同情理解的信念，在不同价值之间达成宽容和理解，引导行为体的行动走向同情、慷慨、友好、和谐、幸福的未来。

未来的全球共同体需要多元化特征的维护和推动。全球治理发展的最高阶段“通常与多元主义、共存和尊重差异相连”①。多样性是全球共同体的一个重要特征和追求的目标之一。差异与多元是国际合作的前提。全球共同体必然建立在主体、文化、政治、经济、制度的多样性基础之上，这与全球治理的志向相符合。“世界的问题太大，靠一个国家、一个超级大国、一个地区或一个国际组织根本无力解决。”②人类社会的进步和全球治理的发展很大程度上是由各种现代化力量驱动的。这些力量推动着全球社会快速一体化，成长为一个共同体。通过广泛地动员各种社会力量，多元的可持续的发展模式可以有效防止把全球利益置于一国利益之下。多元化不仅体现在实力从老牌大国转向新兴国家，也表现在权力从国家行为体向非国家行为体的转向。但多元化并不意味着，构成全球共同体的基本行为体之间的认知存在不可调和的差异或者缺乏维持共同体的共识。行为体间的“类”特征要远远多于它们之间的差异性或个性。“同类情感”会促进行为体在追求自身利益时使自我与他者之间的冲突服从于国际社会的共有秩序和规则。

三、全球治理体系运行的机制保证

在全球治理发展的每一个阶段，制度因素都是不可或缺的。人类的共同生活需要相应的制度框架。全球治理的目的就在于，通过提供机制这一全球公共产品实现人类共生共存，“通过机制实现良序”③。由此，全球治理结构可以被理解为一个机制框架。机制的生成既是时代发展的

---

① [英]克里斯·布朗：《重塑国际社会与全球共同体》，载[英]戴维·赫尔德、安东尼·麦克格鲁主编：《全球化理论：研究路径与理论论争》，王生才译，北京：社会科学文献出版社，2009年，第27页。

② [英]Banyan：《天底无事可曰新》，载赵汀阳：《天下体系：世界制度哲学导论》，北京：中国人民大学出版社，2011年，第132页。

③ [美]奥利弗·E. 威廉姆森：《治理机制》，石烁译，北京：机械工业出版社，2016年，第11页。

必然结果,更是人类有意为之的产物。全球交流的密度和广度需要全球治理,同时也给全球治理带来了诸多挑战。全球范围内的协调问题、公共问题及核心价值观问题,①对全球治理的机制建设提出了要求。这并不意味着只要有处理这些问题的需要,国际机制就会自动诞生。在现实世界中,许多国家对地方主义和非集权化的兴趣重新高涨,创建国际机制存在的交易成本,使"搭便车"等成为阻碍国际合作的障碍。行为体需要有可靠的信息决定合作是否符合自己的利益,同时还要承担与其他行为体谈判所要付出的时间与花费。然而,尽管存在着上述诸多的现实障碍,国际机构的数量仍在大幅增长,各种国际合作措施和制度建设,如政府间交流、条约和国际组织等都迅速增加,这表明人们对全球治理的期许需要建立和加强国际机制,以应对国际社会中不断出现的全球性问题。对于当前的全球治理真正的核心问题是,通过改革弥补已经存在数十年且仍将继续维系的制度缺陷,以使这一治理体系更有效、更正义、更能回应变化中的国际体系。②

(一)国际机制:理论到实践

全球治理不仅是学术研究的一种理论范式,也是当前世界政治中最为紧迫的一个实践问题。③通过国际机制实现对全球性问题的治理是全球治理题中应有之意。国际社会中行为体的协调、全球公共问题及对核心价值观的保护成为治理制度④得以产生和存在的理由。⑤

第二次世界大战后,对于避免战争的思考促使人们力图通过各种类型的国际机制实现国际社会的和平与合作。处于全球、国家和次国家层面的

---

① [美]凯利·科格莱昂斯:《全球化与国际制度的设计》,载[美]约瑟夫·S. 奈、约翰·D. 唐纳胡主编:《全球化世界的治理》,王勇等译,北京:世界知识出版社,2003年,第248—250页。

② Fred Halliday, "Global Governance: Prospects and Problems", *Citizenship Studies*, Vol.4, No.1, 2000. p.19.

③《全球治理引论》,载俞可平:《全球化:全球治理》,北京:社会科学文献出版社,2003年,第1页。

④ 本书所使用的治理制度在超国家层面上与国际制度是同一概念,它涵盖了国际组织和国际规则。See Peter Haas, Robert Keohane, Marc Levy, *Institutions for the Earth: Sources of Effective International Environmental Protection*, MIT Press,1999, p.5.

⑤ [美]凯利·科格莱昂斯:《全球化与国际制度的设计》,载[美]约瑟夫·S. 奈、约翰·D. 唐纳胡主编:《全球化世界的治理》,王勇等译,北京:世界知识出版社,2003年,第248—302页。

三种不同水平的规范、机制联合产生了持续增长的治理制度。[①]20世纪70年代，为应对国际政治经济领域全球化的进一步发展，国际机制的概念应运而生，与国际公共产品一同成为国际关系的重要核心议题。冷战结束后，伴随着全球化的深入，全人类的福祉愈来愈紧密地联结在一起，日益突出的全球性问题对全人类的安全和发展不断构成挑战。与此同时，世界各国特别是大国之间的利益和矛盾复杂交错，传统大国与新兴大国不得不权衡国际权力的争夺与解决全球性问题的合作。在缺乏统一中央权威的国际社会，全球公共问题的治理必然需要特定的制度安排，借助国际机制框架通过集体行动加以解决，因而人们对治理制度的需要和倚赖空前高涨。国际机制已然成为国际社会不可或缺的公共产品，治理制度不仅是决定治理效果、治理模式的关键，同时也成为国际社会秩序性的重要保障。机制在治理中被赋予核心地位。正如基欧汉所指出的，若要在一个已经实现部分且日益全球化的世界中实现有效的治理，就必须拓展国际机制；若要使全球化不受阻断或不可逆转，就必须发展治理安排以促进合作并缓解冲突。[②]

作为全球治理的工具和依托，国际机制对于国际社会的重要性不言而喻。1975年，约翰·鲁杰将国际机制引入国际政治学研究，将之定义为由国际社会所接受的“一系列相互的预期、规则与规章、计划、组织的能量及资金的承诺”[③]。斯蒂芬·科拉斯纳对国际机制的界定得到了更为广泛的认可：

> 一系列围绕着行为体的与其所汇聚到的一个既定国际关系领域而形成的隐含的明确的原则、规范、规则和决策程序。原则是指对事实、因果关系和诚实的信仰，规范是指以权利和义务方式确立的行为标准，规则是指对行动的专门规定和禁止，决策程序是指流行的决定

---

① [美]伊夫斯·德扎雷、布赖恩特·加思：《全球性解决方案：新法律正统性的产生输出与输入》，陆幸福等译，北京：法律出版社，2006年，第108页。

② Robert O. Keohane, “After Hegemony Cooperation is Still Possible”, *International Spectator*, Vol.50, No.4, 2015, pp.92-94.

③ John Gerard Ruggie, “International Responses to Technology: Concepts and Trends”, *International Organization*, Vol.29, No.3, 1975, p.570. 转引自[美]罗伯特·基欧汉：《霸权之后：世界政治经济中的合作与纷争》，苏长和、信强、何曜译，上海：上海人民出版社，2001年，第68页。

和执行集体选择政策的习惯。[①]

由此可见，人们普遍接受的国际机制概念是复合性的，它含有不同的内容、形式，在其运作中人们很难将这些形式进行明确的界分。考虑到效用问题，基欧汉将国际机制定义为有关国际关系特定领域的、政府同意建立的有明确规则的制度。[②]

紧随其后的问题是，国际机制的基础是什么、国际社会需要什么样的国际机制、如何方能发挥国际机制的最大效用？国际社会需要秩序，秩序的保证来自规则，而对于规则的来源国际关系的主流范式则给出了不同的答案。在现实主义者看来，国际体系结构对国家行为有决定性作用，而国家间的实力比较则决定了国际体系的结构。鉴于国际社会公共物品供应的困境及国际无政府状态的现状，在国际体系中起主导作用的霸权国家于是成为国际公共物品的提供者。在霸权体系下，国际机制的建立与其说是为了增进合作，莫如说是为了协调和解决冲突。如此，国际机制发挥作用的动力毫无疑问来自大国，[③]而唯有霸权方能带来国际社会的稳定。新自由主义在国际体系结构中增加了"干扰性变量"——制度变量，尽管国际机制的产生离不开霸权，但它的运作却绝非与霸权须臾不可分离。国际机制一旦生成便会对包括霸权国在内的所有国家产生约束，即便霸权国衰落，基于成本—收益的考虑，国际行为体仍然会想选择通过国际机制进行有效合作，因此国际机制仍然可以保持惯性并发挥独立作用，实现霸权之后的合作与和平。[④]尽管对于国际机制维系的方式有不同的理解，但在国际机制的来源问题上，现实主义和自由主义采用了相同的解释路径：国际机制是国际行为体为实现自身利益而同其他行为体订立的契约。[⑤]建构主义将国际体系和国际机制均视为文化

① Stephen D. Kransner, "Structural Causes and Regime Consequences: Regimes as Intervening Variables", in Stephen D. Kransner ed., *International Regimes*, Cornell University Press, 1983, p.2.

② Robert Keohane, *International Institutions and State Power: Essays in International Relations Theory*, Westview Press, 1989, p.4.

③ John Mearsheimer, "Back to the Future: Instability in Europe After the Cold War", *International Security*, No.15, 1990, pp.5-56.

④ [美]罗伯特·基欧汉：《霸权之后：世界政治经济中的合作与纷争》，苏长和、信强、何曜译，上海：上海人民出版社，2001年，第59—77页。

⑤ Nicholas Onuf, "Institutions, Intentions and International Relations", *Review of International Studies*, Vol.28, No.2, 2002, pp.211-228.

建构的结果。对观念的推崇和信仰使得建构主义将国际机制视为国家间共有观念的表现。作为理性行为体,国际行为体要遵守国际机制,规则定义了行为体在国际社会中的角色;同时国际机制是行为体为实现特定的社会目的建构的结果。通过制度化和社会化,国际规范得以推广、普及,[①]规范一旦被广泛接受,便被内化为国际行为体自我认同的工具。国际机制和国际行为体之间形成一种相互建构的关系。

国际机制既包括了国际交往的"软规则",也包括实体性的"硬机构",而且"软规则"往往依托于"硬机构"而存在。[②]"软规则"主要指国际公法、国际规章等;"硬机构"则主要指全球性与区域性的各类跨国组织、超国家组织、全球公民社会及能对全球治理产生影响的次国家行为体,即非国家行为体。[③]

20世纪60年代起,国际公法大量涌现。国际公法是国际行为体在国际交往中形成的,用以调整国际关系、具有法律约束力的原则、规则和制度的总称。国际大会条约、习惯法、法律通则是国际社会公认的国际公法。国际公法为国际行为体规定了一系列的行为准则,并且明确界定了行为体的权利和义务。从根本上讲,国际公法是世界各国公认的法律,对国际行为体具有较为普遍的约束力。相较之下,国际规章的效力就大打折扣了。它只是对国际行为体提供了一个行为标准,对签约国并不具有法律约束力。根据阿伯特和斯奈德尔对"硬法"和"软法"的界定,显然,国际公法是国际社会的"硬法",国际规章则属于"软法"。[④]

20世纪国际社会战祸肆虐,冲突不断。第一次世界大战、第二次世界

① 秦亚青:《关系与过程:中国国家关系理论的文化建构》,上海:上海人民出版社,2012年,第35—75页。

② 本书所作的国际机制的"软""硬"的区分,主要是依据其是否具备机构形态这一标准。

③ 非国家行为体是一个相当宽泛的概念。从语义学上来讲,民族国家之外的行为体都可以冠之以非国家行为体。许多学者在使用这一词汇时通常把它限定在跨国组织或运动,而自然地把次国家行为体排除在外。本书在使用非国家行为体的概念时把次国家行为体和跨国行为体都囊括其中,但在分析非国家行为体在全球治理中的作用时更侧重于关注跨国行为体。

④ 在论及全球治理中国际机制的约束力问题时,阿伯特和斯奈德尔对"硬法"和"软法"作了区分。他们认为,现代国际合法化显示出了巨大的多样性,但大部分国际法呈现出"软性"特征。"硬法"对国际行为体具有法律约束力,它代表法律解释与执行权力,而一旦法律制度在义务、精确性和授权三个维度上的一向或几向受到削弱时,"软法"便出现了。[美]肯尼思·W.阿伯特、邓肯·斯奈德尔:《国际治理中的硬法与软法》,胡晓琛译,载杨雪冬、王浩主编:《全球治理》,北京:中央编译出版社,2015年,第93—95页。

大战、冷战及各种形式的地区冲突和对抗不断刷新人们对战争的认识。与此同时，人类也共同见证为了避免战乱、实现和平与秩序而建立的各种非国家行为体的成长。21世纪非国家行为体对全球治理的影响力益隆，“以民族国家为中心，主要关注战争与和平问题的国际史叙事显然已经不能满足时代的要求，人们需要新的国际史叙事模式，以更好地理解国际事务”，特别是全球治理问题。[①]

非国家行为体是指在国际社会中除民族国家之外参与国际事务的行为体，它既包括国际组织、区域一体化组织，也包括非政府组织、全球公民社会及跨国运动，还包括在全球层次上能发挥影响力的主权国家范围内的组织。“毫无疑问，世界的组织化建基于国家主权基础之上。”但诚如全球治理委员会所说：全球治理“基本上是指政府间关系，但现在我们必须理解，它也包括非政府组织、公民运动、多边合作和全球资本市场”[②]。本书将主要关注国际组织、全球公民社会在全球治理中的发展和作用。

19世纪晚期以来，国际组织在数量、范围、影响力上都在稳步发展，“以至于无视国际组织，则无法理解当今世界”[③]。如果国际社会存在或将会产生全球共同体的话，国际组织毫无疑问是其维系或产生的制度基础。国际组织产生的一个重要前提是民族国家及其公民意识到存在着一个超越国家边界的国际社会，存在着超脱于国家利益的区域的或者全人类的共同利益。据《国际组织年鉴》统计，世界上现有国际组织四万多个。[④]国际组织从无到有，从有到繁表明，全球治理问题需要国际组织提供解决之道，同时也反映出国际组织对于全球治理是具有效用的。当前，国际非政府组织的增多成为当代全球治理中最引人瞩目的现象。在

---

① 王立新：《译序：对20世纪国际史的另一种解读》，载［美］入江昭：《全球共同体——国际组织在当代世界形成中的角色》，刘青、颜子龙、李静阁译，北京：社会科学文献出版社，2009年，第3页。

② 全球治理委员会：《我们的全球之家》，牛津大学出版社，1995年，第3页。转引自俞可平：《全球治理引论》，载杨雪冬、王浩主编：《全球治理》，北京：中央编译出版社，2015年，导论第49页。

③［美］入江昭：《全球共同体——国际组织在当代世界形成中的角色》，刘青、颜子龙、李静阁译，北京：社会科学文献出版社，2009年，导言第1页。

④［美］安·玛丽·克拉克等：《全球公民社会的主权限制》，《世界政治》1998年10月号。转引自俞可平：《全球治理引论》，载杨雪冬、王浩主编：《全球治理》，北京：中央编译出版社，2015年，第49—50页。

四万多个国际组织中，非政府组织的比例占到了95%以上。[①]尽管近年来，学界和国际社会对非政府组织的重视加强，但其重视程度尚未能与其重要性相匹配。

随着国际组织、国际规则及其法律进程不断加量、提速，国际机制间出现了显著的功能重叠与议题重合情况。全球治理原本以问题领域作为治理单元，对全球治理的研究主要是对综合性现象的理论考量，或者是对不同机制解决治理挑战的经验研究，伴随全球治理体系框架的建构，治理主体的多元化趋势进一步加强，治理层次愈加多样，治理对象愈加分散，使得治理机制不断扩散所形成的机制碎片化（regime fragmentation）现象日益突出。机制扩散、机制复杂性与碎片化的趋势，使得围绕专门问题领域的全球治理无法成为高度一致的系统。究其根源，“多中心”治理结构的存在必然导致国际机制的碎片化与复杂性（re-gimecomplexity），[②]进而对制度合法性与有效性产生不可估量的影响。在当前新的世界政治环境背景下，面对全球治理制度碎片化的新挑战，需要开辟全球治理研究的新路径，准确把握全球治理的新走向。

（二）国际机制的历史演进

在世界范围内“建立一个没有政府的共同治理机制是一个需要经历起伏的长期过程”[③]。20世纪70年代，战后国际关系发生重大变化，大国的外交政策与外交战略出现重大调整。一些国家开始打破以意识形态和社会制度划界而出现的国际集团或阵营的限制，国际舞台出现了“异质性合作”的国际政治现象。作为国际合作产物的国际机制，正是在这一背景下大放异彩，成为国际政治研究的一个重要范畴。

机制（regime）本身包含着非常复杂的内涵，人们对之存在多样性的理解和阐释。但应该肯定的是，机制有确定性的内涵。机制是一定地域或领域中的人们所拥有的模式化关系。从广义上理解，机制包括了规则、理想、信念、习俗等。早期人们主要从政治意义理解机制，但晚近时期，越来越多

① [美]安·玛丽·克拉克等：《全球公民社会的主权限制》，《世界政治》1998年10月号。转引自俞可平：《全球治理引论》，载杨雪冬、王浩主编：《全球治理》，北京：中央编译出版社，2015年，导论第3页。

② Fariborz Zelli and Harro van Asselt., “The Institutional Fragmentation of Global Environmental Governance: Causes, Consequences, and Responses”, *Global Environmental Politics*, Vol.13, No.3, 2013.

③ [意]富里奥·塞鲁蒂：《导言 基于规则的多边全球治理趋势》，载朱立群、[意]富里奥·塞鲁蒂、卢静主编：《全球治理：挑战与趋势》，北京：社会科学文献出版社，2014年，第7页。

的人开始从管理学意义上理解机制，并进行机制设计。机制，

> 既是物质性的又是观念性的；既是信号系统又是象征符号系统；既是理性的又是超理性的。机制是一种人类活动的超组织模式，通过这种模式，个人和组织可生产和再生产他们的物质生存与组织时空。制度也是一种符号系统，是对实在进行秩序化的各种方式，并使个体时空中的经验变得有意义。[①]

如此，机制不仅是人类活动的工具或者环境，同时也是人类活动的内容、目标和成果。这意味着机制不仅存在于国家层面的政治生活之中，也贯穿于所有的人类活动的领域之中。因而，超国家层面国际机制的存在既是行为体理性的产物，其本身也成为国际社会生活的过程和模式。

国际机制理论是国际关系理论的一个重要分支。20世纪70年代，脱胎于国际组织的国际机制概念开始出现在国际关系研究的视域之中，并逐步成为国际关系研究的重心。80年代，国际机制研究开始从关注全球化带来的相互依存和具体机制现象，转向分析国际合作的条件。90年代以来，国际机制研究呈现出学派鼎立的局面，并从建制问题过渡到制度效用问题。[②]尽管国际机制理论研究渐趋成熟，但国际机制（international regime）作为其核心概念却一直存在着语义分歧。[③]相较于克拉斯勒的国际机制概念，本书倾向于使用基欧汉的国际机制概念。根据基欧汉的定义，国际机制至少包含着三层含义：正式的政府间组织或跨国非政府间组织、行为体为管理国际社会的特定问题而制定的明确规则、国际社会的协约或习惯（convention）。

对于全球治理中国际机制何以可能，现实主义、新自由主义和建构主

---

① [美]沃尔特·W. 鲍威尔、保罗·J. 迪马吉奥主编：《组织分析的新制度主义》，姚伟译，上海：上海人民出版社，2008年，第264页。

② Ronald B. Mitchell. “Evaluating the Performance of Environmental Institutions: What to Evaluate and How to Evaluate It?”, in Oran R. Young, Leslie A. King, Heike Schroeder eds., *Institutions and Environmental Change: Principal Findings, Applications,and Research Frontiers*, MIT Press, 2008.

③ 英国学者苏珊·斯特兰奇就曾经批评说，国际机制这个词极不准确，其含义含混不清，人们使用它时往往用意各不相同。See Susan Strange, “Cave Hic Dragones: ACritique of Regime Analysis”, in Stephan D. Krasner,ed., *International Regimes*, Cornell University Press, 1983, pp.342-343.

义三大主流学派给出了不同的解释。现实主义学派关于国际机制的理论最有代表性的是霸权稳定论。这一理论认为,存在冲突的国家间更关注全球治理中的相对收益(relative gains),国际机制建立并得以延续的关键是国家实力对比,它不必然促使国家展开合作,但会使国家间进行冲突协调。国际机制与国际体系中的力量分布有关,国家力量的分布状况决定着国际机制的形态:霸权国家决定哪些行为体可以参与全球治理、霸权国家决定全球治理的规则、霸权国家决定全球治理的结果。[①]按照现实主义的这一观点,国际机制不过是国家间实力较量的副产品,是国家追求自身利益的结果。新自由主义者承认国家是追求自身利益的行为体,但与现实主义者不同的是,他们更倾向于认为国家更看重的是绝对收益(absolute gains),因而会自愿通过国际合作增进利益,国家间相互依赖的加深促成了国际机制的建立。全球治理意味着在国家间存在着共同体利益,国家合作有利于共同体利益的维护和实现,而一旦通过国际合作能够给国家带来收益,国家便获得了彼此进一步合作的动力。国际机制对国家行为的约束带来了国际合作成本的降低,于是促进了国家间的合作。建构主义将全球治理视为社会建构的结果,国际机制的有效建立和维护缘于行为体有共同的文化背景、价值观念和信息交流。行为体之所以愿意遵守国际机制,不单纯是因为国际机制增进了行为体的利益、减少了交易成本或者提供了行为规则,更为重要的是国际机制已经被行为体内化,成为国际社会的共识。在三大学派的阐释中,权力、利益和知识的互动是国际机制理论研究的中心概念,但其中任何单一的概念都不能完全解释国际机制的所有实质性问题。[②]

全球治理的效果不仅与机制的确立和维护有关,也取决于国际机制的效用。国际机制在多大程度上塑造或影响国际行为体被视为衡量其效用的重要标准。在全球治理中,机制的效用不是有无的问题,而是大小的问题。[③]国际机制对于全球治理的作用体现在:其一,服务作用。国际机制为全球治理行为体提供了可靠信息,降低了国际冲突和不稳定的危险。其二,制约作用。机制确定了对行为体如何行为的期望,甚至可以重塑创造

① Stephen Krasnerl, "Global Communication and National Power", *World Politics*, Vol. 43, No. 3, 1991, pp.336-366.

② 门洪华:《对国际机制理论主要流派的批评》,《世界经济与政治》2000年第3期。

③ [美]奥兰·杨:《国际制度的有效性:棘手案例与关键因素》,载詹姆斯·罗西瑙主编:《没有政府的治理》,张胜军等译,南昌:江西人民出版社,2001年,第186—224页。

它们的行为体。其三，规范作用。国际行为体交往频繁增加了对机制的需求，形成并拓展机制网络体系，国际社会的制度化、规范化程度加强，国际行为体的行为也日趋规范化。其四，惩罚作用。国际机制具有关联效应，通过奖励遵守国际机制的行为，惩罚违反国际机制的行为，确立国家的机制活动空间。其五，示范作用。国际机制不仅为行为体提供了国际活动环境，而且引导行为体在国际机制的框架内定义自身利益，进而对行为体的战略选择产生重要影响。[①]

威斯特伐利亚体系建立后的欧洲国际关系史表明，国际关系的权力均衡必须对某种协调机制起润滑作用。[②]第一次世界大战后建立的凡尔赛体系标志着大国协调实现"集体安全"的国际联盟机制的建立，然而权力失衡却导致了集体安全困境，并最终导致二战爆发。第二次世界大战后建立了以大国竞争与合作为特征的雅尔塔体系，总体上包含了"均衡"与"协调"的因素，即美苏两极均势与实施大国协调的联合国机制相结合。在联合国这一组织框架内，在两个超级大国主导下，一系列国际机制相继出现，形成了在霸权国家权力均衡的国际秩序下的制度安排，国际机制因此成为霸权操控的制度协调。冷战结束后，全球化和区域一体化日渐突出，全球治理中政治民主化的要求和美国一超独霸的趋势之间形成了巨大张力。一方面，国际机制的建立和效用越来越依赖于国际行为体的认同和共识；另一方面，国际机制并未完全摆脱霸权国家的主导作用，仍然存在着霸权国家漠视全球共同利益、违背国际社会共识、践踏国际机制的现象。国际机制处于这种尴尬的境地，主要原因在于国际机制不同于国内机制，没有一个合法的中央权威确保其机制效用。在全球治理现实中，尽管国际社会的共同利益在增多，国家间的共识在增长，但不可否认的是，在无政府体系下，作为一种协调机制，国际机制在很大程度上是行为体——特别是理性自利的国家——彼此进行妥协的产物，不具有特定的权威性。与此同时，霸权国家在国际体系中的主导地位使得国际机制不可避免地体现行为体间的权力结构，进而更多地体现霸权国家的意志和利益。然而即便如此，全球治理的有效展开仍然需要国际机制对行为体的行为进行约束，对冲突和矛盾进行协调，通过机制促成合作，通过合作增进共同利益和身份共识。最近的全球金融危机表明，"异质性国家、全球和区域性组

---

① 门洪华：《国际机制的有效性与局限性》，《美国研究》2001年第4期。

② 何杰：《权力与制度——国际机制理论的现实主义分析》，《欧洲研究》2003年第4期。

织完全能携手合作，成功避免新一轮的经济大萧条”①。

（三）全球治理的机制框架

在全球治理背景下，全球经济“多元化、互联化”进一步加深，全球治理结构正在经历重大调整，国际贸易网络变得更加复杂，全球跨境资本流动大幅增长。全球经济持续、包容增长需要一个更加完善的治理架构，在此治理架构中存在着多层次的治理机制：一是全球层面的多边治理机制，如联合国、世界贸易组织、国际货币基金组织、世界卫生组织等，为世界各国开展对话、交流、合作提供了平台。二是同类国家跨地区层面的治理机制，如经济合作与发展组织、二十国集团、金砖国家等，实现了有共同关切的攸关方展开定期、有效、畅通的合作。三是区域层面的治理机制，如欧盟、亚太经合组织、北美自由贸易区、上海合作组织等，打造了区域和次区域就特定领域的对话与合作平台。四是双边合作协调的治理机制，如“中非合作论坛”“中国—东盟自由贸易区”等平台和机制，对于稳定和谐的双边关系至关重要。在多层次的全球治理机制体系中，不仅要使特定机制在该层次治理机制中发挥稳定作用，而且有必要协调处理好各层面治理机制的关系，形成环环相扣的机制链条，实现各类机制的协调联动，以达到治理效用最大化。

全球治理对良序的追求离不开治理机制。全球治理机制中的软规则和硬机构是相伴而生的。国际组织为规则的建立提供组织依托，而国际组织国际协调职能的发挥则依赖于规则的推行实施。从第一次世界大战后人类历史上第一个国际组织国联的诞生，到第二次世界大战后全球最大、最具普遍性的国际组织——联合国建立，再到20世纪70年代各种性质、不同规模、各具特色的“组织群”，现今已经形成了覆盖全面、影响力益隆的全球治理机制框架。全球治理机制结构和框架的变化源于国际力量对比和世界格局的变化。一方面，新兴市场国家和发展中国家经济突飞猛进，充当着全球经济增长的引擎和推手，并且其参与全球治理的意愿和能力逐步加强；另一方面，西方发达大国仍继续保持着对全球治理机制的话语权、主导权、控制权，世界秩序在很大程度上没有改变其反映发达国家意志和利益的特征，建立公正合理的世界政治经济新秩序，仍然需要经历长期曲折

① 美国国家情报委员会、欧盟安全问题研究所编：《全球治理2025：关键的转折点》，俞平、潘寅茹译，载杨雪冬、王浩主编：《全球治理》，北京：中央编译出版社，2015年，第343页。

的发展进程。发达国家与发展中国家广泛合作、共同参与治理的态势正在形成，全球治理机制正在出现有利于各国共治共享的积极变化。联合国体系、二十国集团、金砖国家、区域机制构成了当前全球治理的四大柱石。

联合国是当今世界最具全球性、代表性、包容性的全球治理行为体。"如果国家的数量可以成为一个组织声称它是'全球性的'证明，联合国可以声称是第一个'全球性'全球治理组织。"[①]联合国大会现在由世界194个国家中的193个组成，是全球治理体系的重要组成部分和多边治理体系的"核心"。[②]联合国被视为第一个全球治理组织，也是治理机制最为典型的体现。在处理棘手的全球性问题上，联合国是一个合法论坛，它在全球治理体系中的地位迄今仍然没有被超越。联合国体系正在从传统的国际治理体系向全球治理体系转变，其成员覆盖面广泛，几乎与所有的全球治理行为体保持着正式或非正式的关系，其职能也几乎覆盖了全球治理的各领域。《联合国宪章》被视为国际法的基本原则，联合国通过的决议、公约和条约等成为国际法的主要渊源，是调节国际关系，规范行为体行为的基础。联合国安理会可以授权行为体实施国际制裁及合法使用武力，因而被认为具有"准世界政府"特征。并且联合国通过倡导和平、公正、人权、平等、发展等具有普世意义的价值规范，而获得了国家及其他行为体的认同。联合国不是"世界政府"，也不是"全球议会"，但它成立以来通过其治理实践，把人类追求的部分理想转化为现实，推动全球治理朝向更加美好、和谐的方向发展。

目前以联合国为核心的全球治理体系是以一系列条约和协议为基础的。通过各类会议和文件，联合国将最为紧迫的全球性问题列入全球议程，从而有助于推动这类问题进入公众视野，并推动各类行为体采取积极协商的态度解决这些问题。在环境保护、气候变化、妇女儿童保护、防灾减灾、疾病预防、粮食安全、能源保护、反恐怖主义、打击跨国犯罪等全球性问题上，联合国提出了积极的全球行动议程，动员全球行为体开展广泛协商对话，增强了全球共识，提升并维护了全球共同利益。在诸多全球问题领域，联合国都促成了主权国家、非国家行为体之间建立稳固的伙伴关系。在维护国际和平与安全方面，联合国同非盟、西非国家经济共同体、欧盟、

---

① Anita Kelleher, "Global Governance: From Neoliberalism to a Planetary Civilisation", *Social Alternatives*, Vol.28, No.2, 2009, pp.42-47.

② Ramesh Thakur, Grian Job, Monica Serano, Diana Tussie, "The Next Phase in the Consolidation and Expansion of Global Governance", *Global Governance*, Vol.20, No.1, 2014, p.1.

加勒比共同体、南美洲国家联盟等区域组织展开了合作。在经济社会合作方面,联合国与私营部门、企业部门的伙伴关系也不断发展。1998年,联合国设立"伙伴关系"办公室,支持儿童健康、妇女与人口、环境、和平安全、人权等千年发展目标的领域的合作项目。[①]联合国推动了治理机制的建设。联合国通过的宣言、决议等虽然不具有国内法那样明确的约束力,但仍然对全球行为体会产生特定的影响,对联合国成员国具有一定的约束效力,一些成员国甚至将联合国公布的机制内化为国内法,从而赋予了国际机制法律效力。2000年,联合国首脑会议通过《千年宣言》,列出了21世纪全球治理必需的基本价值诉求。2005年,在联合国成立60周年的首脑会议中重申了这些价值诉求,包括自由、平等、团结、包容、尊重人权、尊重自然、分担责任。2012年,联合国大会召开国内和国际的法治问题大会高级别会议,在会议宣言中各成员国承诺致力于推动国际社会的法治建设,确认法治原则平等地适用于所有国家,并将联合国的三大支柱和平与安全、人权及发展联系了起来。[②]联合国推动了全球治理价值原则的整合,表明联合国成员对于全球治理的规范价值达成了共识。

联合国在结构和运作上的弱点限制了其行动能力。联合国代表国家而不是人群,并且少数在政治和经济上占主导地位的国家所拥有的否决权扭曲了联合国内部的权力平衡。在多极化不断发展的进程中,联合国代表性的不足成为它面临正当性质疑的主要原因。[③]在联合国各种决议展开辩论的背后,实为一场权力的博弈。出席联合国和世界贸易组织论坛但影响力小的国家,很少能够与能够行使否决权实现自身目标的强大国家对抗。弱小国家被胁迫或屈从于更强大的行为体签署协议,并就违背其国民最大利益的问题进行表决。在这样一个由政治和经济主导、存在高度争议的舞台上,被边缘化的国民的观点很难被倾听。个体公民不具备为全球决策做出贡献的合法手段,因为只有国家在联合国中才有代表。即便有人能够影响联合国决策,也只有少数特定的人群才具备这样的资格。正如著名历史学家、和平活动家约翰·格尔腾(Johan Galtung)批判联合国时所说的,它是

① 李东燕等:《全球治理——行为体、机制与议题》,北京:当代中国出版社,2015年,第35—36页。

②《联合国与法治》,联合国官网,https://www.un.org/ruleoflaw/zh/what-is-the-rule-of-law/。

③[英]安德鲁·赫里尔:《全球秩序与全球治理》,林曦译,北京:中国人民大学出版社,2018年,第89页。

一个由中产阶级的、上层社会的白人中年男性主导的系统，这些人通常是来自美国、英国和其他富国的基督徒和盎格鲁—撒克逊人。[①]在当前的联合国改革中，有必要发展出一种能够使人们贡献他们的集体聪明才智的治理形式：一方面使过去被忽视的小国的意见和利益得到体现；另一方面，使不同观点持有者的声音能够被听到，通过更具广泛性、多元性的参与和协商形式，人们可以就全球性议题进行讨论，并作出决定。

全球经济治理结构正处于转型升级的新阶段，其主要特点体现为发达国家和新兴国家共治，二十国集团与金砖国家并存的机制格局。第二次世界大战后布雷顿森林体系建立，包括世界银行、国际货币基金组织、联合国、世贸组织构成的第一代全球治理机制形成。而随着八国集团进化为二十国集团，以及新兴国家联合的金砖国家的出现，全球治理迎来治理格局重组，进入“2.0阶段”。自华盛顿峰会以来，作为全球经济合作的主要论坛，二十国集团在抗击全球金融危机、抵御世界经济衰退中同舟共济，在恢复世界经济强劲、可持续、平衡、包容增长中精诚合作，在改革国际金融体系、完善全球经济治理体系中协作探索，致力于在全球经济转型、国际力量变迁中，打造发达国家与新兴国家之间相互信任的伙伴关系，在全球经济合作中已经取得有目共睹的成果。当前，二十国集团涵盖世界几乎所有主要发达国家和新兴市场，其经济规模占全球产出的85%，对世界经济和国际贸易增长的贡献率达到80%，投资占世界的80%，人口占世界的65%。[②]二十国集团领导人杭州峰会推动二十国集团由危机应对向长效治理机制平稳转型，对于构建积极稳健、创新进取的全球经济治理新格局意义重大。作为新兴大国集群，金砖国家汇聚了最具影响力和发展潜力的新兴国家，在推动全球治理机制变革中不可或缺。金砖国家强劲稳健的持续发展，有效稳定的团结合作，不断增进的共同利益，为发展中国家的发展和全球经济增长提供了有力保障。2017年，金砖国家合作顺利步入第二个十年。在更广泛的领域取得更大进展是当前金砖国家的兴趣点。对此，金砖国家力求在四个方面推动合作再上新台阶：一是深化务实合作，促进共同发展；二是加强全球治理，共同应对挑战；三是开展人文交流，夯实民意基础；四是推进机制建设，构建更广泛伙伴关系。依托百年未有之大变局背景下国

① Anita Kelleher, “Global Governance: From Neoliberalism to a Planetary Civilisation”, *Social Alternatives*, Vol.28, No.2, 2009, pp.42-47.

②《世界经济新图景》，网易新闻，http://news.163.com/17/0113/07/CAL439GR00018AOQ.html。

际战略格局中的两大“集群”，西方发达国家与新兴发展中国家之间，正围绕全球经济治理展开更为激烈的博弈。这意味着，全球治理当中各种力量的竞争与合作、分歧与共识、保守与变革仍将继续。

区域机制是全球性、普遍性机制的基石。区域机制的基本特征是行为体在地域上具有一致性，共同利益较多，其目的在于加强区域协调与合作，共同维护和提升区域共同利益，而区域治理必然最终增进全球治理。区域机制既可以是专门性机制，也可以是综合性机制。区域机制在全球治理中具有其他机制不可替代的优势。首先，区域机制更具灵活性、针对性，因而也更具治理效用。区域机制往往是区域行为体针对区域内的特定问题而建立的组织并达成的规则，这些行为体对所存在的问题往往具有直观的体验和感受，借助机制解决问题的意愿也更加强烈。欧盟、非盟、美洲国家组织等综合性区域组织覆盖了广泛的治理领域，会根据区域和全球形势的变化，随时扩大议题。区域内的紧迫问题往往也是全球社会面对的共同问题，或者也会扩大为全球性威胁。为解决这类特定问题构建的专门性机制具有操作便利的优势，同时也会为全球社会应对类似问题提供模式范本。其次，区域机制的认同感和凝聚力更强。地理上的接近和区域主义的推动，使区域内的行为体具有更强的起源认同、历史认同和文化认同。[①]区域行为体认识到自身从属于区域，集体身份可以满足其情感需求，实现其价值意义。相较于区域共同利益的分化与整合，区域认同因其注重归属感而更具稳定性，因而形成的区域机制也更具稳定性、持久性。再次，区域机制是成熟的治理机制。区域组织通常机构完备，规则齐全。如欧盟设立欧洲理事会作为最高决策机构，设置欧盟理事会作为立法机构，设立欧盟委员会作为执行机构，设立欧洲法院和审计院分别作为仲裁机构和审计、财政管理机构。这些机构均各自具有权威性、强制性的章程规则。由此构成了对行为体组织、制度、文化、价值等层面的制约。区域机制形成的成熟治理模式可以为全球治理积累足够的经验。最后，区域机制发展呈现出纵向深化、横向扩大的特征。区域机制是长期区域治理的结果，又随着区域一体化进程的推进，不断趋于成熟。区域机制的横向扩大一方面表现为机制的领域拓展，另一方面表现在区域组织与其他行为体的合作不断加强，跨越了区

---

① 李东燕等:《全球治理——行为体、机制与议题》,北京:当代中国出版社,2015年,第46页。

域边界。区域机制在全球治理机制框架中的整体地位和作用呈上升状态，在重大区域问题治理中成为不可或缺的角色。

四、全球治理体系的主体结构生成

简单的线性思维已难以全面把握当代日益复杂化的全球治理了。全球化促使国际体系进入了“后威斯特伐利亚治理”[①](post-Westphalian governance)时代，在这一全球治理体系中，政治权威垂直渗透到主权国家以上和以下的层级中。全球治理主体具有多样性，它们之间存在着错综复杂的关系。“治理”就其字面意义而言是指一种带有一定伦理诉求并讲求效率的统治艺术。[②]从治理主体角度来看，它与传统的“统治”截然不同。“治理”不是由单一的组织机构（通常指政府）实施的，而是由有着共同利益基础并分享共同价值诉求、独立但又彼此联结的实体共同推进的。因此，全球治理的主体不仅涵盖了当前世界政治经济的主要行为体——主权国家和政府间组织，同时也包括非政府组织和跨国运动。全球治理是“所有层面的人类活动（从家庭到国际组织）的规则构成的各种体系，在这些体系中，通过运用控制权来实现具有跨国影响的目标”[③]。显然，实施跨国行为的国家、组织、个人，彼此联结、相互依存、相互影响，共同构成了全球治理的主体系统，其行为体现在横向的（从国家到国家、部门到部门）、自上而下的（从全球到地方）、自下而上的（从地方到全球）多维进程的复杂交互。全球治理体系的复杂性“正是源于特定行为体的组合与关系结构而形成的多层动力机制”[④]。

（一）奉行国家中心主义原则的治理

国家及其活动构成了全球治理的地缘政治现实，也构成了全球治理范

---

① [加拿大]伊恩·库珀：《自主性、民主与合法性：规范性基础问题》，周红云译，载[加拿大]斯蒂文·伯恩斯坦、威廉·科尔曼主编：《不确定的合法性：全球化时代的政治共同体、权力和权威》，北京：社会科学文献出版社，2011年，第49页。

② Fred Halliday, “Global Governance: Prospects and Problems”, *Citizenship Studies*, Vol.4, No.1, 2000. p.19.

③ James N. Rosenau, “Governance in the Twenty-first Century”, Global Governance: A Review of Multilateralism and International Organizations, Vol.1, No.1,1995,pp.13-43;[德]克劳斯·丁沃斯、[荷]菲利普·帕特伯格：《如何“全球”与为何“治理”：全球治理概念的盲点与矛盾》，载晓谢译、陈家刚主编：《全球治理：概念与理论》，北京：中央编译出版社，2017年，第50页。

④ Christine Brachthäuser, “Explaining Global Governance—a Complexity Perspective”, *Cambridge Review of International Affairs*, Vol.24, No.2, June, 2011, pp.221-244.

式研究的核心问题。“国家中心主义”是现实主义进行理论建构的基本假定，这一原则通过对国际关系的经验观察抽象而来。“国家中心主义”意味着，国家被视为全球治理的决定性因素，国家之外的行为体、与国家无关的特征，不可能对全球治理产生切实的影响。正如美国当代史学家入江昭(Akira Iriye)所言：

> 那些通过考察外交(政治和经济)和战争来研究国际关系的著作似乎有这样一个基本假定：国际事务被视为各民族国家活动的总和，为了保障各自的利益，同时提高它们在世界上的权力地位，各民族国家一方面在相互间进行协调，另一方面也在为可能的利益冲突做准备。这是一种冲突的(或者是“无政府主义的”)世界观，无论这种冲突是潜藏着的还是真实存在的。在这样一种无政府主义的形势下，国际组织也只是促进国家利益的手段，而没有其他任何重要性。①

现实主义所秉持的这一理论假定，也得到了新自由主义和建构主义的承认。新自由主义和建构主义分别尝试从社会关系、意识形态和文化等角度去认识和理解全球治理。虽然，一个由不同的社会、文化所组成的世界与由主权国家组成的世界是不同的，不过它们仍然未能改变将国家作为分析单位的基本假定，而是认为社会和文化现象如同外交和军事事务一样，只能在国家的框架内才能得到理解。信奉现实主义传统的人们依然相信，这个世界仍然是有领土界限的，并且是由主权国家主导的。②

即便承认全球治理是诸多行为体互动的结果，它们之间存在着错综复杂的关系，但主流范式仍然认为，国家对全球治理具有决定性作用，它是国际关系的基本行为体，也是国际社会的基本构成单位。国际关系围绕着国家之间的竞争与合作、对话与对抗、战争与和平而展开，全球治理是在国家“寻求权力与和平的斗争”(struggle for power and peace)中建立起来的。③

---

① [美]入江昭：《全球共同体——国际组织在当代世界形成中的角色》，刘青、颜子龙、李静阁译，北京：社会科学文献出版社，2009年，第5—6页。

② [美]入江昭：《全球共同体——国际组织在当代世界形成中的角色》，刘青、颜子龙、李静阁译，北京：社会科学文献出版社，2009年，第6—8页。

③ 这是现实主义的奠基之作——《国家间政治》一书的副标题，它反映了主流观点对世界政治的基本理解。现实主义更愿意使用“国际政治”一词来指称“世界政治”也表明，它对世界政治的理解就是“国家间政治”。参见[美]汉斯·J. 摩根索：《国家间政治——寻求权力与和平的斗争》，徐昕译，北京：中国公安大学出版社，1990年。

一言以蔽之，国际关系就是国家之间的关系，全球治理就是国家间依靠国际机制达成的较为稳定的关系状态。自《威斯特伐利亚和约》签订以来，主权国家成为近现代国际体系的基本单位，并成为全球治理最重要的行为体。主权特征使国家与其他行为体最终区分开来。主权具有至高无上的权威，它对内具有统一性，对外具有独立性。在国际舞台上，国家之上再无更高的权威。在法理上，国家不受来自任何外部力量的制约，国家是自己行为的评判者、决策的制定者。这种特殊的主权特征赋予国家在全球治理中更大的自主性。国家中心主义的理论假定将学者的研究重心吸引到国家的特征与国家间的互动之上，国家以外的行为体被简单地视为国家活动的延伸，它们的功能由国家决定，它们的作用受国家影响。

第二次世界大战以来，不断涌现的跨国势力、非政府组织，及其对全球治理的广泛参与表明，全球治理的影响因素开始从单一走向多元，世界通过国家而外的渠道进行的联系日益增加，非国家行为体在全球治理建构中的作用逐渐引起学者的关注。全球治理中顽固的国家中心正在转向一种更广泛的行为体视角。[①]国际行为体的多元化给全球治理体系带来了深刻变化和影响：一方面，全球治理体系的复杂性程度加深，冲突的机会增多；另一方面，行为体的相互依赖加深，其互动方式从单一走向多元，全球治理可选择的前景也随之增多。一些学者甚至认为，这是国际关系从对立走向合作、缓和的契机。但在主流学者那里，世界政治生活的这一显著变化，并未从根本上动摇、改变国家在全球治理中的主导地位，非国家行为体根本上仍从属、依附于国家而存在。主权国家在全球化和全球治理中仍然扮演着关键角色，全球治理与国内治理同步展开，实现了各种跨国进程和国内体制的联合。

主流范式的全球治理理念不仅是国家中心主义的，而且是“大国中心主义”的。在对国际行为体进行中心—边缘的划分，确定国家在全球治理体系中的主导地位后，主流范式又依据国家对全球治理的影响，对作为中心行为体的国家进行了进一步的中心—边缘的划分。[②]国家的实力强，它对全球治理的影响就大，它在全球治理中就处于中心位置；国家的实力小，就难以对全球治理产生影响，它在全球治理体系中就处于边缘位置。世界

---

① Michael Zürn, *A Theory of Global Governance: Authority, Legitimacy, and Contestation*, Oxford University Press, 2018, p.264.

② [美]伊曼纽尔·沃勒斯坦：《现代世界体系》(第1卷)，吕丹译，北京：高等教育出版社，1998年，第194页。

政治的基本面貌及其趋向只与中心国家间的互动相关，边缘国家只能依附于中心国家而维持自己的生存，它们对全球治理的影响甚微。中心国家和边缘国家的划分，是以其实力大小为主要依据的。经过对国家的中心化处理，全球治理的决定因素就被定义为国家中的“大国”。权力政治观念之下，“大国”与“小国”之间是一种等级制而非平等的关系。

中心—边缘的结构分析方式显然不能涵盖全球治理的全貌，突破既有的中心—边缘视角，以网络化的而非线性的思维方式方能发现全球治理时代世界政治的真实图景和未来前景。开放性既是全球治理的基本要求，也是全球治理的基本特征。相对封闭的民族国家时代，国内和国际的分异，造就了国家政府的管理权威。全球化则打破了民族国家的边界，实现了人员、资本、物品、信息、观念等的全球性流动。全球治理本身包含着去中心化的内涵，“处在流变当中的中心或边缘最终使得稳定的中心不复存在，也就没有了永恒的边缘”[①]。两极格局的终结，虽然美国就此成为唯一的超级大国，但其霸权地位并未就此变得稳固，反而受到了削弱。国际关系的民主化发展，国际组织的涌现，多边贸易的扩大，都意味着摆脱单一霸权控制力量的积聚，这就是一场去中心化的运动。从这个意义上讲，全球治理并非对原有的民族国家历史的简单延续，也不是资本主义世界化的直线延伸，其最终目的是要打破原有国际体系的中心—边缘结构，改写民族国家特别是少数大国单一主导世界政治的局面。国家成为复杂的全球治理体系的一个组成部分，是全球政治经济和国内政治经济之间的传送带。未来“我们即将看到的是一个‘处处是中心，无处是边缘’的世界”[②]。

（二）由边缘到中心的非国家行为体

在全球治理中，国家不是唯一的也不会是永久的行为体。如果全球治理不关注国家，它注定会失败；而如果全球治理只关注国家，它也必定不能成功。主权国家无法单独应对全球性问题带来的挑战，跨国问题也不可能单纯依靠政府自身的能力加以解决。由于缺乏相应的专家、资源和必要的合法性，主权国家难以有效处理涉及多方的问题。非国家行为体在全球治理的需求和供给方面扮演了一个重要角色。国家以外的行为体的产生和存在意味着全球治理存在着另外一个世界，或者说全球治理本身就是另外

① 张康之、张桐：《世界的中心——边缘结构》，北京：中国社会科学出版社，2016年，第274页。

② 张康之、张桐：《世界的中心——边缘结构》，北京：中国社会科学出版社，2016年，第33页。

一个世界,"一个由跨越国家边界的各种力量生成的世界"[①]。当前迅速发展的全球化呈现出了新的特征:相互依存加深、相互关联的问题增多、国内政治与国际事务互渗性更强。因此,世界要求更为有效的全球治理。正是在这样的背景下非国家行为体开始在全球治理中大放异彩,并承担了日益重要的治理职能。

非国家行为体正在影响全球化的现行进程,并在全球治理体系中打下自身的烙印。20世纪50年代开始,非国家行为体成为一个普遍的全球现象,其后,非国家行为体进入高速增长时期,不仅数量激增,而且影响力加强。当前发挥主要影响力的非国家行为体主要有国际组织、跨国公司、全球公民社会、行业精英、全球性媒体等,其影响力甚至可以超越主权国家,这些行为体主要在次国家层面和超国家层面发挥对全球治理的影响作用:在次国家层面,非国家行为体是指主权国家范围内的市民社会组织和公民,它们正开始获得进入影响全球制度系统入口的权力;[②]在超国家层面,非国家行为体主要指国际组织、全球市民社会及全球性媒体等。60年代国际社会迎来了国际组织建立的浪潮。根据国际组织联盟收集的数据显示,整个60年代,政府间组织从154个增长到280个,非政府组织则从1268个增长到2795个。[③]进入21世纪,活跃在全球治理体系中的非政府组织已经发展到四万多个。这些组织将全球各部分紧密地联结在一起,全球治理由此呈现出共同体的某些特征。从国内治理角度来看,非国家行为体是与国家和市场并列的治理力量,在社会治理领域发挥着主导性作用;从全球治理角度来看,非国家行为体与主权国家和跨国公司互动,成为全球治理体系不可或缺的组成部分。

在区域和全球范围内,非国家行为体已通过"对话政治"、共享计划和决策为全球治理的构建提供了基石,为联系普通公民和全球体制提供了潜在的可能性。首先,非国家行为体在和平安全领域参与治理。传统上和平安全问题通常与主权国家相关,这一领域的治理也往往被主权国家所垄断。随着全球政治秩序的变迁、冲突性质的变化及安全观念的转变,非国家行为

---

① [美]入江昭:《全球共同体——国际组织在当代世界形成中的角色》,刘青、颜子龙、李静阁译,北京:社会科学文献出版社,2009年,第8页。

② [美]雅克·布道编著:《建构世界共同体:全球化与共同善》,万俊人、姜玲译,南京:江苏教育出版社,2006年,第120页。

③ Union of International Associations, *International Organization: Abbreviations and Addresses*, 1984-1985, Munich, 1985, p.508.

体在军控、裁军、冲突预防与解决、和平维持等议题上发挥着重要的治理作用。其次,非国家行为体在全球人权保护领域推进治理。20世纪70年代以来人权国际组织飞速发展,其目标是致力于监督世界各国和联合国所确立的人权保护机制,报告和公布各国政府在人权方面与国际保护规则的差距,促使人权准则在全球治理中的遵守和贯彻。最后,非国家行为体在环境领域深化治理。非国家行为体凭借自身在环境保护领域的专业权威,深入参与到环境生态问题的治理之中。非国家行为体的扁平化组织结构及其自下而上的行为模式,有利于将不同的利益诉求汇聚起来,使环境生态问题与社会发展的其他问题结合起来,形成利益综合与政策参与网络。

非国家行为体在全球治理体系中的参与,改变了传统的治理模式和路径,推动了新的治理形态的出现,产生了多重治理效应:首先,非国家行为体催生了新型治理模式——"社会中心"治理。与传统的国家治理重视高端政治领域并依托政府权威展开治理活动不同,非国家行为体凭借独有的活动策略和活动方式对全球性问题的解决发挥了国家不具有的治理作用。在治理过程中,非国家行为体不仅弥补了政府能力的不足和模式的单一,更为重要的是,它们塑造了全新的治理理念,催生了"社会中心"而非"国家(政府)中心"的治理模式,成为治理体系中的独占性角色。非国家行为体关注的议题往往带有普遍性、全球性、紧迫性和专业性,而这些议题又常被国家所忽略,或是国家难以在主权体系下有效解决的问题。非国家行为体具有的道德权威和社会动员能力,为全球公共问题的解决施加了正向性影响,通过专业知识和网络、基层组织、第二轨道外交等途径,推动了冲突的解决进程,成为推动全球治理模式革新的变革性力量。[①]

其次,非国家行为体推动了全球层面"国家—社会"关系的呈现和转型。非国家行为体的兴起,意味着全球层面"国家—社会"关系的产生,完全突破了主权国家与社会关系的内涵,给全球政治的发展带来了新的变化,并成为推动全球治理的变革性动力。一方面,全球层面的国家与社会关系体现了公民社会对抗国家的意蕴;另一方面,全球层面的国家与社会关系体现了国家与社会的不对称性关系。在主权范围内,国家—社会之间是权威—服从关系:国家为社会提供保护,社会服从国家的权威;社会为国家提供合法性支持,国家需服从社会契约。而在全球治理时代,全球层面

① 李东燕等:《全球治理——行为体、机制与议题》,北京:当代中国出版社,2015年,第138—144页。

的国家—社会关系呈现出新的特征。非国家行为体不需要服从国家权威，相反，非国家行为体推动的新的国际规范和价值理念对国家主权形成了越来越稠密的约束、挑战。

再次，非国家行为体促动新的领域和政治形态的萌生。非国家行为体在全球层面带来了大众政治、非政治的政治、社会关系政治、混合多边政治等新型政治形态的出现。非国家行为体成为民众和精英对全球性议题产生影响的平台，大众政治成为全球治理的一个重要特征。传统的国际政治以主权国家的领土边界为其行为界线，非国家行为体在全球治理中的出现表明国际政治的传统边界被突破，为全球治理目标的实现提供了重要的社会基础，"非政治的政治"[①]成为一种新形态的治理模式。非国家行为体的参与带来了社会关系的政治，这意味着超越主权的多元关系已经成为全球治理不可或缺的一部分。这带来了一种强调多边合作、平等协商、共同责任的混合多边政治理念与实践，对全球治理产生了重要的政治作用。

最后，非国家行为体的治理活动带来了多重治理效应。非国家行为体打破了国内事务与全球事务治理之间的传统区隔，国内事务的治理因而具有了全球属性；体现和代表全球公众意志和要求的非国家行为体参与，增强了国内事务和全球事务治理的合法性；非国家行为体参与治理推动了全球治理秩序的法治化进程，对国际公约的贯彻实施，有效阻止了国家的不法行为，提升了国际机制的权威性和约束力。非国家行为体在全球治理体系中所扮演的角色不仅再局限于国家行为体的补充，而是成为全球治理体系结构链条中必不可少的一环，并且成为全球公民社会形成的导引。

（三）孕育与生长中的全球公民社会

全球公民社会在全球治理体系中的兴起与国家的衰落和非国家行为体的大行其道是相伴而生的。20世纪80年代以前，公民社会与多边机构之间鲜有结构性联系，而非国家行为体也几乎没有成为全球治理体系的结构性要素。而此后，特别是冷战结束以来，新外交、软实力、复合多边主义在全球治理中的出现，将"全球公民社会"放置在国际政策讨论和解决全球性问题的核心位置。

就传统而言，公民社会往往被界定为独立于政府、家庭和市场之外的，

---

① "非政治的政治"一词中的第一个"政治"指权力意义上的政治，即国家权力政治；第二个"政治"是指公共领域，是权力之外的公共事务空间。参见李东燕等：《全球治理——行为体、机制与议题》，北京：当代中国出版社，2015年，第142页。

由公民通过社会倡议自发组织起来的，拥有共同利益的组织。公民社会组织既可以是次国家的，也可以是跨国的、全球的。全球治理时代，“所有人都是全球社会的利益相关者，都是真正的全球公民，要应对现存的各种全球挑战”①。全球公民社会是“全球性价值和规范的维护者、创造者和仲裁者。他们创造和激化地方和全球的日常价值意识……他们以各种方式策划和挑起全世界公众对骇人听闻的破坏标准行为的震惊和愤怒”②。

“全球治理的组织机制不仅仍处于萌生(still emerging)阶段，而且相较于先前国家治理完善的(well-established)机制而言，它们也是不完全的、截然不同的、弱势的。”③有意识的全球治理出现以来，全球公民社会得以长足发展，而这一发展在不同的治理层次上是不同质的，呈现出不平衡性、多面性和多样性的特点。与传统意义的主权国家相比，全球公民社会更具包容性，其权威主要是软实力，并更加关注来自社会底层的政治诉求。一方面，看似技术性的、对政治不感兴趣的公民社会作为对日益膨胀的市场力量和逐步衰落的国家权力的一种平衡力量，开始在地方和跨国合作方面发挥重要作用；另一方面，公民社会强调人权和民主，对规范的扩散发挥越来越大的政治影响，增强了全球治理的合法性。

诚然，完全个体主义的研究方法并不适用于探讨人类集体行为，因为集体行为通常不能简单地归结为个体行为者的意图和特性。由此，声称着眼于增进人的幸福的全球治理面临着“解释个人行为和社会结构之间相互作用的根本问题”④，选定合理的研究视角、综合性的分析方法就十分重要了。全球公民社会是身处正式组织之外的自组织(self-organization)，表现出基于机构学习和组织间交流的具体行为模式，而这些模式通常在其他情况下是找不到的，而且已经且正在深刻影响着全球进程。因此，全球公民社会对于全球治理的意义是独特而无可替代的。通常而言，全球公民社会对全球治理的作用主要体现在三个方面：第一，它成为全球治理体系共同变革机制的动力核心，将个体性因素和组织因素联系在一起；第二，它促成

---

① [德]克劳斯·施瓦布：《21世纪的全球治理》，《外交学院学报》2008年第12期。

② [德]乌尔里希·贝克：《全球化时代的权力与反权力》，蒋仁祥、胡颐译，南宁：广西师范大学出版社，2004年，第244页。

③ Michael Muetzelfeldt, Gary Smith, “Civil Society and Global Governance: The Possibility of Global Citizenship ”, *Citizenship Studies*, Vol.6, No.1, 2002, p.60.

④ Christine Brachthäuser, “Explaining Global Governance—a Complexity Perspective”, *Cambridge Review of International Affairs*, Vol.24, No.2, June 2011, pp.221-244.

了公民社会内低层次变革动力机制的形成，引发了国内社会的经济和技术调整；第三，它也可以促成更高层次变革动力机制的形成，增进国家与国家、国家与其他行为体，以及各类行为体与更宏大的体系之间的联系，有助于宏观治理体系的拓展和完善。

全球公民社会作用的发挥不仅限于主权国家的范围内，而是通过跨国活动、全球社交群体等方式，建立稳固的跨国合作和联系网络，对全球治理发挥更大的影响力。社会互动结构本身就具有相当大的解释功能。新出现的社会联系和组织模式导致关系环境的变化，这种变化可能改变全球范围内集体行动的基本逻辑。全球治理的有效实施需要世界各地的人们积极参与和支持，因为相应的政策必须同时也在国内执行，而治理问题本身是真正的跨国和全球性的，引发问题的力量广泛分布且不受任何霸权控制。不同类型的行为体不得不断地发明新的方式协调其行为和关系，这就使治理体系产生了一种作为复杂组织手段的内部动力机制。作为不同行为体之间的有效合作机制，跨国网络是公民社会全球主义行动的重要行为体。①跨国网络通常关注特定的全球治理议题，以自愿的横向合作为特征，以相互信任为核心，具有灵活性、流动性，能够有效适应全球治理的新变化和新需求，在整合全球社会力量和发展社会认同方面存在着巨大优势。②

全球公民社会对全球治理至少发挥了以下五方面的影响：

第一，全球市民社会带动了全球治理议题的变化，如"农民之路"（Via Campesina）倡导保护中小农民的权利，"人民全球行动组织"（People's Global Action, PGA）致力于反对资本主义，"浸礼者与面纱"（Baptist-burqa）关注维护传统价值观。③

第二，全球公民社会增强了国际机构的决策透明度。例如，以往国际金融机构对诸如汇率调整、税率等敏感问题通常会倾向于采取保密政策，进而对司法和民主产生了不良影响。20世纪90年代以来，公民社会运动

---

① R. Marchetti and M. Pianta, "Global Networks of Civil Society and the Politics of Change", in A. Ellersiek, M. Pianta and P. Utting, eds., *Global Justice Activism and Policy Reform in Europe: Understanding When Change Happens*, Routledge, 2012, pp.93-111.

② [意]拉斐尔·马切蒂：《全球治理中的市民社会》，载朱立群、[意]富里奥·塞鲁蒂、卢静主编：《全球治理：挑战与趋势》，北京：社会科学文献出版社，2014年，第37—38页。

③ [意]拉斐尔·马切蒂：《全球治理中的市民社会》，载朱立群、[意]富里奥·塞鲁蒂、卢静主编：《全球治理：挑战与趋势》，北京：社会科学文献出版社，2014年，第38—39页。

迫使国际机构向民众公开其运作程序,以接受公众监督,大大提高了国际机构全球政策的责任性和透明度。

第三,全球公民社会提高了政府政治决策的民主程度,其许多行动成功地影响了相关政策的走向。全球公民社会在全球层面推动了国际关系和全球政策的民主化,在国家层面则促进了所在国的民主化进程。决策过程不再局限于领导层或行业精英,而是面向广大民间机构予以公开,并从各类公民社会组织中获得了许多颇具创新性的政策建议。如关注环境问题的公民组织的活动,敦促各国政府和全球制定出维护生态环境,实现可持续发展的经济政策。与此同时,通过与政府和国际机构决策层建立更广泛的对话渠道,公民社会组织为广大民众赢得了评价及分析决策的机会,产生了广泛的民主效果。

第四,全球公民社会有助于促进全球社会保障体系的完善。经济全球化对一些国家及部分群体的利益造成了冲击,引起了一些社会抵触。为缓解这些冲突,公民社会运动在一定程度上遏制了国际体制通过武断手段处理争议的情况,敦促国际机构制定了对高负债国家的债务减免计划,并使国际机构和政府针对食品安全、医疗、教育、失业保障和退休金等问题采取了一系列有效措施,推动了社会福利体系的完善。①

第五,全球公民社会在规范性方面展示了持久的创新性活力。全球治理追求的共性价值观与全球公民社会关注的来自底层的价值和规范相碰撞,形成了具有创造性的新规范,并在各种观念的互动中孕育出基础性的、可以被不同的行为体接受的原则,如平等、正义、人权和环境保护等。同时,由于持久地关注特定的全球性议题,全球公民社会通过正确的、合法性的解读对这些议题施加影响,不仅成为"问题制造者"(problem generators),同时也是"问题解决者"(problem solvers)。

全球公民社会的兴起主要源于下列原因。第一,国际发展观的变化。"后华盛顿共识"②(Post Washington Consensus)认为,发展不是单纯的经济发展,国家框架并非全球发展的根本动力,强有力的社会和制度结构

① 张欣:《从公民社会走向全球治理的探索——〈全球公民行动〉介评》,《现代国际关系》2004年第7期。

② "华盛顿共识"(Washington Consensus)是20世纪90年代为应对拉美和东欧的经济改革而由美国操纵提出的以市场经济为导向的一系列理论,由美国政府及其控制的国际经济组织所制定并实施。"华盛顿共识"一度成为全球主流的发展理念,后逐步受到欧洲价值观和"后华盛顿共识"等全面发展理念的挑战。

才是增长和发展的关键，更加多元化的治理和决策形式在形成经济结构变迁和其他关键改革的社会共识方面更为有效，多元行为体合作与联合，共襄发展议事日程才能实现可持续发展。非国家行为体与国家行为体同样都需要更广泛、更坚实的公众支持，以获得更充分的合法性。第二，治理理念的变化。传统上治理的主体是主权国家边界范围内的社会力量，然而全球化发展促使跨国现象迅速发展，超国家组织在全球治理中扮演着越来越重要的角色，对过去由国家垄断的治理权威构成挑战。第三，国际组织助推。国际组织发现，与公民组织的合作与联系从经济上将有助于项目的推动且减少失败，从政治上有助于保持良好的公众形象并获得更多的政治支持，从观念上看则有助于拓展信息的来源，形成更为丰富的政策理念。正是因为能带来切实而充足的利益，任何国际机构要想背离更广泛的公民参与这一趋势都将是困难的，实践的和政治的代价也将是高昂的。在跨国家的和全球的层面，全球公民社会致力于为全球治理建立一种新的政治框架，并通过不断探索新的模式确保决策过程的可信性。全球市民社会为全球治理提供了自下而上的有效的、反映民意的体系支撑，不仅为全球治理提供了金融稳定等功能性目标，同时也为国际社会提供了正义、平等、安全、秩序、和谐等社会价值，从而使全球治理获得了更加充分的合法性。①

全球变革年代，传统意义的政府组织难以应对日益复杂的全球性问题并提供有效而合法的解决方案。全球公民社会恰是在这一背景下进入全球体系中的，为解决全球气候变化、金融动荡、疾病扩散、文明冲突、发展不均衡等提供了新的路径。全球化进程为全球公民社会行为体之间达成共识提供了契机，巩固了公民社会内部的统一和组织机构之间的团结，不过此前一直存在的争论和质疑也远未就此停歇。尽管国际社会普遍承认全球市民社会对于全球治理具有特定的效用，但其合法性问题仍然成为制约全球公民社会进一步发展的阻滞。“国家中心主义”理念使全球治理体系成为带有“跨国排外主义”②特征的系统。公民社会组织缺乏类似于主权国家那样正式的民主机制，而且其治理执行机构往往受各国精英的影响颇深，发挥的作用也以咨询性质为主，而生活在边缘地区

① [美]迈克尔·爱德华兹：《公民社会与全球治理》，王玉强、陈家刚译，《马克思主义与现实》2002年第3期。

② R. Marchetti, Global Democracy: *For and Against-Ethical Theory, Institutional Design, and Social Struggles*, Routledge, 2008.

或属于社会边缘群体的人们的诉求却被忽略甚至否决了。全球公民社会也面临着发展不平衡的问题。在过去几十年里，除拉美和东南亚地区外，多数跨国行动都是在西方组织的倡议下展开的。世界其他地区，尽管一些国家也存在较发达的国内动员机制，但区域内的或全球性的社会层面的联系甚少。全球公民社会发育的不平衡性在一定程度上也影响了其可信性和合法性。就此意义而言，公民社会还不是真正全球性的，其全球性内涵尚有待进一步加强。

系统论研究认为，由多重要素通过联系、组合构成一个体系后，体系便独立于其构成要素之外，而具有了某种独立性。由奥尔森（Mancur Olson）开创的集体行为研究认为，团体规模是研究集体行为的一个重要因素。[①]在集体行动中，即便具有共同的利益基础，理性行为体之间的合作也未能免除某种形式的强迫，而结构化环境中的社会嵌入的行为体则有所不同。在大型异质团体中，具有包容性的集体行动出现的可能性比在无差别环境下更有可能出现。按照这一逻辑，就全球治理而言，“世界的分裂和各国之间的高度异质可能不会像人们通常认为的那样严重阻碍全球集体行动”[②]。与一个更加统一的世界相比，这种分裂提供了更大的激励，鼓励个人采取行动和建立联盟，从而使全球治理结构有可能出现以权力下放安排而不是集中的全球行动。

---

① [美]曼瑟尔·奥尔森：《集体行动的逻辑》，陈郁等译，上海：上海人民出版社，1995年。

② Christine Brachthäuser, “Explaining Global Governance—a Complexity Perspective”, *Cambridge Review of International Affairs*, Vol.24, No.2, June 2011, pp.221-244.

第六章 贡献中国方案：全球治理变革中的中国

我们正处于全球治理时代。全球治理为21世纪中国的改革开放、国家治理体系建设、外交战略定位与走向提供了最宏阔的时代背景。在中国的深度参与和持续推进下，全球治理进入了一个前所未有的时代。“尽管关于全球治理的本质，甚至对于全球治理实现的‘可能性’的争论一直持续，但愈渐明晰的一点是：没有中国参与合作的全球的或区域的治理是不可能的。”[①]“中国式全球化”不仅成为全球化未来发展的一个显著特征，而且构成了全球发展的共同知识。[②]如何审视全球治理呈现出的新特点及其将给中国改革开放带来的影响；作为新型大国、对世界负责任的大国，如何定位自己在全球治理体系中的地位；如何统筹国内治理和全球治理的关系，为国内治理体系的建设和治理能力的提升提供战略支撑？上述问题是中国积极参与全球治理，并展开国内治理建设必须直面的问题。

一、从参与到推动：中国的全球治理态度

“历史总是要前进的，历史从不等待一切犹豫者、观望者、懈怠者、软弱者。只有与历史同步伐、与时代共命运的人，才能赢得光明的未来。”[③]中国不可能也不应该置身全球治理外。国家与全球治理的关系具有双重性：一方面，每个国家都是全球体系的一部分，生产全球问题；另一方面，国家也是生产全球问题的解决方案，参与全球问题的集体解决。[④]新中国成立以来，中国对待全球治理的态度经历了拒绝参与、部分参与、推

---

① Mark Beeson and Fujian Li, “China's Place in Regional and Global Governance: A New World Comes Into View”, *Global Policy*, Vol.7, No.4, 2016, pp.1–9.

② 钟飞腾：《新型全球化与“一带一路”研究范式的兴起》，《晋阳学刊》2019年第6期。

③ 习近平：《在庆祝中国共产党成立95周年大会上的讲话》，人民出版社，2016年，第7页。

④ 庞中英：《全球治理的中国角色》，北京：人民出版社，2016年，第126页。

动参与三个发展阶段。[①]改革开放以来，中国深刻把握自身和世界发展之大势，以日益积极进取的态度去应对并融入全球治理的实践进程和体制构建之中。通过双边和多边机制，对协调国际关系、解决国际冲突、应对全球性问题，中国都做出了不懈的努力。中国学术界对全球治理问题的研究始于20世纪90年代，并力图将全球治理研究的最新成果和理论动态用于理解并指导中国的政府改革、公共管理、公共政策、外交战略等。

(一)全面统筹两个大局

国内治理体系建设和全球治理体系发展是中国改革开放和现代化建设面临的两个大局。治理是不同于统治和管理的概念，是一种全新的政治理念。从统治走向治理，“多一些治理，少一些统治”，是人类政治发展的普遍趋势。[②]世界是一个整体。全球治理秩序的实现需要构成这一体系的各要素保持秩序状态；行为体秩序的实现则需要整体秩序的保证和维系。“秩序必须有一贯性，这是秩序的逻辑要求”[③]，全球化加强了国家之间的相互依存，促进了人类共同利益的增长。国家作为全球治理的基本行为体，需要转变发展的思路，从整体而非局部，从系统而非因子，从世界而非国家，从长远而非当前，思考和审视自身的发展，为世界的发展承担相应的责任。改革开放这一重大战略决策的提出标志着中国社会发展观念的重大调整和转变，形成了整体性发展理念，强调从国际与国内两个大局考虑问题，制定政策，新世纪以来，这一发展思路更为显著。[④]

在二元论思维传统之下，西方政治理论制造了国际与国内的二元对立，主权政府的诞生结束了人与人之间的“自然状态”，带来了国内政治生活的秩序状态，国家间则因一直充斥着无休止的争吵和武装斗争而保持着“自然状态”。[⑤]将国际政治与国内政治进行分离是主流国际关系学派进行理论建构的基本前提。霍夫曼指出：“国内政治与世界政治的不同使得国内政治中盛行的观念和制度不能应用于世界政治。生存、自保、自助等极

① 赵可金：《全球和平与中国方案》，北京：五洲传播出版社，2019年，第117—121页。

② 俞可平：《推进国家治理体系和治理能力现代化》，《前线》2014年第1期。

③ 赵汀阳：《天下体系：世界制度哲学导论》，北京：中国人民大学出版社，2011年，第21页。

④ 蔡拓：《全球治理与国家治理：当代中国两大战略考量》，《中国社会科学》2016年第6期。

⑤ 霍布斯对国际和国内两个领域的划分，以及他对这两个领域状态的描述，为国际关系学者提供了关于国际政治特征的基本认识：国内政治和国际政治，一个是权威，一个是无政府；一个是有序，一个是混乱。参见[英]霍布斯：《利维坦》，黎思复、黎廷弼译，北京：商务印书馆，1985年，第96页。

端必要性既是这种区别的原因，也是它的产物。”[①]和平/战争、国内/国际、秩序/无政府等二元论思维逻辑，同样主导着国际关系领域的核心假定和学派论战。[②]

> 国际关系学科存在的前提是承认国内政治和国际政治之间根本性的分离，前者由协调的、和谐的主权国家来实施，而后者则为不可抗拒的无政府逻辑所支配。探讨这种无政府逻辑被认为是国际关系理论特有的任务，它或严或松地必须与国内政治的研究分开，因为研究国内政治是受到根本不同的原则所支配的。[③]

在理论和实践两个层面，世界秩序都被认为是与国内秩序相对存在的。[④]国内政治对秩序的诉求，以及国际政治与国内政治的分离，使人们形成一种观念：世界政治中不存在秩序，即便有秩序，也是极为脆弱的，根本不同于国内秩序。国际社会的无政府性状使得建立一种类似于国内秩序的世界秩序是不可能的。建立世界秩序没有现成的国内秩序经验可以参考，世界秩序的模式、目标、实现途径也不可能仿效国内秩序。在无政府的国际社会中，世界秩序只是人类的一个理想。在国际关系实践中，它最好的状况是表现为一种稳定的、有制度约束的权势均衡状态，最坏则表现为国家之间的武装冲突。国内和国际至少在三个方面是大不相同的：权力分布状况、武力的作用与重要性、权力和政治的运行。

> 一方面是以制度密度、等级关系、共享利益和强有力的集体认同为特征的国内政治范围，另一方面则是以缺乏强有力的制度和规则、

---

① [美]斯坦利·霍夫曼主编：《当代国际关系理论》，林伟成等译，北京：中国社会科学出版社，1990年，第40页。

② V. Spike Peterson, “Feminism and International Relations”, *Gender and History*, Vol.10, Nov. 1998, p.581.

③ [英]贾斯廷·罗森伯格：《市民社会的帝国——现实主义国际关系理论批判》，邮洪生译，南京：江苏人民出版社，2002年，第5页。

④ 广义上的世界秩序涵盖了国内秩序、国际秩序和世界政治体系秩序。主流范式采用狭义的世界秩序概念，把世界秩序等同于国际秩序，并否认存在所谓世界政治体系。这样，世界秩序就被分割为国家内部和国家之间两个领域。参见[英]赫德利·布尔：《无政府社会——世界政治秩序研究》(第二版)，张小明译，北京：世界知识出版社，2003年，第17页。

利益冲突、认同相悖为特征的国际政治范围。[①]

然而在"地球村"背景下，国内与国际之间的界线正在消弭。国家是国际体系的一个因子，任何国内政治的发展变化都会产生外溢效应，同样，国内政治也需顺应国际政治之大势。刻意强化和凸显二者之间的差别，无益于理解全球治理带来的新图景，也会阻碍、迟滞全球治理的进程。

中国在进行改革开放的过程中逐步厘清自身与世界之间的关系，提出国内治理体系建设的任务，并将之作为参与全球治理的一个重要战略依托。中国的国内治理因而具有了全球治理的战略意义。2005年《中国的和平发展道路》白皮书明确指出："中国发展是世界发展的一个重要组成部分"，"中国的发展离不开世界，同样世界的繁荣需要中国"，"人类只有地球一个家园。建设一个持久和平、共同繁荣的世界，是世界各国人民的共同心愿，是中国走和平发展道路的崇高目标"。[②]2007年党的十七大报告强调："当代中国同世界的关系发生了历史性变化，中国的前途命运日益紧密地同世界的前途命运联系在一起。"[③]2012年党的十八大提出："人类只有一个地球，各国共处一个世界。……要和平不要战争，要发展不要贫穷，要合作不要对抗，推动建设持久和平、共同繁荣的和谐世界，是各国人民共同愿望。"[④]2013年在主持十八届中共中央政治局围绕和平发展道路进行第三次集体学习时，习近平总书记强调："统筹国内国际两个大局，坚持开放的发展、合作的发展、共赢的发展，通过争取和平国际环境发展自己，又以自身发展维护和促进世界和平。"[⑤]2014年，党的十八届三中全会提出，推进国家治理体系和治理能力现代化是中国全面深化改革的总目标。2016年庆祝中国共产党成立95周年大会上，习近平总书记指出："中国将积极参与全球治理体系建设，努力为完善全球治理贡献中国智慧，同世界各国人民一道，推动国际秩序和全球治理体系朝着更加公正合理方向

---

① [美]詹姆斯·G. 马奇、约翰·奥尔森：《国际政治秩序的制度动力》，载[美]彼得·卡赞斯坦、罗伯特·基欧汉、斯蒂芬·克拉斯纳编：《世界政治理论的探索与争鸣》，秦亚青等译，上海：上海人民出版社，2006年，第362页。

②《〈中国的和平发展道路〉白皮书》，新华网，《光明日报》，2005年12月23日。

③《高举中国特色社会主义伟大旗帜，为夺取全面建设小康社会新胜利而奋斗》，《光明日报》2007年10月25日。

④ 胡锦涛：《坚定不移沿着中国特色社会主义道路前进 为全面建成小康社会而奋斗——在中国共产党第十八次全国代表大会上的报告》，《人民日报》2012年11月18日。

⑤《习近平谈治国理政》（第一卷），北京：外文出版社，2018年，第247页。

发展。”[①]党的十九大报告明确指出：“必须统筹国内国际两个大局，始终不渝走和平发展道路、奉行互利共赢的开放战略……始终做世界和平的建设者、全球发展的贡献者、国际秩序的维护者。”[②]上述讲话表明，中国要的发展是内外联动、双向互济的发展，中国倡导的治理是协调国家和世界的治理。

以整体性观念、系统性思维统筹国内国际两个大局，坚持权利与义务的平衡，国家利益和人类共同利益的平衡，国内治理与全球治理的平衡，已成为中国政府和决策层明确、自觉的意识。“国家治理”概念的提出代表了一种全新的政治理念，顺应了全球治理理念和制度发展的大势，也符合人类社会发展的基本规律，表明中国政府对社会政治发展规律有了全新的认识。统筹两个大局，就是要处理好国内治理和全球治理之间的战略关系。中国政府提出“积极参与全球治理”和“推进国内治理体系建设”，反映出中国认识和处理内政和外交关系的态度。内政与外交是一国社会发展的两个方面，二者相辅相成。如果说传统的国际关系理论倾向于将外交视为一国内政的延续、外交服务于内政发展的需要的话，新的治理观念则赋予了外交和内政相对平等的地位，外交的独立性日益突出，全球治理和国内治理呈现出相辅相成、相互依赖的关系：全球治理是国内治理的宏观背景，国内治理是全球治理的一部分；国内治理的理念和经验是全球治理的基石，全球治理目标的实现需要国内治理实践的切实推进。

中国参与全球治理的根本目的，不仅在于服从服务于实现“两个一百年”奋斗目标，实现中华民族伟大复兴的中国梦，而且志在积极回应人类的共同关切，为解决世界共同问题作出贡献，推动建设更加美好的世界。[③]“当前，世界之变、时代之变、历史之变正以前所未有的方式展开。”[④]世界再次处在新的十字路口，全球治理正面临前所未有的挑战。作为全球治理的后来者，世界上最具活力最富责任感和使命感的国家，中国在当前治理格局中的身份正在发生变化。在百年未有之大变局下复兴的中国对于人类的前途命运有了更为清醒的认识，对于自身的使命担当有了更加清晰的自觉，对于走向全球共治的发展路径有了更为清明的判断。直面治理难题，抓住发展机遇，妥善应对挑战，统筹两个大局，坚持系统思维，正确处理关

① 习近平：《在庆祝中国共产党成立95周年大会上的讲话》，《光明日报》2016年7月1日。

②《习近平谈治国理政》（第三卷），北京：外文出版社，2020年，第20页。

③《习近平著作选读》（第一卷），北京：人民出版社，2023年，第18页。

④《习近平著作选读》（第一卷），北京：人民出版社，2023年，第49页。

系，增强团结合作，推动治理变革，才能为世界和平、共同发展创造更加有利的条件。

（二）中国治理角色转变

全球治理体系是由全人类共建共享的。全球治理结构如何构建、完善，应该由世界各国共同决定。作为现行国际体系的参与者、建设者、贡献者，中国一直尊重并维护以联合国为核心、以《联合国宪章》为宗旨和原则为基础的国际秩序和国际体系。中国作为有担当的大国、负责任的大国，必然要在全球治理体系当中发挥越来越重要的引领作用。中国共产党在十九届六中全会上明确提出：坚持胸怀天下，以世界眼光关注人类前途命运，回应中国之问、世界之问、人民之问、人类之问，“既为中国人民谋幸福、为中华民族谋复兴，也为人类谋进步、为世界谋大同”[①]，体现了百年大党的人民立场、天下情怀和世界担当。中国以“共商共建共享”为自身的全球治理理念，旨在解决治理成果失效、治理手段失灵、治理方向偏差，对全球治理体系变革和全球共治能力提升进行探索与实践。在中国所构想的全球治理体系中，不存在主导或掌控全球治理话语权的国家，任何规则的制定、秩序的建立，都必须由治理参与方充分协商、共同建设，而治理的成果则由所有参与者公正地共享。

以合作共享全球治理体系。世界和平、社会安宁、生活富足是世界各国人民的共同梦想。各国人民对梦想的追求，为各国合作提供了重要机遇。1955年的万隆会议上中国提出和平共处五项原则。2015年在亚非领导人会议上中国重申了“万隆精神”。面对全球化带来的挑战，应对全球范围内的冲突，解决问题和达成目标，建立一种以全球广泛参与、国家共同治理为核心的新型体系而非霸权或强权政治下的治理体系是全球治理发展的大势。在这一大势之下，任何国家都不应且无法长期主宰全球治理体系大局。中国近几十年的发展，在很大程度上得益于这种全球共享体系发展之势，很多发展中国家期待中国在推动合作共享的全球体系中发挥更大作用。中国积极同世界各国一道，推动建设以合作共赢为核心的新型国际关系。

以对话完善全球治理格局。全球治理格局正处于深刻变化调整之中，这是世界发展之大势，也是各国的普遍共识。全球治理格局的变化不仅事

---

①《中国共产党第十九届中央委员会第六次全体会议文件汇编》，北京：人民出版社，2021年，第98、93页。

关应对各种全球性挑战，而且事关国际秩序和国际体系的规则调整、未来走向；不仅事关对发展制高点的争夺，而且事关各国在国际秩序和国际体系当前及长远制度性安排中的地位和作用。中国主张的完善，是通过协商对话为世界各国平等提供全球治理的话语权、参与权，并不是推倒重来，也不是另起炉灶，而是创新完善。在处理国际、地区和全球事务时，中国倡议建立以合作共赢而非对立对抗为核心的新型国际关系，坚持平等、公平、公正，倡导以和为贵，主张通过平等对话、和平谈判政治解决有关问题，构建人类命运共同体。推动全球治理体系朝着更加公正合理有效的方向发展，既符合世界各国的普遍需求，也顺应全球治理发展大势。世界各国在全球治理领域有着日益扩大且广泛的共同利益，在共同推动完善全球治理体系上有一致诉求。对可以解决的问题，要相向而行，共同努力加以解决。对一时解决不了的问题，要以建设性方式善加管控，防止激化或升级，防止对全球治理体系和人类共同利益的大局造成干扰。

以改革调整全球治理结构。全球治理体系结构和运行机制变革正处在重要历史关口，其重要表现是全球治理面临的很多问题不再局限于一国内部，很多挑战也不再是一国之力所能应对。全球治理结构反映全球治理格局，应该体现国际体系的变化和发展。全球治理结构既应当顺应世界潮流大势，也应该体现世界各国特别是广大发展中国家的普遍诉求，由各国共同塑造。“不管全球治理体系如何变革，我们都要积极参与，发挥建设性作用，推动国际秩序朝着更加公正合理的方向发展，为世界和平稳定提供制度保障。”[①]第二次世界大战之后，形成了以美元为中心的布雷顿森林体系，美国以此主导了世界政治金融格局。这种建立在不公正、不平等基础上的国际金融及政治旧秩序的实质是维护超级大国的霸权地位，在国际关系中无视国际法和国际关系基本准则，干涉别国内政，践踏他国主权，以大欺小、恃强凌弱、以富压贫。随着世界不断发展变化，人类面临的重大跨国性和全球性挑战日益增多，有必要对全球治理体制、机制进行相应的调整改革。公正、合理、有效是人类渴求和平与发展的美好理想，符合世界各国的普遍需求。全球发生的冲突和危机，如利比亚危机、叙利亚危机、乌克兰政治危机、欧洲难民危机等加剧的治理危机，呼唤着全球治理的结构性变革。中国向来主张建立和平、稳定、公正、合理的国际新秩序，并站在广大

---

①《关于全球治理，习近平有哪些深刻阐述？》，人民网，http://world.people.com.cn/n1/2016/0831/c1002-28679523-2.html。

发展中国家的立场上力主以改革调整全球治理结构。

以中国智慧为全球治理贡献中国方案。全球治理体系变革根本在于治理观念的革新,其面临的种种危机根本上源于占据主导地位的西方治理观念的贫困。面对这一困境,全球治理亟需基于不同文化传统、奉行别样处世哲学、抱持乐于奉献精神、具有强大创新能力的治理新力量。中国希望以中国智慧为全球治理机制的建构和治理理念的发展贡献自身的力量,由此提出了推动全球治理的中国方案,展现出主动作为的自信和能力。中国提出治理观念的变革要体现不同文化和文明的智慧,希望中华文化可以为全球治理破解困局提供有益思考,实现全球治理观念的创新和发展。可以想见,在广大发展中国家积极主动参与之下,国际秩序中将更多地展现出"和而不同"的非西方文化理念的印记。中国希望以全人类共同价值推动全球治理理念创新发展,充分发掘中华文化中的处世之道和治理理念同当今世界和当前时代的共鸣点,充实并丰富人类命运共同体等主张构想,弘扬共商共建共享的全球治理理念。在贡献中国智慧和中国方案层面,中国可以也正在做多种努力。就内部建设而言,加强能力建设和战略投入,加大全球治理理论研究,重视全球治理人才培养,着力讲好中国故事,提升中国话语传播能力。就外部建设而言,顺应全球治理需要推动变革当前全球治理体制中不合理的安排,推动国际组织切实反映治理格局和世界秩序的变化趋势,呼吁赋予新兴市场国家和发展中国家更多发言权,推动治理规则的民主化、平等化、法治化,切实使全球治理体制更加均衡地反映大多数国家的意愿和利益。在不同区域和领域方面,致力推动周边区域合作和跨区域合作,探索体现国别区域特点的新机制新规则,推动建设和完善区域合作机制,加强周边区域多领域合作,助力国际社会在政治、经济、文化、生态、安全、能源等方面的有效合作,提升国际社会共同应对全球性挑战的能力。

中国政府始终大力推动国际关系的民主化、法治化及合理化。世界的命运必须由各国人民共同掌握,世界上的事情应该由各国政府和人民共同商量来办。垄断国际事务的想法是陈腐的、落后于时代的,同时这种做法也注定不能成功。全球性问题以超乎人类想象的速度出现,这一现实已经说明了任何国家都没有能力垄断国际事务。中国倡导依法治理,始终致力推动国际关系法治化。推动各方在国际关系中遵守国际法和公认的国际关系基本原则,用统一适用的规则来明道义、辨是非、促和平、谋发展。"法者,天下之准绳也。"在国际社会中,国际法及其价值规范应该是各国行动共同的准绳，没有只适用他人、不适用自己的法律，也不存在只适用自己、不适用他人的规范。适用法律规范不能采取双重标准，也不应该有双标行径。维护国际法、国际规范、国际道义、国际制度的权威性和严肃性，世界各国负有相同的责任，依法行使权利也是世界各国享有的权利。中国始终站在正义立场，与其他爱好和平的国家一道推动国际关系合理化。国际关系的发展，全球治理的实现要合乎人类社会发展的原理，符合全人类共同体价值的道理，满足人类共同关切的情理，体现全球治理运行的机理，展现全球治理规范的法理。在此方面，中国是倡导者也是行动家。

中国政府始终坚持平等民主、合作共赢，积极参与全球治理。世界是一个利益共同体、命运共同体。各国人民的利益始终一致，各国的命运紧密相连。尽管世界风云变幻，国际局势复杂，中国走和平发展道路的立场始终未变。坚持和平发展、合作共赢，要和平不要战争，要合作不要对抗，在追求本国利益的同时兼顾别国合理关切，这是中国在对外交往中作出的庄严承诺。中国清醒地认识到，合则两利，分则两害，合作是利益实现的唯一正确选择。要合作就要照顾彼此合理利益和核心关切，寻求合作最大公约数。不管全球治理体系如何变革，中国参与全球治理的意愿和努力不会变化，中国是变化世界当中最大的确定因素，是大变局中最大的稳定力量。

中国政府始终以创新推进治理体系改革，助力形成治理长效机制。世间万物，变动不居，变革是事物发展的基本规律。全球治理体系变革要顺应世界之变、时代之变和历史之变。治理体系良性变革符合世界上绝大多数国家的诉求和意愿，也体现了治理发展的一般规律。中国的发展是变革的结果，也希望全球治理的变革带动世界的可持续发展。摒弃不合时宜的旧观念，冲破制约发展的旧框框，走出全球共治的新道路，符合全人类共同福祉。同时，治理变革并不意味着废止现有体系及其运行机制。相反，稳定的治理合作机制才能实现有效治理。

中国政府始终重视国际交流与对话，坚持开放包容，绝不损人利己、以邻为壑。中国历来重视国际形象，也珍视与所有国家的友谊。各国历史传统各异，文化观念不同，在对许多事物和事务的认识上存在差异，甚至观点相左。大国要有大国的样子，要有大国的气量。中国愿意与外界进行平等、友善、和谐的对话和沟通，虚心倾听各国的评价。对于外界抱有的偏见、误读和歪解，中国期待日久见真心，也期待更为客观、多维、求实、中肯的评价，努力向国际社会展现一个全面、真实、立体的中国。中国不谋求任何霸权，也绝不会以牺牲别国利益为代价谋求自身发展。损人利己、对外扩张、欺压霸凌不符合中国的处世原则，也与中国的为国之道格格不入。道义原则是中国处理对外关系的基本原则。从世界和平与发展的大义出发，站稳维护国际公平的正义立场，展现处理当代国际关系的中国理念，贡献完善全球治理的中国方案，是中国始终坚守的行为底线。

二、负责任大国：中国全球治理形象定位

新时代是中国国家形象进行全新定位的历史新起点，中国的国家形象构建真正进入大国形象塑造期。对内而言，中国力求塑造一个国家富强、民族振兴、人民幸福的大国形象；对外而言，中国力图构建一个和平发展、合作共赢、贡献世界的大国形象。国家富强、民族振兴、人民幸福是中国共产党向国家、民族和人民作出的郑重保证，和平发展、合作共赢、贡献世界是中国政府向国际社会、世界各国和世界人民的庄严承诺。2013年，在中央政治局第十二次集体学习时，习近平总书记提出新时代中国国家形象塑造的四个维度，即文明大国、东方大国、负责任大国、社会主义大国。[①]"四个大国"形象构成一个整体，既展现出中国对自身形象的定位和追求，也体现了中国对世界发展的道义和担当。

两制共存与竞争是当今国际社会的基本现状。苏联解体、东欧剧变后，社会主义制度面临危机与质疑，一些人甚至欢呼资本主义一统天下的时代已经到来。在外部环境的重重阻力和挑战之下，中国坚定不移走中国特色社会主义道路，坚定不移持续深化改革开放，成功走出中国式现代化道路，取得了举世瞩目的发展成就，使社会主义在21世纪的中国焕发蓬勃生机。面对风云变幻的国际形势，中国坚持战略自信和保持战略定力，既推进了中国外交理论与实践的创新，又关注全球治理的体系变革和未来走向，展现出了一个崛起中的大国应有的品格风范。"我们不'输入'外国模式，也不'输出'中国模式，不会要求别国'复制'中国的做法。"[②]

国家的实力决定了一国的国际地位，也决定了一国的国际责任。中国的综合实力及在国际舞台上的地位，决定了它应该在全球治理中扮演什么样的角色。从被动接受外部世界的影响，到和外部世界积极互动，中国不断融入世界，一步步走向国际舞台的中心。中国经济体量在变，综合国力在变，国际地位在变。中国是一个"大国"，也是一个"小国"。所谓大国，是

---

①《习近平谈治国理政》(第一卷)，北京：外文出版社，2018年，第162页。

②《习近平谈治国理政》(第三卷)，北京：外文出版社，2020年，第436页。

说中国是一个人口和地理意义的大国，作为世界第二大经济体，经济影响力不断增大；所谓小国，是说中国还不是发达意义上的国家，人均国内生产总值仍然处于发展中国家行列。在参与全球治理体系中，中国始终顺应国际大势，“基于国家利益和实力承担相应的责任，在积极参与、量力而行的同时，用发展的、长期的眼光看待中国的定位，兼顾本国利益和国际利益，在国际权利和国际责任间取得平衡”，[①]积极推进全球治理，着眼大局，讲责任，尽义务。

（一）中国责任论：国际社会定位

一个国家治理角色和地位受内外两方面因素的影响。作为一个大国，中国在全球治理中的角色和地位，还受到了国际社会特别是美国评价的影响。20世纪70年代末之后，伴随着改革开放政策的实施，中国开始了融入国际体系的进程。随着中国实力的逐步积累，到90年代中期，中国的发展已经开始引起了国际社会的普遍关注，“中国威胁论”正是在这一背景下出现的。伴随着国力提升，中国面对的国际舆论环境更加复杂。“中国威胁论”“中国责任论”“中国机遇论”“中国崩溃论”“中国病毒论”等不利于中国发展的论调相继出现。究其本质，这些舆论无非是一方面强调中国的发展是对国际社会的威胁，另一方面要求中国承担更多的国际责任，提供更多的国际公共产品。威胁论和责任论是国际舆论的主流，一为“棒杀”，一为“捧杀”。近年来，随着中国实力的发展及其在全球治理体系中地位的提升，责任论逐渐兴起，大有压倒威胁论之势。[②]

尽管全球化推动了国际关系民主化的发展，但不可否认的是国家仍然是全球治理体系中的基本行为体，大国仍然是全球治理体系的主导者。美国作为冷战结束后唯一的超级大国，虽然没有如它所愿地建立起美国独霸的单极世界，但美国在全球治理中的地位迄今无人能及，它对全球治理的许多判断也直接影响乃至左右着整个国际社会的认识。对于中国的崛起，美国的心态是复杂的：一方面，美国担心中国的发展会对自身现有的国际

① 辛本健编著：《全球治理的中国贡献》，北京：机械工业出版社，2016年，第31页。

② 从历史上看，“中国威胁论”有很多版本。早在19世纪末20世纪初德国就提出过“黄祸论”；新中国成立之初，美国提出“红色威胁论”，担心中国革命的胜利有可能在东南亚引起多米诺骨牌效应；朝鲜战争爆发后，美国提出“遏制共产主义在亚洲蔓延”的口号，在联合国宣传“中国对邻国的威胁”言论；中苏关系紧张时，苏联也兜售过“中国威胁论”。新时期的“中国威胁论”是在冷战结束后，随着中国经济实力的强大而在美国、日本、菲律宾等国泛滥起来的。

地位构成挑战,采取各种措施对中国进行遏制;另一方面,美国需要中国承担更多的国际责任,以减轻自身的压力和负担。早在1994年冷战刚刚结束不久,时任克林顿政府国防部部长威廉·佩里在演讲时就指出,对于亚太地区的稳定与繁荣,美中两国负有共同的特殊的责任。1997年美国《国家安全战略报告》和美国国防部出台的《四年防务评估报告》都曾提到对中国成为"国际社会负责任成员"的期待及其意义。2005年小布什政府调整对华战略——"中国责任论"逐步形成,时任美国国务卿赖斯表示希望中国成为全球伙伴,能够并愿意承担与其能力相称的国际责任。此后,"中国责任论"开始取代"中国威胁论"成为国际社会对中国形象的期待和评判。2015年美国《国家安全战略报告》指出,美国欢迎和平、稳定及繁荣崛起的中国,寻求双方发展建设性的关系,这对双方民众有益,也能促进亚洲乃至全球的安定繁荣。①

美国所谓"中国责任论"的基本意涵在于,认为正在强势崛起的中国,还不是个充分负责的国家,或者中国应该承担的责任与其实力并不相称,由此要求中国成为符合美国标准的"国际社会"中负责任的一员。这一论调包含了三层含义:第一,中国实力上升是不容置疑的事实,中国已经毫无争议地步入大国行列。美国认为,中国的经济成就是显见的事实,中国的崛起是21世纪具有划时代意义的大事件。但是,对未来的发展趋向是融入美国主导的国际体系还是相反,中国尚未做出明确的选择。正是在这一意义上,美国认为,中国还是处于"战略十字路口"的国家。第二,美国认可中国表现出一定的合作迹象,也承认中国在与世界接轨的过程中对国际规则、机制和准则的践行,并成为国际社会中不可分割的一部分。美国表示,中国逐步摆脱贫穷和孤立,日益融入国际经济体系,成为联合国安理会和世贸组织的永久性成员,并对保持和平发展承诺的中国崛起表示欢迎。第三,中国还不是一个充分负责的国家。中国的"过渡"和"融入"并不完全,中国必须努力承担责任,履行承诺,与美国和其他国家共同努力,回报国际社会。中国的成功得益于国际体系,中国要为助其成功的国际体系发展作出贡献。②

美国对中国的责任期待颇多。这些期待涉及经济上开放市场、政治上

---

① 中国现代国际关系研究院编:《国际战略与安全形势评估2015—2016》,北京:时事出版社,2016年。

② 金灿荣:《从"中国威胁论"到"中国责任论"》,中国网,http://opinion.china.com.cn/opinion_25_1625.html。

实现自由化和民主化、军事上增加军事透明度、外交上帮助解决地区热点问题、环境上减少废气排放量,等等。究其本质而言,美国的“中国责任论”就是要以美国模式来塑造中国,并要求中国配合美国维护美国领导的国际体系。说到底,还是要按照美国的意愿和标准来塑造中国的国际角色,干扰中国的自主发展。尽管这表现出美国的天定命运的傲慢,但与“中国威胁论”相比,“中国责任论”释放出美国愿意与中国合作的意愿和姿态。这种论调对中国而言既是一种机遇也是一种挑战,从正向来看可以趁势强化中国责任大国的形象,从而促进中国的和平发展,就此而言,“中国责任论”恰是某种程度认同中国实力与责任的表现。从负面来看则可能使中国背上超出自身能力的责任,最终累及、殃及自身发展。破除种种不利舆论,实际行动是最好的回应。

在呼吁中国承担更多的国际责任的同时,国际社会对中国改革开放四十多年来发生的革命性变化表示出了浓厚的兴趣。中国的发展道路、发展模式、发展理念、文化观念都展现出与西方主流发展路径的差异,形成了独特的带有中国印记的经验,“中国模式”“中国方案”“中国道路”的提法由此出现,这正是全球治理对中国智识的呼唤。面对国际舆论,中国对“责任论”采取了积极的态度,旨在通过沟通、磋商与美国、周边国家及任何对中国崛起抱疑虑态度的国家达成共识,建立战略互信。

(二)负责任大国:中国自我定位

伴随着改革开放的深入和自身实力的提升,面对“中国责任论”的国际舆论环境,以1997年亚洲金融危机为契机,中国全面开启构建负责任大国形象的历程。在战略理念上,中国先后向国际社会贡献了新安全观、正确义利观、和平发展、合作共赢、构建人类命运共同体等体现国际社会发展趋势的先进观念,体现出中国负责任的积极姿态和维护国际秩序的良好意愿。在实践层面,中国积极加入国际组织,主动参与对话合作,释放和平友好信号。首先,中国以更加主动的姿态参与国际制度。从参与政府间国际组织看,1994年中国参与的数量是50个,与1982年相比增加了26个,到2002年,中国参与国际组织的数量达到163个,几乎涵盖了所有重要的政府间国际组织,成为少数几个参与国际组织数量最多的国家之一。其次,中国积极参与朝鲜半岛、伊拉克和伊朗等地区危机的解决,积极斡旋,缓和地区紧张局势,得到了包括美国在内的国际社会的高度赞誉。在国际反对恐怖主义问题上,给予相关国际组织和国家在物质和道义上的大力支持和配合。在区域合作上,中国积极实践以“共同安全”为核心的新安全观,倡导上海合作组织、博鳌亚洲论坛,发展中国—东盟经贸合作。在同发展中国家的关系中,中国倡导与发展中国家的命运共同体理念,主动减免发展中国家债务,开展对外经济、医疗卫生、科学技术、基础设施等援助,带动和推动发展中国家共同发展。

中国是一个新兴大国、负责任大国。作为全球治理的"后来者",中国较晚参与到全球治理体制和体系之中,对于许多领域的运行机制和规则的了解并不深入,对于其间的规则也并不谙熟,还不是一个游刃有余的治理"玩家",许多经验亟待积累,[①]但是这并不意味着中国是一头"闯入瓷器店的大象"。作为一个实力不断跃升的大国,中国是全球治理的重要参与者,需要在力所能及的范围内在政治、经济、安全、卫生、反恐、环保等方面承担相应的责任。当前中国提出"一带一路"倡议,与沿线国家进行多领域合作,增进共识、加强沟通,共克时艰、共谋发展,进而推动亚太地区的发展。向非盟援建铁路,提供无偿军事援助,帮助发展中国家发展,对遭遇灾害的国家施以援手,多渠道推进反恐合作,打击跨国犯罪。中国开创了一种全新的治理方式,提高了治理的全球标准。[②]这表明,中国在全球治理中正在发挥着积极的建设性作用,是全球治理重要的参与者、建设者、倡导者。

中国是联合国会员国和安理会常任理事国。自加入联合国以来,中国政府始终恪守《联合国宪章》的宗旨和原则,维护国际公平正义,守护人类共同安全。维护和弘扬国际公平正义,必须以恪守《联合国宪章》宗旨和原则为前提。联合国作为世界上最大的、最具影响力的政府间国际组织和当代国际多边主义的典范,在实现二战后世界的和平、稳定、安全、发展中的作用不可替代。《联合国宪章》的宗旨和原则体现了世界各国在价值上的共识,在协调国际关系、促进国际合作、实现国际正义中的作用不可磨灭。与《联合国宪章》宗旨和原则相一致,中国主张各国主权一律平等,尊重各国文明和发展道路,尊重各国人民自主选择社会制度的权利,反对以国家权力界定国家权利,反对国际关系等级化,反对任何形式的霸权主义和强权政治。在世界变局关口处,支持联合国在应对全球性问题、实现多领域合作中发挥领导作用;在关键问题处理上,为联合国解决热点、难点、焦点问题提供有益方案;在重大事件应对上,与联合国广大发展中国家站在同一

---

① 辛本健编著:《全球治理的中国贡献》,北京:机械工业出版社,2016年,第31页。

② Martin Jacques, The Pandemic, "Governance and the Year of the 'Great Transition'", in Huiyao Wang, Alistair Michie eds., *Consensus or Conflict? China and Globalization in the 21st Century*, Springer Singapore, 2021, pp.291-300.

立场,为发展中国家争取更多制度性权力和话语权。

中国是一个发展中国家。中国多次重申自己在全球治理体系中作为发展中国家的身份,强调与发展中国家的关系是中国对外政策的重要方向和优先战略选择:站在发展中国家的立场上,为发展中国家发声,为贫穷落后国家代言。历史上,中国因与广大发展中国家有相似的历史境遇而同其结下深厚友谊。在经济迅速发展的过程中,中国通过各种渠道、使用各种方式、想尽一切办法帮助落后国家发展,诚意欢迎发展中国家搭乘中国经济发展的快车,实现共同繁荣发展。长期以来,中国与广大发展中国家相互理解、相互支持,成为平等互信、全面合作、互利共赢、共同发展的好朋友、好兄弟、好伙伴。在"一带一路"高质量发展的实践下,中国与发展中国家的关系已经成为人类命运共同体的实践典范。广大发展中国家是完善全球治理、促进国际关系民主化的重要力量。

中国是一个亚太大国。世界之中国首先是亚洲之中国。中国的发展需要和平的外部环境,首先是良好的周边环境。中国政府始终立足亚太,坚持推进周边外交和多边外交,加强务实合作促进共生共赢。借助既有的、行之有效的区域合作平台,依靠既有的双边、多边合作机制,密切与周边国家之间的互动关系,"以经济合作为基础和主轴,打造政治互信、经济融合、文化包容"的周边"利益共同体、命运共同体和责任共同体"。[①]亲诚惠容的周边外交理念是中国向亚太国家、周边国家释放的诚意、善意和心意,与邻为善、以邻为伴是中国一贯坚持的相处之道,睦邻、安邻、富邻是中国追求的周边关系美好图景。"一带一路"建设和亚太命运共同体、周边命运共同体拓展了中国同各方利益的汇合点,深化了务实合作的立足点。

在当前的全球治理体系当中,中国扮演着多重角色。[②]首先,中国是现存全球治理体系的主要改革者。中国主张通过改革加强全球治理,重建世界新秩序,通过新机制对现有的国际机制进行建设性补充。其次,中国是全球治理进程的主要协调者。中国是联合国、二十国集团、六方会谈框架的主要参与者,而以这些协调机制为基础可以形成一个全球协调体系,最后,中国是全球治理方案的提供者。日益全球化的世界,层出不穷的全球问题需要更加有效的全球治理,需要新的全球治理方案。中国能够以其智

---

① 胡伟主编:《"一带一路":打造中国与世界命运共同体》,北京:人民出版社,2016年,第1页。

②《自序:中国在全球治理中的基本角色》,载庞中英:《全球治理的中国角色》,北京:人民出版社,2016年,第3—11页。

慧为一个更加有序、自由、正当的世界作出自己的贡献。

新时代中国致力于构建“四个大国”形象。步入新时代，中国形象建设有了更为宏阔的目标指向，具备更为清晰的顶层设计，形成更为科学的实践路径。2013年，在十八届中共中央政治局第十二次集体学习时，习近平总书记首次提出“文明大国、东方大国、负责任大国、社会主义大国”的中国形象构建目标，为新时代中国“大国”形象定调。新时代中国特色大国外交的十年，人类命运共同体构建的十年，“一带一路”建设实施的十年，表明中国在树立负责任大国形象上成就卓然。中国政府在许多场合表态，中国不但不会挑战国际秩序，还是它的坚定维护者。中国在化解危机、维护世界和平，以自身的发展惠及国际社会方面一直在做不懈的努力。尽管如此，中国树立责任大国形象的努力也正面临着诸多挑战。这些挑战主要体现为三重角色冲突：第一，“体系大国”与“负责任大国”的角色冲突。角色定位的差异必然导致外交目标的不同追求。作为“体系大国”，中国外交的任务就是彰显、维持、巩固大国地位，这要求中国要将注意力集中于自身实力的保全和增进上。而“负责任大国”的角色要求中国以承担国际责任、提供国际公益品为追求。第二，“体系维护者”与“修正主义者”的角色冲突。从改革开放到走进新时代，中国逐步地了解国际规则，低调地融入由发达国家构建且主导的国际体系，并逐步成为现有体系与秩序的受益者和维护者。然而国家实力消长必然体现在体系和秩序的变革当中，完善并推进秩序的合理化、民主化也是中国的责任。在维护与变革之间掌握好平衡，极其考验中国的政治智慧。第三，价值观与利益观的深层冲突。中国与外部世界的互动，表面上是政治经济安全等关系，深层次则体现为利益、权力、价值、道义等文化观念上的关系。对中国抱有敌意的国家、操控对华不利舆论的国家，更多的是遵循对立关系逻辑看待中国的发展，把中国视为挑战者和威胁者。这意味着，某种程度上中国负责任大国形象的塑造并非单方面的，国际社会特别是守成大国的提防甚至排斥带来的挑战，难以在短时间内发生根本性转变。中国历史发展进程和当代外交实践已经表明：“中国始终是世界和平的建设者、全球发展的贡献者、国际秩序的维护者、公共产品的提供者，将继续以中国的新发展为世界提供新机遇。”①

（三）现代化国家新征程上的中国形象

新时代，中华民族伟大复兴进入不可逆转的历史进程，四个“大国形

---

①《习近平谈治国理政》（第四卷），北京：外文出版社，2022年，第470页。

象"[1]建设促使中国形象发生深刻历史性变革。新时代十年,中国形象又上新台阶。在世界百年变局和中国伟大复兴交织激荡构成的壮阔时代图景中,党的二十大为迈向现代化国家新征程的中国擘画出清晰的形象新定位,"展现可信、可爱、可敬的中国形象"[2]。可信的中国恪守道义,富有公信力;可爱的中国释放善意,展现亲和力;可敬的中国勇担重任,赢得感召力。可信、可爱、可敬构成了新征程上中国形象追求的三重维度。

相较此前,进入新征程的中国在国家形象建设中围绕"可"字做文章、下功夫,追求可信、可爱、可敬的新形象,形成立体丰富的形象链条,反映出中国道路的世界意义,凝聚了贯通中国与世界的主体力量。

可信可爱可敬展示了中国形象的三重维度。中国形象体现出阶段性、时代性和演进性的发展特征。"新""变""大""可"分别代表了站起来、富起来、强起来、新征程四个阶段中国形象的核心特质。在站起来阶段,伴随政治、经济、文化等发展的新气象,中国以崭新的形象屹立于世界的东方,展现出由奴隶到独立的全新国家形象,开创了国家形象新纪元。在富起来阶段,改革开放令中国焕发勃勃生机,进入思变、求变、巨变的国家形象系统构建时期,国家面貌日新月异。进入强起来的新时代,中国形象体现出大国风范、大国气度、大国品格,以四个"大国形象"为目标指向。迈向现代化国家新征程,以大国形象为依托,由大向强,讲求知行合一、表里如一、言行一致、我他一体,致力于塑造可信、可爱、可敬的中国形象。其中,可信形象重在信得过,可爱形象胜在合得来,可敬形象贵在靠得住,三者相互倚重,层层递进,构建起一个讲求正义、真诚友善、担当有为的全面、立体、完整的中国形象。

三重形象构成了层级递进的中国形象链条。在三重形象中,可信是展开国际交往、展现中国形象的前提条件,可爱是营造和谐世界、实现全球共治的必要基础,可敬是引领体系变革、构建人类命运共同体的重要保障。一方面,三者相互倚重,彼此助益,共同展现出符合时代之变、回应时代之问、引领时代发展的立体中国形象。可信形象的树立有利于弥合纷争、冲突,展现中国理念、中华文化、中国方案蕴含的智慧和能量。可爱形象的确立有利于做强做大中国"朋友圈",汇聚一切致力于维护世界和平促进共同

---

①《习近平谈治国理政》(第一卷),北京:外文出版社,2018年,第162页。

②《习近平著作选读》(第一卷),北京:人民出版社,2023年,第38页。

发展的进步力量。可敬形象的创立有利于消解国际无政府状态的混乱，[①]发展出和谐友好的国际社会文化。另一方面，三者环环相扣，缺一不可，任何一种形象塑造失败都会致使其他两重形象多米诺骨牌式的垮塌。可信形象的损毁必然导致“朋友圈”解散，倡议感召力丧失。可爱形象的缺失只会造成敌对情绪弥漫，方案引领力不足。可敬形象的崩塌则会无可避免地引发信任赤字加剧，治理乱象丛生。

三重形象塑造的现实基础是坚持中国道路。国家形象以国家本原为基础，是一个国家在政治、经济、文化等方面真实存在状态在受众主观认知层面的映射。[②]国家并非如华尔兹所言功能相似、能力相异的“同类单元”[③]。国家在许多方面大为不同，也最终造成了国家形象千差万别。国家形象之变的根本就在于国家存在状态的量变以至质变。可信可爱可敬的中国三重形象立足于中国道路，拥有坚实的历史、文化和实践、制度基础。在浩瀚的历史长河中，中国一贯讲信修睦，推崇协和万邦，追求天下之治。中华优秀文化赋予中国形象绵延不绝的精神力量，使中国以更加自信的心态、更加宽广的胸怀，推动历史车轮向着光明的前途前进。在新中国的伟大实践中，中国奉行和平共处，倡导交流互鉴，坚持胸怀天下。[④]中国特色社会主义制度改变世界格局，创造文明形态，谋求人类进步，展现出特色鲜明、优势显著、强大高效等先进性。三重形象在历史的中国身上得以传承，在文化的中国身上得以淬炼，在实践的中国身上得以印证，在中国特色社会主义身上得以拓展。

三重形象以政府、国民、政党为构建主体。国家形象构建主体多元，是各方合力的结果。在新征程中国三重形象构建中，政府、国民和政党为基本力量单元，它们各展所长、同心同向同行，形成了以中国共产党为同心圆汇聚多元力量的中国形象构建主体格局。作为实现经济快速发展和社会长期稳定两大奇迹的社会主义国家，中国政府不仅保证了中国的繁荣稳定，还为世界和平发展作出了卓越贡献，确保中国持续展现出国际社会积

① [美]肯尼斯·华尔兹：《国际政治理论》，信强译，上海：上海人民出版社，2017年，第108—133页。

②《论国家形象建设的概念、要素与维度》，载范红、胡钰：《国家形象：多维塑造》，北京：清华大学出版社，2017年，第43页。

③ [美]肯尼斯·华尔兹：《国际政治理论》，信强译，上海：上海人民出版社，2017年，第99—100页。

④《中国共产党第十九届中央委员会第六次全体会议文件汇编》，北京：人民出版社，2021年，第98页。

极参与者、公共产品稳定提供者、全球正义有力推动者的可信形象。作为秉持济困扶危、古道热肠中华美德的中华民族，中国人民以伟大创造精神、伟大奋斗精神、伟大团结精神、伟大梦想精神，确保中国一贯展现出的爱好和平、仁爱天下可爱形象。作为长期执政的马克思主义政党，中国共产党永葆先进性和纯洁性，确保中国始终展现出为人民谋幸福、为民族谋复兴、为人类谋进步、为世界谋大同[①]的可敬形象。

党的二十大明确指出了当前党和国家的中心任务，清晰回答了新征程建设什么样的社会主义现代化国家，构建起什么样的中国形象，如何建设社会主义现代化国家，如何建设中国形象。可信可爱可敬揭示了全面社会主义现代化国家新征程中国形象的目标指向，构成了中国形象的三重维度，展现出中国式现代化内含的形象逻辑。在学理层面，需要围绕目标定位，深入探讨可信可爱可敬三重维度的科学内涵和理论逻辑；在实践层面，需要聚焦目标导向，探索成功塑造三重形象的路径方法和具体方案。

三、治理理念革新：全球治理的中国方案

人类命运共同体理念是中国全球治理理念的顶层设计呈现，是中国站在人类进步高度，把握世界发展变化之大势，高屋建瓴地提出来的一份超越民族、国家和意识形态的中国方案，不但凝聚了中国人民几千年的政治智慧和马克思主义科学治理观，而且赢得了国际社会的高度认同。

（一）人类命运共同体：内涵意蕴

在一个日益全球化的世界中，存在着超越民族国家转向全球视野和全人类观照的需要。作为一个新兴大国，一个对世界负责任的大国，中国需要这种理论自觉意识，跳出“中国问题”视界，在审视自身的同时思考世界，发现全人类的共同关切，形成大局思维、整体思维和创新思维，建立自己的思想框架和基本观念，创造新的世界理念和世界制度，使中国智识成为世界知识体系的一个重要基础。作为全球治理时代背景下贴有中国标签的世界理念，探讨人类命运共同体理念的学理内涵、搭建系统的理论框架，并使之不断走向现实，既是中国国家治理理论和国际关系中国学派建设、国际关系学科创新的理论需要，同时也是国家治理体系建设、治理能力提升、实现外交战略转型、推动全球治理体系变革的现实需要，有助于形成具有

---

①《中国共产党第十九届中央委员会第六次全体会议文件汇编》，北京：人民出版社，2021年，第93页。

中国特色、中国气派、中国风貌的外交理念和国际战略，赋予“中国梦”“一带一路”更加宏大的学理内涵和外向型战略价值，并最终为全球性问题的解决及引领全球社会的未来走向提供有益路径。

2012年党的十八大明确提出，要“继续促进人类和平与发展的崇高事业”，强调“人类只有一个地球，各国共处一个世界。……要和平不要战争，要发展不要贫穷，要合作不要对抗，推动建设持久和平、共同繁荣的和谐世界，是各国人民共同愿望”。[①]“人类命运共同体”一词第一次出现在党的十八大报告中，成为中国外交理念的新亮点。历经五年的理论思考和实践探索，人类命运共同体理念愈益系统化，已然成为新时代中国特色大国外交的鲜明特征和中国外交思想的时代统领，以及中国为全球治理贡献的凝聚中国智慧的中国方案。2017年党的十九大报告中，将这一慎思而成的全球治理理念上升为中国特色大国外交的崇高目标，中国特色社会主义建设的基本方略，以及中国特色社会主义思想的有力注脚，对其内涵意蕴作出了全面而精准的界定。人类命运共同体理念是中国为解决全球性问题、推动全球治理变革、构建世界新秩序而贡献的中国智慧，提供的中国方案，它根植于中国优秀的传统文化，深刻地把握了全球治理发展的大势，结合中国现代化建设和改革开放的实践经验，吸收了古今中外的治理思想，体现了中国的天下情怀和责任担当，为新时代中国外交亮明新旗帜，催生新作为，开辟新境界。

人类命运共同体理念提出后，中国领导人在许多重要外交场合阐述了其思想精髓，赢得了国际社会的普遍赞誉和一致认同。2013年4月，习近平主席在博鳌亚洲论坛年会上发表《共同创造亚洲和世界的美好未来》的主旨演讲，首次对外提出各国应牢固树立“命运共同体”意识，强调各国都应做和平的维护者和促进者，而“不能这边搭台、那边拆台，更不能为一己之私把一个地区乃至世界搞乱”[②]。同年10月3日，习近平主席在印尼国会发表《携手建设中国—东盟命运共同体》的演讲，提出了全方位建设“中国—东盟命运共同体”的五大举措：政治上“讲信修睦”、经济上“合作共赢”、安全上“守望相助”、人文上“心心相印”、地区机制上“开放包容”。[③]

① 《中国共产党第十八次全国代表大会文件汇编》，人民出版社，2012年，第42—43页。

② 习近平：《共同创造亚洲和世界的美好未来——在博鳌亚洲论坛2013年年会上的主旨演讲》，《人民日报》2013年4月8日。

③ 习近平：《携手建设中国—东盟命运共同体——在印度尼西亚国会的演讲》，《人民日报》2013年10月4日。

2015年3月,习近平主席再度出席博鳌亚洲论坛并发表《迈向命运共同体 开创亚洲新未来》的主旨演讲,强调各国应共同营造对亚洲、对世界都更为有利的地区秩序,通过迈向“亚洲命运共同体”,推动建设“人类命运共同体”[①]。2015年4月,习近平主席在印尼“亚非领导人会议”上发表《弘扬万隆精神 推进合作共赢》的讲话,强调推动构建以“合作共赢”为核心的“新型国际关系”,推动国际秩序和国际体系朝着更加公正合理的方向发展,推动建设“人类命运共同体”[②]。2015年9月28日习近平主席出席第70届联合国大会一般性辩论并发表《携手构建合作共赢新伙伴 同心打造人类命运共同体》重要讲话,指出和平、发展、公平、正义、民主、自由,是全人类的共同价值,也是联合国的崇高目标。当今世界,各国相互依存、休戚与共,我们要继承和弘扬联合国宪章宗旨和原则,构建以合作共赢为核心的新型国际关系,打造人类命运共同体。[③]2017年1月18日,习近平主席在瑞士日内瓦万国宫出席“共商共筑人类命运共同体”高级别会议,并发表《共同构建人类命运共同体》的主旨演讲,回应全球治理面临的乱象和困惑,给出了构建人类命运共同体、实现共赢共享的中国方案。[④]同年,人类命运共同体理念被相继载入联合国社会发展委员会、联合国安理会、联合国人权理事会的重要决议中,[⑤]成为国际关系基本准则。这标志着人类命运共同体思想走向了广阔的国际舞台,它所倡导的全球治理理念已经得到了国际社会的广泛认同。

人类命运共同体理念发轫于解答“世界怎么了,我们怎么办?”这一现实拷问,力图从历史、现状和未来三个维度把握人类所处的历史方位,希望

① 习近平:《迈向命运共同体 开创亚洲新未来——在博鳌亚洲论坛2015年年会上的主旨演讲》,《人民日报》2015年3月29日。

② 习近平:《弘扬万隆精神 推进合作共赢——在亚非领导人会议上的讲话》,《光明日报》2015年4月23日。

③ 习近平:《携手构建合作共赢新伙伴 同心打造人类命运共同体——在第七十届联合国大会一般性辩论时的讲话》,《人民日报》2015年9月29日。

④ 习近平:《共同构建人类命运共同体——在联合国日内瓦总部的演讲》,《光明日报》2017年1月20日。

⑤ 2017年,人类命运共同体理念第一次被写入国际社会最权威的国际组织——联合国系列决议当中,标志着这一理念成为国际社会共识和国际关系基本准则。2月10日,人类命运共同体理念写入联合国社会发展委员会第55届会议通过的关于“非洲发展新伙伴关系的社会层面”决议。3月17日,人类命运共同体理念写入联合国安理会通过的关于阿富汗问题的第2344号决议。3月23日,人类命运共同体理念写入联合国人权理事会第34次会议通过的关于“经济、社会、文化权利”和“粮食权”两个决议。

为充满不确定性的世界描绘出宏伟美好的蓝图，致力于为应对层出不穷的全球性问题提供有效的方案。人类命运共同体是包含目的论的理论范式和现实行动。它倡导更加和平、发展、秩序、安全、和谐、美好的世界。构建人类命运共同体需要以理念引领行动，也需要行动努力实践。在理论层面，人类命运共同体凝练中国智慧，筑梦世界，搭建起中国化全球治理理念；在现实层面，共建"一带一路"的成功实践为人类命运共同体理念不断注入新的内涵，从理念走向实践，从建设持久和平、普遍安全、共同繁荣、开放包容、清洁美丽的世界五维统合布局谋篇。

(二)世界梦：中国梦的世界回响

党的十九大报告明确指出："中国人民的梦想同各国人民的梦想息息相通，实现中国梦离不开和平的国际环境和稳定的国际秩序"[①]，而中国梦的实现必然有利于推进世界持久和平与共同繁荣的世界梦。一花独放不是春，百花齐放春满园。中华复兴之花必定为世界繁荣大花园增添亮丽风景。中国梦与世界梦分别是国内国际两个大局的高度凝练，二者紧密联系、相互贯通、相互作用。统筹两个大局就是要统筹兼顾"两个梦"。中国梦是要构建中华民族命运共同体，世界梦致力构建人类命运共同体。人类命运共同体思想建立起中国梦与世界梦的链接，是中国人对理想世界的构想，是中国梦的世界回响。

世界梦源于中国梦，超越中国梦，升华中国梦。党的十九大报告指出，中国特色社会主义大国外交就是要推动构建新型国际关系，推动构建人类命运共同体。推动全球战略是实现中华民族伟大复兴题中应有之义。人类命运共同体理念"是对内有效经济社会政策和对外正确的国际关系政策的有机统一"[②]，是中国特色大国外交的总目标，[③]展示了中国外交的大胸襟、大格局、大逻辑、大智慧、大情怀，赋予了中国梦更宏大的叙事背景和世界意义，是中国梦向世界梦转化的结果。中国以和平方式实现中国梦，以和谐目标定位世界梦。中国特色大国外交是中国梦的基本方略和重要部

---

① 《决胜全面建成小康社会 夺取新时代中国特色社会主义伟大胜利——在中国共产党第十九次全国代表大会上的报告》，《党的十九大报告学习辅导百问》，北京：党建读物出版社、学习出版社，2017年。

② 刘德喜等：《实现中国梦是对人类社会的新贡献》，载国务院新闻办公室编：《解读中国外交新理念》，北京：五洲传播出版社，2014年，第116—136页。

③ 徐方清、王齐龙：《在"强起来"的过程中，外交如何作为？——专访外交学院院长兼中国外交培训学院院长秦亚青》，《中国新闻周刊》2017年第43期。

署，为实现中国梦营造了良好的外部环境，同时也提升了中国梦的视野和格局。全球治理时代国内政治与国际政治之间的传统界分正在消弭，外交战略、全球战略成为国家整体战略不可分割的一部分，并获得了相对独立性与更广阔的战略意义。人类命运共同体理念使中国外交的定位更加鲜明，提升了中国的对外影响力、亲和力、公信力、感召力，体现了内政外交的有机结合、双向互动与高度统一。[①]在国际社会中，中国始终秉持坚定的国际定位：和平稳定的建设者、共同发展的推动者、世界秩序的维护者、全球治理的倡导者。中国以切实的外交实践打破"修昔底德陷阱"，实现了外交观上的飞跃和升华，给世界带来了全新的秩序观、利益观、安全观、发展观和世界观。这是中国梦的组成部分，也成为世界梦实现的理念基石和现实路径。

中国梦同各国人民的美好梦想息息相通，是世界梦的重要组成部分。世界梦必然囊括中国梦，中国繁荣必然带来世界进步。"中国梦"是新时代中国发展目标的集中概括，其出发点与落脚点是实现中华民族伟大复兴，并以此为世界和平与发展作出中国的贡献，与世界各国人民共圆世界梦。有所思即有所梦，梦的内容反映的是追求，体现的是抱负，承载的是希冀，凝结的是智慧。在中国梦背后，是千年的夙愿、百年的渴望、时代的呐喊、世界的回响。中华民族有着悠久灿烂的文明，长期居于世界文明发展的先进行列。实现中华民族伟大复兴绝不仅是一句豪言壮语，而有着深刻的层次分明的内涵，这就是让国家更强盛、民族更兴旺、人民更幸福，并以此对世界作出更大贡献。不同于只追求个体成功的美国梦，中国梦以人民幸福、民族复兴与人类和谐为目标，凝结着中华民族和人类社会的共同利益追求。安全正义、和平共享、合作共赢代表着相互依存的世界人类共同的价值追求。中国梦是追求和平之梦。中国梦需要和平，只有和平才能保证梦想。天下太平、共享大同是中华民族绵延数千年的理想。中国梦是协调发展之梦。中国梦致力于发展，只有发展才能实现梦想。中国的发展没有侵略的基因，是世界发展的福祉而非祸患。中国发展必将寓于世界发展潮流之中，也将为世界共同发展注入更大活力、带来更多机遇。中国梦是崇尚和谐之梦。中国梦追求和谐，只有和谐才能维系梦想。中国历来主张多元共生、包容共进，和谐的前提不是单一均质、消灭差异、消除对立，而是意

① 杨洁篪：《新形势下中国外交理论和实践创新》，载国务院新闻办公室编：《解读中国外交新理念》，北京：五洲传播出版社，2014年，第8—16页。

味着世界多样性的并存、共处、互补、协调。中国梦实现社会和谐，世界梦实现世界和谐。

在新时代，实现中华民族伟大复兴的中国梦与构建人类命运共同体的世界梦融为一体。实现中国梦是中国为世界梦构建的责任担当，不仅强调自我复兴和发展，也强调对世界的责任和贡献。“地球村”背景下，国家是国际体系的一个因子，任何国内政治经济的发展变化都会产生外溢效应。同样，国内政治也需顺应国际政治之大势。透过世界梦的镜像审视中国梦实现，以整体性观念统筹国内国际两个大局，坚持权利与义务的平衡，国家利益和人类共同利益的平衡，国内治理与全球治理的平衡，已成为中国政府和决策层明确、自觉的意识。“宇宙只有一个地球，人类共有一个家园”[①]，各国共处一个世界。“世界好，中国才能好；中国好，世界才更好。”[②]历史上，人类曾为了免于战争、缔造和平而筹谋；新时期世界在为寻求扩大合作、共同发展而努力；在日益相互依存的全球化时代，全球命运与共、休戚相关。伴随着改革开放的深入和自身实力的提升，面对“中国责任论”的舆论环境，以1997年亚洲金融危机为契机，中国开启了构建负责任大国形象的历程。在战略理念上，中国摒弃传统的丛林法则观念，传播中国智慧，先后提出了和平共处、和平发展、和谐世界、合作共赢等体现世界发展大势的先进观念，体现出负责任的态度和维护世界秩序的良好意愿。在外交布局中，中国以更加积极进取的姿态，发出中国声音，推动新型大国关系，构建周边命运共同体和发展中国家命运共同体。在全球治理体系变革中，中国以负责任大国的形象，推介中国经验，贡献中国方案，为解决全球性问题和挑战提供更多的公共产品，发挥独特积极的作用。

(三)基本原则：坚持共商共建共享

人类命运共同体是中国全球治理思想体系中的顶层设计，也是其不断完善的世界秩序观和全球治理理念。中国主张在国际关系中弘扬“平等互信、包容互鉴、合作共赢”的精神，共同维护国际公平正义，“倡导人类命运共同体意识，在追求本国利益时兼顾他国合理关切，在谋求本国发展中促进各国共同发展，建立更加平等均衡的新型全球发展伙伴关系，同舟共

① 习近平：《共同构建人类命运共同体——在联合国日内瓦总部的演讲》，《光明日报》2017年1月20日。

② 习近平：《共同构建人类命运共同体——在联合国日内瓦总部的演讲》，《光明日报》2017年1月20日。

济，权责共担，增进人类共同利益"[①]。

中国在国际社会中一直以和平发展的实践者、共同发展的推动者、多边贸易体制的维护者、全球经济治理的参与者积极参与全球治理。在外交观上有了新的升华，形成了明确而完整的秩序观、利益观、世界观和治理观。

2015年9月习近平主席在第70届联合国大会一般性辩论并发表《携手构建合作共赢新伙伴 同心打造人类命运共同体》的重要讲话，强调"当今世界，各国相互依存、休戚与共，我们要继承和弘扬联合国宪章宗旨和原则"，首次系统提出了构建"人类命运共同体"的五大支柱：一是政治上要建立平等相待、互商互谅的伙伴关系，要奉行双赢、多赢、共赢的新理念，扔掉我赢你输、赢者通吃的旧思维，要倡导"以对话解争端、以协商化分歧"，走出一条"对话而不对抗，结伴而不结盟"的国与国交往新路。二是安全上要营造公道正义、共建共享的安全格局，要摒弃一切形式的"冷战思维"，树立"共同、综合、合作、可持续安全"的新观念，要充分发挥联合国及安理会在止战维和方面的核心作用，通过和平解决争端和强制性行动双轨并举，化干戈为玉帛。三是经济上要谋求开放创新、包容互惠的发展前景，要秉承开放精神，推进互帮互助、互惠互利。四是文化上要促进和而不同、兼收并蓄的文明交流。文明之间要对话，不要排斥，要交流，不要取代。五是环境上要构筑尊崇自然、绿色发展的生态体系，要以"人与自然和谐相处"为目标，实现世界的可持续发展和人的全面发展。[②]

2016年以来中国的命运共同体理念更趋完善，并且在中国的外交实践中从理念走向现实。2016年9月二十国集团领导人杭州峰会开幕式主旨演讲中，习近平直面当下全球经济痛点，强调互利、合作与共赢，呼吁树立人类命运共同体意识，以全球伙伴关系来应对挑战。[③]2017年习近平在新年贺词中再次向世界发出构建人类命运共同体的呼吁："中国人历来主张'世界大同，天下一家'。""我真诚希望，国际社会携起手来，秉持人类命运共同体的理念，把我们这个星球建设得更加和平、更加繁荣。"

---

① 《坚定不移沿着中国特色社会主义道路前进 为全面建成小康社会而奋斗——在中国共产党第十八次全国代表大会上的报告》，《人民日报》2012年11月18日。

② 习近平：《携手构建合作共赢新伙伴 同心打造人类命运共同体——在第七十届联合国大会一般性辩论时的讲话》，《人民日报》2015年9月29日。

③ 习近平：《中国发展新起点 全球增长新蓝图——在二十国集团工商峰会开幕式上的主旨演讲》，《人民日报》2016年9月4日。

构建人类命运共同体，蕴含了中国传统文化“以和为贵”“有容乃大”“和而不同”的大智慧、大格局，体现了“天下为公”“万邦和谐”“万国咸宁”的中国政治理念。构建命运共同体，是习近平站在人类进步高度，把握世界发展格局变化趋势，高屋建瓴地提出来的一份超越民族、国家和意识形态的中国方略，赢得了国际社会广泛认同。在一个日益全球化的世界中，存在着超越民族国家转向全球视野和全人类观照的需要。作为一个新型大国，一个对世界负责任的大国，中国需要具有理论自觉意识，跳出“中国问题”视界，在审视自身的同时思考世界，发现全人类的共同关切，形成大局思维和整体思维，建立自己的思想框架和基本观念，创造新的世界理念和世界制度，使中国智识成为世界知识体系的一个重要基础。作为全球治理时代背景下贴有中国标签的世界理念，探讨人类共同体理念的学理内涵、搭建系统的理论框架，既是中国国家治理理论和国际关系中国学派建设发展、推动国际关系学科创新的理论需要，同时也是国家治理体系建设、治理能力提升及实现外交战略转型的现实需要，有助于形成具有中国特色、中国气派、中国风貌的外交理念和国际战略，赋予“中国梦”“一带一路”更加宏大的学理内涵和外向型战略价值，并最终为全球性问题的解决和全球社会的未来走向提供有益路径。

作为倡导和平、发展、开放、包容、合作、共赢的新理念，人类命运共同体是新时代中国智慧向世界贡献的公共思想产品，是实现人类社会共生共在、共治共享的中国方案，顺应世界发展大势，符合人类社会发展规律。中国自信地向世界传播这一新理念，将之作为中国外交的一面旗帜，不仅要开拓中国外交和公共外交新局面，而且力图全人类享有更加美好的未来提供一种新路径。

中国倡导人类命运共同体意识，反对冷战思维和零和博弈。中国坚持国家不分大小、强弱、贫富一律平等，尊重各国人民自主选择发展道路的权利，维护国际公平正义，反对把自己的意志强加于人，反对干涉别国内政，反对以强凌弱。中国不觊觎他国权益，不嫉妒他国发展，但决不放弃我们的正当权益。中国人民不信邪也不怕邪，不惹事也不怕事，任何外国不要指望我们会拿自己的核心利益做交易，不要指望我们会吞下损害我国主权、安全、发展利益的苦果。

全球治理为新时代中国的改革开放、国家治理体系建设、外交战略定位与走向提供了最宏观的时代背景。2016年是中国塑造全球治理的“元年”，二十国集团领导人杭州峰会是中国主导全球治理的首轮探索；2017

年“一带一路”国际合作高峰论坛是中国作为全球治理大国责任担当的最好诠释，党的十九大报告对人类命运共同体的科学阐释和全面筹谋开启了中国引领全球治理的时代。

人类命运共同体发展出植根于中华文化的共商共建共享的全球治理观。[①]中国的治理理念已得到国际社会越来越广泛的认同与支持，中国方案在应对全球性挑战问题上发挥着愈益重要的作用。2017年9月11日第71届联合国大会通过决议，把中国提出的“共商、共建、共享”原则写入“联合国与全球经济治理”决议。[②]“当今世界面临的不仅是发展困局，更折射出现代文明深层次的思想文化危机。”[③]博大精深的中华文化是中华民族漫长历史和生动现实的当代体现，成为人类命运共同体理念的基石。凝萃五千多年的优秀传统文化，运用马克思主义科学理论与方法，把握国内国际发展的时代脉搏，中国孕育出独特的以儒家思想为特征的文明价值观、世界观，[④]以中国特色社会主义文化的独特魅力和超然智慧，从全球角度思考并回应日益全球化的现实，[⑤]为人类社会贡献中国化的治理理念。“共商”即各国相互尊重、交流互鉴，加强互信，平等协商，通过对话协商解决国际社会的政治纷争与经济矛盾；“共建”即各国共同参与、互补互助、互惠合作、勠力同心，分享发展机遇，扩大共同利益，形成互利共赢的利益共同体；“共享”即各国同舟共济、互通有无、共同发展、共同享有，创造更多合作机遇，提高合作水平，让发展成果惠及世界各国人民。[⑥]“推己及人、立己达人”是中国人的待人之道，和衷共济、和合共生是中华民族的处世之道，以和为贵、和而不同是中国政府的立世之道，和平发展、合作共赢是中国的治理之道。

人类命运共同体赋予全球治理秩序、正义、和谐、关怀等世界价值观。

---

① 《决胜全面建成小康社会 夺取新时代中国特色社会主义伟大胜利——在中国共产党第十九次全国代表大会上的报告》，《党的十九大报告学习辅导百问》，北京：党建读物出版社、学习出版社，2017年。

② 张大卫：《共商共建共享：中国全球经济治理的新理念》，《光明日报》2017年10月26日。

③ 王毅：《探索中国特色大国外交之路——在第二届世界和平论坛午餐会上的演讲》，载国务院新闻办公室编：《解读中国外交新理念》，北京：五洲传播出版社，2014年，第17—33页。

④ [澳]科拉尔·贝尔：《中国与国际秩序》，载[英]赫德利·布尔、亚当·沃森编：《国际社会的扩展》，周桂银、储召锋译，北京：中国社会科学出版社，2014年，第242—253页。

⑤ [美]入江昭：《全球共同体——国际组织在当代世界形成中的角色》，刘青、颜子龙、李静阁译，北京：社会科学文献出版社，2009年，第193页。

⑥ 陈建中：《共商共建共享的全球治理理念具有深远意义》，《人民日报》2017年9月12日。

人类命运共同体是"一种新型政治,在价值和理念上突出人类整体论、人类共同利益论"①。公认的价值和行为准则是有效的全球治理发生的必要前提,"全球价值必须是全球治理的基石"②。人类命运共同体"最深厚的基础是全球身份(认同)的形成",而共同的命运、关切和理想可以建构共同的身份意识。③尽管人类在巴别塔下说着不同的语言,有不同的生活方式,置身于不同制度之中,但人类有着共同的价值基础或曰共同善。这些价值源于"全体人类的共同人性"④,不会随时空的变化而改变。人类命运共同体通过颂扬、追求共同善指明了全球治理的方向。人类命运共同体倡导世界新秩序,主张求同存异、开放包容,推动行为体多元化、关系平等化,推进治理体系朝着公正合理的方向发展;人类命运共同体呼唤世界正义,强调权利平等、地位平等、机会平等、参与平等,秉持公道正义、和平正义、国际责任,尊重各国正当权益,维护人类共同体利益;人类命运共同体力主和谐,坚信国家普遍联系、相互依存、和谐共处,通过国际关系民主化相互信任、相互尊重、相互借鉴、沟通合作,建立包容、繁荣、美好的世界;为人类命运共同体引入关怀,凸显国际社会的关联性与聚合性,消除国家之间的敌对、疑虑和隔阂,讲求国际情谊、守望相助、密切协作,建立新型国际关系,让世界充满关怀与友爱。

人类命运共同体能够为全球治理体系变革提供有效路径。冷战结束后,全球性问题日渐凸显,国际社会对全球治理及其体系的需求更为迫切。更为重要的问题不再是"全球治理体系是不是可欲的,而是如何通过改革不断完善现有体系,使其更加公正、有效、敏感",以应对变动之中的世界。⑤国际社会期待聆听中国声音,希冀感受中国智慧,盼望看到中国方案。中国原有的全球治理体系是一种"国家中心主义"的冲突性世

---

① 蔡拓:《全球政治的要义及其研究》,《世界经济与政治》2005年第4期。

② [瑞典]英瓦尔·卡尔松、[圭]什里达特·兰法尔主编:《天涯成比邻——全球治理委员会的报告》,谢来辉译,载杨雪冬、王浩主编:《全球化治理》,北京:中央编译出版社,2015年,第141—174页。

③ 王立新:《译序:对20世纪国际史的另一种解读》,载[美]人江昭:《全球共同体——国际组织在当代世界形成中的角色》,刘青、颜子龙、李静阁译,北京:社会科学文献出版社,2009年,第14页。

④ [美]雅克·布道编著:《建构世界共同体:全球化与共同善》,万俊人、姜玲译,南京:江苏教育出版社,2006年,第42页。

⑤ Fred Halliday, "Global Governance: Prospects and Problems", *Citizenship Studies*, Vol.4, No.1, 2000, p.19.

界观呈现，无法应对整体性问题带来的人类共同体困扰，人类命运共同体理念与实践恰是应治理体系深刻变革要求而进行的有益探索。人类命运共同体建基于共同利益，尊重各国自身利益，维护全球共同利益，合理关切别国利益，使治理成为可能。人类命运共同体将成员的利益偏好纳入共同体当中，设定激励机制鼓励国家参与全球治理，并对国家的自利性行为进行有效约束，使世界事务的治理"在可持续的将来符合所有人的利益"①。人类命运共同体建立了认同体系，获得成员的支持、认同和服从，通过共有项目和互动交往构建起集体身份和共有观念，形成公共规则、公共道德和共有目标，进而达成对治理共同的有效的预期，使全球治理获得权威性和合法性。人类命运共同体形成了共有规范，成员权利平等、责任共担。共有规范不仅散布于成员的共时性行动之间，推动不同文化、政治的行为体达成共识，形成一致行动，而且也推动共有理解在行为体间进行历时传播。人类命运共同体将合作作为治理的基本形式，通过行为体的相互信任感和共同行动意愿，为全球风险社会中危机的应对找到了有效的治理模式。

(四)五维统合：全面推进的共同体

深厚的理论根基，丰富的历史实践，以及敏锐的现实观照和博大的战略格局催动人类命运共同体理念不断趋于成熟系统。站在全人类共同利益的高度，以世界作为世界体系的政治主体，从世界角度去思考人类的命运与未来，依托中国特色社会主义建设"五位一体"的战略布局，中国全面谋划世界大势，形成了构建人类命运共同体的五维统合总体布局。作为实现世界梦的人类命运共同体的五维统合总体布局，既是对人类命运共同体理念内涵的全面概括，也是人类命运共同体理念实践的战略维度，与实现中国梦的"五位一体"布局构成了战略呼应关系。

人类命运共同体是一个秩序共同体，推动建设一个持久和平的世界。"今后不管全球政治或社会结构是什么样的，世界秩序问题一直都会存在着。"②当前，国际社会关于世界秩序问题的分歧远远大于一致性，世界秩序仍是全人类共同面对的尚未解决的全球性问题。中国主张世界各国相互

---

① [瑞典]英瓦尔·卡尔松、[圭]什里达特·兰法尔主编：《天涯成比邻——全球治理委员会的报告》，谢来辉译，载杨雪冬、王浩主编：《全球化治理》，北京：中央编译出版社，2015年，第141—174页。

② [英]赫德利·布尔：《无政府社会——世界政治秩序研究》(第二版)，张小明译，北京：世界知识出版社，2003年，第17页。

尊重、平等协商，坚决摒弃冷战思维和强权政治，走对话而不对抗、结伴而不结盟的国与国交往新路。秩序是共同体存续的第一需要，人类共同体所要建立的秩序不同于旧秩序，不能以不平等为基础，不能由少数大国主导，也不会放任“无政府状态”蔓延，而是需要各国共同参与、共同商讨，形成被普遍认同的、有约束力的、有助于增进各方利益的、能够体现国际正义和关怀的新秩序。人类命运共同体就是要达到共同利益的最大化，达到民族国家、非国家行为体、全球公民社会之间关系的最佳状态。

人类命运共同体是一个安全共同体，推动建设一个普遍安全的世界。全球化时代，传统的安全威胁并未远离人类，与此同时恐怖主义、大规模杀伤性武器扩散、金融危机、严重自然灾害、气候变化、能源资源安全、粮食安全、公共卫生安全等非传统安全又像潮水般涌来。在权力政治大行其道的国际政治现实中，权势均衡往往被视为避免战争的济世良方，然而这种方法只能暂时阻止战争发生，面对非传统安全却并不奏效，不能从根本上解决国家的安全恐惧。中国主张，世界各国坚持以对话解决争端、以协商化解分歧，统筹应对传统和非传统安全威胁，反对一切形式的恐怖主义。有序的世界和有效的治理互为因果、相互依存。实现世界的秩序性需要包括国家、各类组织、个人在内的世界政治经济行为体通过合作、协商、妥协等方式，弥合、消解冲突，获得一定程度的利益协调一致。人类命运共同体遵循“共同体逻辑”而非“无政府逻辑”[①]，可以为其成员提供有效解决冲突的手段和应对全球性问题的方法，并通过互动建构共有观念和认同感，并最终获得安全感。

人类命运共同体是一个发展共同体，推动建设一个共同繁荣的世界。全球治理理论与实践的勃兴彰显了世界政治中共同利益与利益冲突的张力，其存在的全部意义就在于寻找到一种能够体现和平衡各种利益诉求、并最终维护人类共同利益的一种有序性的制度安排。中国主张世界各国同舟共济，促进贸易和投资自由化便利化，推动经济全球化朝着更加开放、包容、普惠、平衡、共赢的方向发展。传统观念认为，国家是理性自利的行为体，国际社会不过是国家寻求自身利益的舞台。然而，国家并非“霍布斯无政府状态下”单子式的孤立个体。国家需要社会交往，必然形成国际体系，特别是在全球化时代，脱离国际体系的孤立的国家是无法生存的。国

---

①《理论视域下的安全共同体》，载[以色列]伊曼纽尔·阿德勒、[美]迈克尔·巴涅特：《安全共同体》，孙红译，北京：世界知识出版社，2015年，第2—23页。

家之间是一种零和博弈的观念，逐步让位于相互依存的观念。国际体系一经产生便不可避免地对国家产生影响，国家主权、权威、合法性与发展不单纯地源于其自身，也取决于全球治理社会。人类命运共同体能够以交流合作、共同推进、共同策划、共同行动的模式增进各方利益，消弭全球经济鸿沟，消除地球上的贫困，让全人类渐渐摆脱旧的束缚，享受经济发展带来的社会进步，从而形成一损俱损、一荣共荣的关系。

人类命运共同体是一个文明共同体，推动建设一个开放包容的世界。全球治理发展的最高阶段“通常与多元主义、共存和尊重差异相连”[①]。人类命运共同体需要共有身份、同类情感、以整体意识、全球思维确立认同，但并不意味着要消除一切差异。相反，差异和多元恰是共存、共处、合作的前提，也是人类社会不断进步的动力。“各个文明之间的相互影响和处于不同文化的人群之间的交流接触是使文明发展演变的主要动力。”[②]中国主张尊重世界文明多样性，以文明交流超越文明隔阂、文明互鉴超越文明冲突、文明共存超越文明优越。不同文明凝聚着不同民族的智慧和贡献，没有高低之别，更无优劣之分。人类命运共同体能够包容不同价值理念、不同文明、不同治理模式，其发展是一场去中心化的运动，需要多元化特征的维护和推动，多样性、多元化是共同体的特征和追求的目标之一，共同体必然建立在行为体、文化、政治、经济、制度的多样性基础之上，这与全球治理的志向相符合。“我们即将看到的是一个‘处处是中心，无处是边缘’的世界。”[③]要促进和而不同、兼收并蓄的文明交流对话，在竞争比较中取长补短，在交流互鉴中共同发展，使文明交流互鉴成为增进各国人民友谊的桥梁、推动人类社会进步的动力、维护世界和平的纽带。

人类命运共同体是一个生态共同体，推动建设一个清洁美丽的世界。人类共处一个地球，全球生态关乎人类的命运与未来。人类命运共同体是一个和谐世界，不仅要实现国家之间的和谐、国家与国际社会的和谐，还要实现人类与自然的和谐。人类社会的发展要尊重人类社会的发展的一般

---

① [英]克里斯·布朗：《重塑国际社会与全球共同体》，载[英]戴维·赫尔德、安东尼·麦克格鲁主编：《全球化理论：研究路径与理论论争》，王生才译，北京：社会科学文献出版社，2009年，第195—219页。

② [美]威廉·麦克尼尔：《西方的兴起——人类共同体史》，孙岳、陈志坚、于展等译，北京：中信出版集团，2015年，第5页。

③ 张康之、张桐：《世界的中心——边缘结构》，北京：中国社会科学出版社，2016年，第33页。

规律，也要尊重自然发展的一般规律，树立尊重自然、顺应自然、保护自然的意识，实现世界的可持续发展及人的全面发展。中国主张坚持环境友好，合作应对气候变化，保护好人类赖以生存的地球家园。人类处理与自然的关系时应始终坚持"人类尺度"对既往发展中不成熟、不全面的发展观念进行反思，实现生态环境和发展理念的一个历史性飞跃。中国倡导五大创新理念，并积极推进"绿色"理念成为人类命运共同体构建的原则和目标。联合国倡导2030年可持续发展议程，采取行动应对气候变化等新挑战，不断开拓生产发展、生活富裕、生态良好的文明发展道路，构筑尊崇自然、绿色发展的全球生态体系。

四、共建"一带一路"倡议：全球治理的中国实践

在全球治理体系中，每一个国家都是独特的存在。中国与全球治理的关系是独特的，中国参与全球治理是以改革开放为起点的。在此过程中，中国最初与世界的互动主要是为自身的问题寻求解决方案，外部世界则以全球治理的名义介入中国改革开放的过程。进入21世纪，中国实力和地位的提升使其不再简单地满足于参与全球治理，而是试图塑造、影响全球治理，进而发挥中国所独有的影响力。"中国特色全球治理"代表了广大发展中国家对全球治理的期许。如果说人类命运共同体是全球治理的中国方案，"一带一路"则是"中国特色全球治理"的实现路径，是对接中国治理理念与治理实践的有效平台，是实现全球发展的治理新模式。①

自2013年"一带一路"倡议提出后，外界对此评定不一。一些西方学者将其称为中国版的"马歇尔计划"，揣度中国以此拉拢共建国家特别是周边国家，以形成自身地缘政治优势，确立领导地位。而更多的共建国家则认为，"一带一路"倡议是中国为地区乃至世界提供的有效的公共产品，它不仅为各国共同发展提供了新平台，而且也为全球治理贡献了新模式、新理念。在推进"一带一路"建设的过程中，中国始终践行人类命运共同体理念，坚持共商共建共享原则，努力凝聚沿线国家共识，为各国共同发展提供契机。

---

① 苏格主编：《世界大变局与新时代中国特色大国外交》，北京：世界知识出版社，2020年，第552页

（一）全球治理转型需要中国力量

“中国崛起，是当今世界最具影响力的事件。”[①]中国与世界的关系，中国在全球治理之外还是在全球治理之中，中国对于全球治理的意义，是治理从“西方”治理转型到“全球”治理绕不开的问题。改革开放前，中国置身西方主导的治理体系之外。改革开放后，中国积极参与并融入全球治理体系当中，成为全球治理体系中的重要成员，成为发挥重要影响力的世界性大国，从自身丰厚的文化传统中汲取智慧，从悠久的治国理政经验中凝练方案。对于全球治理实践及其变革而言，中国不再是被动的参与者，未能体现中国智慧的全球治理不能被称为变革中的全球治理。面对全球性问题的挑战，处理复杂棘手的全球性事务，“中国人不能继续等着西方提供解决危机的方案，而要靠建设中国自主的知识体系、生产西方等知识体系没有解决问题的价值。也就是解决问题的方案将成为当下世界最为珍视的价值”[②]。中国需要为全球治理作出自己的努力，提供不同于西方的治理方案，中国也有能力为全球治理贡献中国智慧和中国方案。

在世界发展许多重大转折性变化的历史背景下，中国在全球治理体系中的身份也在发生变化。中国国力的迅速提升和发展中国家的群体性崛起带来了世界权力结构的变化，并开始推动全球治理的实质性转型。中国由“被”全球治理开始走向“治理世界”[③]，开启了中国治理的元时代，成为全球治理转型的重要变量。中国的治理一方面是在现有的治理框架内主动参与，发挥中国文化智识的独特性，尝试对“老”问题进行新思考，作出新阐释，找到新路径；另一方面则是针对原有治理忽略的在现有治理机制所及之外的“新”议题，积极倡议创设新机制。这两个方面，前者侧重理念的创新，后者则转向实践探索，二者缺一不可。

2016年作为全球治理重要机制的二十国集团杭州峰会留下了深刻的中国印记，也成为中国在全球治理中发挥重要影响力的新起点。此次会议上中国实现了多个“首次”：首次全面阐释自己的全球经济治理观，首次把创新作为核心成果，首次把发展议题置于全球宏观政策协调的突出位置，首次形成全球多边投资规则框架，首次发布气候变化问题主席声明，首次

---

① 秦亚青：《全球治理：多元世界的秩序重建》，北京：世界知识出版社，2019年，第240页。

②《论世界价值体系中的“中国价值”》，载庞中英：《重建世界秩序：关于全球治理的理论与实践》，北京：中国经济出版社，2015年，第159页。

③《全球治理的转型——从世界治理中国到中国治理世界》，载庞中英：《重建世界秩序：关于全球治理的理论与实践》，北京：中国经济出版社，2015年，第5—6页。

把绿色金融列入二十国集团议程。这些创举,凝结成推进全球经济治理的"杭州共识",开启了全球治理体系变革的新航程。2017年由中国首倡的第一届"一带一路"国际合作高峰论坛顺利召开,全面总结"一带一路"建设落地后在凝聚国际共识、推动国际合作中取得的成就,表明中国将自身发展优势转化为区域发展契机的中国方案赢得沿线国家普遍赞誉,也标志着中国提出的人类命运共同体理念向实践的成功转化。"一带一路"倡议的提出是中国在全球治理中由"积极参与者"向"变革推动者"身份转换的象征,是依托中国力量、汇聚共建力量的多边合作机制,是中国打造出的全球治理重要"品牌"。[①]显然,在中国发展进入新时代后,中国也开始推动全球治理走进新时代。

"互联互通"是"一带一路"建设的核心要素。在推动沿线国家及区域、次区域合作当中,中国始终在思考在一个充满联系的世界什么能够进一步促成"互联互通",什么有助于消除"互联互通"的阻力,中国能够为沿线国家之间的"互联互通"、人类社会的"互联互通"做什么。在推动"一带一路"落地的项目合作中,中国在践行着她对当前全球治理思考。"一带一路"建设是中国推动全球治理转型决心和力量的体现,也是其转型思路和思考的践行。

推动全球治理转型,创新理念、传播观念是引领。理念是行动的先导。全球治理停滞的根本是理念滞后。新时代以来,中国在全球治理理念创新上一直不辍努力,先后贡献了新型国际关系、人类命运共同体、正确义利观、新安全观等一系列新理念。推动全球治理转型,增强实力、提升能力是基础。全球治理体系仍然是以主权体系为基础的,全球治理格局取决于国际力量对比,全球治理体系变革源于国际力量对比变化。革故鼎新,归根到底要靠变革者的实力。四十多年来,中国集中力量办好自己的事情,不断增强自身在治理中发声、发言、发力的实力,不断扩大自身在全球治理中的影响力、辐射力和感召力,既主动承担国际责任,也尽力而为、量力而行,为更广泛的全球治理积累经验。推动全球治理转型,凝聚合力、协调合作是关键。全球治理转型重点就在于转变少数大国操纵议题设定、运作机制和治理方案的积习。全球治理是国际社会的公共事务,需要世界各国合力共治,需要充分协商达成共识,需要协调联动一致行动。全球治理变革千头万绪,人类

---

① [斯洛文尼亚]达尼洛·图尔克:《转型的世界:对国际体系、中国及全球发展的思考》,中国人民大学重阳金融研究院译,北京:外文出版社,2021年,第4页。

前途命运百年大计，需要广泛协商做筹谋，更需要协调一致先行动。在有共识的、能解决的问题上，凝聚共识，率先发力，累积经验，打造范本，对于为全球治理变革激发新动能、开拓新空间、探索新形式意义重大。

(二)全球治理创新需要中国智慧

中国梦是中国对自身发展目标的集中概括，世界梦是中国对全球治理目标的深度思考。在中华民族伟大复兴的中国梦背后，是中华五千多年的历史回响，也是近代中国百年来的求索渴望。以安全正义、和平共享、合作共赢为追求的世界梦也同样代表了全人类共同的价值追求。中国梦是追求和平的梦。中国梦需要和平，只有和平才能实现梦想。天下太平、共享大同是中华民族绵延数千年的理想。中国的发展没有侵略的基因，唯有复兴的梦想。中国梦也是世界梦的重要组成部分，它同各国人民的美好梦想息息相通。中国发展必将寓于世界发展潮流之中，也将为世界各国共同发展注入更多活力、带来更多机遇。

“一带一路”建设构想是中国对全球治理机制建设的智慧贡献。“一带一路”建设顺应世界多极化、经济全球化、文化多样化、社会信息化的潮流，秉持开放的区域合作精神，致力于维护全球自由贸易体系和开放型世界经济。由点及面，从小到大，已成为沿线各国分享中国发展机遇、实现共同繁荣的重要平台，成为对现有国际治理机制的有益补充和完善，为全球经济复苏与长远发展注入了新的活力。“一带一路”建设主张“政策沟通、设施联通、贸易畅通、资金融通、民心相通”，旨在消除近代以来过于依赖海洋和发达国家推动全球化的局面，致力于打造东西互济、陆海统筹的包容性全球化，打造开放、均衡、普惠、包容的合作架构，构建相关国家的利益共同体、命运共同体和责任共同体。在推进和落实建设过程中，中国和共建国家一道，搭建起了全球经济治理的新平台。新秩序的重建、冲突的化解和平衡型的全球化，是新型全球化必须考虑的内容。“一带一路”的话语体系必须跟整个世界秩序相连接，跟未来的发展相衔接。“一带一路”将引导中国全面进入到全球治理结构的改善，甚至重建的过程之中包括政府治理、知识产权治理、产业治理、金融治理等。

共建“一带一路”国家多是新兴经济体和发展中国家，资源禀赋各异，合作潜力和空间巨大。随着“一带一路”建设的大力推进，中国利用自己的强大基础设施建设能力和雄厚的资金实力开拓出更广阔的空间。共建“一带一路”倡议的目标是建立一个政治互信、安全共生、经济融合、文化包容、责任共担的利益共同体、命运共同体和责任共同体，它面向的是包括欧亚大陆在内的世界各国，开放包容、互惠互利、共同发展是其秉持的基本精神。“一带一路”建设是中国与共建国家分享优质产能、共商项目投资、共建基础设施、共享合作成果的重要平台，内容包括政策沟通、设施联通、贸易畅通、资金融通、民心相通“五通”。截至2023年10月，已有150多个国家和30多个国际组织与中国签署了共建“一带一路”合作文件，并形成具体合作规划。“一带一路”建设有利于促进沿线各国经济繁荣和区域经济合作，有利于加强不同文明交流互鉴、促进世界和平发展。

共建“一带一路”倡议的提出不仅意味着中国希望在全球治理中担当责任，而且已经发展成为中国在当今变动不居的世界上的生存和发展之路。①中国不仅要参与全球治理，而且要在全球治理中承担领导角色。中国希望通过“一带一路”建设加强处于弱势的全球多边贸易体制。维持和推动全球多边贸易体制的进步是中国推动全球治理体系发展的实践路径。在这一项目中，中国越来越倾向于减少“一带一路”的中国单边特性，而增强其多边化、国际性特征，推动“一带一路”成为全球治理中的一项重要机制。亚投银行作为中国向全球提供发展援助、贡献国际公共产品的金融政治设计，应该成为“一带一路”国际化、多边化的依托；共建“一带一路”倡议需要放眼全球，尽快融入联合国、国际金融组织、世界贸易组织等全球性多边框架，成为一个区域性的多边贸易体系和多边投资体系，给区域内国家和其他区域的关系都注入新的活力。

（三）全球治理方案的中国实践

“一带一路”倡议是中国对全球治理机制建设的战略贡献，其实施成为中国践行中国特色大国外交，进而推进区域治理和全球治理的制度依托和实践载体。“一带一路”倡议顺全球治理之势而生，因全球治理之需而建，应全球治理之事而制，冲破旧思维、旧观念和旧机制的束缚，创建更精准有效的治理框架，为全球治理提供新载体、新模式、新平台。“一带一路”建设开创了一种新型合作方式，其灵活性、包容性、系统性促成了丝路共建国家之间广泛而有效的合作，为现存治理体制改革提供了有益借鉴。

“一带一路”是和平发展之路。在世界政治大调整、大变革、大发展的宏观时代背景下，人类对和平与发展的期许更加强烈。世界需要在更大范围、更广程度上达至稳定且持续的和平，希冀有更多途径、更好方式实现高速且可持续的发展。“一带一路”倡议主张以合作促和平，以共赢谋发展。

---

① 庞中英：《全球治理的中国角色》，北京：人民出版社，2016年，第100页。

它立足强化沿线国家之间的经贸往来，通过对话、协商、合作等形式，化解一些国家长期存在的政治矛盾、民族纷争、宗教问题，增进区域安全稳定，提升区域认同感、归属感。“一带一路”倡议秉持开放的区域合作精神，聚焦区域，放眼全球，从小到大，由点及面，以维护全球自由贸易体系、建设开放型世界经济为己任，已经成为沿线国家分享发展机遇、实现共同繁荣的重要平台，成为国际经济合作的成功典范，通过化解冲突、重建秩序、共赴美好，成为全球经济复苏与持久发展新的动力源泉。

“一带一路”是互利共赢之路。中国在思考当前全球治理困局时，不仅重视思维方式的转变，更关注实践路径的探索。直面“世界怎么了？”这一时代之问，通过发现问题、分析原因，最终落脚于找到解决方案，回答“我们怎么办”的终极之问。“一带一路”建设生发出的互利共赢及相应机制就是对全球治理面临的上述问题的实践回应。通过着力打造“互通”，“一带一路”很大程度上淡化了全球化过于倚重海洋、全球治理体系由发达国家主导的特征，搭建起开放、均衡、普惠、包容的合作框架。

“一带一路”是开放包容之路。它是当代世界发展的缩影，真实呈现出了世界的多元化、多样性、差异性，意在增强相关国家的共同体意识，构建真正的区域命运共同体。一个真正的共同体决不能是同质的，而是多元共生的，不是要消除其构成要素的差异，而是在分异中找到共性，在分化中达成共识。一个真正的共同体也不能是少数国家主导的，而是开放包容的，所有参与国平等参与，面向全球，不设门槛。广大新兴国家与发展中国家在共建“一带一路”中拥有充分的发言权，享有平等的发展机会。自2013年“一带一路”建设推进以来，中国充分调动自身强大缜密的战略规划实施能力和基础设施建设能力，发起建立亚洲基础设施投资银行倡议，提出并参与千余项合作项目，为促成沿线国家双边与多边合作、联动发展提供了良好的机遇。

作为中国积极参与并引领全球治理的顶层设计，“一带一路”对于构建开放型经济新体制、形成全方位对外开放新格局具有重要意义。在金融危机爆发后全球治理变革态势日渐凸显的背景下，“一带一路”建设标志着中国开始从积极参与到主动引领，迈开了关键性的第一步，为全球经济合作和治理变革开辟出一条新路径，共建“一带一路”的相关议程着眼于为全球治理输出公共产品，体现了中国作为负责任大国的地位与作用，能够引领国际社会有序迈向人类命运共同体的光明前景。

余论　全球治理的未来拓新指向

人类将走向怎样的未来？这是当下全球治理面临的时代拷问。全球治理发生何种转向对于人类命运意义重大。世界大变局下，全球治理既面临风险挑战，又存在转变机遇，其不确定性、不稳定性明显增强。逆全球化、反全球化浪潮加剧，全球产业链出现断裂。以百年变局为契机，纾解全球治理困局，是全球治理研究面临的新课题。全球性问题凸显带来了加强全球合作的强烈需求，发展中国家、新兴国家整体性崛起推动了全球治理体系大变革。在这一时代背景下，梳理全球治理的理论逻辑，对主流范式的治理理念进行概括，以从中发现由它指导的全球治理陷入困局的原因，进而揭示出源于不同治理理念的中国方案——人类命运共同体理念，因何可以为困局中的全球治理提供有效路径，这是本书研究的立意所在。对未来的全球治理走向进行预期既是全球治理现实的要求，也是全球治理研究的课题。本书认为，当前的全球治理存在着解困指向明确、变革需求紧迫、霸权主导式微、治疫逻辑转换、价值导向鲜明等发展趋势。

一、全球治理解困指向明确

在面对纷繁复杂的全球治理具象问题时，囿于精细的利益取舍和冗杂的影响因子权衡，找到最优解并不容易。相反，从宏观层面审视全球治理的历史脉络和发展走向，只要坚持最基本的价值优先原则，就可以为全球治理把脉定向。就此而言，全球治理走出困局的大道路和大方向是直观明了的。未来全球治理的走向将呈现出更趋平等、价值凸显、缓步推进等特征。

全球治理体系结构的变革将更加体现出平等性。全球治理体系是一个权力体系，行为体的权力关系及其制度化在全球治理中仍然具有决定性意义。“当今世界正在从短暂的单极世界向真正意义的多极世界过渡，我们看到一个新的结构正在产生。"[①]在这一结构支撑的全球治理体系中,权力的分散、多元将逐步替代权力的集中、垄断。这一趋势在权力关系的横向维度和纵向维度上得以体现。在横向维度上,治理权力不再只是少数霸权国家享有特权,越来越多的崛起国、新兴国、地区将获得更多的话语权、平等的参与权。在纵向维度上,治理权力不再只被主权国家所垄断,各种规模、形态、功能的组织,以及领袖、精英,甚至普通人都是全球治理的参与者,在治理网格中都是不可或缺的联结点。在横向维度上全球治理体系结构出现扁平化,在纵向维度上全球治理体系结构则呈立体化。在平面延展和纵向延伸中,全球治理体系结构的支撑点不断增多,使得其稳定得以加强。过去历史上,因霸权国衰退而造成的结构性不稳定进而引发的治理赤字将得到彻底改变。结构的平等性变革还将带来全球治理红利享有的平等化,全球治理收益分配将更加体现平等原则,实现共治共享。

全球治理核心理念的演进将更凸显人类共同善。受主流范式(特别是现实主义)的主导,许多国家更倾向于以"猎鹿"[②]心态对待全球治理合作。为了追逐"兔子",而选择退出"猎鹿"合作,道德、规则在利益面前永远无立足之地。这似乎是全球治理中司空见惯的现象。在推崇权力,追逐利益,信奉无政府逻辑的传统治理理念下,治理行为只关心相对收益,不在乎国际共同利益,治理合作难以展开。理念滞后制约全球治理取得进展,越来越被人们所诟病。社会的进步就在于人性未泯。脱离了价值观层面,而仅就利益的此消彼长来谈论全球治理的转型是没有意义的。在霸权国对全球治理体系控制力下降,治理权力流散之后,它对治理理念的控制力也会随之下降,新治理理念由此获得生长契机。尽管"新"治理理念未必就是"好"的、"有效"的,但至少在反思传统治理理念的不足方面,新理念会带来新思路。这种思路会伴随权力结构的变化及其带来的全球治理体系变革,令全球治理价值观发生由遮蔽到显现的变化。而且,平等本身就是价值的一种体现。国际道德的内容也许会因时代而变化,但普世性的价值永恒。[③]全球治理从来不在道德所及之外。相反,全球治理恰恰是人性之善

① [斯洛文尼亚]达尼洛·图尔克:《转型的世界:对国际体系、中国及全球发展的思考》,中国人民大学重阳研究院译,北京:外文出版社,2021年,第169页。

② [法]卢梭:《论人类不平等的起源和基础》,李常山译,北京:商务印书馆,1962年,第114—115页。

③ 阎学通:《世界权力的转移:政治领导与战略竞争》,北京:北京大学出版社,2015年,第10页。

的产物,是人类共同善的体现。无论人还是人的行为都在追寻意义,基于共同善,全球治理才是有意义的。即便是那些最精于算计的国家也会设定利益之外的目标。全球治理行为规范的运行将更具备包容和弹性。全球化进程加速带来的全球性问题涌现,使人类对于新理念的期待愈加强烈,以共同善为导向的全球治理备受期待。

全球治理在全球化和逆全球化胶着中缓步推进。全球化与逆全球化是一组矛盾,全球化带来全球治理的需求,逆全球化则反映全球治理供给的不足。在可以预见的未来,这两种现象仍将长期继续并存。事实上,一个事物的发展出现反复、挫折是再正常不过的事。关于全球化、逆全球化的意见分歧持续不断,也并不新鲜。逆全球化的发展本身也是全球化的一部分,两种趋势胶着并存,恰恰说明了世界的包容性在加强。全球化会带来标准化,但绝不意味着"同质化"。虽然规则发挥作用需要各国将人类共同善作为行为准则,但绝对的国际权威或者全球法治在可预见的未来仍然无法建立。国家的利益取向不同,行为规范有别。当国家利益和价值追求与全球共同利益和价值规范相左时,国家仍然会毫无疑问地选择前者。全球治理合作仍然面临着挑战、破裂甚至倒退的可能。与此同时,全球性问题凸显加强了国家命运的联结。人类无法回避风雨同舟、荣辱与共的共同命运。顺应时代发展潮流,把握人类进步大势,回应人类共同期待,需要每个国家将自身的发展与世界的发展紧密结合,凝聚不同民族、不同信仰、不同文化、不同地域人民的共识,共襄构建人类命运共同体伟业,[①]共同推动全球治理在困局中前行,携手建设更加美好的世界。

二、全球治理变革需求紧迫

"变"是世界的本质特征。"变"正以前所未有的速度和程度影响着人类生活,成为现代性社会最显著的标志。在世界百年变局下,全球治理正处于重大转型之中。审慎观察和理性理解"变",才能准确判断全球治理的局势和走向。全球治理变革是顺应治理形势变化、符合世界各国利益的迫切要求。变革是包含治理理念、治理范式、治理体系、治理方式等的全方位变革。

全球治理走出困局需要转变治理理念,打破治理理念西方独大的局面。新理念产生的直接动力是治理实践的新发展,其理论来源则是政界和

---

①《习近平谈治国理政》(第三卷),北京:外文出版社,2021年,第433—438页。

学界对全球治理的新思考。“但凡‘大理念’都会产生于一个国家或是非国家行为体在实践互动中遇到的‘大问题’。”[①]

首先，国际体系的权力转移带来了行为体治理角色和心态的变化。在由主权国家构成的国际体系中，国家权力及其关系是一个重要的无法忽视的因素。国家动用一切资源寻求自身权力的实现、维护和扩大。在权力政治逻辑中，国家权力的大小、强弱决定了其在国际社会中的角色：追随者、参与者、推动者、倡导者、引领者等。这一角色的变化来自权力，但表现为审视全球治理的态度及自身承担责任的转变，并最终引导出国家治理理念的调整。

其次，国家的文化特质为其生成治理理念提供观念给养。权力转移只是为治理理念的变革提供了必要前提，文化基因则是治理理念生成的可能性条件。现代国际体系是伴随着西方文明扩张诞生的，西方霸权触角不仅在地理上延伸至世界空间，并且力图对那些非西方国家进行文化殖民。在全球化背景下，只有保有文明独特性的国家才能在反思世界历史时确证潜在的不确定趋势及不可复制的发展道路。[②]在西方文明蕴含的治理理念遭遇失败与贫困之际，非西方文明特别是文明大国能否提供别样的治理思路和解决方案，就成为决定治理理念转变成功与否的关键。

最后，学术批评、反思和创新为全球治理新理念提供翔实的学理阐释。一个理论范式、学术流派的成长需要一个不断充实、系统、成熟的过程。以科学纲领审视全球治理范式，当前的全球治理研究话语权被少数国家、主流学派、传统观念垄断，来自非西方的、边缘学派的、反思批判的声音被淹没。改变学术研究的垄断、僵化格局才能为新理念脱颖而出打开局面。

全球治理范式的演进可以为全球治理提供新的理论生长点。根据迈克尔·泽恩提出的全球治理三个基本原则，即存在共同利益，认同个体权利，坚信国际权威可以合理地凌驾于国家主权之上，[③]本书认为实现全球治理的范式转换，需要跳出现实主义等主流范式的窠臼，就权力、关系、道德等理论构建中貌似不证自明的范畴作出全新阐释。以合作视角重新界定

---

① 秦亚青：《关系与过程：中国国际关系理论的文化建构》，上海：上海人民出版社，2012年，第16页。

② Ban Wang ed., *Chinese Visions of World Order: Tianxia, Culture, and World Politics*, Duke University Press, 2017.

③ Michael Zürn, *A Theory of Global Governance: Authority, Legitimacy, and Contestation*, Oxford University Press, 2018, p.36.

权力，对国家之间、国家与世界的关系再梳理，在新范式中添加道德要素，将助我们打开全球治理的另一番图景。权力不是强力，而是权威、能力。权威带来服从，能力促成和谐。因此权力带来的关系具有多种可能，而非绝对的冲突、敌对。国家绝非身处道德之外，而是道德的存在物。国际规范、组织、机制等本身就包含着明确的道德准则，是全球治理不可或缺的行动指南，一种可持续的治理需要奠定其道德基础。[①]国际权威能够在全球治理中发挥领导作用，不应该靠武力征服，而要凭借其专业水准、道德自律等令人信服的品质，依靠国家之间建立的彼此尊重、平等互利的良好关系。全球治理是人性之善、国家利益与国际共同利益关联性、一致性的展现。国际社会所谓善治，就是抱有人类共同善的治理行为体（特别是主权国家）之间广泛联动，追随并遵从国际权威以寻求全球利益最大化的一致行动及其过程。包含价值导向的全球治理，摆脱现实主义无政府逻辑的全球治理，引导国际社会走向共同体的全球治理，应该成为全球治理范式理论演进的着眼点。

全球治理体系的变革是引导全球治理走出困局的现实力量。全球治理实践的切实推进是落实全球治理新理念和新范式的关键环节。在实践层面，重要的是处理好国家之间的关系、国家与非国家行为体之间的关系，以及治理行为体与国际权威之间的关系。全球治理体系是这些关系的呈现。将全球治理等同于国家之间的纵横捭阖、实力较量，是对全球治理体系复杂性、多元性、立体化等特征的简单化、单一化处理，不利于我们客观地观察和分析全球治理牵涉的主体性力量。国家在全球治理中的角色是不可替代的。国家的观念、态度、政策、行动直接关系到全球治理的成败。在国家实力分异客观存在的前提下，显然实力强大的国家对全球治理影响深远。但只从已有的权力结构关系研判全球治理，显然忽略了权力此消彼长的进程性因素，无法科学判断全球治理的过程、变化、趋势等。而只聚焦于国家显然也忽略了那些为全球治理注入新活力的非国家行为体。无论国家还是非国家行为体在全球治理语境中，它

① 阎学通提出的道义现实主义理论区分了权力（power）和实力（capability/strength）两个概念。前者是一种政治影响力，是国家利益最主要的部分，而后者则是行为能力，是国家利益界定的基础。道义（道德）可以增进或削弱国家权力的合法性，进而对国家实力产生影响。当国际权力遵循道义原则时，这种权力就转化为了权威，从而转化为有效组织和领导国际社会的能力。参见阎学通：《世界权力的转移：政治领导与战略竞争》，北京：北京大学出版社，2015年，第7—14页。

们是彼此相连的,而不是孤立地发挥作用。能够聚合一切治理行为体共同采取一致行动,消除世界上不同范围、不同程度、不同领域治理赤字的就是它们一致认同的国际权威。对全球治理体系变革的认识,不能局限于大国权力结构的变化,也不能只考虑主权国家政策、行为的影响,而应考虑到体系延展的立体空间维度,在多维主体的关系中去达成共识。

全球治理方式的变革是人类共同体时代共生关系的新探索。共同体是人类社会的基本存在形式,对立与联结是社会关系的两面。关于全球治理的不同理念源于对社会关系逻辑的不同判定。在主权体系中,主权国家以何种逻辑处理彼此关系,应对全球性问题,直接决定着全球治理的成效。奉行对立关系逻辑,就会以敌对提防的态度将异己者视为挑战者。倡导联结社会关系,则能以包容合作的精神去构建一种和谐温暖的氛围。世界是关系的集合,人类共生共在,各国相互依赖。这是人类命运共同体对国际关系的描绘与期待。西方治理范式以二元对立关系界定所有关系,以“自我”“他者”划分世界,并把“边界”之外的他者世界视为异己的、威胁的,定位为对手或敌人之间的关系,形成了“无政府逻辑”“孤立主义逻辑”。通过对权力概念的重新界定,编织全球联结的关系网格,以人类主体性视角审视全球治理,国家外部行为的对立逻辑被联结关系逻辑取代,更倾向于建立一种平等、联系、关爱的人际关系,在群体之中通过彼此依赖寻求安全。把国际关系看作联系的而非分离的,国家之间是彼此依赖的而非敌对的,治理唯有在联系而非孤立中才能实现,全球问题的解决离不开国家间的平等合作,真正的人类安全、自由、秩序只有在联系与合作中才能实现。

三、全球治理霸权主导式微

霸权主导是造成全球治理困局的根本原因。霸权主导体现在全球治理实践和全球治理研究两个方面。前者导致全球治理的“全球”性未能充分展现。许多真正困扰国际社会的治理议题被忽略,大多数发展中国家处于治理“失语”状态,国际公共产品供给出现短缺甚至“真空”,巨大的治理缺口使世界各国的焦虑、不安全感、自助性和内向性显著增强。后者则带来了全球治理理论的“贫困”。全球治理范式封闭僵化,脱离现实,深陷套路,无法对全球治理现象作出有说服力的解释,无法就全球治理行为进行卓有成效的指导,无法为全球治理困局找到豁然开朗的出口。显然,打破霸权主导的魔咒,才能真正解救困境中的世界。

霸权主导全球治理存在诸多不足。首先,由少数大国主导的全球治理体系显然与应然性治理存在巨大鸿沟。治理的原意就是多主体参与,而在多主体之间应该体现出多中心而非权力等级关系。从无政府世界角度理解,全球治理不应该是等级体系。从多元治理需求来看,霸权主导无法满足多元共治下的平等合作。就人类的伦理价值判断而言,霸权国家对治理的垄断不符合良治、善治的价值指向。其次,霸权主导往往导致治理议程并不符合全球性问题的急迫性排序。“强权主义者引导和制定规则”[①],它们往往从自身的战略需求出发设置治理议题,而忽略对于大多数国家、国际社会更具普遍性、紧迫性、突出性的问题,霸权国家利益优先于国际社会整体利益成为第一治理需要,所谓“治”是霸权国家对其他国家的“统治”。再次,霸权主导造成国际社会失序混乱。全球治理的目标是实现国际社会的安全、发展、和谐和正义等。主权内部的权力等级秩序并不适用于无政府的国际社会,没有哪个国家可以成为凌驾于其他国家之上的主权者,只享有主权者的权力而不承担治理责任,必然带来秩序缺失。最后,霸权主导导致全球治理需要的国际合作难以展开。合作治理是全球治理的基本形式,也是实现全球治理的前提。当霸权国家以高高在上的姿态面对需要广泛国际合作方能解决的全球性问题时,抵触、拒绝、冷漠就成为国家最终的选择,泛滥、加剧、增多就成为全球性问题的最终结果。

主权国家特别是霸权国家决定治理议题、治理形式和治理结果的现状正在发生改变。传统的多边主义是由西方大国主导、大国协调为方式的传统全球治理体系,它符合美国和西方的权力和宗旨。2008年全球金融危机爆发后全球化趋缓,逆全球化与反全球化浪潮持续高涨。然而这并不意味着,全球性问题减少,国际关系和全球秩序变化放慢脚步。在治理过程中,新行为体、新治理形式、新问题的出现为全球治理带来了不可逆的转变。学界对于未来全球治理的走向看法分歧加剧。一些学者对美国的领导地位仍抱有期待,认为二战后确立冷战后延续的自由主义秩序仍将持续为当前的国际社会提供必要的规则、秩序,尽管其稳定性已发生动摇。[②]关注到世界日益陷入混乱的学者则认为,美国所创制的自由主义秩序正面临

① [西班牙]佩德罗·巴尼奥斯:《大国战略——世界是如何被统治的》,刘洋译,杭州:浙江人民出版社,2021年,第9页。

② G. J. Ikenberry, *Liberal Leviathan: The Origins, Crisis, and Transformation of the American World Order*, Princeton University Press, 2011.

严重的深层次的削弱、危机和衰退,全球治理领导权正面临重塑。[①]20世纪90年代以来开始在学界崭露头角的中国学者则认为,伴随着全球治理体系的权力转移,全球治理正处于一个重要的道路选择时期。解决人类面临的愈益严峻的全球性问题,坚持西方对立性的治理理念只会走向穷途。中国胸怀天下的治理观可以为削减治理赤字提供一种路径选择。[②]

分析全球治理的未来走向,首先必须对全球治理呈现出的新趋势作出准确判断。全球化与逆全球化的胶着刻画出全球治理的深刻时代主题。全球化造成了世界的深度链接,逆全球化则给全球治理深入推进带来了障碍阻力。通过合作应对全球性问题既是现实的客观要求,也是移情的必然要求。人类远非孤立、自利的个体,人与自然的链接、人与人的链接造就了一个移情(empathic)世界。移情是人类的内在品格,[③]也是人类社会的属性特征。在人类社会演进的历史进程中,每一次技术革命,每一次社会进步,不是切断而是强化了移情。全球治理面临的不是一个只有对立和冲突的世界,而是普遍联系、相互链接的世界。全球治理反映了人类移情品格的需求,也是人类社会移情特质的显现。

百年大变局首先是"世界权势对比的大变局"[④]。传统的多极化呈现出西方大国主导、附加政治条件、选择性利益输出等特征。[⑤]"分散化"多边是"一个支离破碎的全球治理体系,意味着更加多元化,并削弱美国和西方政府对这一秩序的主导地位"[⑥],表现为主权国家、西方大国领导权的削弱及

---

① I. Bremmer, *Every Nation for Itself: Winners and Losers in a G-Zero World*, Portfolio, 2012; Amitav Acharya, *The End of American World Order*, Polity Press, 2014; H. Kissinger, World Order, Penguin, 2014; R. Haas, *A World in Disarray: American Foreign Policy and the Crisis of the Old Order*, Penguin, 2017.

② 赵汀阳:《天下体系:世界制度哲学导论》,北京:中国人民大学出版社,2011年;阎学通、张旗编著:《道义现实主义与中国的崛起战略》,北京:中国社会科学出版社,2018年;秦亚青:《国际政治的关系理论》,《世界经济与政治》2015年第2期。

③ Jeremy Rifkin, *The Empathic Civilization: The Race to Global Consciousness in a World of Crisis*, Penguin/Tarcher, 2009.

④《百年大变局,变什么》,载张蕴岭主编:《百年大变局:世界与中国》,北京:中共中央党校出版社,2019年,序言第7页。

⑤ Amitav Acharya, Antoni Estevadeordal, Louis W. Goodman, "Reshaping Global Order in the 21st Century: G-Plus Leadership in a Multiplex World", *China & World Economy*, Vol.27, No.5, 2019, pp.63-78.

⑥ Amitav Acharya, "The Future of Global Governance: Fragmentation May be Inevitable and Creative", *Global Governance*, Vol.22, 2016, pp.453-460.

旁落。在治理主体性质上，非国家行为体不能再被简单定义为配角。就发挥影响力的国家看，西方大国不再是单一决定因素。当前，全球治理面对的是一个“多元世界”（multiplex world）。多元世界不是一个纵向线性体系，它需要通过“分散化”“多向量化”（multi-vectored）的多边机制展开。多边主义尽管目前陷入困境，但并未过时。真正的多边机制绝非二战前多极化的回归，而是大国合作引领、地区组织联结、发展中国家为基石、非国家行为体融入的合作治理路径。[①]

四、全球治理伦理导向鲜明

全球治理的有效方案必定符合全人类共同善。今天，我们生活于一个危机与变革共存的时代。在灾难和威胁面前，人类第一次拥有了共同命运意识和共同危机感。应对复杂混沌的世界，需要形成互助与道义的全球伦理。“人类社会面临着根本性的伦理问题……以一种文明政治和人性政治取代发展政治和国家强权政治。”[②]作为一个将人类导向善治的治理方案，人类命运共同体反对现实主义采用功利主义标准将道德从全球治理中剔除的思想传统，将人类的意图、律令和行为共置于一个全面的意义图景之中，以价值引领一切人类行为，寻求普遍的伦理共识，使国家的命运、人类的生命趋向好的生活。

伦理存在于关系当中。“世界是万物关联的天地苍穹。”[③]我们身处于一个关系世界。当我们作为伦理主体即以“自我中心主义”去思考各种复杂关系之时，我们必须意识到这些关系具有两个相反的向度：为己和利他，适用两套原则：排斥和包容。[④]在为己向度上，自我是独特的，是万物的尺度，他者是自我的对手或敌人，自我和他者关系奉行排斥原则；在利他向度上，爱与奉献让“我”包含于“他”，由此产生的“我们”的共同体当中贯彻包容原则。自我和他者之间形成二向逻辑，既对立又统一，既排斥又关联，既抵牾

① 冯仲平、贺之杲：《以真正的多边主义重塑全球治理》，载谢伏瞻、［俄］伊·谢·伊万诺夫主编：《新时代全球治理：理念与路径》，北京：中国社会科学出版社，2022年，第136—143页。

② ［法］埃德加·莫兰：《伦理——非如此不可？非如此不可！》，于硕译，上海：学林出版社，2017年，第12页。

③ 秦亚青：《世界政治的关系理论》，上海：上海人民出版社，2021年，第143—144页。

④ 关于伦理的个体—社会—种属三种机制的关系论述，参见［法］埃德加·莫兰：《伦理——非如此不可？非如此不可！》，于硕译，上海：学林出版社，2017年，第31—48页。

又依赖。[①]个体属性的人之伦理将我们放置于共同体复杂交错的关系网格当中，同时也将其伦理特征放大延展到了共同体伦理。可见，共同体是关系联结的结果，它包含着通过明确共同体之外的他者而确认共同体之自我的伦理向度，也承载着寻找对更宏大的共同体的认同以至促成全球伦理的可能。曾经历史上作为共同体的一种重要载体，国家的伦理是封闭的。国家似乎变成了人类共同体的终极形式，而不再从属于更高的共同体。然而，在国家命运相互扭结、全球整体性不断强化的时代，以孤立、分离、封闭的态度对待其他国家，将自己从人类共同体中剥离出来，对于国家而言是极其危险的。

共性与差异是人类生存的世界的两面，也是国际关系存在的两面。不同行为体（国家）对善治有共同的追求，而对于什么样的治理才是善治、如何才能达至善治则有不同认知。国家作为当前全球治理中的重要行为体，其评价因子应该是多维的，不能简单以实力大小对国家的治理角色进行定位。实现人类的共同善是对国家合作力的拷问，也是对人类智慧的检验。相较于主流治理范式，人类命运共同体就是一个来自边缘的声音，一个异质文明生成的方案。它承认治理世界的共性赋予了人类对善和美好理解的一致性，表达了人类消解治理赤字以构建更加正义世界的共同渴望，而包容了行为体、对象、环境多样性的治理世界的差异，为探求实现善治的路径提供了多种可能。

普遍人性、全球伦理不应建立在排斥的基础上。“正义绝不可能在非正义中实现。”[②]正义是共同体的关键议题，应该成为全球治理的基本规范。人类命运共同体是一个真正具有实体性意义的共同体，它承认多元的统一和统一的多元，它要求的不是抽象的价值，而是根植于人类之本性的行动纲领。人类命运共同体主张的行为体一律平等是包含了所有行为体的平等，它要推动的是以正义为终极价值的全球伦理。以权力标准被确定的弱小国家在全球治理中应有其位置，它们应该具有治理主体的资格，具有治理主体权利及责任。人类命运共同体认同超越差异性的关于全球治理的宏理论，并努力推动构建依托全球伦理的宏理论的建构。如果说全球伦理是以客观的人类命运共同体实体为载体的，那么全球治理的宏理论就是关

① [法]埃德加·莫兰：《伦理——非如此不可？非如此不可！》，于硕译，上海：学林出版社，2017年，第34页。

② [法]西蒙娜·德·波伏娃：《第二性》，陶铁柱译，北京：中国书籍出版社，2004年，第662页。

于人类命运共同体治理的总依据、总纲领。这一宏理论在理论特质和基本样态上是反对主流、动态开放、真理意涵的：基于行为体对话的负责任选择，对个性化经验和动态知识包容、尊重和欣赏，联结个人、国家、共同体，体现三个层面的互动、互构关系，又给予充分的话语和行动自由，以价值伦理关照不同行为体的多样化需求，特别是在安全这一治理难题上，凸显全球性联系和后果。

全球治理的未来是全人类的未来，全球治理成效关乎全人类的福祉。全球治理是个复杂曲折的过程，在此过程中，全人类共同利益与民族国家主体利益博弈平衡，全人类共同价值与民族国家个性化价值分化融合。在由民族国家构建且主导的全球治理中，诚然应该看到国家之间的利益差别、文化纷呈和价值分异，正视逆全球化、反全球化带来的阻力，与此同时也不要低估人类战胜治理赤字的勇气、决心和智慧。对于“人类需要一个什么样的世界”这一时代之问，人类命运共同体给出了不同于对立思维方式的答案，勾画出达至理想治理世界的可行路径。可以期待人类命运共同体定能为实现国际平等关系，破解全球治理赤字，推动全球治理体系变革，构建更加和平、发展、美好的世界贡献智慧和力量。

参考文献

一、中文文献

1.《习近平谈治国理政》(第一卷),北京:外文出版社,2018年。

2.《习近平谈治国理政》(第二卷),北京:外文出版社,2017年。

3.《习近平谈治国理政》(第三卷),北京:外文出版社,2020年。

4.《习近平谈治国理政》(第四卷),北京:外文出版社,2022年。

5.《习近平著作选读》(第一卷),北京:人民出版社,2023年。

6.《习近平著作选读》(第二卷),北京:人民出版社,2023年。

7. 中共中央宣传部、中华人民共和国外交部:《习近平外交思想学习纲要》,北京:人民出版社、学习出版社,2021年。

8.[美]阿尔君·阿帕杜莱主编:《全球化》,韩许高等译,南京:江苏人民出版社,2016年。

9.[加拿大]阿米塔·阿查亚、[英]巴里·布赞:《全球国际关系学的构建:百年国际关系学的起源和演进》,刘德斌等译,上海:上海人民出版社,2021年。

10.[加拿大]阿米塔·阿查亚:《建构全球秩序——世界政治中的施动性与变化》,遥远、叶晓静译,上海:上海人民出版社,2021年。

11.[加拿大]阿米塔·阿查亚:《美国世界秩序的终结》,袁正清、肖莹莹译,上海:上海人民出版社,2017年。

12.[法]埃德加·莫兰:《伦理——非如此不可? 非如此不可!》,于硕译,上海:学林出版社,2017年。

13.[英]安德鲁·赫里尔:《全球秩序与全球治理》,林曦译,北京:中国人民大学出版社,2018年。

14.[英]巴里·布赞、[丹麦]琳娜·汉森:《国际安全研究的演化》,余潇枫译,杭州:浙江大学出版社,2011年。

15.[英]巴里·布赞、乔治·劳森:《全球转型:历史、现状与国际关系的形成》,崔顺姬译,上海:上海人民出版社,2020年。

16.白云真、李开盛:《国际关系理论流派概论》,杭州:浙江人民出版社,2009年。

17.[澳]保利娜·克尔、杰弗里·怀斯曼主编:《全球化世界的外交:理论与实践》,张清敏译,上海:上海人民出版社,2021年。

18.[英]保罗·霍普:《个人时代之共同体重建》,沈毅译,杭州:浙江大学出版社,2012年。

19.[美]彼得·卡赞斯坦、罗伯特·基欧汉、斯蒂芬·克拉斯纳编:《世界政治理论的探索与争鸣》,秦亚青等译,上海:上海人民出版社,2006年。

20.蔡拓、刘贞晔主编:《全球治理变革与国际法治创新——全国首届"全球学与全球治理论坛"成果》,北京:中国政法大学出版社,2014年。

21.蔡拓、杨雪冬、吴志成主编:《全球治理概论》,北京:北京大学出版社,2016年。

22.蔡拓:《全球学导论》,北京:北京大学出版社,2015年。

23.蔡拓:《全球学与全球治理》,北京:北京大学出版社,2018年。

24.[美]查尔斯·格拉泽:《国际政治的理性理论:竞争与合作的逻辑》,刘丰、陈一一译,上海:上海人民出版社,2020年。

25.陈家刚主编:《全球治理:概念与理论》,北京:中央编译出版社,2017年。

26.陈岳、蒲俜:《构建人类命运共同体》,北京:中国人民大学出版社,2017年。

27.[法]达里奥·巴蒂斯拉特:《国际关系理论》(第三版修订增补本),潘革平译,北京:社会科学文献出版社,2010年。

28.[斯洛文尼亚]达尼洛·图尔克:《转型的世界:对国际体系、中国及全球发展的思考》,中国人民大学重阳金融研究院译,北京:外文出版社,2021年。

29.[美]大卫·A. 鲍德温主编:《新现实主义与新自由主义》,肖欢容译,杭州:浙江人民出版社,2001年。

30.[英]戴维·赫尔德等:《全球大变革:全球化时代的政治、经济与文化》,杨雪冬等译,北京:社会科学文献出版社,2001年。

31.[德]恩格斯:《家庭、私有制和国家的起源》,北京:人民出版社,1999年。

32.国务院新闻办公室编:《解读中国外交新理念》,北京:五洲传播出版社,2014年。

33.[美]汉斯·J.摩根索:《国家间政治——寻求权力与和平的斗争》,徐昕译,北京:中国人民公安大学出版社,1990年。

34.[英]赫德利·布尔、[新西兰]贝内迪克特·金斯伯里、[英]亚当·罗伯茨主编:《格劳秀斯与国际关系》,石斌等译,北京:中国社会科学出版社,2014年。

35.[英]赫德利·布尔、亚当·沃森:《国际社会的扩展》,周桂银、储召锋译,北京:中国社会科学出版社,2014年。

36.[英]赫德利·布尔:《无政府社会:世界政治秩序研究》(第二版),张小明译,北京:世界知识出版社,2003年。

37.胡伟主编:《"一带一路":打造中国与世界命运共同体》,北京:人民出版社,2016年。

38.[英]霍布斯:《利维坦》,黎思复、黎廷弼译,北京:商务印书馆,1985年。

39.金灿荣等:《中国智慧:十八大以来中国外交》,北京:中国人民大学出版社,2017年。

40.[德]康德:《历史理性批判文集》,何兆武译,北京:商务印书馆,1990年。

41.[美]肯尼思·华尔兹:《国际政治理论》,信强译,上海:上海人民出版社,2003年。

42.[美]孔汉思、库舍尔编:《全球伦理——世界宗教议会宣言》,何光沪译,成都:四川人民出版社,1997年。

43.李爱华:《马克思主义国际关系理论专题研究》,北京:人民出版社,2013年。

44.李东燕等:《全球治理——行为体、机制与议题》,北京:当代中国出版社,2015年。

45.[美]理查德·内德·勒博:《国际关系的文化理论》,陈锴译,上海:上海社会科学院出版社,2012年。

46.[美]列奥·施特劳斯、约瑟夫·克罗波西主编:《政治哲学史》,李天然等译,石家庄:河北人民出版社,1998年。

47.[加拿大]罗伯特·W.考克斯:《生产、权力和全球治理——社会力量在缔造历史中的作用》,林华译,北京:世界知识出版社,2004年。

48.[美]罗伯特·基欧汉:《霸权之后——世界政治经济中的合作与纷

争》,苏长河译,上海:上海人民出版社,2001年。

49.[美]罗伯特·吉尔平:《世界政治中的战争与变革》,宋新宁、杜建平译,上海:上海人民出版社,2007年。

50.门洪华:《中国与世界关系的逻辑建构》,北京:北京大学出版社,2016年。

51.倪世雄:《国际关系理论探索文集》,上海:复旦大学出版社,2013年。

52.庞中英:《重建世界秩序:关于全球治理的理论与实践》,北京:中国经济出版社,2015年。

53.庞中英:《全球治理的中国角色》,北京:人民出版社,2016年。

54.秦亚青:《关系与过程:中国国际关系理论的文化建构》,上海:上海人民出版社,2012年。

55.秦亚青:《全球治理:多元世界的秩序重建》,北京:世界知识出版社,2019年。

56.秦亚青:《世界政治的关系理论》,上海:上海人民出版社,2021年。

57.秦亚青主编:《当代西方国际思潮》,北京:世界知识出版社,2012年。

58.秦亚青主编:《权力·制度·文化:国际关系理念与方法研究文集》,北京:北京大学出版社,2005年。

59.秦亚青主编:《世界政治与全球治理:国际关系研究文集》,北京:世界知识出版社,2014年。

60.[美]入江昭:《全球共同体——国际组织在当代世界形成中的角色》,刘青、颜子龙、李静阁译,北京:社会科学文献出版社,2009年。

61.[美]塞缪尔·亨廷顿:《文明的冲突与世界秩序的重建》,周琪等译,北京:新华出版社,2009年。

62.邵发军:《马克思的共同体思想研究》,北京:知识产权出版社,2014年。

63.[加拿大]斯蒂芬·斯特里特主编:《帝国与自主性:全球化进程中的重大时刻》,陈家刚等译,北京:社会科学文献出版社,2010年。

64.[加拿大]斯蒂文·伯恩斯坦、威廉·科尔曼主编:《不确定的合法性:全球化时代的政治共同体、权力和权威》,北京:社会科学文献出版社,2011年。

65.苏长和:《全球公共问题与国际合作:一种制度分析》,上海:上海人民出版社,2000年。

66.苏格主编:《世界大变局与新时代中国特色大国外交》,北京:世界知识出版社,2020年。

67.唐世平:《国际政治的社会演化:从公元前8000年到未来》,董杰旻、朱鸣译，北京：中信出版集团，2017年。

68.［巴西］特奥托尼奥·多斯桑托斯：《新自由主义的兴衰》，郝明玮译，北京：社会科学文献出版社，2012年。

69.王帆、凌胜利主编：《人类命运共同体：全球治理的中国方案》，长沙：湖南人民出版社，2017年。

70.王帆：《新开局——复杂系统思维与中国外交战略规划》，北京：世界知识出版社，2014年。

71.王缉思：《世界政治的终极目标——安全、财富、信仰、公正》，北京：中信出版集团，2018年。

72.王逸舟、严展宇：《迷人的国际关系》，上海：上海人民出版社，2021年。

73.王逸舟：《创造性介入：中国外交的转型》，北京：北京大学出版社，2015年。

74.王逸舟：《创造性介入：中国外交新取向》，北京：北京大学出版社，2011年。

75.王逸舟：《创造性介入：中国之全球角色的生成》，北京：北京大学出版社，2013年。

76.［美］温都尔卡·库芭科娃、尼古拉斯·奥鲁夫、保罗·科维特：《建构世界中的国际关系》，肖峰译，张志洲校，北京：北京大学出版社，2006年。

77.［美］沃尔特·W. 鲍威尔、保罗·J. 迪马吉奥主编：《组织分析的新制度主义》，姚伟译，上海：上海人民出版社，2008年。

78.［德］乌尔里希·贝克：《全球化时代的权力与反权力》，蒋仁祥、胡颐译，南宁：广西师范大学出版社，2004年。

79.谢伏瞻、［俄］伊·谢·伊万诺夫主编：《新时代全球治理：理念与路径》，北京：中国社会科学出版社，2022年。

80.辛本健编著：《全球治理的中国贡献》，北京：机械工业出版社，2016年。

81.［美］雅克·布道编著：《建构世界共同体：全球化与共同善》，万俊人、姜玲译，南京：江苏教育出版社，2006年。

82.［美］亚历山大·温特：《国际政治的社会理论》，秦亚青译，上海：上海人民出版社，2000年。

83.阎学通：《大国领导力》，李佩芝译，北京：中信出版集团，2020年。

84.阎学通：《世界权力的转移：政治领导与战略竞争》，北京：北京大学出版社，2015年。

85.杨雪冬、王浩主编：《全球治理》，北京：中央编译出版社，2015年。

86.［美］伊夫斯·德扎雷、布赖恩特·加思：《全球性解决方案：新法律正统性的产生输出与输入》，陆幸福等译，北京：法律出版社，2006年。

87.［以］伊曼纽尔·阿德勒、迈克尔·巴涅特主编：《安全共同体》，北京：世界知识出版社，2015年。

88.［瑞典］英瓦尔·卡尔松、［圭］什里达特·兰法尔主编：《天涯成比邻——全球治理委员会的报告》，赵仲强、李正凌译，北京：中国对外翻译出版公司，1995年。

89.俞可平：《全球化：全球治理》，北京：社会科学文献出版社，2003年。

90.［美］约瑟夫·S.奈、约翰·D.唐纳胡主编：《全球化世界的治理》，王勇等译，北京：世界知识出版社，2003年。

91.［美］威廉·麦克尼尔：《西方兴起——人类共同体史》，孙岳、陈志坚、于展等译，北京：中信出版集团，2015年。

92.［美］香农·布兰顿、查尔斯·凯格利：《世界政治：趋势与变革》，夏维勇译，北京：北京大学出版社，2019年。

93.［美］詹姆斯·N.罗西瑙主编：《没有政府的治理：世界政治中的秩序与变革》，张胜军等译，南昌：江西人民出版社，2001年。

94.张康之、张乾友：《共同体的进化》，北京：中国社会科学出版社，2012年。

95.张康之、张桐：《世界的中心——边缘结构》，北京：中国社会科学出版社，2016年。

96.张康之：《合作的社会及其治理》，上海：上海人民出版社，2014年。

97.张文喜、臧峰宇：《马克思主义政治哲学史》，北京：中国人民大学出版社，2019年。

98.张宇燕主编：《习近平新时代中国特色社会主义外交思想研究》，北京：中国社会科学出版社，2019年。

99.张蕴岭主编：《百年大变局：世界与中国》，北京：中共中央党校出版社，2019年。

100.赵可金：《全球和平的中国方案》，北京：五洲传播出版社，2019年。

101.赵汀阳：《天下的当代性：世界秩序的实践与想象》，北京：中信出版集团，2016年。

102.赵汀阳：《天下体系：世界制度哲学导论》，北京：中国人民大学出版社，2011年。

103.朱立群、［意］富里奥·塞鲁蒂、卢静主编：《全球治理：挑战与趋势》,北京:社会科学文献出版社,2014年。

二、外文文献

1. Acharya, Amitav, "Global International Relations (IR) and Regional Worlds: a New Agenda for International Studies", *International Studies Quarterly*, Vol.58, 2014.

2. Acharya, Amitav, "The Future of Global Governance: Fragmentation May Be Inevitable and Creative", *Global Governance*, Vol.22, 2016.

3. Acharya, Amitav, "The Myth of the 'Civilization State': Rising Powers and the Cultural Challenge to World Order", *Ethics & International Affairs*, Vol.34, No.2, 2020.

4. Acharya, Amitav, Antoni Estevadeordal, Louis W. Goodman, "Reshaping Global Order in the 21st Century: G-Plus Leadership in a Multiplex World", *China & World Economy*, Vol.27, No.5, 2019.

5. Acharya, Amitav, *The End of American World Order*, Polity Press, 2014.

6. Biermann, Frank, Philipp Pattberg, Harro van. Asselt, and Fariborz Zelli, "The Fragmentation of Global Governance Architectures: A Framework for Analysis", *Global Environmental Politics*, November 2009.

7. Björkdahl, Annika, "Norms in International Relations: Some Conceptual and Methodological Reflections", *Cambridge Review of International Affairs*, Vol.15, No.1, 2002.

8. Brachthäuser, Christine, "Explaining Global Governance—a Complexity Perspective", *Cambridge Review of International Affairs*, Vol.24, No.2, June 2011.

9. Caron, Jean-François, *A Sketch of the World After the COVID-19 Crisis: Essays on Political Authority, The Future of Globalization, and the Rise of China*, Palgrave Macmillan, 2021.

10. Copeland, Dale C., "The Constructivist Challenge to Structural Realism", *International Security*, Vol.25, Fall 2000.

11. Ellersiek, Pianta and A. M. P. Utting, eds., *Global Justice Activism and Policy Reform in Europe: Understanding When Change Happens*, Routledge, 2012.

12. Franceschet, Antonio. ed., *The Ethics of Global Governance*, Lynne Ri-

enner Publishers, 2009.

13.Geller, Daniel S. and John A. Vasquez, "The Construction and Cumulation of Knowledge in International Relations: Introduction", *International Studies Review*, No.6, 2004.

14.Genest, Marc A., *Conflict and Cooperation: Evolving Theory of International Relations*, Peking University Press, 2003.

15.Halliday, Fred, Global Governance: Prospects and Problems, *Citizenship Studies*, Vol.4, No.1, 2000.

16.Hameiri, Shahar, "COVID-19: Is This the End of Globalization?", *International Journal*, Vol.76, No.1, 2021.

17.Hansen and Heurlin Birthe Bertel, eds., T*he New World Order: Contrasting Theories*, Macmilian Press Ltd., 2000.

18.Held, David. ed., *Global Transformations: Politics, Economics and Culture*, Stanford University Press, 1999.

19.Jacobsen, Kurt, *International Politics and Inner Worlds: Masks of Reason under Scrutiny*, Palgrave Macmillan, 2017.

20.Jervis, Robert, "Hans Morgenthau, Realism, and the Scientific Study of International Politics", *Social Research*, Vol.61, No.4, 1994.

21.Jones, Richard Wyn ed., *Critical Theory and World Politics*, Lynne Rienner Publishers, Inc. 2001.

22. Joshua S. Goldstein, ed. *International Relations*, Peking University Press, 2005.

23. Kai, Jin., *Rising China in a Changing World: Power Transitions and Global Leadership*, Macmillan Publishers Ltd., 2017.

24. Kaldis, Byron, "World Justice, Global Politics and National Ststes: Three Ethico-Political Problems", *The European Legacy*, Vol.7, No.2, 2002.

25.Kelleher, Anita, "Global Governance: From Neoliberalism to a Planetary Civilisation", *Social Alternatives*, Vol.28, No.2, 2009.

26.Kcohane, Robert O., "The Global Politics Paradigm: Guide to the Future Or Only the Recent Past?", *International Theory*, 28 Dec., 2020.

27.Keohane, Robert O., *International Institutions and State Power: Essays in International Relations Theory*, Westview Press, 1989.

28. Kransner, Stephen D. ed., *International Regimes*, Cornell University

Press, 1983.

29.Kristensen, Peter M., "Dividing Discipline: Structures of Communication in International Relations", *International Studies Review*, No.14, 2012.

30. Leiteritz, Ralf J., "Confusion Abounds: Globalization and Global Governance", *International Studies Review*, No.5, 2003.

31.Marchetti, R., *Global Democracy: For and Against–Ethical Theory, Institutional Design, and Social Struggles*, Routledge, 2008.

32.Patomäki, Heikki, "Global Justice: A Democratic Perspective", *Globalizations*, Vol.3, No.2, 2006.

33.Rhode, Benjamin, "Living and Dying Nations and the Age of COVID-19", *Survival*, Vol.62, No.5, 2020.

34. Ruggie, John Gerard, "Global Governance and 'New Governance Theory': Lessons from Business and Human Rights", *Global Governance*, No.20, 2014.

35.Schlund-Vials, Cathy J., Linda Trinh Võ, and K. Scot Wong, *Keywords for Asian American Studies*, NYU Press, 2015.

36.Thakur, Job, Serano., Ramesh Tussie and Monica Diana Grian, "The Next Phase in the Consolidation and Expansion of Global Governance", *Global Governance*, Vol.20, No.1, 2014.

37.Thayer, Bradley, "Bringing in Darwin: Evolutionary Theory, Realism, and International Politics", *International Security*, Vol.25, 2000.

38.Voskressenski, Alexei D., *Non–Western Theories of International Relations: Conceptualizing World Regional Studies*, Palgrave Macmillan, 2017.

39.Weiss, Thomas G. and Rorden Wilkinso, "Global Governance to the Rescue: Saving International Relations?", *Global Governance*, No.20, 2014.

40.Weiss, Thomas G. and Rorden Wilkinso, "Rethinking Global Governance? Complexity, Authority, Power, Change", *International Studies Quarterly*, Vol.58, 2014.

41. Welch, David A., "The Justice Motive in International Relations: Past, Present, and Future ", *International Negotiations*, No.19, 2014.

42.Zürn, Michael, *A Theory of Global Governance: Authority, Legitimacy, and Contestation*, Oxford University Press, 2018.

